London auf einen Blick

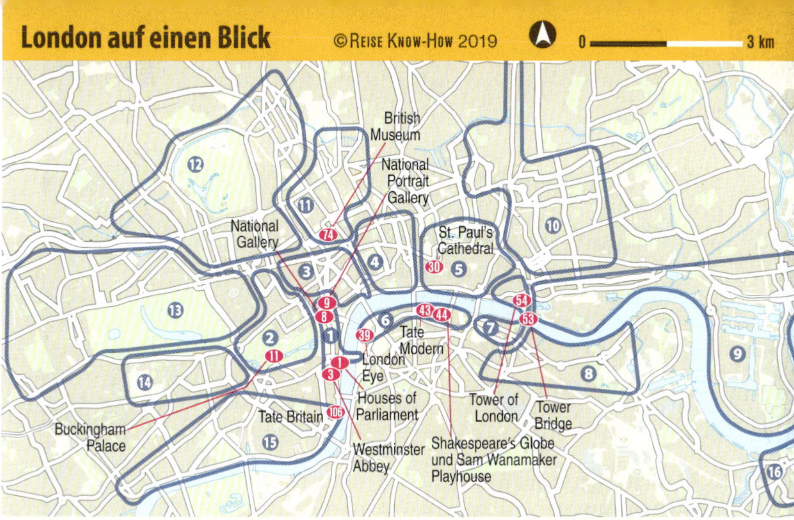

Ein Wahrzeichen Londons, das jeder kennt: Big Ben (Foto: 128lo-fo©fazon)

Stadtspaziergänge

164lo©Pere Sanz - stock.adobe.com

Zeichenerklärung

★★★ nicht verpassen
★★ besonders sehenswert
★ wichtig für speziell interessierte Besucher

[A1] Planquadrat im Kartenmaterial. Orte ohne diese Angabe liegen außerhalb unserer Karten. Ihre Lage kann aber wie die von allen Ortsmarken mithilfe der begleitenden Web-App angezeigt werden (s. S. 263).

Updates zum Buch

www.reise-know-how.de/citytrip-plus/london19

Vorwahlen

Vorwahl für Großbritannien: 0044
Vorwahl für London: 020

Der beeindruckende Blick auf Londons Skyline

London von oben

Die Londoner Skyline dehnt sich weiter aus und entlang der Themse entstehen immer neue Hochhausriesen. Aus verschiedenen Glastürmen kann man nun auch als Besucher die atemberaubende Aussicht auf die Stadt genießen: Das größte Hochhaus, The Shard (s. S. 95), bietet ein Hotel, drei Restaurants und eine Aussichtsterrasse. Im Heron Tower (s. S. 71) gibt es im 38. und 40. Stock je ein Restaurant und im Walkie Talkie (s. S. 71) kann man den Sky Garden besuchen, der als der „höchste Park in der Luft" beworben wird und ebenfalls Restaurans zu bieten hat. Der Trend zur Öffnung für Besucher soll sich auch bei neu geplanten Gebäuden fortsetzen.

St. Pancras und King's Cross

Rund um die Bahnhöfe St. Pancras und King's Cross hat sich viel getan. Die alten Warenhäuser am Regent's Canal nördlich der Bahnhöfe wurden umgestaltet und beherbergen nun Restaurants und Geschäfte wie das Einkaufsareal Coal Drops Yard (s. S. 189). Im Sommer kann man hier herrlich am Kanal entspannen.

Streetfood-Märkte

Die Londoner lieben Märkte und Streetfood ist auch in der britischen Hauptstadt im Trend. Es gibt Streetfood-Märkte an festen Plätzen, aber auch Imbisswagen, die zur „lunch time" an verschiedenen Orten in der Stadt aufgebaut werden und einfallsreiche Gerichte servieren (s. S. 176). Nicht nur für die Beschäftigten in der City, die immer wenig Zeit haben, stellt dies eine gesündere Alternative zum herkömmlichen Fastfood dar.

002lo-kw

LONDON ENTDECKEN

Willkommen in London

London ist international eine der beliebtesten Städte für eine Kurzreise und seine Sehenswürdigkeiten lassen sich kaum alle bei nur einem Besuch entdecken. Das Zentrum in Westminster und am Südufer der Themse kann man gut zu Fuß erreichen. Mit zahlreichen Bus- und U-Bahnlinien lassen sich die Wege aber auch abkürzen.

Einen guten ersten Eindruck vom Flair der Millionenstadt erhält man am Themseufer, z. B. bei einer Fahrt mit dem Riesenrad **London Eye** 39, das sich bei der Westminster Bridge befindet. Am Nordufer der Brücke beginnt das Regierungsviertel Westminster mit den **Houses of Parliament** 1 und Big Ben sowie der **Westminster Abbey** 3. Die Straße Whitehall, von der die Downing Street 4 abzweigt, mündet nördlich in den wichtigsten Platz der Stadt, den **Trafalgar Square** 7. Fast alle Buslinien fahren hier vorbei und man kann die Innenstadt in alle Himmelsrichtungen erkunden. Westlich befinden sich die Viertel **St. James's** und **Mayfair** 13 mit teuren Geschäften und Hotels und durch den **St. James's Park** erreicht man schnell den **Buckingham Palace** 11. Südlich des **Hyde Park** 88 erstrecken sich die teuren Wohnviertel Knightsbridge, Kensington und Belgravia (s. S. 133) sowie das Viertel **Chelsea** (s. S. 137) mit der **King's Road** 101. In Knightsbridge ist der Museumskomplex rund um das **Victoria & Albert Museum** 96 sehenswert, ebenso die **Royal Albert Hall** 99. Im Norden des Trafalgar Square befindet sich der **Leicester Square** 19, um den sich Theater und Kinos reihen. Im angrenzenden **Chinatown** 18 mit seinen vielen Restaurants dominiert asiatisches Flair. Zwischen der Shaftesbury Avenue und der Straße Haymarket ist das Herz des „Theatreland". Hieran schließt sich **Soho** 17 mit Cafés und Schwulenklub s bzw. -bars an. Im Norden grenzt die hektische Haupteinkaufsstraße Oxford Street an Soho. In den abzweigenden Straßen Regent und Bond Street ist das Tempo langsamer, die Geschäfte dafür aber teurer. Nordöstlich der Oxford Street gelangt man in das Universitäts- und Literatenviertel **Bloomsbury** mit dem **British Museum** 74, der **University of London** 76 und dem angesagten neuen Areal rund um die Bahnhöfe **St. Pancras und King's Cross** 80.

Östlich des Trafalgar Square führt die Straße Strand nach **Covent Garden** 20 mit seinen touristischen Boutiquen und belebten Cafés. Weiter nach Osten gelangt man von dort aus in die ruhigeren Bezirke Holborn und Clerkenwell – in den Seitensträßchen befinden sich hier einige interessante Museen – sowie in das juristische Zentrum Londons, **The Temple.** An diese Stadtteile schließt sich das Businessviertel der **City of London** mit der **St. Paul's Cathedral** 30, dem **Museum of London** 31, der **Bank of England** 35 und dem modernen Hochhausviertel rund um den Wolkenkratzer **The Gherkin** (s. S. 71) an. Zum entspannten Flanieren eignet sich besonders das Südufer der Themse, die **South Bank** (s. S. 72), die von kulturellen Einrichtungen geprägt ist. Bei der Waterloo Bridge haben das **Southbank Centre** 40 und das **National Theatre** 41 ihren Sitz. Entlang des Jubilee Walk geht es in Richtung Osten zur **Tate Modern** 43, zum

Vorseite: Blick von der City Hall 52 auf die Tower Bridge 53

071lo-lhc©Harry Kerr

Shakespeare's Globe 44 und zur **Southwark Cathedral** 48. Von dort gelangt man in den Stadtteil **Bermondsey** mit **The Shard** 55, dem (bisher) höchsten Hochhaus Londons und kann einen Abstecher zu den Museen der Bermondsey Street unternehmen. Wieder an der Themse erreicht man die moderne **City Hall** 52, von der man einen guten Blick auf die **Tower Bridge** 53 und die City of London hat. An der Nordseite der Themse steht die jahrhundertealte Wehrburg **Tower of London** 54 inmitten der neuen Skyline. Östlich erstrecken sich die ehemaligen Docklands mit langen Spazierwegen am Wasser. Vom **St. Katherine's Dock** 61 bis zur **Canary Wharf** 63 erschließt sich hier eine interessante Stadtlandschaft mit historischen Lagerhäusern und hypermoderner Architektur. Nördlich vom Tower gelangt man in die Szeneviertel des **East End.** Das multikulturelle Viertel mit Designerhotels, Galerien und trendigen Märkten ist auch ein Anziehungspunkt für Nachtschwärmer.

Märkte (s. S. 191), auf denen man ganze Tage mit Stöbern verbringen kann, finden sich auch in **Camden** und **Notting Hill.** Die grünen Vorstädte **Richmond** und **Greenwich** (s. S. 145) mit ihren Museen erkundet man am besten mit den Ausflugsbooten, die die gesamte Länge der Themse befahren.

An der Themse kann man stundenlang spazieren und London entdecken

London an einem Tag

Einen ersten **Stadtspaziergang** beginnt man am besten am Südufer der Themse. Von der U-Bahn-Station Waterloo gelangt man durch die Jubilee Gardens zum Riesenrad **London Eye** 39. Bei einer Panoramarundfahrt gewinnt man den ersten Eindruck von den wichtigsten Sehenswürdigkeiten, die sich rund um die Themse gruppieren. Wer möchte, kann zuerst am Themseufer in westlicher Richtung einen Abstecher zum **Lambeth Palace** 2 machen. Vom Fuß des Riesenrads spaziert man vorbei an der County Hall und der **Westminster Bridge** [J11] zu dem Palast, in dem seit dem 13. Jh. der Erzbischof der anglikanischen Kirche seinen Sitz hat. In Richtung Westen wachsen im Viertel Vauxhall Hochhausriesen mit Luxusappartments in die Höhe.

Am anderen Themseufer blickt man auf die beeindruckende Fassade der **Houses of Parliament** 1, der Regierungsgebäude mit dem berühmten Big Ben (offiziell: Elizabeth Tower), die man beispielsweise über die Westminster Bridge erreicht. Gleich hinter den ausladenden Parlamentsgebäuden schließt sich die **Westminster Abbey** 3 an. Hier finden viele Staatsereignisse wie königliche Hochzeiten oder Taufen statt. Die Straße Whitehall führt nun an der **Downing Street** 4 vorbei – Nr. 10 ist der streng abgeriegelte Amtssitz des Premierministers. Entlang der Whitehall passiert man die **Horse Guards** 5, wo man die Wachablösung berittener Offiziere beobachten kann. Die Straße mündet in den **Trafalgar Square** 7, den beliebten Vorplatz der **National Gallery** 8, einem der bedeutendsten (und kostenfreien) Museen der Stadt. In der Galerie und an der Südseite des Platzes gibt es keinen Mangel an Cafés und Restaurants zum Verschnaufen.

064lo-ws

In Richtung Westen gelangt man durch den Admirality Arch und über die Prachtallee The Mall, die am **St. James's Park** entlangführt, bis zum **Buckingham Palace** 11, dem Wohnsitz der Queen. Dieser zeremoniellen Route folgt die königliche Familie bei besonderen Anlässen mit ihren Kutschen und Limousinen. Auf der Ostseite des **Green Park** [G/H10] führt ein Spazierweg nördlich zur Straße Piccadilly in **Mayfair** 13. Hier kann man z. B. im Ritz Hotel stilvoll den Afternoon Tea genießen (s. S. 45) oder entlang der Schaufenster der edlen Boutiquen in der Old Bond Street bummeln. In Richtung Osten gelangt man zu Fuß (oder mit Bus Nr. 38) zum **Piccadilly Circus** 16. Von hier aus ist es nur ein kurzer Spaziergang bis zum **Leicester Square** 19, wo verschiedene Kioske vergünstigte Tickets für die großen Bühnen Londons und die neuesten Musicals anbieten. Der Platz wird von Premierenkinos und Restaurants gesäumt. Gut einkehren lässt es sich in den Cafés im benachbarten **Soho** 17 und den Restaurants in **Chinatown** 18.

Vom Leicester Square sind es nur wenige Stationen mit der U-Bahn bis zur **St. Paul's Cathedral** 30 in der City of London. Von der Kathedrale spaziert man über die Millennium Bridge über die Themse und gelangt zur **Tate Modern** 43, die mit der größten Sammlung moderner Kunst in London aufwartet. Ganz in der Nähe (Richtung Osten) befindet sich auch das Theater **Shakespeare's Globe** 44. Entlang der Uferpromenade **South Bank** (s. S. 72) kann man dann zum Beispiel in Richtung Westen wieder zurück bis zur Westminster Bridge spazieren oder man gelangt in Richtung Osten vorbei an der London Bridge 50 zur **City Hall** 52, zur **Tower Bridge** 53 und zum **Tower of London** 54. Diese Strecke kann man auch mit dem Wassertaxi (River Bus, s. S. 258) abkürzen und erhält dabei den besten Ausblick auf die neue Skyline der Stadt, u. a. mit dem höchsten Hochhaus, **The Shard** 55.

London in zwei Tagen

1. Tag

Morgens

Von der U-Bahn-Station Waterloo gelangt man zur South Bank, dem südlichen Ufer der Themse. Durch die Jubilee Gardens wandert man auf das Riesenrad **London Eye** 39 zu, von dem man den Ausblick auf die Stadt genießen kann. Über die Westminster Bridge spaziert man danach zu den **Houses of Parliament** 1 und der sich anschließenden **Westminster Abbey** 3. Wer die Abtei besuchen möchte, sollte vorher online buchen, um Wartezeiten zu vermeiden. Nach Norden, die Straße Whitehall hinauf, gelangt man weiter ins Regierungsviertel mit der **Downing Street No. 10** 4, dem Amtssitz des Premierministers. An ihn schließen sich die **Horse Guards** 5 an, wo man bei der Wachablösung berittener Offiziere zuschauen kann. Die Stra-

London aus der Vogelperspektive sieht man in einer Gondel des London Eye 39

ße mündet in den **Trafalgar Square** (7), den offiziellen Mittelpunkt der Stadt London. Von hier zweigen wichtige Straßenachsen ab und Busse fahren in alle Richtungen. An der Nordseite ragt die **National Gallery** (8) auf, gleich dahinter liegt die **National Portrait Gallery** (9). Rund um den Platz bieten sich Cafés und Restaurants für eine Pause an.

EXTRATIPP

Stadtrundfahrt mit dem Linienbus

Die Linienbusse 9, 15, 38 und 159 fahren an den wichtigen Sehenswürdigkeiten im Stadtbereich vorbei. So bekommt man auf preiswerte Art eine Stadtrundfahrt – wenn auch ohne Erläuterungen. Die Linien werden von den neuen Modellen der berühmten „Routemaster"-Doppeldeckerbusse bedient, die seit 2012 im Dienst sind (Busfahrplan zum Download unter www.visitlondon.com/traveller-information/getting-around-london/london-maps-and-guides/free-london-travel-maps).

062lo-ln

Mittags

Vom Trafalgar Square gelangt man zu Fuß (oder mit der Buslinie 9) durch den Admiral's Arch, über die Prachtstraße Pall Mall und vorbei an verschiedenen königlichen Residenzen zum **Buckingham Palace** (11), dem Wohnsitz von Queen Elizabeth II. Durch den Green Park [G/H10] spaziert man dann in nördlicher Richtung weiter hinauf zur Straße Picadilly im Viertel **Mayfair** (13). Hier kann man an den Schaufenstern der edlen (und teuren) Boutiquen in der Old Bond Street (New Bond Street) entlangbummeln und die **Royal Academy of Arts** (14) besuchen.

In Richtung Osten ist es nicht weit zum **Piccadilly Circus** (16) (zu Fuß oder mit Bus Nr. 38) und von dort aus nur ein kurzer Spaziergang bis zum **Leicester Square** (19) mit den umliegenden Straßen Haymarket und Shaftesbury Avenue. Im sogenannten „Theatreland" reihen sich viele namhafte Theater aneinander und an Kiosken am Leicester Square erhält man vergünstigte Tickets für die großen Bühnen Londons und die neuesten Musicals.

Dann bietet sich ein Abstecher nach **Chinatown** (18) an, wo man z. B. in der Gerrard Street Dim Sum genießen kann. Überquert man die Shaftesbury Avenue, gelangt man weiter in das Straßengewirr des Stadtteils **Soho** (17), wo es in den Cafés entspannt zugeht.

Nach einem kurzen Spaziergang in Richtung Südosten kann man dann noch das Viertel **Covent Garden** (20) mit seinen Boutiquen, Märkten und Restaurants erkunden. Die Straße Strand führt dann wieder zurück zum Trafalgar Square, hier verkehren auch die Busse Nr. 9 und Nr. 15 (s. links).

Abends

Wer einen Restaurantbesuch geplant hat, sollte vorher reservieren. Ansonsten kann man sich am Leicester Square, in Soho oder Covent Garden ins touristische Geschehen stürzen. Wer ein Konzert besuchen möchte, kann in vielen Klubs auch in angeschlossenen Cafés essen, z.B. in Jazzklubs wie **Ronnie Scott's** (s. S. 184).

2. Tag

Morgens

Bei gutem Wetter bietet sich ein entspannter Bummel entlang des Südufers der Themse, der South Bank, an. Auf der Uferpromenade Jubilee Walkway gelangt man vom **London Eye** (39) in Richtung Osten zum **Southbank Centre** (40) mit der Royal Festival Hall und der Hayward Gallery und erreicht gleich anschließend das **National Theatre** (41). Die Promenade führt weiter bis zur **Tate Modern** (43), einer der bedeutendsten Galerien für moderne Kunst in London. Im Sommer laden davor Terrassencafés ein, von denen aus man einen tollen Blick auf die Fußgängerbrücke Millennium Bridge hat. Im Hintergrund ragt die Kuppel der **St. Paul's Cathedral** (30) in der City auf. Bei einem kurzen Abstecher über die Brücke kann man die Kathedrale gleich mitbesichtigen.

Mittags

Weiter geht es am Südufer der Themse, bis man den Bezirk Southwark mit **Shakespeare's Globe** (44) erreicht. Shakespeares Theater aus dem 16. Jh. wurde originalgetreu rekonstruiert. Beim St. Mary Overie Dock kann man dann den Nachbau des Seglers **Golden Hinde II** (47) von Sir Francis Drake aus dem Jahr 1577 besichtigen und ein paar Meter weiter steht die älteste gotische Kirche Londons, die **Southwark Cathedral** (48). Am Fuß der Kathedrale erstreckt sich der **Borough Market** (49). Hier findet man zur Mittagszeit an den Markt- und Imbissständen eine große Auswahl an leckerem Essen, in den Gässchen drumherum kann man gut Kaffeetrinken. Im Hintergrund erhebt sich **The Shard** (55), Londons höchstes Hochhaus (für den Besuch der Aussichtsplattform ist eine Reservierung nötig). Rund um das Gebäude und die City Hall erstreckt sich das London Bridge Quarter mit dem More London Place. Hier gibt es Gelegenheit zur Entspannung in einem der Cafés und Restaurants. Durch eine kleine Passage gelangt man auf den Vorplatz des modernen Rathauses der Stadt, der **City Hall** (52) von Sir Norman Foster, und sieht nun bereits die **Tower Bridge** (53) und den **Tower of London** (54).

Abends

Wer eine der Vorstellungen im Shakespeare's Globe besucht, kann danach in eines der Restaurants an der South Bank einkehren oder einen Abstecher in die **Bermondsey Street** [M10/11] machen. Sie zweigt vor dem More London Place nach Süden von der Tooley St. ab und bietet eine ganze Reihe von modernen Restaurants und Cafébars. Mit Aussicht dinieren kann man z.B. im Steakhouse Gaucho (s. S. 177) bei der Tower Bridge oder in den schicken Restaurants im Shard (55). Wer das Nachtleben sucht, kann die East-End-Bezirke **Shoreditch, Hoxton und Dalston** (71) unsicher machen. Hier gibt es Pubs und Cafébars, in denen DJs auflegen oder Bands spielen, und zahlreiche Klubs, in denen man die Nacht durchtanzen kann.

London in fünf Tagen

Für die Gestaltung der ersten zwei Tage siehe „London in zwei Tagen“ auf Seite 15.

3. Tag

Morgens

Mit der U-Bahn gelangt man zur Station South Kensington. Von dort führt die Exhibition Road zum **Victoria & Albert Museum** 96, dem **Natural History Museum** 98 und dem **Science Museum** 97. (Wahlweise beginnt man den Rundgang bei der Station Knightsbridge und stattet zuerst dem **Kaufhaus Harrods** 95 einen Besuch ab.) Weiter in Richtung Norden erstreckt sich das große Gelände des **Hyde Park** 88 mit dem Serpentine Lake. Wer möchte, kann hier die **Serpentine Gallery** 89 besichtigen. An dem See befinden sich Cafés und Imbisse, an denen man sich ausruhen kann. Westlich schließen sich die **Kensington Gardens** mit dem **Kensington Palace** 90 an, wo mit den Prinzen William und Harry samt ihrer Familien die junge Garde der Monarchie ihr Domizil hat.

114lo-ln

115lo-ln

Mittags

Nach dem Besuch der Parks gelangt man von der Station High Street Kensington mit der U-Bahn zum **Sloane Square** in das südlich gelegene Viertel **Chelsea** (s. S. 137). Von hier aus lässt es sich entlang der **King's Road** 101 gut bummeln und einkehren. Zudem ist ein Besuch in der **Saatchi Gallery** (s. S. 163) und im **Royal Hospital** 102 empfehlenswert.

Wahlweise bietet sich auch ein Bootsausflug entlang des **Regent's Canal** bis nach **Camden** 86 an. Hierzu nimmt man die U-Bahn bis zur Station Warwick Avenue. Dort kann man in eines der Ausflugsboote umsteigen. Die Fahrt führt rund um den **Regent's Park** 84 und endet am Camden Lock. Hier kann man über den weitläufigen Markt (s. S. 192) bummeln und in den Boutiquen stöbern.

^ *Durch das Eingangstor beim Middle Temple gelangt man zu den Inns of Court* 23

< *In den Parkanlagen des Temple lässt es sich gut rasten*

Abends

Wer sich für den Bootsausflug nach Camden entschieden hat, gelangt in der Nähe der U-Bahn Chalk Farm in das Viertel unterhalb von **Primrose Hill** 85. Hier gibt es viele nette Bistros und Restaurants, wo man abends essen kann. Wer möchte, kann danach noch die Musikklubs von Camden unsicher machen.

Wer stattdessen durch Chelsea gebummelt ist, gelangt von dort schnell in den Stadtteil **Mayfair** 13. Hier kann man in einem der Gourmetrestaurants schick dinieren.

4. Tag

Morgens

Mit der U-Bahn fährt man bis zur Station Embankment am Victoria Embankment. Entlang des Themseufers gelangt man in Richtung Osten bald zum **The Temple**, dem juristischen Zentrum Londons, wo in den ruhigen Gässchen der Inns of Court die **Temple Church** 23 und der **Middle Temple** besichtigt werden können. Nach einem Spaziergang durch das Gelände erreicht man nördlich die Fleet Street, einst der Sitz der Presse, mit dem Gebäude der **Royal Courts of Justice** 24. Von dort fährt der Bus Nr. 4 vorbei an der **St. Paul's Cathedral** 30 bis zum **Museum of London** 31 in der City. Nach einer Besichtigung kann man dort in den hauseigenen Cafés entspannen.

Mittags

Von der Station St. Paul's fährt die U-Bahn bis zum Bahnhof Liverpool Street. Entlang der Bishopsgate Street wandert man nun in Richtung Süden durch den modernen Teil der **City of London** mit **Heron Tower, Cheesegrater, The Gherkin** (s. S. 71) und **Lloyd's Building** 38. Kurz vor der **London Bridge** 50 erhebt sich in einer Seitengasse das **Monument** 37. Das Denkmal erinnert an das Große Feuer im Jahr 1666, bei dem fast die gesamte mittelalterliche Altstadt abbrannte, und hat eine Aussichtsplattform. Von hier ist es nicht weit bis zum **Tower of London** 54, wo die Kronjuwelen aufbewahrt werden. Von dem vorgelagerten Tower Bridge Pier fahren Ausflugsboote in Richtung **Royal Greenwich** (s. S. 145). Dort kann man das **National Maritime Museum** 109, die **Cutty Sark** 107 und das **Royal Observatory** 110 besich-

0651o-kw

Der alte Teeclipper Cutty Sark 107 in Greenwich

066lo-sh

tigen und unterwegs den Blick auf die Docklands genießen.

Abends

Von Greenwich gelangt man mit der DLR und der London Overground bis zur Shoreditch High Street. Von hier aus führt die Commercial Street nach Süden bis zum **Spitalfields Market** 69. Rund um den Markt gibt es zahlreiche empfehlenswerte Restaurants. Wer noch etwas Besonderes erleben möchte, könnte sich z. B. einer Gruseltour auf den Spuren von Jack the Ripper durch das **East End** anschließen (s. S. 246). Sie beginnt direkt bei der Markthalle am Ten Bells Pub (s. S. 107).

Luftig und hell: das Atrium des British Museum 74

5. Tag

Morgens

Den dritten Tag könnte man mit einem entspannten Bummel über einen der Märkte Londons beginnen. Auf dem **Portobello Road Market** (s. S. 193, Mo–Sa) oder dem **Spitalfields Market** 69 (Mo–So) kann man mehrere Stunden verbringen. Hier findet man auch ausreichend Gelegenheit zum Ausruhen in den benachbarten Cafés.

Wahlweise kann man sich ansonsten auch auf den Einkaufsstraßen Oxford Street [G/H9] und Regent Street [H9] ins Gewühl stürzen.

Mittags

Von der U-Bahn Tottenham Court Road ist es nur ein kurzer Weg bis ins Universitäts- und Literatenviertel **Bloomsbury.** Nicht versäumen sollte man hier einen Besuch im **British Museum** 74. Eine Besichtigung nimmt auf jeden Fall mehrere Stunden in Anspruch.

In Richtung Norden gelangt man vorbei an der University of London zu den Bahnhöfen **St. Pancras** und **Kings Cross** 80. Entlang des Regent Canal kann man dort im Restaurant verweilen, shoppen oder Museen besuchen.

Abends

Den letzten Abend in der Metropole London könnte man noch einmal in einem ausgefallenen Restaurant abschließen, von dem aus man die abendlich erleuchtete Aussicht auf die Stadt bewundern kann, so z. B. im **City Social** (s. S. 177) im Tower 42, im **Duck and Waffle** (s. S. 177) im Heron Tower in der City oder auch einem der Restaurants an der Themse.

Das gibt es nur in London

Einige der althergebrachten Rituale der britischen Monarchie geben Zuschauern die Gelegenheit, livrierte Gestalten, Kutschen und Prozessionen in Aktion zu beobachten. Ein wichtiges Spektakel ist die Truppenparade ***Trooping the Colour,*** *die während des offiziellen Geburtstags der Queen im Juni stattfindet* *(s. S. 198).* *Tagtäglich kann man bei den* ***Horse Guards*** ❺ *außerdem die Wachablösung der berittenen Garde beobachten. Gardeoffiziere mit Bärenfellmützen stehen auch vor dem* ***St. James's Palace*** ❿ *auf der* ***Pall Mall*** *und beim* ***Buckingham Palace*** ⓫ *Spalier.*

Ein akribisch geplantes Ritual ist das ***State Opening of Parliament*** *im Herbst. Die Queen fährt in einer Kutsche zu den* ***Houses of Parliament*** ❶ *– die Krone wird in einer separaten Kutsche befördert – und betritt das House of Lords beim Victoria Tower am Westende des Gebäudes, wo ihr die Krone aufgesetzt und eine Staatsrobe umgelegt wird. Beim* ***Tower of London*** (54) *und im* ***Hyde Park*** (88) *werden dann gleichzeitig 41 Kanonenschüsse Salut gefeuert.*

Seit dem Jahr 1642 ist es dem britischen Monarchen nicht mehr gestattet, das Unterhaus (House of Commons) zu betreten. Damals hatte Charles I. sich gewaltsam Eintritt verschafft, um mehrere Minister zu verhaften. Heute begibt sich daher der Bote der Queen („Black Rod") zum Unterhaus und beruft die Mitglieder ins House of Lords. Dort verliest die Queen von ihrem Thron aus die Ansprache des Premierministers für die kommende Amtsperiode. Zuschauer können die Prozession der Kutsche an den Straßen Pall Mall und Whitehall beobachten.

Jedes Jahr muss sich der ***Lord Mayor*** *formell der Königin präsentieren. Am zweiten Samstag im November verlässt er um 11 Uhr seinen Sitz, das* ***Mansion House,*** *und zieht in einer Prozession zu den* ***Royal Courts of Justice*** (24) *und wieder zurück. Er reist in einer historischen Kutsche aus dem Jahr 1757 und wird von einer Parade begleitet (Lord Mayor's Show).*

Im Jahr 2013 wurde erst zum zweiten Mal seit 1189 eine Frau in das Amt des Mayors gewählt, und zwar die Anwältin Fiona Woolf. Der amtierende Lord Mayor ist Charles Bowman.

Die uniformierten Queen's Guards sind immer ein beliebtes Fotomotiv

Westminster und Trafalgar

Von der Westminster Bridge eröffnet sich der beste Blick auf die Houses of Parliament ❶*, die Regierungsgebäude mit dem berühmten Uhrenturm, der im Volksmund nach seiner schwersten Glocke Big Ben genannt wird (offiziell: Elizabeth Tower). Seit Mitte des 19. Jh. wird das Königreich von hier aus von den Kammern des Unterhauses (House of Commons) und des Oberhauses (House of Lords) regiert.*

Bereits im 11. Jh. wählte Edward the Confessor (1042–1066), der letzte angelsächsische Monarch, den Platz an der Themse in der Nähe der Westminster Abbey ❸ für den Bau seines Westminster Palace. Bis ins 16. Jh. hinein residierten hier die englischen Könige, dann zog das Parlament ein. Henry VIII. erbaute den mächtigen **Whitehall Palace**, der jedoch 1698 den Flammen zum Opfer fiel. Lediglich das Banqueting House ❻ überlebte. Die Straße Whitehall erinnert noch an den Palast, der zu seiner Zeit einer der größten in Europa war. Entlang der Whitehall spaziert man durch das Regierungsviertel, wo der Premierminister seinen Sitz in der Downing Street No. 10 ❹ hat, und erreicht schließlich den Trafalgar Square ❼.

140lo-ln

❶ Houses of Parliament ★★★ [I11]

Die **Westminster Bridge** führt zum Osteingang des **Parlaments** mit dem House of Commons. Schon der Poet William Wordsworth (1770–1850) hielt in seinem Gedicht „Auf der Westminster Bridge" den erhabenen Anblick fest, der sich hier bietet: „... wer ginge dran vorbei und nicht gerührt, ein Anblick majestätisch; ungekürt ..." Charles Barry (1795–1860), der Architekt der Houses of Parliament, entwarf auch die Details der Brücke. Im House of Commons sind die Ledersitze der Abgeordneten grün, daher wurden auch die schmiedeeisernen, goldverzierten Laternenpfähle der Brücke grün angestrichen.

Das Parlament hatte bis 1834 in den verbliebenen Räumlichkeiten des mittelalterlichen Westminster Palace getagt. Nachdem diese fast vollständig niederbrannten, gewannen die Architekten Charles Barry und Augustus Pugin die Ausschreibung für den Neubau im neogotischen Stil.

◁ *Statue von Richard I. „Löwenherz" vor den Houses of Parliament*

Das Oberhaus, **House of Lords**, wurde 1847 fertiggestellt und das Unterhaus, **House of Commons**, 1852. Zwanzig Jahre später stellte man auch den weltberühmten Uhrenturm fertig, der im Volksmund **Big Ben** heißt. Bis dato offiziell als „Clock Tower" bekannt, wurde er zum Diamantenen Thronjubiläum von Queen Elizabeth II. 2012 in Elizabeth Tower umgetauft. Die weltbekannte Melodie, die die Glocken im Turm viertelstündlich spielen, nennt sich „Westminster Quarters" und basiert auf Händels „Messias". Allerdings wird der Glockenturm bis 2021 renoviert und die Glockenschläge werden erst danach wieder zu hören sein.

Der Parlamentskomplex zeigt deutliche Paralellen zum Whitehall Palace von Henry VIII.: Es gibt mehr als 1000 Räume, hunderte von Treppen und kilometerlange Gänge. Zudem gibt es acht verschiedene Bars bzw. Restaurants zu verzeichnen, in denen die Parlamentarier fein essen und in den Nächten langer Debatten auch das ein oder andere Glas trinken können – das kostet die Steuerzahler mehrere Millionen Pfund pro Jahr. Die Angehörigen der verschiedenen Parteien bleiben dabei streng voneinander getrennt. Der viktorianische Palast soll in den nächsten Jahren für 3,5 Mrd. Pfund renoviert werden; dann müssen die Parlamentarier vorübergehend eine neue Bleibe finden.

Bei einer Besichtigung der Houses of Parliament gelangt man auch in die

Der neogotische Palast der Houses of Parliament entstand Mitte des 19. Jh.

Demokratische Geschichte von 1215 bis heute

Die Briten sind stolz auf den frühen Beginn ihrer demokratischen Geschichte: Bereits vor 800 Jahren, am 9. Mai 1215, erwirkten 25 Barone die Zustimmung zur ***Magna Carta*** *von König John. Sie beschnitt die Macht des Königs gegenüber den Bürgern und war die weltweit erste Niederschrift von Bürgerrechten. Unter Simon de Montfort setzten sich Adelige gegen hohe Besteuerung zur Wehr und man berief 1265 ein Parlament ohne Anwesenheit des Königs Henry III. ein. Der nachfolgende Herrscher Edward I. erkannte die Notwendigkeit für Reformen und etablierte eine ständige Ratsversammlung, den Great Council, der auch als* ***Model Parliament*** *(1295) bezeichnet wurde. Hier kamen Vertreter des Adels, des Klerus und der Bürger zusammen. Er gilt als Vorläufer des späteren Parlaments.*

Im 14. Jahrhundert zeichnete sich die Bildung der zwei Parlamentskammern, Oberhaus und Unterhaus, ab. ***Charles I.*** *(1625–1649) wollte absolutistisch regieren und versuchte 1642 sogar, im House of Commons aufrührerische Parlamentsmitglieder zu verhaften. Dies begünstigte den Ausbruch des* ***Englischen Bürgerkriegs,*** *in dem Charles von puritanischen Republikanern hingerichtet wurde. Seitdem ist es übrigens keinem Monarchen mehr gestattet, das Unterhaus persönlich zu betreten* *(s. S. 21).*

1688 kam es unter James II. zur ***Glorious Revolution,*** *in der das System der konstitutionellen Monarchie erstritten wurde. In der* ***Bill of Rights*** *wurden 1689 die Rechte und Pflichten des „King in Parliament" endgültig festgelegt.*

Ab dem 18. Jh. begann sich die Position des ***Prime Minister*** *abzuzeichnen, der nach und nach mehr Einfluss gewann und dann als Sprachrohr für das Parlament diente. Heute hat der Premierminister eine wöchentliche Zusammenkunft mit der amtierenden Queen, in der er sie über aktuelle Regierungsbelange informiert. Die Queen übt als „Head of State" lediglich eine repräsentative Funktion aus.*

Das System der einst erblichen Ämter ***(Peerage)*** *im House of Lords wurde 1997 unter der Labour-Regierung reformiert. Heute wird ein Großteil der Mitglieder aufgrund ihrer Verdienste ernannt und erhält den Titel nicht automatisch. Dies garantiert eine breite Zusammensetzung aus verschiedenen Gesellschaftsschichten (lediglich 92 erbliche „Peers" sind verblieben), insgesamt gibt es 800 Lords.*

In den ***Houses of Parliament*** *überleben allerdings noch einige sehr* ***archaische Traditionen und Rituale.*** *Jede Parlamentssitzung beginnt noch heute mit einem Morgengebet. Beide Kammern besitzen einen sogenannten* ***Speaker,*** *der den Vorsitz über die Debatten hat und Mitglieder auch schon einmal zur Ordnung ruft, wenn es hoch hergeht. Bei jeder Parlamentssitzung betritt der Speaker das Haus in einer kleinen* ***Prozession,*** *bei der ein vergoldetes Zepter als Zeichen seiner Amtswürde vor ihm hergetragen wird.*

Wenn eine ***Abstimmung*** *stattfindet, werden die Mitglieder (Members of Parliament – MPs) auf komplizierte Weise gezählt: Je nachdem, ob sie mit Ja oder Nein abstimmen, müssen sie sich hierfür in zwei verschiedenen Räumen versammeln.*

Bei vollem Parlament entsteht so eine lange Prozession aus dem Parlament in einen dieser Räume. Beim Verlassen des Raums durch eine Tür am gegenüberliegenden Ende erfolgt die Zählung durch Türsteher. Wenn eine Abstimmung wiederholt werden muss, sind die Abgeordneten manchmal stundenlang auf den Beinen.

Traditionell sitzen sich im House of Commons die Mitglieder der ***Oppositionsparteien Tories*** *(Konservative) und* ***Labour*** *(Sozialdemokraten) auf Bänken gegenüber. Die Tories halten 330 und Labour 229 Sitze. Die in Schottland regierende, linksgerichtete SNP (Scottish National Party) ist mit 54 MPs die drittgrößte Partei, während die linksliberalen Liberals nur neun Sitze und die Grünen nur einen Sitz haben. Die populistische, europafeindliche United Kingdom Independence Party (UKIP) ist seit dem durch Volksabstimmung beschlossenen Austritt aus der EU „Brexit" bedeutungslos geworden.*

In dem viktorianischen Raum gibt es leider nicht genug Sitze für alle Abgeordneten, sodass bei vollem Haus viele MPs stehen müssen. Der Speaker, der die Sitzungen leitet, sitzt am Kopfende des Raums. Während der Debatten treten abwechselnd Vertreter der Regierungspartei und der Opposition ans Rednerpult in der Mitte, dabei darf eine Trennlinie nicht überschritten werden.

Die Vorträge werden von den Mitgliedern durch Ausrufe oder Raunen kommentiert, so zum Beispiel mit „hear, hear". Ganz in der britischen Tradition enthalten die Wortgefechte auch immer viel Humour.

Westminster Hall, die das Feuer von 1834 überlebte. Ursprünglich im Jahr 1097 erbaut, ist sie der älteste noch verbliebene Teil des historischen Westminster Palace. Sie besitzt den größten mittelalterlichen Dachstuhl mit Stichbalken in Nordeuropa (20,70 x 73,20 m). Das Dach wurde 1393 von Richard II. in Auftrag gegeben und vom Baumeister Henry Yevele gestaltet. Heute wird die Halle für viele offizielle Anlässe genutzt.

Im Rahmen einer Führung erfährt man auch, wo sich am 5. November 1605 der **Gunpowder Plot** ereignete. Vom Keller des Gebäudes aus versuchten katholische Verschwörer – darunter auch **Guy Fawkes** – König James I. mit Schwarzpulver in die Luft zu sprengen. Danach wollten die Rebellen einen katholischen Monarchen auf den Thron setzen. Fawkes und seine Mitverschwörer wurden jedoch ertappt und grausam hingerichtet. Bis heute werden die Keller des Hauses jedes Jahr vor der Parlamentseröffnung, wenn die Queen das House of Lords betritt, nach einem festgelegten Ritual durchsucht.

› **Parliament Square**, Victoria Embankment, U: Westminster (District/Circle/Jubilee Line), Vorausbuchung: Tel. 72194114, www.parliament.uk/visiting/visiting-and-tours, geführte Touren (Dauer ca. 90 Min.): Erw. £ 26,50, erm. £ 22, Kinder (5–15 Jahre) £ 11,50. Führungen ganzjährig samstags und an ausgesuchten Daten in den Parlamentsferien (siehe Website). Eintritt Audiotouren (Audioguide in deutscher Sprache): Erw. £ 19,50, erm. £ 17, Kinder (5–15 Jahre) pro zahlendem Erwachsenen ein Kind frei, jedes weitere £ 8. **Eine Vorausbuchung ist in jedem Fall notwendig.** Die Tour kann auch mit einem Afternoon Tea im Terrace Pavilion der House of Commons (zuzügl. £ 30, Kinder £ 15) kombiniert werden.

2 Lambeth Palace und Garden Museum ★★ [J12]

Von der Südseite des Parlaments lohnt ein Abstecher über die Lambeth Bridge zum Lambeth Palace auf der anderen Seite der Themse. Im Gegensatz zur Westminster Bridge ist die **Lambeth Bridge,** die vom Palast zur Südseite der Houses of Parliament 1 führt, rot angestrichen – im Einklang mit den roten Ledersitzen des Oberhauses. Zudem ist Purpurrot von jeher die mit dem Bischofsamt verbundene Farbe und im **Lambeth Palace** residierte bereits im 13. Jh. der Erzbischof von Canterbury, der seit dem 16. Jh. neben dem Monarchen die zweithöchste Instanz der anglikanischen Kirche darstellt. Damals brach Henry VIII. mit dem katholischen Rom und machte sich selbst zum Oberhaupt der anglikanischen Kirche.

Der Palast besteht aus einer Mischung von architektonischen Stilen. Die **Langton's Chapel** und die Krypta gehen auf die Gründungszeit des Gebäudes zurück, das Eingangstor **Morton's Tower** entstand 1490. In der Gemäldegalerie des Guard Room kann man verfolgen, wie die Roben der Bischöfe sich über die Jahrhunderte hinweg veränderten. 1827 wurde der stark verfallene Gebäudekomplex von Edward Blore (1787–1897), der auch den Buckingham Palace 11 fertigstellte, restauriert und nach dem Zweiten Weltkrieg musste erneut repariert werden.

Neben dem Palast kann man dem **Garden Museum** einen Besuch abstatten. In der entweihten Kirche **St. Mary-at-Lambeth** erfährt man anhand von Objekten und Dokumenten, wie britisches Gartendesign sich vom 17. Jh. bis heute verändert hat. Ein romantischer Schaugarten wurde auf dem ehemaligen Friedhofsgelände rund um die Kirche eingerichtet. Hier findet sich noch das Grab von **John Tradescant** Senior (ca. 1570–1638), dem ersten großen Gärtner und Pflanzensammler Englands.

› **Lambeth Palace,** Lambeth Palace Road, Lambeth, U: Vauxhall, Tel. 78981200, www.archbishopofcanterbury.org/about-lambeth-palace. Besichtigung im Rahmen einer der geführten Touren, die allerdings nur unregelmäßig stattfinden und meist schnell ausverkauft sind (Termine s. Website), Tickets £ 12.

› **Garden Museum,** Tel. 74018865, www.gardenmuseum.org.uk, So–Fr 10.30–17, Sa 10.30–16 Uhr (geschl. jeden ersten Montag im Monat), Eintritt: Erw. £ 10, erm. £ 8,50, Kinder bis 6 Jahre frei

3 Westminster Abbey ★★★ [I11]

Wieder zurück auf der anderen Themseseite steht nördlich der Houses of Parliament die Abtei, mit deren Bau bereits **Edward the Confessor** begann. 1042 ließ er auf den Fundamenten einer Benediktinerkirche aus dem 7./8. Jh. eine neue Kirche und ein Benediktinerkloster im normannisch-romanischen Stil errichten. Der Normanne William the Conqueror ließ sich 1066 nach seinem Sieg über die Angelsachsen hier krönen – wie auch alle englischen Monarchen nach ihm.

Unter Henry III. wurde das Gebäude im Stil der **frühen englischen Gotik** erweitert und für die Gebeine Edwards wurde ein Schrein errichtet. Erst um 1517 wurde der Bau von Henry Yevele fertiggestellt. Die gewaltige Abtei wurde zum größten Mausoleum Großbritanniens: 400 Grabdenkmäler und 3000 Gedenktafeln erinnern an Herrscher, Politiker und Künstler. Nicht nur **Krönungsfeierlichkeiten** finden hier statt, sondern auch **Hochzeiten** und

Taufen der königlichen Familie. Zuletzt war die Abtei Schauplatz der Hochzeit von Prinz William und Kate Middleton.

Im Rahmen der im Eintrittspreis enthaltenen Audiotour betritt man die Abtei durch das prunkvolle Nordportal, wo in der **Statesmen Aisle** große Staatsmänner wie die Premierminister William Pitt der Jüngere (1759–1806), William Gladstone (1809–1898) und Benjamin Disraeli (1804–1881) beigesetzt sind. Dann passiert man auf der rechten Seite die Orgel und das Chorgestühl. Nördlich davon finden sich Gräber und Denkmäler britischer Komponisten wie Henry Purcell (1659–1695), der hier auch als Organist fungierte, und Edward Elgar (1857–1934), dessen Stück „Nimrod" aus dem Zyklus Enigma Variations bei der „Last Night of the Proms" (s. S. 200) zum Standard gehört.

Auf der linken Seite öffnet sich der Altarraum, der das Herz der Abtei bildet. Dahinter schließt sich die von Henry Yevele im englischen Perpendikularstil angefügte Kapelle Henrys VII. (auch **Lady's Chapel** genannt) an. Hier wurden die Tudorherrscher beigesetzt, darunter Elizabeth I. und ihre katholische Halbschwester Maria I., die auch „Bloody Mary" genannt wurde, da sie so viele „protestantische Ketzer" hinrichten ließ.

Die schottische Königin Maria Stuart plante ein Komplott zur Ermordung von Elizabeth I. und wurde dafür 1587 von der Herrscherin zum Tode verurteilt. Ihr Grab befindet sich daher weiter entfernt auf der Südseite. Wendet man sich wieder in den Altarraum, befindet sich links die **Poet's Corner**, die dem Andenken an

Seit 1066 werden alle britischen Könige und Königinnen in der Westminster Abbey gekrönt

die Größen der englischen Literatur gewidmet ist: Von Geoffrey Chaucer über Dr. Samuel Johnson und Charles Dickens bis zu Rudyard Kipling sind hier viele Dichter begraben. Noch viele mehr werden mit einem Gedenkstein geehrt: Shakespeare, Jane Austen, Lord Byron, Thomas Hardy, Dylan Thomas, Lewis Caroll und Oscar Wilde sind nur einige der bekannten Namen. Zu den bekannten Persönlichkeiten aus neuerer Zeit, die hier geehrt werden bzw. begraben sind, gehören z. B. Martin Luther King und Stephen Hawking.

Vom südlichen Querschiff führt ein Gang nach Norden in den hübschen Kreuzgang der einstigen Klosteranlagen. Über einen im Jahr 2018 eröffneten Turmbau zwischen Chapter House und Lady Chapel, den sog. **Weston Tower,** erreicht man die neue Besuchergalerie

Die Tudormonarchen

Die ***Ära der Tudors*** *dauerte von 1485 bis 1603 und brachte einige der schillerndsten Monarchen hervor. Das Jahrhundert ihrer Herrscherperiode war durch umwälzende politische und gesellschaftliche Änderungen gekennzeichnet und regt noch heute die Fantasie der Menschen an.*

Der Beginn der Tudorherrschaft unter ***Henry VII.*** *(reg. 1485–1509) leitete das Ende des englischen Mittelalters ein. Er legte die Grundsteine des modernen britischen Staatswesens: eine zentralisierte Regierung in London und eine bürokratische Verwaltungsmaschine. Sein Sohn* ***Henry VIII.*** *(reg. 1509–1547) sah sich mit dem Problem der durch Martin Luther 1517 ausgelösten europäischen Reformation konfrontiert.*

Nachdem er sich mit dem Papst überworfen hatte, der nicht in die Scheidung von seiner spanisch-katholischen Ehefrau Catherine d'Aragon einwilligen wollte, brach er mit Rom und machte sich selbst zum Kirchenoberhaupt der anglikanischen, protestantisch orientierten Kirche. Dies spaltete das Land in zwei Fronten: Reformatoren der calvinistischen Ideale und überzeugte Katholiken, zu denen auch seine Tochter Mary aus der Ehe mit Catherine d'Aragon gehörte. Nach Henrys Tod trieb sein jugendlicher Sohn ***Edward VI.,*** *der von 1547 bis 1553 regierte, die Reformation weiter voran. Als* ***Mary I.*** *(reg. 1553–1558) ihm jedoch nach seinem frühen Tod auf den Thron folgte, entlud sich ihr religiöser Fanatismus gegenüber den Protestanten, von denen Hunderte auf dem Scheiterhaufen endeten, was ihr den Beinamen „Bloody Mary" einbrachte.*

Unter ***Elizabeth I.*** *(reg. 1558–1603), Henrys Tochter aus der Ehe mit Anne Boleyn, folgte eine wirtschaftliche Blüte und man ging siegreich aus dem Krieg gegen das mächtige Spanien hervor. Elizabeth I. etablierte die Church of England als einen Kompromiss aus der katholischen und protestantischen Glaubensrichtung und vereinte die Nation. Elizabeth förderte viele Seefahrer und Entdecker wie Francis Drake und Walter Raleigh, die die Neue Welt erkundeten und Reichtümer für die Krone erbeuteten. Ihre fähigen Seekapitäne schlugen 1588 einen Angriff der spanischen Armada nieder und garantierten eine Vormachtstellung Großbritanniens als Seemacht.*

Queen's Jubiliee Galleries im Triforium der Abtei. Viele Kirchenschätze, Gemälde, Bücher und Abbildungen mittelalterlicher Könige, die bisher zum großen Teil in Archiven lagerten, werden hier gezeigt und dokumentieren die lange Geschichte der Abtei von ihrem Bau bis heute.

› **The Chapter Office,** 20 Deans Yard, U: Westminster (District/Circle/Jubilee Line), Tel. 72225152, www.westminster-abbey.org, Abtei Mo–Fr, 9.30–15.30, Mi zusätzlich 16.30–18 (eingeschränkte Besichtigungsmöglichkeiten), Sa. 9–13 (Sept.–April) bzw. 9–15 Uhr (Mai–Aug.). Café Mo–Fr 8–18, Sa 9–17, So 10–16 Uhr, Eintritt (inkl. Audioguide) bei Onlinebuchung: Erw. £ 20, erm. £ 17, Kinder (6–16 Jahre) £ 9, „Wednesday Lates" £ 10/5 (kein Audioguide). Um lange Wartezeiten zu vermeiden, sollte man **unbedingt im Vorraus buchen.**

› **Queen's Diamond Jubilee Galleries:** Mo–Fr 10–15, Sa 9.30–14.30 Uhr. Ticket (zeitgebunden) Erw. £ 5, unter 17 Jahren frei.

4 Downing Street No. 10 ★★ [I10]

Nach einem kurzen Spaziergang auf der Straße Whitehall sieht man auf der linken Seite ein schmiedeeisernes Gitter, das von Polizisten bewacht wird. Dahinter versteckt sich **Downing Street No. 10**, seit 1735 der Sitz des Premierministers bzw. der Premierministerin. Früher gelangte man bis direkt vor die Tür, aber seit einem Anschlag durch die IRA im Jahr 1991 ist die Straße abgesperrt. Im Erdgeschoss befindet sich der Sitzungssaal des Kabinetts, darüber liegen die Privatgemächer des Premiers. Im Haus Nr. 11 hat der Schatzkanzler, d. h. der Finanzminister (Chancellor of the Exchequer), sein offizielles Domizil. Hinter der Häuserfront verstecken sich zahlreiche Verbindungsgänge zu den Ministerien und den Parlamentsgebäuden.

› U: Westminster (District/Circle/Jubilee Line). Einen Einblick in die Räumlichkeiten des Hauses erhält man unter: www.gov.uk/government/history/10-downing-street.

5 Horse Guards ★★ [I10]

Vor den Horse Guards findet sich immer eine Menschentraube. Berittene Soldaten der königlichen Leibgarde (Household Cavalry) bewachen hier den Toreingang zum Exerzierplatz und sind ein beliebtes Fotomotiv. Die uniformierten Garden begleiten die Monarchin bei offiziellen Anlässen. Angesichts der wachsenden Gefahr durch Terroranschläge sind bei den Gardeoffizieren momentan zusätzlich bewaffnete Soldaten stationiert.

00810-kw

Die Horse Guards sind die Leibgarde der Queen

Auf dem dahinterliegenden Exerzierplatz Horse Guards Parade findet jeden morgen um 11 Uhr (So 10 Uhr) die **Wachablösung** statt, wo man die exerzierenden Soldaten beobachten kann. Alljährlich im Juni inspiziert hier die Queen beim sogenannten **Trooping the Colour** (s. S. 198) ihre Truppen. Im **Household Cavalry Museum** kann man interessante historische Uniformen, Silberwaren und Waffen aus der langen Geschichte der Garde besichtigen.

› The Household Cavalry Museum, Horse Guards, Whitehall, U: Charing Cross (Northern/Bakerloo Line), Tel. 79303070, www.householdcavalrymuseum.co.uk, April–Okt. 10–18, Nov.–März 10–17 Uhr, Erw. £ 8, erm. und Kinder (5–15 Jahre) £ 6

KURZ & KNAPP

Der Cenotaph

In der Mitte der Fahrbahn der Straße Whitehall ragt der **Cenotaph** auf. Er wurde 1919 von Sir Edwin Lutyens geschaffen, um an die Toten des Ersten Weltkriegs zu erinnern. Am **Remembrance Day,** dem Sonntag vor oder nach dem 11. November – der Tag, an dem 1918 der Erste Weltkrieg endete –, findet in London eine Parade zum Gedenken an die Gefallenen beider Weltkriege und aller nachfolgenden Kriege statt. Auch die Queen legt am Cenotaph einen Kranz nieder. In ganz Großbritannien und den Commonwealth-Ländern wird dann außerdem um genau 11.11 Uhr eine Schweigeminute abgehalten.

6 Banqueting House ★★ [I10]

Die Fassade des Banqueting House aus dem Jahr 1622 zieht zwar nicht sofort die Aufmerksamkeit auf sich, das Gebäude hat jedoch eine besondere Bedeutung. Es gehörte einst zum **Palace of Whitehall,** der 1698 abbrannte. Es ist außerdem eines der wenigen erhaltenen Bauwerke des Architekten **Inigo Jones** (s. S. 166). Dieser war der erste Architekt, der den palladianischen Stil, einen Vorreiter des Klassizismus, in England durchsetzte.

Der große Saal des Hauses wurde für Bankette und Audienzen genutzt und der absolutistische Monarch Charles I. gab die Deckengemälde bei **Peter Paul Rubens** in Auftrag. Sie zeigen Charles und seinen Vater als gottgleiche Herrscher. Das Gebäude mit der beeindruckenden Rubens-Decke kann besichtigt werden.

Die Politik des Königs, der das Parlament terrorisierte und auflöste, gipfelte schließlich im Bürgerkrieg und kostete ihn das Leben. Am 30. Januar 1649 wurde vor dem Banqueting House ein Schafott errichtet und Charles wurde geköpft. Sein Sohn, Charles II., der die Monarchie nach 11 Jahren der Republik wiederherstellte, ließ später am Trafalgar Square eine Statue seines Vaters aufstellen.

› Whitehall, U: Charing Cross (Northern/Bakerloo Line), Tel. 08707515178, www.hrp.org.uk, Mo–So 10–17 Uhr (Winter bis 16 Uhr), Erw. £ 6,50, erm. 5,50 £, Kinder unter 16 Jahren frei. Das Museum wird manchmal kurzfristig wegen Veranstaltungen geschlossen, aktuelle Infos findet man auf der Website.

Die Nelson-Säule bildet das Zentrum des Trafalgar Square

009lo-fo©SakhanPhotography

7 Trafalgar Square ★★ [I10]

Die Straße Whitehall mündet in den Trafalgar Square. Er ist nicht nur einer der zentralsten Plätze der Stadt, sondern sogar das offizielle Zentrum von London. Von der Verkehrsinsel an der Ecke Strand/Charing Cross Road, auf der die berittene Statue von Charles I. steht, werden alle Entfernungen innerhalb der Stadt gemessen. Viele Straßen laufen hier zusammen und man gelangt schnell ins **Theatreland**, nach **Soho** 17 und nach **Covent Garden** 20.

Der Trafalgar Square ist immer von Menschen bevölkert. Londoner feiern hier traditionell die Silvesternacht und das ganze Jahr hindurch finden Veranstaltungen statt. Der Platz wurde gegen Ende des 19. Jh. nach einem Entwurf von Charles Barry angelegt. Bereits unter George IV. wurde John Nash damit beauftragt, die einstigen königlichen Stallungen, die Great Mews, abzureißen, wodurch die riesige Fläche entstand. Der große **Springbrunnen** in der Mitte aus dem Jahr 1939 stammt von Edwin Luytens, der auch den Cenotaph (s. S. 30) entwarf.

Überwacht wird der Trafalgar Square von der Statue von Lord Nelson, die sich auf der 56 m hohen **Nelson's Column** befindet. Nachdem Horatio Nelson 1805 die britische Flotte in der Schlacht von Trafalgar zum Sieg führte, war die Gefahr durch Napoleon gebannt und Großbritannien stieg zur größten imperialen Seemacht auf. Am Fuß der Säule sitzen vier dekorative **Bronzelöwen** von Edwin Landseer aus dem Jahr 1867.

Statuen von George IV., General Napier und General Havelock zieren drei Ecken des Platzes. Der nordwestliche Sockel, genannt **Fourth Plinth**, blieb jedoch leer. Seit 1998 wird er zur Ausstellung von ungewöhnlichen Kunstobjekten genutzt. Jedes Jahr bekommt ein anderer Künstler die Chance, hier sein Werk zu präsentieren.

› U: Charing Cross (Northern/Bakerloo Line)

8 National Gallery ★★★ [I10]

Das Gebäude der National Gallery entstand von 1832 bis 1838 unter der Leitung des Architekten **William Wilkens** (1778–1839). Bereits bei der Fertigstellung bemängelten kritische Stimmen den Bau. Hinter der grandiosen Fassade verbargen sich eher beengte Räume, die schon bald nicht mehr ausreichten. Von 1837 bis 1868 hatte dort außerdem die Royal Academy of Arts 14 ihr Domizil. Das **Museum** hat im Laufe der Jahre viele **Anbauten** erhalten, nicht zuletzt im Jahr 1991 den Sainsbury Wing, der von Lord Sainsbury finanziert wurde. Dort sind heute vornehmlich die Werke aus der Periode der Renaissance untergebracht.

Die Sammlung der **größten Gemäldegalerie der Welt** wuchs über mehrere Jahrhunderte auf ihren heutigen Umfang von 2300 Werken an. Den Grundstock bildeten 38 Gemälde aus der Sammlung des Geschäftsmannes **John Julius Angerstein**, der diese 1824 an die britische Regierung verkaufte. Erweitert wurde die Galerie durch Schenkungen von Sir Robert Peel im Jahr 1871 und J. W. M. Turner im Jahr 1865. Danach kauften die Direktoren Gemälde vieler historischer Perioden aus dem In- und Ausland ein, um eine große Bandbreite an Kunststilen zu präsentieren. Zu besichtigen sind heute Werke holländischer, flämischer, französischer, italienischer und spanischer Meister vom 13. bis zum frühen 20. Jh. Darunter befinden sich weltbekannte Gemälde wie van Goghs „Sonnenblumen" und Botticellis „Venus und Mars".

› Trafalgar Square, U: Charing Cross (Northern/Bakerloo Line), www.nationalgallery.org.uk, Tel. 77472885, tgl. 10–18, Fr bis 21 Uhr, Eintritt frei

9 National Portrait Gallery ★★★ [I9]

In der National Portrait Gallery sind Hunderte von **Porträts bekannter Briten** vom späten 14. Jh. bis heute zu bewundern, darunter Monarchen, Wissenschaftler, Künstler, Literaten, Architekten und Politiker. Nach dem Besuch kann man vielen Namen, von denen man vielleicht schon einmal gehört hat, auch ein Gesicht zuordnen. Zu sehen sind viele Gemälde berühmter Maler, z. B. die von Hans Holbein (1497–1543), der lange Zeit Hofmaler der Tudors war. Holbein malte u. a. auch das Porträt der Deutschen Anne of Cleves, der dritten Frau von Henry VIII. Angeblich ließ sich der König von dem Porträt, das heute allerdings im Louvre hängt, zur Heirat mit Anne verleiten. Die Ehe mit der für damalige Geschmäcker eher nüchternen Schönheit ließ er allerdings kurz darauf wieder annullieren. Zu den Ausstellungsstücken aus der neueren Zeit gehört inzwischen auch eine Sammlung an **Fotografien**. Zudem werden **Wechselausstellungen** gezeigt.

› St. Martin's Place, U: Charing Cross (Northern/Bakerloo Line), Tel. 73060055, www.npg.org.uk, tgl. 10–18, Fr bis 21 Uhr, Eintritt frei, außer Sonderausstellungen

Kulinarisches

1 [I10] **Boyds Brasserie** £££, 8 Northumberland Avenue, Westminster, Tel. 78083344, www.boydsgrillandwinebar.co.uk, Frühstück Mo–Fr 7–11, Sa 7.30–12, So 8–12, Lunch Mo–Fr 12–15, Dinner Mo–Sa 17–22, Bar Mo–Sa 12–24, So 12–21 Uhr. Stilvolle Restaurant-Bar, die Küche ist Modern British.

› **Herman Ze German** (s. S. 175). In diesem deutschen Restaurant gibt es gute Wurst.

EXTRATIPP

St. Martin-in-the-Fields

An der Ostseite des Trafalgar Square erhebt sich St. Martin-in-the-Fields mit ihrem schlanken Turm und dem klassizistischen Eingangsportal. Sie ist eine der **„Queen-Anne-Kirchen"**, die im 18. Jh. von der damaligen Königin in Auftrag gegeben wurden. Die 1720 von James Gibbs (1682–1754) gestaltete Kirche diente später als Vorbild vieler Kirchen in Nordamerika. Gibbs' Bauwerk entstand auf den Grundmauern einer früheren Kirche, die Henry VIII. 1542 außerhalb der Grenzen des Whitehall Palace errichten ließ, damit Pestkranke nicht über seine Ländereien wanderten. In der Krypta befindet sich heute ein beliebtes **Café** und die Kirche veranstaltet regelmäßig **Konzerte** von Klassik bis Jazz. Für die Abendkonzerte muss man Tickets buchen, aber unter der Woche kann man z. B. Mo, Di und Fr zur Mittagszeit kostenfrei Musik hören.

★**5** [I10] **St. Martin-in-the-Fields,** Trafalgar Square, www.stmartin-in-the-fields.org, Tel. 77661100, Café in the Crypt: Mo, Di 8–22, Mi 8–20 (danach nur für Besucher mit Konzerttickets), Do–Sa 10–21, So 11–18 Uhr

010lo-ln

2 [I10] **The Clarence** £, 53 Whitehall, Tel. 79304808, www.theclarencewhitehall.com. Pub mit Real Ale gleich um die Ecke vom Trafalgar Square. WLAN.

3 [J10] **The Tattershall Castle** £, Victoria Embankment, Whitehall, U: Embankment, Tel. 78396548, www.thetattershallcastle.co.uk. In diesem Bootsrestaurant an der Themse kann man beim Speisen auf den Wellen schaukeln.

› **The Vincent Rooms** (s. S. 173). Ein gute Empfehlung sind die beiden Restaurants dieser renommierten Kochschule.

Shopping

4 [I10] **Waterstones Bookshop,** The Grand Building, Trafalgar Square, U: Charing Cross, Tel. 78394411, www.waterstones.com. Mo–Sa 8.30–21, So 12–18 Uhr. Hier kann man im Buchladen stöbern und in dem angegliederten Costa Coffee Shop verschnaufen.

Die Kirche St. Martin-in-the-Fields entstand 1720

St. James's und Mayfair

In den Vierteln St. James's und Mayfair geht es vornehm zu. Entlang der Prachtallee The Mall, die am St. James's Park vorbei zum Buckingham Palace 11 *führt, befinden sich mehrere Residenzen der königlichen Familie. Mayfair, bis heute eine der teuersten Adressen in London mit Luxushotels, Gourmettempeln und schicken Geschäften, besitzt auch einige altehrwürdige Einrichtungen wie die Royal Academy of Arts* 14 *und die Royal Institution* 15*. Hier sind auch die Schneider zu finden, die die Mitglieder des Königshauses und andere illustre Kunden einkleiden.*

10 St. James's Palace, Clarence House, Spencer House ★★ [H10]

Vom Trafalgar Square 7 gelangt man durch den Admirality Arch auf die Prachtallee The Mall, die sich nördlich des **St. James's Park** entlangzieht. Sie führt direkt zum Buckingham Palace 11 und ist Teil der zeremoniellen Route, die die Mitglieder der Königsfamilie für offizielle Anlässe benutzen. Wenn die goldverzierte Kutsche der Queen hier entlangfährt, säumen viele Zuschauer die Straße.

Der Park ging aus einem Jagdrevier Henrys VIII. hervor und wurde durch den Hofarchitekten der Regency-Periode, John Nash (1752–1853), in seine heutige Form gebracht. Der See des Parks ist der Überrest des Flusses Tyburn, der einst die Gegend überflutete. Hier gibt es heute zwei kleine Inseln, auf denen auch Vögel nisten. Seit 1664 befinden sich darunter auch Nachkommen von zwei Pelikanen, die Charles II. 1664 als Geschenk erhielt.

Auf dem Weg zum Buckingham Palace passiert man den **St. James's Palace.** Das Gebäude entstand zwischen 1531 und 1536 unter Heinrich VIII. und wurde durch Anbauten erweitert. Vielen Monarchen diente der Palast trotz seiner eher bescheidenen Größe als Residenz, später wurde er dann hauptsächlich für Staatsgeschäfte genutzt. Bis heute ist St. James's Palace der offizielle Sitz von Prinz Charles und den Prinzessinnen Beatrice und Eugenie und wird permanent von Leibgardisten mit ihren Bärenfellmützen bewacht.

Von John Nash stammt das benachbarte **Clarence House** aus dem Jahr 1827. Hier lebte die amtierende Queen Elizabeth II. als junge Frau, danach zog ihre Mutter, die Queen Mother (1900–2002), dort ein. Auch Clarence House ist eine offizielle Residenz von Prinz Charles, aber auch für seine Söhne und deren Hofstaat. Im Sommer kann man das Haus während einer geführten Tour besichtigen.

Nördlich davon steht **Spencer House**, das 1766 für den ersten Earl of Spencer, einen Vorfahren der verstorbenen Prinzessin Diana, entstand.

› St. James's Park, U: Westminster (District/Circle/Jubilee Line) oder St. James's Park (District/Circle Line), www.royalparks.org.uk, tgl. 5–24 Uhr

› **Clarence House,** St. James's Palace, U: Green Park, www.royalcollection.org.uk/visit/clarencehouse, geführte Touren: 1.–31. August Mo–Fr 10–16.30, Sa, So 10–17.30 Uhr, Eintritt: Erw. £ 10,30, Kinder (5–17 Jahre) £ 6,20

› **Spencer House,** 27 St. James's Place, Tel. 75141958, www.spencerhouse.co.uk, geführte Touren: So (außer August) 10.30–16.45 Uhr, Erw. £ 12, erm. £ 10

11 Buckingham Palace und Queen's Gallery ★★★ [H11]

Am Ende von The Mall erhebt sich der Buckingham Palace, vor dem das 25 m hohe **Victoria Memorial** aufragt. Das Monument aus weißem Marmor mit goldenem Aufsatz entstand ebenso wie der Memorial Garden zum Gedenken an die 1901 verstorbene Königin. Während Victorias Regentschaft (1837–1901), die auch als viktorianisches Zeitalter bekannt ist, erlebte das Land eine ungeahnte wirtschaftliche Blüte und das britische Empire stieg zur dominierenden Weltmacht auf. Es war aber auch durch puritanische Moralvorstellungen und eine strenge Etikette gekennzeichnet, die sich auf den Lebensstil aller Bürger auswirkte.

Nachdem der Tudorpalast Whitehall abgebrannt war, dienten der Kensington Palace 90 und der St. James's Palace 10 als Sitz der Regenten. Als Königin Victoria 1837 mit 18 Jahren den Thron bestieg, zog sie in den Buckingham Palace, um ihrer dominanten Mutter zu entfliehen. Bereits unter George IV. hatte **John Nash** mit dem Ausbau des einstigen Buckingham House begonnen, doch wegen zu hoher Kosten ließ William IV. die Bauarbeiten von **Edward Blore** beenden. Nach Victorias Heirat mit dem Deutschen Prinz Albert wurde der Palast unter dessen Führung von Thomas Cubitt gründlich modernisiert. Seitdem ist er der **Hauptsitz der amtierenden Monarchen.**

Wenn die amtierende Queen Elizabeth II. zugegen ist, weht die royale Standarte vom Dach des Palastes. Vom

Vor dem Buckingham Palast, dem Wohnsitz der Queen, versammeln sich immer viele Touristen

Balkon des Ostflügels zeigt sich die königliche Familie bei offiziellen Anlässen. Dann versammeln sich Tausende von Zuschauern vor dem Zaun. Die Zeremonie der Wachablösung (**Changing of the Guard**) im Vorhof des Palastes findet meist um 11.30 Uhr statt (genaue Zeiten siehe www.changing-the-guard.com). Im Sommer haben Besucher Zutritt zu den **State Rooms** des Palastes. Mit einem Kombiticket kann man zusätzlich noch die Stallungen **Royal Mews** und die beeindruckende Kunstsammlung der Monarchin in der **Queen's Gallery** besichtigen.

› www.rct.uk, U: Green Park (Jubilee/Piccadilly/Victoria Line)
› **Öffnungszeiten:** State Rooms 20. Juli–31. Aug. tgl. 9.30–19 (letzter Eintritt 17.15), 1.–29. Sept. 9.30–18 Uhr (letzter Eintritt 16.15 Uhr); Queen's Gallery 20. Juli–29. Sept. tgl. 9.30–17.30, sonst 10–17.30 Uhr (letzter Eintritt 16.15 Uhr), Ausnahmen s. Website
› Tickets (Onlinebuchung empfehlenswert): State Rooms Erw. £ 25, erm. £ 22,80, 5–17 Jahre £ 14, Queen's Gallery Erw. £ 12, erm. £ 10, Kinder 5–17 Jahre £ 6, Kombiticket State Rooms, The Queen's Gallery und Royal Mews: £ 45 (£ 40/24,50)

Privatklubs in London

Das Viertel St. James's war früher auch als ***„Clubland"*** *bekannt, da hier viele exklusive Privatklubs beheimatet waren und noch sind. In den sogenannten* ***Gentlemen's Clubs*** *versammelt sich die Elite des Landes, darunter die Aristokratie, Politiker und einflussreiche Größen aus dem Geschäftsleben. Mitglied kann man nur werden, wenn ein anderes Mitglied eine Empfehlung ausspricht. Die Klubs hatten ihren Ursprung in den* ***Coffeehouses*** *des 17. und 18. Jh.: Der Grieche* ***Pasqua Rosée*** *kredenzte 1652 als erster in seinem Coffeehouse türkischen Mokka und schnell entwickelte sich daraus eine Mode. Die Kaffeehäuser waren ein idealer Treffpunkt für Männer der gehobenen Schichten – Frauen waren nicht zugelassen. Ganze Unternehmungen gingen aus den Kaffeehäusern hervor, so war z. B. das Coffeehouse von Edward Lloyd 1688 der Geburtsort der Versicherung Lloyds.*

Mitte des 18. Jh. begannen einige Klubs hohe Mitgliedsbeiträge zu verlangen, hier fanden dann nur noch die Reichsten Zugang. Diese Klubs richeteten ihre Domizile in luxuriös ausgestatteten Herrenhäusern ein, die Hotels ähnelten, wie z. B. der klassizistische Bau des ***Athenaeum Club,*** *der 1824 auf der Pall Mall Nr. 107 entstand. Mitglieder fanden hier den gleichen Komfort wie zu Hause und konnten sich auch länger einquartieren, wenn sie dem Leben daheim entfliehen wollten. Winston Churchill, Charles Darwin, Charles Dickens und Arthur Conan Doyle gehörten dem Athenaeum Club an. Gleich daneben (Nr. 106) steht der* ***Traveller's Club*** *aus dem Jahr 1819. Hier wurden nur Mitglieder zugelassen, die sich bei ihrer damals üblichen Europareise („Grand Tour") weiter als 500 Meilen von London entfernt hatten. Jules Verne verewigte den* ***Reform Club*** *(104 Pall Mall) in seinem Roman „In 80 Tagen um die Welt".*

12 London Library ★ [H10]

Nördlich des St. James's Palace 10 hat seit 1845 die London Library ihren Sitz. Als Motivation für die Gründung dieser Bibliothek im Jahr 1841 gab der Historiker **Thomas Carlyle** an, „dass die Hauptstadt Großbritanniens eine Leihbibliothek erhalten solle, deren Bücher man auch mit nach Hause nehmen konnte". Dies war nämlich in der British Library, die damals noch im Reading Room des British Museum 74 untergebracht war, nicht möglich.

Die London Library hat den Status einer **Stiftung** und finanziert sich ausschließlich aus Mitgliederbeiträgen. Zu den ca. 7500 Mitgliedern gehörten und gehören auch viele namhafte Politiker und Autoren: Das Amt des Präsidenten hat momentan Tim Rice, Texter der Musicals von Andrew Lloyd Webber, inne. Schirmherrin ist Queen Elizabeth II.

Wer der renommierten Institution beitreten möchte, kann eine **Mitgliedschaft beantragen.** Sie kostet allerdings pro Jahr immerhin 460 £. Dafür hat man dann aber Zugang zu ca. eine Mio. Do-

Heute wird in den Gentleman's Clubs der Lebensstil der Oberschicht vergangener Jahrhunderte kultiviert. Hier versammeln sich die Absolventen der Privatschulen und Top-Universitäten und knüpfen Verbindungen, die dann den Zugang zu den einflussreichsten Positionen des öffentlichen Lebens ermöglichen.

*Im 21. Jh. wird jedoch die **Diskriminierung der Klubs gegen Frauen** mehr und mehr zum Stein des Anstoßes. Der Athenaeum Club ist einer der wenigen, in denen seit dem Jahr 2002 auch Frauen aufgenommen werden. Im Traveller's Club, dessen Patron Prinz Philipp ist, sprach sich die Mehrheit der Mitglieder noch 2014 bei einer Abstimmung erneut gegen die Aufnahme von Frauen aus. Der **Carlton Club** (69 St. James's Street) aus dem Jahr 1832 wird traditionell von Mitgliedern der konservativen Partei frequentiert. Als **Margaret Thatcher** 1975 Premierministerin wurde, machte man für sie „eine Ausnahme": Sie durfte Ehrenmitglied werden. Erst im Jahr 2008 wurde der Klub offiziell auch für Frauen geöffnet.*

*An althergebrachten Verhaltensweisen hält bisher auch der Klub **White's** (37 St. James's Street) fest, der auf das Jahr 1693 zurückgeht. Zu seinen Mitgliedern gehört z. B. Prince Charles. Als **David Cameron** im Jahr 2010 Premierminister wurde, gab er seine Mitgliedschaft in dem Klub demonstrativ auf, da sich diese mit den modernen Idealen der konservativen Partei nicht mehr in Einklang bringen ließ.*

*Künstler, Literaten und Schauspieler beider Geschlechter bevorzugen heute Privatklubs wie **Groucho Club** (www.thegrou choclub.com) und **Soho House** (die Klubs, Restaurants und Hotels in London und der Welt führen, www.sohohouse.com), die ihren Mitgliedern ebenfalls Exklusivität, aber auch eine zeitgemäße Atmosphäre bieten. Wer eines der Hotelzimmer bucht, darf hier einige der Klubräume mitbenutzen.*

012lo-kw

kumenten und Werken vom 16. Jh. bis heute, darunter Bücher und Zeitschriften, vornehmlich aus dem Bereich der Geisteswissenschaften. Man muss für eine Mitgliedschaft allerdings nachweisen, dass man in Großbritannien wohnt und eine Empfehlung, z. B. durch einen Universitätsprofessor oder Arbeitgeber, vorweisen. Mitglieder können auch die stetig wachsende E-Bibliothek von zu Hause aus nutzen. Für Akademiker und Studenten ist dies auf jeden Fall empfehlenswert.

› 14 St. James's Square, Tel. 77664700, www.londonlibrary.co.uk, U: Green Park (Piccadilly/Victoria/Jubilee Line)

Die Royal Academy of Arts im Burlington House

⑬ Mayfair ★★ [H10]

Der Stadtteil Mayfair ist bis heute **eine der vornehmsten Adressen in London.** Im Nordwesten befinden sich Luxusherbergen wie das Dorchester und das Berkeley, die Auktionshäuser Christie's und Sotheby's sowie wie zahlreiche mit Michelin-Sternen ausgezeichnete Restaurants. Wer edel einkaufen möchte, findet in der Dover Street und der Conduit Street Niederlassungen namhafter Modedesigner und entlang der Straße **Piccadilly** historische Marktarkaden. Die Maßschneider sind in der **Savile Row** ansässig – hier lässt auch das Königshaus nähen. Im Norden begrenzt die immer belebte **Oxford Street** das Viertel: In der längsten und geschäftigsten Einkaufsstraße Londons sind die Preise erschwinglicher.

Von der Piccadilly biegt auch die Old Bond Street ab mit Juwelierpalästen wie

Georg Friedrich Händel in London

Georg Friedrich Händel - oder George Frideric Handel, wie ihn die Briten nennen - lebte von 1712 bis zu seinem Tod 1759 in London. Er wohnte viele Jahre in 25 Brook Street in Mayfair und hier ist heute das Museum ***Handel & Hendrix in London*** *(s. S. 161) untergebracht, denn kurioserweise lebte im Jahr 1968 der Rockgitarrist Jimi Hendrix in einer Wohnung im Nachbarhaus. Selbige wurde wieder originalgetreu eingerichtet, sodass Besucher sich im Museum auf die Spuren von zwei sehr unterschiedlichen Musikgenies begeben können.*

Händel hatte schon vor seiner Auswanderung nach England Kontakte zum späteren britischen Herrscherpaar George I. und Caroline von Brandenburg-Ansbach. Ab 1709 war er Kapellmeister an Georges Hof in Hannover, als dieser noch Kurfürst war. Schon bald ließ er sich jedoch beurlauben und reiste zum ersten Mal nach England.

In seinen ersten Jahren in London erhielt er verschiedene Auftragsarbeiten von Georges Vorgängerin Queen Anne. Im neuen ***Queens Theatre*** *(heute: Her Majesty's Theatre) fand 1711 mit großem Erfolg die Uraufführung seiner Oper „Rinaldo" statt. 1720 gründete Händel dort die erste Opernkompanie Londons und unter seiner Leitung wurden in den darauffolgenden Jahren 25 Opern uraufgeführt. Nachdem George I. 1714 zum König gekrönt worden war, schrieb Händel für ihn unter anderem die* ***„Water Music"*** *(„Wassermusik") anlässlich einer Prozession auf der Themse. Bevor George I. 1727 verstarb, machte er Händel für seine Verdienste zu einem britischen Staatsbürger. Seinen Platz in der britischen Geschichte sicherte sich der Musiker noch im selben Jahr mit der Krönungsmusik* ***„Coronation Anthems"*** *für den Thronnachfolger George II. Sie besteht aus vier verschiedenen Stücken, von denen* ***„Zadok the Priest"*** *sicher das bekannteste ist. Seit 1727 werden diese Stücke bei jeder Krönung eines neuen Monarchen in der Westminster Abbey gespielt, zuletzt für Queen Elizabeth II. Für George II. komponierte Händel außerdem die* ***„Music for the Royal Fireworks"*** *(„Feuerwerksmusik").*

In späteren Jahren war Händel karitativ tätig. Er wurde zu einem Stiftungsmitglied des ***Foundling Hospital*** *75. Sein 1742 entstandenes Oratorium* ***„Messiah"*** *(„Messias") wurde jedes Jahr in dem Waisenhaus aufgeführt, wobei der Erlös der Stiftung zugute kam. Die Gerald Coke Handel Foundation im* ***Foundling Museum*** *75 verwahrt heute die Forschungssammlung aus dem Handel Museum mit vielen Originalmanuskripten des Komponisten. Händel wurde in der* ***Westminster Abbey*** *3 beerdigt.*

Tiffany. Dort, wo die Straße in die New Bond Street übergeht [H9/10], wird man von einer humorvollen Skulptur überrascht: Auf einer Bank sitzen dort ins Gespräch vertiefte Bronzestatuen von **Winston Churchill** und **Franklin D. Roosevelt.** Die Skulptur mit dem Titel „Allies" wurde von den Geschäften der Bond Street gesponsort und 1995 von Lawrence Holofcener gestaltet.

⑭ Royal Academy of Arts ★★★ [H10]

Die Royal Academy of Arts, eine renommierte Kunstschule, hat ihren Sitz im **Burlington House.** Das Gebäude war einst das Stadtpalais des 3. Earl of Burlington, der es Anfang des 18. Jh. im palladianischen Stil umbauen ließ. Zuletzt wurde das Gebäude von Sir Norman Foster restauriert. Die Akademie wurde bereits 1768 gegründet und verfolgte von Anfang an das Ziel, Künstler durch Ausbildung und die Möglichkeit von öffentlichen Ausstellungen zu fördern. Noch heute findet jedes Jahr die **Summer Exhibition** statt, bei der jeder, der möchte, ein Werk einreichen darf. Aus unzähligen Einsendungen wird dann eine Auswahl von 1000 Werken getroffen, die in der Ausstellung zu sehen sind. Die Absolventen der Akademie dürfen jeweils bis zu sechs ihrer Kunstwerke ausstellen. Hierdurch entsteht eine unglaubliche Vielfalt, die jedes Mal sehenswert ist. Zu den bekannten Absolventen gehörte auch der Landschaftsmaler J. W. Turner.

Die Akademie finanziert sich durch Ausstellungen und ihre permanente Sammlung ist in den **John Madejski Fine Rooms** zu sehen. Sie fungiert aber auch als Galerie für Gastausstellungen zu den unterschiedlichsten Themen von Impressionismus bis moderner Architektur und für Retrospektiven bekannter Künstler von Rubens bis Ai Weiwei.

› **Burlington House,** Piccadilly, U: Piccadilly Circus (Piccadilly/Bakerloo Line), Tel. 73008000, www.royalacademy.org.uk, Sa–Do 10–18, Fr 10–22 Uhr, Eintritt: variiert bei Sonderausstellungen, kostenlose geführte Touren durch die Dauerausstellung: Di–Fr 13, Mi–Fr 15 und Sa. 11.30 Uhr

⑮ Royal Institution und Faraday Museum ★★ [H9]

Die **Royal Institution (RI)** ist eine wissenschaftliche Einrichtung, die auf das Jahr 1799 zurückgeht. Das Anliegen war, die Ausbildung von Wissenschaftlern und die praktische Anwendung von wissenschaftlicher Forschung zu fördern. Namhafte Wissenschaftler prägten die Institution und 14 Nobelpreisträger gingen daraus hervor (zuletzt 2012 Sir John Gurdon für die Erkenntnisse über die Stammzellentheorie).

Die Ausstellung zeigt Originale einiger bahnbrechender Erfindungen, z. B. die erste Batterie von Alessandro Volta. Zahlreiche Elemente wie Calcium, Chlor, Jod und Magnesium wurden von Humphry Davy während seiner Zeit an der RI entdeckt. Zwei Räume im Kellergeschoss des Gebäudes sind dem **Faraday Museum** gewidmet. Hier arbeitete der Experimentalphysiker Michael Faraday (1791–1867), der vor allem für seine Erkenntnisse auf dem Gebiet des Elektromagnetismus bekannt wurde. Er rief 1852 die **Christmas Lectures** (Weihnachtsvorlesungen) ins Leben, die noch heute von der BBC ausgestrahlt werden. Hier werden wissenschaftliche Themen anhand spektakulärer Experimente veranschaulicht.

› Royal Institution of Great Britain, 21 Albermarle Street, U: Piccadilly Circus (Piccadilly/Bakerloo Line), Tel. 74092992, www.rigb.org, Mo–Fr 9–18 Uhr, Eintritt frei

▷ Der Piccadilly Circus mit seinem Kernstück, dem Shaftesbury Memorial Fountain, damals und heute

013lo-kw

16 Piccadilly Circus ★ [H9]

Die Straße Piccadilly mündet in den Piccadilly Circus, der von der berühmten riesigen **Leuchtreklame** dominiert wird. Hier wird heute auf Stromsparen gesetzt: 2010 wurde die Neonreklame durch LED-Technik ersetzt.

Der einst vom Verkehr umtoste Platz wurde ab 2009 umgestaltet und ist nun in eine erweiterte Fußgängerzone eingebaut. Das Kernstück bildet der **Shaftesbury Memorial Fountain.** Er wird fälschlicherweise oft als „Eros-Brunnen" bezeichnet, aber der geflügelte Engel stellt in Wirklichkeit **Anteros** dar, den Bruder von Eros. Der Brunnen entstand 1893 im Gedenken an den 7. Earl of Shaftesbury, der sich durch seine Wohltätigkeit auszeichnete. Vom Piccadilly Circus verläuft die ebenfalls nach dem Earl benannte **Shaftesbury Avenue** nach Norden quer durch Soho 17 und ins Theaterviertel, östlich führt die **Coventry Street** zum Leicester Square 19. Die von John Nash geschaffene Prachtstraße **Regent Street**, die von schicken Boutiquen und Kaufhäusern gesäumt wird, führt zur Oxford Street und trennt die beiden Viertel Mayfair und Soho.

› U: Piccadilly Circus (Piccadilly/Bakerloo Line)

142lo©Archivist/Mary Evans Picture Library - stock.adobe.com

Spaziergang 1: St. James's und Mayfair

Der Spaziergang führt durch zwei der renommiertesten Viertel Londons, St. James's und Mayfair, vorbei an königlichen Residenzen, Privatklubs, altehrwürdigen Einrichtungen bis hin zu exklusiven Hotels und Geschäften. Vom ***Trafalgar Square*** ❼ *spaziert man durch den Admirality Arch auf die Prachtallee* ***The Mall,*** *einer zeremoniellen Route, die direkt zum* ***Buckingham Palace*** ⓫ *führt. Bei offiziellen Anlässen fahren Mitglieder der Königsfamilie von ihren Residenzen die Mall entlang. Linker Hand erstreckt sich der* ***St. James's Park.*** *Er wurde bereits 1532 von Henry VIII. genutzt und ist damit der älteste der städtischen Parks. Der Architekt John Nash veränderte die Anlage 1837 und gestaltete auch das heutige Herzstück, den See. Im* ***St. James's Café*** *(s. S. 45) kann man hier bei guter Aussicht entspannen.*

*Von der Mall aus kann man einen Abstecher in das „****Clubland****" von St. James's mit den historischen privaten Gentlemen's Clubs machen. Hier versammeln sich die Mitglieder des Establishments – Frauen sind in den meisten Klubs jedoch bis heute nicht zugelassen. Von der Mall biegt man beim Kulturzentrum ICA (s. S. 187) nach rechts ab. Hier führen Treppen hinauf zum* ***Waterloo Place.*** *Auf der rechten Seite hat bei Hausnummer 107 der* ***Atheanaeum Club,*** *dem z. B. Charles Dickens und Winston Churchill angehörten, seinen Sitz. Auf der linken Straßenseite befindet sich der* ***Traveller's Club:*** *Hier wird nur zugelassen, wer weitgereist ist. Wenn man nach links in die Straße Pall Mall abbiegt, gelangt man bald zum* ***Reform Club,*** *der von Jules Verne in seinem Roman „In 80 Tagen um die Welt" verewigt wurde. Man folgt nun der Pall Mall bis sich rechts eine kleine Straße auf den St. James's Square öffnet. In der Nordwestecke hat seit 1845 die* ***London Library*** ⓬ *ihren Sitz, deren Schirmherrin die Queen ist.*

- ❶ [I11] Houses of Parliament S. 22
- ❸ [I11] Westminster Abbey S. 26
- ❹ [I10] Downing Street No. 10 S. 29
- ❺ [I10] Horse Guards S. 29
- ❻ [I10] Banqueting House S. 30
- ❼ [I10] Trafalgar Square S. 31
- ❽ [I10] National Gallery S. 32
- ❾ [I9] National Portrait Gallery S. 32
- ❿ [H10] St. James's Palace, Clarence House, Spencer House S. 34
- ⓫ [H11] Buckingham Palace und Queen's Gallery S. 35
- ⓬ [H10] London Library S. 37
- ⓭ [H10] Mayfair S. 38
- ⓮ [H10] Royal Academy of Arts S. 40
- ⓯ [H9] Royal Institution und Faraday Museum S. 40
- ⓰ [H9] Piccadilly Circus S. 41
- ⓱ [H9] Soho S. 46
- ⓲ [I9] Chinatown S. 46
- ⓳ [I9] Leicester Square S. 47
- ⓴ [I9] Covent Garden S. 48
- 21 [J9] Royal Opera House S. 49

Alle weiteren Karteneinträge s. S. 301.

1 cm = 150 m
0
300 m
© Reise Know-How 2019
Oxford Street
Oxford Circus
Regent Street
Soho
Covent Garden
Royal Opera House
Chinatown
Leicester Square
Piccadilly Circus
Piccadilly
Faraday Museum
Royal Acad. of Arts
Mayfair
Green Park
London Library
Nat. Portrait Gall.
Nat. Gallery
Trafalgar Square
Charing Cross
Strand
Pall Mall
Haymarket
Shaftesbury Avenue
Charing Cross Road
Jermyn St.
St. James's Street
St. James's Palace, Clarence House, Spencer House
Lancaster House
Queen Victoria Memorial
Buckingham Palace
The Mall
St. James's Park
St. James's Park Lake
Horse Guards
Banqueting House
Downing Street No. 10
Government Offices
Churchill Museum
Whitehall
Westminster
Big Ben
Houses of Parliament
Westminster Abbey
Middlesex Guildhall
Parliament Square
New Scotland Yard
St. James's Park
The Royal Mews
Victoria Street
Birdcage Walk
Buckingham Gate
Northumberland Avenue
Victoria Embankment
9
10
11
H
I

Wieder auf der Pall Mall, folgt man der Straße in Richtung Westen, bis man auf der rechten Seite den **St. James's Palace** ⑩ sieht. Der Tudorpalast entstand unter Heinrich VIII. und ist der offizielle Sitz von Prinz Charles und Camilla, ebenso wie der Prinzessinnen Beatrice und Eugenie. Dahinter schließt sich der Regency-Palast **Clarence House** an, ebenfalls eine Residenz von Prinz Charles und seinen Söhnen Prinz William und Prinz Harry. Clarence House kann man nur im Sommer besichtigen.

Über die Marlborough Road gelangt man wieder auf die Mall und erreicht auch bald den **Buckingham Palace** ⑪. Im Sommer sind hier die State Rooms für Besucher geöffnet. Interessant ist auch die **Queen's Gallery** mit Kunstwerken aus der privaten Sammlung der Queen. Nördlich beginnt der Green Park, der einst zu den Ländereien des Palastes gehörte. Ein Spazierweg führt am Ostende des Parks am **Spencer House** ⑩ vorbei, Sitz der Earls of Spencer, der Familie der verstorbenen Prinzessin Diana. Es ist fast ganzjährig für Besichtigungen geöffnet.

Auf dem Spazierwegs erreicht man die Straße Piccadilly [H10], ihr Name geht auf die einst modernen hohen Hemdkragen mit spitzen Ecken, die „piccadills" zurück. Nördlich von ihr erstreckt sich der renommierte Stadtteil **Mayfair** ⑬.

Auf der rechten Seite passiert man das **Ritz Hotel** aus dem Jahr 1906, in dem man einen Nachmittagstee einnehmen kann (s. S. 45). Linker Hand zweigt nun die Dover Street ab, hier befindet sich u. a. die Modeboutique von Victoria Beckham (s. S. 191).

Nach rechts gelangt man über die Stafford Street auf die Albermarle Street. Am oberen Ende der Straße befindet sich die **Royal Institution**, wo man das **Faraday Museum** ⑮ besuchen kann. Etwa auf halber Höhe führt die Einkaufspassage **Royal Arcade** (s. S. 45) hindurch zur **Old Bond Street**. Hier befinden sich die Geschäfte von Top-Designern und Juwelieren. Folgt man der Straße nach Norden, gelangt man zu einem kleinen Fußgängerweg, an dem zwei lebensnahe Statuen von Winston Churchill und Roosevelt auf einer Bank sitzen. Dahinter beginnt die **New Bond Street**, von der rechter Hand die **Conduit Street** abzweigt.

Hier spaziert man nun weiter an den Schaufenstern exklusiver Boutiquen entlang bis zur **Savile Row** [H9]. Folgt man dem Sträßchen in südlicher Richtung, geht es vorbei an Maßschneidern wie Huntsman & Son bzw. Gieves and Hawkes, wo auch die königliche Familie ihre Kleidung entwerfen und nähen lässt. Der eher unscheinbare Eingang zur Hausnummer 3 führte einst zum Produktionsstudio der Beatles, Apple Records. Auf dem Dach des Hauses spielte die Band am 30. Januar 1969 ihr letztes Konzert, das im Film „Let it Be" verewigt wurde.

Die Savile Row erreicht die Straße Burlington Gardens. Biegt man dort rechts ein, gelangt man zum Hintereingang der **Royal Academy of Arts** ⑭ mit sehenswerten Kunstausstellungen. Direkt daneben führt die Einkaufspassage **Burlington Arcade** (s. S. 45) wieder zurück auf die Straße Piccadilly. Sie mündet in die Regent Street und von dort geht es weiter bis zum **Piccadilly Circus** ⑯.

Kulinarisches

› **Murano** (s. S. 172). Mit Michelin-Stern ausgezeichnete mediterrane Küche zu vernünftigen Preisen.

› **Nordic Bakery** (s. S. 179). Café und Backwaren auf skandinavisch.

9 [I10] **St. James's Café** ££, St. James's Park, U: St. James's Park, Tel. 78391149, tägl. 8–19 Uhr. Im Café-Restaurant am See kann man sich vom Spaziergang ausruhen, Lunch verspeisen, Kaffee trinken oder einen Afternoon Tea zu sich nehmen.

10 [H9] **The Café,** Hotel Café Royal, 68 Regent Street, Mayfair, U: Picadilly Circus, Tel. 74063330, www.hotelcaferoyal.com, tgl. 11.30–19 Uhr. Das Café befindet sich neben der Oscar Wilde Bar im Hotel Café Royal. Hier gibt es feinste Kuchen und Snacks in gediegener Atmosphäre.

Shopping

In St James's lohnt ein Besuch der Savile Row [H9], wo man teilweise in die Kellerateliers der Maßschneider blicken kann. In Mayfair sind drei **historische Einkaufsarkaden** einen Blick wert: Die Burlington Arcade aus dem Jahr 1819 wird von livrierten Wachmännern, den Beadles, bewacht. In der Piccadilly Arcade aus dem Jahr 1910 finden sich exklusive Boutiquen mit Antiquitäten und Juweliere. Auch in der Royal Arcade werden seit 1879 edle Silberwaren und Juwelen verkauft.

11 [H10] **Burlington Arcade,** 51 Piccadilly, www.burlingtonarcade.com, Mo–Sa 9–19.30, So 11-18 Uhr

12 [H10] **Piccadilly Arcade,** Piccadilly, www.piccadilly-arcade.com, Mo–Fr 9–18, Sa 10–17 Uhr

13 [H10] **Royal Arcade,** 28 Old Bond St, www.mayfair.org.uk/shopping/royal-arcade

EXTRATIPP

Afternoon Tea stilvoll zelebriert

Nicht nur in Mayfairs Luxushotels wird der Nachmittagstee in einem einzigartigen Ambiente serviert. Das Ritual des sogenannten **High Tea** diente früher der Oberklasse als Zwischenmahlzeit, da die Zeit zwischen dem Lunch und einem späten, gesellschaftlichen Abendessen oft zu lang wurde. Neben Kuchen und Kuchenbrötchen *(scones),* die mit Butterrahm *(clotted cream)* und Marmelade bestrichen werden, gibt es daher immer auch eine Auswahl an mundgerechten „finger sandwiches", die z. B. mit Lachs oder Gurke belegt sind. Manchmal werden auch warme Pasteten gereicht. Inzwischen wird das Ritual auch in „modischen Varianten" zelebriert (s. The Berkeley). Die Teestunde muss online gebucht werden, außerdem muss man einen **formalen Dresscode** einhalten (Schlips und Jackett, keine Sportschuhe).

6 [F11] **The Berkeley Hotel,** Wilton Place, Knightsbridge, Tel. 72356000, www.the-berkeley.co.uk/restaurants-bars/after noon-tea, High Tea: 13–17.30 Uhr, £ 52 pro Person. Eine modische Variante der Teestunde bietet der „Prêt-à-Portea" unter der kulinarischen Leitung von Marcus Wareing: Das Gebäck hat die Form von Hosen, Kleidern und Handtaschen der neuesten Modekollektionen.

7 [G9] **The Connaught London,** Carlos Place, Mayfair, Tel. 74997070, www.the-connaught.co.uk/restaurants-bars/afternoon-tea, High Tea: tgl. 14.30, 14.45, 16.30, 16.45, £ 50 pro Person

8 [H10] **The Ritz London,** 150 Piccadilly, Mayfair, Tel. 73002345, www.theritzlondon.com/tea-reservations.html, High Tea: 11.30, 13.30, 15.30, 17.30, 19.30 Uhr, Erw. £ 57, Kinder £ 35, Champagne Tea £ 68

Soho, Covent Garden und Strand

Vom Piccadilly Circus 16 in Richtung Osten gelangt man über die Shaftesbury Avenue ins Herz des sogenannten „Theatreland" rund um den Leicester Square 19. Nördlich der Shaftesbury Avenue verlaufen die Sträßchen von Soho mit ihren Cafés und Restaurants, südlich geht es in Chinatown 18 exotisch zu. Von hier kann man in Richtung Covent Garden 20 bummeln, wo man shoppen, Straßenkünstlern zuschauen und in einem der zahlreichen Cafés und Restaurants wieder auftanken kann.

17 Soho ★★★ [H9]

Die Grenzen Sohos wurden nie offiziell festgelegt: Das Viertel ist etwa eine Quadratmeile groß und erstreckt sich zwischen dem Leicester Square, der Wardour Street, der Oxford Street und der Charing Cross Road. In den Gassen von Soho reihen sich **Pubs, Cafés** und **Geschäfte** aneinander. Der **Berwick Street Market** bietet täglich frisches Obst und Gemüse.

Ein nur kleiner Bereich, der dem Viertel aber einst seinen schlechten Ruf einbrachte, ist der **Rotlichtbezirk** rund um die Brewer Street und die Great Windmill Street mit seinen Peepshows, Pornokinos und Striplokalen. Neben dem „Red Light District" hatten sich in den 1950er- und 1960er-Jahren Jazzklubs in dem Viertel angesiedelt, in denen die damalige Szene die Nacht durchtanzte. Von ihnen ist nur noch der legendäre **Jazzklub Ronnie Scott's** (s. S. 184) in der Frith Street geblieben, in dem bis heute internationale Musiker auftreten. In den hiesigen **Musikstudios** nahmen in den 1970er- und 1980er-Jahren alle großen Namen der Rockmusik Platten auf (s. S. 221).

In der Old Compton Street und der Wardour Street befindet sich die **Schwulenhochburg** der Metropole, hier reihen sich Klubs und Cafés aneinander. Soho ist außerdem Heimat von zwei legendären Privatklubs, in denen Pop- und Filmstars sich den Augen der Öffentlichkeit entziehen und unter ihresgleichen sein können: Der **Groucho Club** in der Dean Street öffnete 1985 seine Pforten und das **Soho House**, ebenfalls in der Dean Street, 1995. In diese Mischungen aus Hotel, Bar und Nachtklub findet nur Aufnahme, wer entsprechende Verbindungen hat. Das Soho House hat mehrere Filialen in London, u. a. im Shoreditch House (Shoreditch Rooms, s. S. 250) im East End.

› U: Leicester Square (Northern/Piccadilly Line)

18 Chinatown ★★★ [I9]

Das als Chinatown bekannte Viertel umfasst nur wenige Gässchen zwischen dem Leicester Square 19 und der Shaftesbury Avenue. Erst in den 1950er- und 1960er-Jahren bildete sich hier eine asiatische Gemeinschaft, als es zu einer **Einwanderungswelle aus der Kronkolonie Hongkong** kam. Vor dem Zweiten Weltkrieg befand sich das Zentrum chinesischer Kultur im East-End-Bezirk Limehouse 62, verlagerte sich danach aber nach Soho.

Im Zentrum des heutigen Chinatown rund um die Gerrard Street und die Lisle Street findet man neben **Restaurants**,

155lo-kw

Den Brunnen am Leicester Square schmückt eine Statue von William Shakespeare

die von chinesisch bis japanisch alle Varianten der asiatischen Küche anbieten, auch **asiatische Supermärkte.** Anfang des Jahres wird das **chinesische Neujahrsfest** mit einer bunten Parade gefeiert, dann sind die Straßen mit Lampions geschmückt.

› U: Leicester Square (Northern/Piccadilly Line), www.chinatownlondon.org

19 Leicester Square ★ [I9]

Im 17. Jh. war der Leicester Square ein elegantes Wohnviertel rund um das Anwesen des 2. Earl of Leicester. Bereits ab dem späten 18. Jh. war das heute als Soho bekannte Gebiet jedoch ein Amüsierviertel, wo das einfache Volk in *Music Halls* unterhalten wurde. Heute säumen mehrere große **Kinos** den Platz. Hier applaudieren Fans den Stars, die zu den Filmpremieren einfliegen. In der Platzmitte befindet sich eine Statue von **William Shakespeare.** Hier bieten schattige Bäume und Wasserfontänen Erfrischung.

An der **TKTS Half Price Ticket Booth** (s. S. 238) kann man preiswerte Theaterkarten ergattern. Neben den neuesten Musicals findet man auch Komödien und Klassiker (z. B. im Gielgud Theatre, s. S. 187). Danach bietet sich ein Besuch in den lebhaften **Restaurants** und **Kneipen** rund um den Leicester Square an.

› U: Leicester Square (Northern/Piccadilly Line)

⑳ Covent Garden ★★ [I9]

Vom Leicester Square ⑲ in Richtung Osten gelangt man nach Covent Garden. Das **Viertel** erhielt seinen Namen von **Benediktinermönchen**, die hier Parzellen ihres Klostergartens („Convent Garden") für die Bebauung mit Obst und Gemüse vermieteten. Henry VIII. übereignete das Land 1552 an die Familie der Earls of Bedford und Francis Russell, der 4. Earl, beauftragte um 1630 Inigo Jones, den Hofarchitekten von James I., mit der Neugestaltung des Geländes. Jones entwarf eine elegante Wohnanlage nach italienischem Muster mit einer zentralen Piazza.

Die Kirche **St. Paul's Covent Garden** gehörte ebenfalls zu dem Komplex. Sie hat keinen Kirchturm, sondern ein Portiko mit wuchtigen klassizistischen Säulen und einer Uhr. Die Kirche ist auch als **Actor's Church** bekannt, da Covent Garden Standort vieler Theater war und zur Hauskirche für die Zunft der Schauspieler wurde. Innen gibt es viele Gedenksteine, die an bekannte Theater- und Filmgrößen wie Charlie Chaplin, Vivienne Leigh und Noël Coward erinnern. Im Mai findet im Garten der Kirche das Punch & Judy Festival (das englische „Kasperle-Theater") statt.

An der Südseite der Kirche entwickelte sich bald ein Markt und es siedelten sich Tavernen, Theater und Bordelle an. Um 1830 versuchte man, das inzwischen heruntergekommene Viertel zu regenerieren, und **Charles Fowler** wurde mit dem Bau einer **überdachten Markthalle** beauftragt. Bis Mitte des 20. Jh. blieb der geschäftige Markt der größte Obst-, Gemüse- und Blumenmarkt in ganz London, bis Verkehrsprobleme einen Umzug an das östliche Themseufer bei Nine Elms erforderten.

Das French Quarter in Soho

Das Viertel Soho war schon früh ein Randbezirk, in dem sich Einwanderer und Flüchtlinge niederließen. ***Protestantische Hugenotten*** *siedelten hier in großer Anzahl nach 1685, nach dem Widerruf des Edikts von Nantes durch Louis XIV. Das Edikt hatte den Anhängern der protestantischen Religionen seit 1598 im katholischen Frankreich Religionsfreiheit gewährt. Mit dem Widerruf wurden auch die französischen Calvinisten, d. h. Hugenotten, ihrer Bürgerrechte beraubt. Dies führte zu einer Massenauswanderung in die umliegenden europäischen Länder. In England verdrängte der protestantische William of Orange 1688 den katholischen James II. vom Thron. Binnen weniger Jahre wanderten daraufhin ca. 50.000 Hugenotten nach Großbritannien ein. Um 1711 machten sie bereits 40 % der Einwohner des sogenannten French Quarter aus und boten als Schneider, Uhrmacher und Glaser Dienstleistungen für die oberen Klassen im nahen Mayfair an.*

Ende des 19. Jahrhunderts wohnten Anarchisten und Kommunisten aus Frankreich und Deutschland in Soho und Fitzrovia, darunter auch Karl Marx. Er lebte sechs Jahre lang in der Dean Street Nr. 28, während er am „Kapital" schrieb.

Während des Zweiten Weltkriegs kamen Mitglieder der französischen Resistance und Exilpolitiker nach London. In Soho befinden sich daher bis heute zwei

Auf dem Blumenmarkt vor der Kirche verkaufte auch Eliza Doolittle aus dem Musical **„My Fair Lady"** ihre Blumen.

1985 begann man mit der Restaurierung der Markthallen. **Boutiquen, Kunsthandwerksläden, Cafés und Restaurants** zogen ein. Seitdem sind sie wieder ein Anziehungspunkt für Stadtbummler, die hier in den (oft überteuerten) Geschäften stöbern und auf der Piazza von Straßenkünstlern unterhalten werden. In der Nähe befinden sich das **London Transport Museum** (s. S. 161) und das **London Film Museum** (s. S. 161). Ein Flohmarkt findet in der Halle auf der Südseite statt.

› U: Covent Garden (Piccadilly Line), www.coventgarden.london

★16 **St. Paul's Church,** Bedford Street, Covent Garden, www.actorschurch.org, Mo–Fr 8.30–17, So 9–13 Uhr, Sa je nach Veranstaltungskalender, siehe Website

21 Royal Opera House ★★★ [J9]

An der Ostseite des Gebietes von Covent Garden findet man das renommierte **Opernhaus** Londons, das bis auf das Jahr 1660 zurückgeht. Die einst blühende Theaterlandschaft aus Shakespeares Zeiten war unter der puritanischen Herrschaft Cromwells ausgerottet worden. Während der Restauration versuchte Charles II. das **Sprechtheater** wieder als „seriöse" Kunstform zu etablieren. Ausschließlich die von ihm patentierten Theater durften Sprechtheater aufführen, gleichzeitig wurden alle Manuskripte stark zensiert. Andere Etablissements mussten sich mit derberer Volksunterhaltung wie Komödien oder Melodramen begnügen.

Gleich vier Theater entstanden damals, darunter auch das Theatre Roy-

bedeutende französische Kirchen. Die ***Hugenottenkirche L'Eglise Protestante Française de Londres*** *am Soho Square wurde bereits 1550 durch eine Charter von Edward VI. ins Leben gerufen. In den neugotischen Bau des Architekten Aston Webb zog man 1893 ein.*

Am Leicester Place versteckt sich die katholische Kirche ***Notre Dame de France.*** *Das Gebäude selbst, ein Rundbau mit einer hübschen Glaskuppel, entstand im 18. Jahrhundert als Ausstellungsraum für die Rundbilder der Künstler Robert Burford und Henry Aston Barker. Betrachter standen in der Mitte des Raums und schauten auf eine perspektivische Darstellung von Stadtansichten oder historischen Schlachten, die sich über die gesamte Rotunde erstreckte. Heute sind die Wände der Kapelle mit Fresken von* ***Jean Cocteau*** *(1889–1963) verziert. Der französische Botschafter gab 1960 das Gemälde bei dem legendären Regisseur und Künstler in Auftrag, der in späteren Lebensjahren zahlreiche religiöse Werke schuf. Außerdem beherbergt die Kirche ein Mosaik des russischen Künstlers Boris Anrep (1883–1969).*

★14 *[H9]* ***L'Eglise Protestante Française,*** *8 Soho Square, Soho, www.egliseprotestantelondres.org.uk*

★15 *[I9]* ***Notre Dame de France,*** *5 Leicester Place, Soho, www.ndfchurch.org/en*

Spaziergang 2: Soho, Covent Garden und Strand

Der Spaziergang beginnt am ***Piccadilly Circus*** *16, der den Stadtteil* ***Mayfair*** *13 von* ***Soho*** *17 trennt. Von hier aus zweigen mehrere große Straßen in verschiedene Richtungen ab. Der einst vom Verkehr umtoste Platz mit der auffälligen Leuchtreklame ist heute in eine Fußgängerzone integriert. Sein Kernstück bildet der* ***Shaftesbury Memorial Fountain.***

In Richtung Osten kann man einen Abstecher in die Straße ***Haymarket*** *machen. In dem hier ansässigen Her Majesty's Theatre wurden ab Beginn des 18. Jh. die ersten Opern in London gezeigt. Der Haymarket, wo früher Pferdekutschen mit Heu versorgt wurden, ist bereits Teil des weitläufigen* ***„Theatreland“****, des Gebiets mit der größten Theaterdichte in London.*

Geradeaus führt die Coventry Street auf den ***Leicester Square*** *19. Hier reihen sich große Kinos aneinander und an der Südseite des Platzes werden in der Half Price Ticket Booth (s. S. 238) preiswerte Theatertickets verkauft. Nach einem Rundgang über den Platz biegt man am Nordostende in die Straße Leicester Place ab. Hier kann man in der Kirche Notre Dame de France (s. S. 49) Fresken von Jean Cocteau betrachten.*

Am oberen Ende der Straße biegt man links in die Lisle Street [I9] ab. Hier beginnt bereits das Viertel ***Chinatown*** *18. Über die Wardour Street gelangt man zur* ***Gerrard Street,*** *über der ein Torbogen den Eingang in das immer geschäftige Viertel mit den vielen Restaurants markiert. Beim chinesischen Neujahrsfest sind alle Straßen mit bunten Lampions geschmückt.*

Über die ***Wardour Street*** *gelangt man auf die Shaftesbury Avenue, die quer durch das Theaterviertel in Soho führt. Um einen Eindruck vom Straßenleben in Soho zu gewinnen, macht man am besten auf der Wardour Street einen Abstecher in Richtung Norden und biegt dann rechts in die* ***Old Compton Street*** *[I9] ab. Hier kann man in einem der Straßencafés wie der Bar Italia (s. S. 176) eine Rast einlegen. Über die Moor Street gelangt man zur Straßenkreuzung Cambridge Circus.*

Nun geht es über die ***Earlham Street*** *[I9] weiter, die in Richtung Osten zur sternförmigen Kreuzung Seven Dials führt. Gleich mehrere Sträßchen zweigen nun zu den Markthallen des* ***Covent Garden*** *20 ab. Am besten biegt man in die* ***Neal Street*** *[I9] ein und folgt ihr dann bis zum Platz.*

In Covent Garden kann man ausgiebig in den Geschäften stöbern und sich in Cafés und Restaurants ausruhen. Zu besichtigen ist hier auch die ***St. Paul's Church Covent Garden,*** *auch „Actor's Church“ genannt, weil hier so viele Schauspieler beerdigt und geehrt wurden.*

Von der Südseite des Platzes gelangt man auf die Straße Strand. Dort steht an der Themse das ***Somerset House*** *22 mit der* ***Courteauld Gallery*** *für impressionistische Kunst. Bis 2020 ist die Galerie für Renovierungsarbeiten geschlossen. Die Kunstwerke kann man in der Zwischenzeit als Leihgaben in anderen Galerien sehen. In Richtung Westen mündet die Straße Strand in den zentralen* ***Trafalgar Square*** *7 mit der hohen Siegesäule, auf der Lord Nelsons thront.*

5 [I10] Horse Guards S. 29
6 [I10] Banqueting House S. 30
7 [I10] Trafalgar Square S. 31
8 [I10] National Gallery S. 32
9 [I9] National Portrait Gallery S. 32
12 [H10] London Library S. 37
16 [H9] Piccadilly Circus S. 41
17 [H9] Soho S. 46
18 [I9] Chinatown S. 46
19 [I9] Leicester Square S. 47
20 [I9] Covent Garden S. 48
21 [J9] Royal Opera House S. 49
22 [J9] Somerset House und Courtauld Gallery S. 52
40 [J10] Southbank Centre S. 73

Alle weiteren Karteneinträge s. S. 301.

al, Drury Lane, das seit dem Jahr 1663 bespielt wird. Die ersten **Opern** wurden allerdings erst wesentlich später aufgeführt und zwar im Queens Theatre (bzw. King's Theatre) in der Straße Haymarket, heute das Her Majesty's Theatre. Erst 1847 zog die Opernkompanie von dort in das Theatre Royal Covent Garden um. Zu den ersten hier aufgeführten Opern gehörte Mozarts „Don Giovanni".

Das Gebäude wurde mehrfach durch Brände beschädigt und in den 1990er-Jahren komplett restauriert. Über die Jahrhunderte haben hier viele international bekannte Operngrößen und Ballettstars gastiert. Zusätzlich zum großen Saal, der 2000 Besucher fasst, kann man im **Linbury Studio** (400 Plätze) Kammermusik und experimentelles Theater sehen. Im **Clore Studio** finden Ballettaufführungen statt.

› Bow St, U: Covent Garden (Piccadilly Line), Kartenvorverkauf: Tel. 73044000 oder online www.roh.org.uk, U: Covent Garden

016lo-fo©Sam Spiro

22 Somerset House und Courtauld Gallery ★★★ [J9]

Südlich von Covent Garden verläuft die geschäftige Straße Strand, an der sich einst am Themseufer prunkvolle Renaissancepaläste wie das **Somerset House** aneinanderreihten, deren Gärten direkt an die Themse grenzten. Wer damals regelmäßig am Hof verkehrte, nutzte daher seinen eigenen Bootsanleger, um von hier themseaufwärts zu fahren, denn die Straßen waren matschig und verstopft.

Die heutige Fassade des Somerset House weist eine deutliche Verwandtschaft mit dem **Banqueting House** 6 von Inigo Jones auf. Sie entstand 1775 unter Sir William Chambers nach den Plänen von Jones, der die letzten Jahre seines Lebens in dem Haus verbrachte und 1652 dort verstarb. Ursprünglich war das Anwesen 1547 für Edward Seymour, den Duke of Somerset, erbaut worden.

Somerset House ist heute Sitz der renommierten Kunstschule **Courtauld Institute of Art.** In der angegliederten **Courtauld Gallery** sind normalerweise Werke aus einer umfassenden Sammlung impressionistischer Kunst zu besichtigen, z. B. Degas, Monet und Manet ebenso wie weitere Werke aus dem 19. und 20. Jahrhundert, doch aufgrund von Renovierungsarbeiten ist sie zurzeit geschlossen und die Gemälde werden auf Anfrage an andere Museen verliehen.

Von der Südseite des Somerset House kommt man zum **Victoria Embankment** mit den hübschen Embankment Gardens. Am Themseufer erhebt sich flankiert von zwei Sphinx-Statuen ein Obelisk. Die sogenannte **Cleopatra's Needle** wurde den Briten vom ägyptischen Herrscher Muhammad Ali 1819 geschenkt, dann allerdings erst 1878 nach London transportiert und hier aufgestellt.

› Courtauld Gallery, Somerset House, Strand, U: Temple (District/Circle Line), Tel. 78720220, www.courtauld.ac.uk, www.somersethouse.org.uk. **Die Courtauld Gallery ist wegen Renovierungsarbeiten bis 2020 geschlossen.** Während dieser Zeit sind die Gemälde in Leihausstellungen in anderen Galerien zu sehen (Infos siehe Website).

Kulinarisches

Die Straßencafés und Pubs in Soho verströmen ein kontinentaleuropäisches Flair. Bei einer Rast in der **Bar Italia** (s. S. 176) kann man die Welt an sich vorbeiziehen lassen. Das italienische Café-Restaurant ist seit 1949 in Familienbesitz und zu einer Institution im Viertel geworden. Es ist rund um die Uhr geöffnet und hier kehrt auch schon mal der ein oder andere „Star" ein.

› **Rules** (s. S. 173). Traditionelle britische Kost serviert dieses etablierte Restaurant.

Im „Theatreland" rund um Shaftesbury Avenue und Haymarket und in Covent Garden gibt es viele Restaurants, die vor dem Beginn oder nach dem Ende der Theatervorstellungen ein **Pre-Theatre Menu** bzw. ein **Post-Theatre Menu** anbieten. Die Tischreservierungen sind hier zwar zeitlich begrenzt, dafür wird schnell serviert und die Preise sind vernünftig. Empfehlenswert sind z. B.:

17 [I9] **Mon Plaisir** ££, 19–21 Monmouth Street, Covent Garden, U: Covent Garden, Tel. 78367243, www.monplaisir.co.uk, Di–Fr 12–14.30, 17.30–23, Sa 12–15, 17.30–23 Uhr. Französische und mediterrane Küche.

18 [I9] **Treadwell's** ££, 4A Upper St. Martin's Lane, Seven Dials, Covent Garden, Tel. 37640840, www.tredwells.com, U: Leicester Square, Mo–Do 12–15, 17–22, Fr 12–15, 17–23, Sa 12–23, So 12–21 Uhr. Von Chefkoch Marcus Wareing geführtes Restaurant. Die Küche ist gehoben Modern British.

Shopping

Die **Carnaby Street** [H9] verläuft im Westen von Soho parallel zur Regent Street. In den 1960er-Jahren war sie das Zentrum der sogenannten „Swinging Sixties", heute ist sie Teil des Einkaufsviertels rund um die Oxford Street. Hier findet man interessante Boutiquen und sogar noch Vintage-Geschäfte, die Kleidung aus den 1960er-Jahren verkaufen. Der benachbarte **Kingly Court**, eine Art „Hinterhof" der Carnaby Street mit Shops und Gastronomie auf drei Stockwerken, bietet eine gute Möglichkeit für eine Pause.

› www.carnaby.co.uk

Das Kaufhaus Liberty (s. S. 189) geht auf die Arts-and-Craft-Bewegung des 19. Jahrhunderts zurück. Es ist noch heute eine wahre Fundgrube, wenn es um ausgefallene Designs von Stoffen, Tapeten oder Dekoartikeln geht (leider nicht ganz günstig).

Wasserfontänen am Somerset House verschaffen im Sommer Abkühlung

Holborn und Clerkenwell

Die geschichtsträchtigen Stadtviertel Holborn und Clerkenwell waren viele Jahrhunderte lang die Heimat von Gelehrten und Schriftstellern wie Samuel Johnson 26 *und Charles Dickens* 29*, deren Wohnhäuser heute Museen sind. Bis heute ist Holborn auch der Sitz der Anwaltskammern Londons und der Gerichtshöfe. Die Fleet Street, die sich vom Westrand der City durch Holborn zieht, galt jahrhundertelang als Synonym für das britische Pressewesen.*

EXTRATIPP

Two Temple Place

Einen Blick wert ist Two Temple Place, eine Villa, die 1895 für den Hotelmagnaten William Waldorf Astor gebaut wurde. Hier finden Wechselausstellungen zu unterschiedlichen Themen statt.

★19 [J9] **Two Temple Place,** 2 Temple Place, U: Temple, Tel. 78363715, https://twotempleplace.org/exhibitions/john-ruskin. **Das Gebäude ist 2019 nur während Ausstellungen zugänglich.**

23 Inns of Court und Temple Church ★★★ [K9]

Am Victoria Embankment befindet sich der Eingang zu den Temple Gardens. Sie führen zum **Inner Temple** und **Middle Temple,** zwei der vier **Anwaltskammern** *(Honorable Societies)* von London. Das weitläufige Gelände mit mittelalterlicher Architektur in verwinkelten Gässchen erstreckt sich bis hinauf zur Fleet Street. Nördlich der Fleet Street setzt sich der Bezirk mit dem Gray's Inn und Lincoln's Inn bei der Chancery Lane fort. Alle Rechtsanwälte, die in Großbritannien vor Gericht tätig werden, müssen einer der Kammern der Inns of Court angehören.

Die Geschichte der Inns geht zurück bis ins 12. Jh. Bis 1312 war das Gebiet des Temple der Hauptsitz der Ritter des **Templerordens** (Knights Templar), die ab 1160 die Eigentümer der Ländereien waren. Sie errichteten 1185 ihre Ordenskirche, die **Temple Church,** die bis heute von den Mitgliedern des Inner Temple und Middle Temple genutzt wird. Die Rundkirche mit dem rechteckigen Anbau ist eines der am besten erhaltenen Beispiele romanischer Architektur in Großbritannien. Nachdem der Orden um 1307 in Ungnade gefallen war, ging das Gebiet an die Krone über und Edward II. ermöglichte die Vermietung der Gebäude an die Rechtsgelehrtenschulen. Heute findet die Juraausbildung nicht mehr in den Inns, sondern in Universitäten statt. Die Inns beheimaten vor allem Anwaltskammern, die Juraabsolventen praktische Ausbildung und Stipendien anbieten.

Neben der Temple Church gehört das Torhaus des **Lincoln's Inn** zu den ältesten Bauwerken der Gegend, es entstand zwischen 1518 und 1521, die Institution selbst geht auf das Jahr 1422 zurück. Inner Temple und Middle Temple tauchen schon in Dokumenten aus dem Jahr 1388 auf, der Gray's Inn erst im Jahr 1569. Der **Middle Temple** bietet geführte Touren an, bei denen man u.a. die **Elizabethan Hall** aus dem Jahr 1563 besichtigt. Hier wohnte Queen Elizabeth I. 1601 einer Aufführung von Shakespeare's „Twelfth Knight" („Was Ihr wollt") bei.

Der **Lincoln's Inn** befindet bei der Parkanlage der Lincoln's Inn Fields. Die Anlage vereint Tudor-, Renaissance- und georgianische Architektur. Die dortige Kapelle, ursprünglich 1623 von Inigo Jones erbaut, kann wochentags auch besichtigt werden.

★20 [J8] **Lincoln's Inn,** Newman's Row, U: Chancery Lane (Central Line), www.lincolnsinn.org.uk. Das Gelände ist Mo bis Fr von 7 bis 19 Uhr geöffnet, die Kapelle Mo bis Fr von 9 bis 17 Uhr. Das Innere des Lincoln's Inn selbst kann nach Abschluss von Renovierungsarbeiten **ab März 2019 im Rahmen einer geführten Tour besichtigt werden.**

★21 [K9] **Middle Temple,** Middle Temple Lane, U: Temple (District/Circle Line), Tel. 74274820, www.middletemple.org.uk, nur nach telefonischer Anmeldung, 8 £

★22 [K9] **Temple Church,** Temple, U: Temple (District/Circle Line), www.templechurch.com, Mo–Fr 10–16 Uhr, Sa geschl., So nur Gottesdienste, Erw. £ 4, erm. £ 2, Kinder/Jugendliche bis 16 Jahre frei

24 Royal Courts of Justice und Temple Bar Memorial ★ [J9]

Nördlich der Temple Gardens gelangt man zu den **Royal Courts of Justice,** den königlichen Gerichtshöfen mit Zivilgericht *(High Court)* und Berufungsgericht *(Court of Appeal)* aus dem Jahr 1882. Die Verhandlungen, bei denen die Richter Roben und Perücken tragen, sind für die Öffentlichkeit zugänglich. Außerdem finden geführte Touren statt. Vor dem Gebäude erhebt sich in der Mitte der Straße das **Temple Bar Memorial,** ein Sockel, auf dem ein geflügelter Drache sitzt. Die Stelle markiert den Grenzübergang in die City of London und wurde einst von einem Torbogen überspannt. Bei einer Straßenerweiterung wurde dieser jedoch entfernt und an den Paternoster Square in der Nähe der St. Paul's Cathedral 30 versetzt.

› **Royal Courts of Justice,** Strand, U: Temple (District/Circle Line), https://theroyalcourtsofjustice.com/tours, www.thetemplebar.info

In der Anlage der Inns of Court findet sich Architektur vom 14. bis zum 16. Jh.

KURZ & KNAPP

Die Fleet Street

Die Fleet Street [J/K9] ist nach dem **Fleet River** benannt, der heute unterirdisch verläuft. Die Straße, die von den Royal Courts of Justice bis zur New Brigde Street verläuft, galt lange als Synonym für die **britische Presselandschaft.** Bereits 1702 erschien die erste Tageszeitung „Daily Courant" und nach und nach gesellten sich alle namhaften Blätter hinzu. Der erste „Sensationsjournalismus" bestand aus Berichten über gruselige Kriminalfälle, die in den benachbarten Gerichtshöfen verhandelt wurden.

Entlang der Straße findet man viele Plaketten, die auf Literaten hinweisen, die eine Verbindung zur Fleet Street haben, wie z. B. Edgar Wallace, der hier beim Blatt „Daily Mail" arbeitete.

Ende der 1980er-Jahre verlagerte der Medienmagnat Rupert Murdoch als erster seine News Corporation, zu der auch „The Sun" und „The Times" gehören, nach Wapping in die Docklands. Viele andere folgten. Die letzte große Nachrichtenagentur, Reuters, schloss 2005 ihre Pforten in der Fleet Street. Einzig verblieben ist die Vereinigung britischer Journalisten (Hausnummer 89).

25 Twinings Tea Museum ★ [J9]

Gleich gegenüber der Royal Courts kann man in einem über 300 Jahre alten Teegeschäft der bekannten Teemarke **Twinings** stilvoll außergewöhnliche Teesorten probieren. Zu Beginn des 18. Jh. war die Straße The Strand die Hauptverbindungsachse zwischen der City of London und Westminster. Thomas Twinings kaufte das kleine Haus hier bereits im Jahr 1706. Damals waren zwar Kaffeehäuser die große Mode, aber zu Beginn des 18. Jh. wandte sich der allgemeine Geschmack dem Tee zu. Twinings war einer der Vorreiter, die das neue Heißgetränk servierten. Noch heute wird in Großbritannien mehr Tee konsumiert als Kaffee, allerdings sind Kaffeehausketten heute wieder stark auf dem Vormarsch.

In den historischen Räumen des Teehauses kann man einiges über die **Geschichte des Getränks** lernen: Hinter Glas befinden sich sehenswerte Dokumente und chinesisches Porzellan, das man beim Teeschlürfen besichtigen kann. Anschließend kann man sich seine eigene Teesorte zum Mitnehmen zusammenmischen.

› 216 The Strand, U: Temple (Circle/District Line), www.twinings.co.uk/about-twinings/216-strand, Mo–Fr 9.30–19, Sa 10–17.30, So 11–17 Uhr

26 Dr Johnson's House ★★ [K9]

Samuel Johnson war einer der herausragendsten **Literaten** seiner Zeit und sein Wohnhaus am Gough Square gibt Aufschluss über sein illustres Leben. Johnson, der hier von 1748 bis 1759 wohnte, begann seine Karriere als Journalist und gewann nach und nach Anerkennung in der Londoner Literatenwelt. 1746 wurde er damit beauftragt, ein aktuelles Wörterbuch der englischen Sprache zu erstellen. Sein **„Dictionary of the English Language"** war bis ins Jahr 1884 das maßgebliche Standardwerk, dann wurde es durch das „Oxford English Dictionary" abgelöst. Einzigartig sind die oft humorvollen Kommentare, die Johnson zur Erklärung der Begriffe einfügte und die noch heute viel zitiert werden. Aufgrund seiner akribischen Arbeit benötigte er zur Fertigstellung des Werks ganze neun Jahre, dennoch fand er ausreichend Zeit für ein **gesellschaftliches Leben.** Von ihm stammt der vielfach zitierte Spruch: „Wer Londons müde ist, ist des Lebens müde." Das originalgetreu restaurierte Wohnhaus aus dem 18. Jh. beherbergt heute ein Originalexemplar des Wörterbuchs und eine ganze Reihe von Gegenständen aus dem alltäglichen Leben der damaligen Zeit.

Vor dem Haus steht eine Statue von Johnsons Katze „Hodge", eine „Speaking Statue", die mithilfe einer App Geschichten aus ihrer Zeit erzählt (s. S. 119).

› 17 Gough Square, U: Temple (Circle/District Line), Tel. 73533745, www.drjohnsonshouse.org, Mai–Sept. Mo–Sa 11–17.30 Uhr, Okt.–April Mo–Sa 11–17 Uhr, Eintritt: Erw. £ 7, erm. £ 6, Kinder £ 3,50

27 Sir John Soane Museum ★★ [J8]

Das Sir John Soane Museum befindet sich in drei aneinandergrenzenden Häusern an den **Lincoln's Inn Fields**, einer Parkanlage, die an den Lincoln's Inn (s. S. 55) angrenzt. Von der Fleet Street gelangt man über den New Square dorthin. Die bildhübschen historischen Häuserfassaden des Lincoln's Inn sind als Filmkulisse beliebt und tauchten bereits in vielen Serien und Filmen auf. Viele der eleganten Häuser entstanden gegen Ende des 17. Jh. und sind heute Sitz von Anwaltskanzleien.

John Soane (1753–1837) war ein **Architekt des Klassizismus**, der u. a. die Bank of England restaurierte. In späteren Jahren wurde er Professor für Architektur an der Royal Academy of Arts 14. Im Laufe seines Lebens sammelte Soane **Hunderte von Kleinoden**, darunter wertvolle Antiquitäten, archäologische Fundstücke, Gemälde etc. Allein seine private Bibliothek umfasste fast 8000 Werke. Um ausreichend Platz für seine Sammlung zu haben, kaufte er nach und nach die Häuser Nr. 12 bis 14 am Lincoln's Inn Field auf und gestaltete einen Neubau mit passenden Innenräumen.

Noch zu Lebzeiten veranstaltete Soane in seinem Anwesen Ausstellungen, zu denen die Crème de la Crème der politischen und kulturellen Welt erschien. 1833 wurde das Haus offiziell als Museum anerkannt. Sloane vermachte das Anwesen dem Staat, damit das einzigartige **Privatmuseum** auch nach seinem Tod weitergeführt werden konnte. Ein Besuch lohnt schon allein aufgrund der **Vielfalt der Stücke.**

› 13 Lincoln's Inn Fields, U: Holborn (Central/Piccadilly Line), Tel. 74052107, www.soane.org, Mi–So, Fei 10–17 Uhr, Eintritt frei

28 Marx Memorial Library ★ [K7]

Das Haus Clerkenwell Nr. 37a beheimatet seit 1933 die Marx Memorial Library, die ein **Archiv der Arbeiterbewegungen Großbritanniens** beherbergt. Einzusehen sind hier seltene Dokumente wie Zeitungen von der Mitte des 19. bis zum frühen 20. Jh.

Das Gebäude aus dem Jahr 1738 war die Schule einer walisischen Stiftung und wurde dann zum **Clerkenwell Coffee House**, wo sich radikale Denker trafen, darunter, neben vielen anderen Exilanten, auch **Karl Marx** (1818–1833). Er lebte ab 1849 in London und gab von hier aus die „Neue Rheinische Zeitung" heraus. Sein Freund und Mitstreiter Friedrich Engels (1820–1895), der bereits 1845 über die schockierenden Lebensbedingungen der Arbeiterklasse in England geschrieben hatte, zog 1870 permanent von Manchester nach London.

Von 1872 bis 1892 arbeitete in dem Haus in Clerkenwell die **London Patriotic Society**, die sich u. a. für die Bildung von Gewerkschaften einsetzte. Zwischen 1891 und 1922 hatte dort der Verlag **Twentieth Century Press** (TCP) seinen Sitz, der die Publikationen der sozialistischen Partei **Social Democratic Federation – SDF** druckte. Der Herausgeber Harry Quelch stellte von 1902 bis 1903 **Wladimir I. Lenin** (1870–1924) ein kleines Büro in dem Haus zur Verfügung, von wo aus dieser das Sprachrohr der russischen Sozialisten **„Iskra"** herausgab. Den Schreibtisch kann man heute noch besichtigen. Ab 1933 war die **Marx Memorial Library and Workers School** in dem Haus untergebracht. Karl Marx, der 1833 in London verstarb, wurde auf dem Highgate-Friedhof beerdigt.

› 37a Clerkenwell Green, Clerkenwell, U: Farringdon (Circle/Hammersmith & City/Metropolitan Line), Tel. 72531485, www.marx-memorial-library.org, Library: Mo–Do 12–16 Uhr, Touren Di, Do 13 Uhr, £ 5, nur nach Voranmeldung

29 Charles Dickens Museum ★★★ [J7]

Charles Dickens (1812–1870), Autor von so bekannten Romanen wie „Oliver Twist", wird wie kein zweiter Schriftsteller mit der Stadt London assoziiert. Bei einem Stadtspaziergang trifft man immer wieder auf seine Spuren und Schauplätze, die er in seinen Büchern über das Leben im viktorianischen London verewigte. Von den vielen Orten, an denen Dickens sich in London aufhielt, ist jedoch einzig das Haus in der Doughty Street Nr. 48 erhalten. Es befindet sich am Nordrand von Holborn und an der Grenze zu Bloomsbury.

Neben **Möbeln** und vielen **Memorabilien** des Schriftstellers beherbergt das Besucherzentrum im Nachbarhaus (Nr. 49) das **Nationalarchiv zu Charles Dickens.** Zu besichtigen sind neben den Wohnräumen auch die Küche und der Dachboden. Bei geführten **Touren,** die von kostümierten Mitarbeitern begleitet werden, kann man den Lebensalltag des späten 19. Jh. nachempfinden.

› 48/49 Doughty Street, U: Russell Square (Piccadilly Line) oder Holborn (Central/Piccadilly Line), Tel. 74052127, www.dickensmuseum.com, tgl. 10–17 Uhr, Erw. £ 9,50, erm. £ 7,50, Kinder (6–16 Jahre) £ 4,50. Daten und Preise für die „Housemaid's Tour" oder Stadtspaziergänge auf den Spuren von Dickens findet man auf der Website unter „What's On".

Kulinarisches

Wer auf den Spuren der Londoner Literaten des 18. und 19. Jh. wandeln möchte, kann in einem der zahlreichen historischen Pubs der Gegend einkehren, z. B. im **Ye Olde Cheshire Cheese** (s. S. 182) und im **Ye Olde Mitre** (s. S. 182).

23 [J8] **Benugo** £, Lincoln's Inn Field, Holborn, U: Holborn, www.benugo.com, geöffnet tgl. zu den Parköffnungszeiten (tgl. 7.30 bis Dämmerung). In der Parkanlage am Lincoln's Inn Square bietet dieses Café-Restaurant leckere Erfrischungen an.

› **Caravan** (s. S. 174). Asiatisch und mitteleuropäisch inspirierte Küche bietet dieses Restaurant im beliebten Viertel Exmouth Market.

› **Ottolenghi Islington** (s. S. 175). Nördlich von Clerkenwell findet man dieses Restaurant des israelischen Chefkochs Yotam Ottolenghi.

Shopping

› **Camden Passage Market** (s. S. 192). Im benachbarten Islington, nördlich von Clerkenwell, lädt dieser Antikmarkt in einer kleinen Gasse zu einem Bummel ein.

24 [K8] **Hatton Gardens,** www.hatton-garden.net. Die Geschäfte haben zwischen 9 und 18 Uhr geöffnet. *Die* Adresse für Juweliere in London. Hier wird nicht nur erlesener Schmuck verkauft, betuchte Käufer wählen hier auch Edelsteine und Diamanten aus, die dann in Unikaten verarbeitet werden. Ein Schaufensterbummel lohnt sich allemal.

25 [J8] **London Silver Vaults,** 53–64 Chancery Lane, U: Chancery Lane, http://silvervaultslondon.com, Mo–Fr 9–17.30, Sa 9–13 Uhr. Die London Silver Vaults bieten erlesene Antiquitäten und Silberwaren.

City of London

Ein Spaziergang durch die City of London führt zu den Ursprüngen der Metropole im römischen Londinium. Das Museum of London **31** *bietet den besten Einstieg in die Entwicklungsgeschichte der Stadt. Das Bankenzentrum und der Geldhandelsmarkt der City gehören neben den Börsen von New York, Tokio und Frankfurt zu den einflussreichsten der Welt. Weitere Businesszentren befinden sich in den Bürotürmen der Canary Wharf und in den Royal Docks in den Docklands (s. S. 100).*

Der Kern des historischen Geschäftsviertels mit alteingesessenen Institutionen wie der **Bank of England** **35** befindet sich im Westen der City. Im Osten sprießen die neuen Hochhausriesen wie Pilze

Der Hochhauswald im modernen Teil der Londoner City

Spaziergang 3: Durch die City of London

Ein Spaziergang durch die ***City*** *führt zu den Ursprüngen Londons, denn hier begann bereits zur Zeit der Römer die Geschichte der Stadt. Den Rundgang beginnt man am besten an der* ***St. Paul's Cathedral*** *30. Sie ist das Meisterwerk des Architekten Sir Christopher Wren, der nach dem Großen Feuer von 1666 damit beauftragt worden war, die City wieder aufzubauen. Jahrhundertelang war die Kuppel der Kathedrale der höchste Turm der Stadt. Von der Aussichtsgalerie, der Golden Gallery, hat man noch heute einen guten Blick über die Dächer Londons, obwohl die Hochhausriesen im Rücken der Kathedrale den Blick nach Osten dominieren.*

Wren erhielt übrigens den Auftrag, insgesamt 51 Kirchen neu zu bauen, da die alten dem Feuer zum Opfer gefallen waren. Ganze 23 davon haben die Wirren der Zeit überstanden. Wer möchte, kann rund um St. Paul's noch einen kurzen Blick auf die Glockentürme der Kirchen ***St. Mary-le-Bow*** *(Bow Lane),* ***St. Martin Ludgate*** *(Ludgate Hill) und* ***St. Andrew-by-the-Wardrobe*** *(Queen Victoria Street) werfen. Der Turm von Wrens Kirche* ***St. Bride's*** *in der Fleet Street stand ürigens angeblich Pate für die mehrstöckige Form der traditionellen Hochzeitstorte.*

Von der Kathedrale gelangt man über die Straße St. Martin's Le Grand nach Norden zum ***Museum of London*** *31, in das man unbedingt einen Blick werfen sollte. Hier ist noch ein Stück der alten Stadtmauer erhalten geblieben und die Londoner Geschichte wird auf ansprechende Art dargestellt. Vom Museum aus kann man auch einen Abstecher nach* ***Smithfield*** *32 machen. Auf der Aldersgate Street in Richtung Norden gelangt man zur Long Lane [L8]. Durch sie gelangt man nach links auf die Cloth Street und von dort nach rechts in die* ***Middle Street*** *bzw.* ***Cloth Fair,*** *eine der ältesten mittelalterlichen Gassen Londons. Bald passiert man die älteste Kirche der Stadt:* ***St. Bartholomew the Great*** *(s. S. 66) wurde bereits im Jahr 1123 von dem Mönch Rahere gegründet. Die normannische Kanzel ist noch erhalten, der Rest wurde zu Tudorzeiten restauriert.*

Durch das alte Torhaus der Kirche gelangt man auf auf einen Kreisverkehr und sieht schon das lange Gebäude des ***Smithfield Market*** *(s. S. 65) vor sich. Es ist der älteste Fleischmarkt Londons und nur frühmorgens geöffnet. Der Markt soll demnächst umziehen, damit das Gebäude zur neuen Heimat für das Museum of London umgebaut werden kann. Entlang der Long Lane gelangt man wieder auf die Aldersgate Street. Auf der gegenüberliegenden Straßenseite beginnt bereits der weitläufige Komplex des Wohn- und Kulturzentrums* ***Barbican Centre*** *33.*

Den Spaziergang setzt man am besten auf der Straße ***London Wall*** *[L8] fort, die vom Museum of London in Richtung Osten abzweigt. Sie folgt dem Lauf der einstigen Stadtmauer der City. Man biegt nun in Richtung Süden in die Wood Street ein und von dort östlich in die Gresham Street. Bald blickt man durch die Häuser auf den großen Vorplatz des alten Rathauses der City of London, die* ***Guildhall*** *34. Heute gibt es hier eine Kunstgalerie zu besichtigen. Besonders interessant sind je-*

30 [L9] St. Paul's Cathedral S. 63
31 [L8] Museum of London S. 65
32 [K8] Smithfield S. 65
33 [L8] Barbican Centre S. 66
34 [L8] Guildhall Art Gallery und Roman Amphitheatre S. 67
35 [M9] Bank of England Museum S. 68
36 [M9] Royal Exchange S. 68
37 [M9] The Monument S. 69
38 [M9] Lloyd's Building S. 70

Alle weiteren Karteneinträge s. S. 301.

doch die Überreste eines römischen Amphitheaters, die man im Keller des Rathauses freigelegt hat.

Weiter auf der Gresham Street, bzw. dann auf der Lothbury Street [M9], sieht man an der Straßenkreuzung mit der Prince's Street bereits das Gebäude der ***Bank of England,*** *die 1694 von König William III. gegründet wurde, da man Gelder für den Frankreichkrieg benötigte. In der Bartholomew Lane befindet sich der Eingang zum* ***Bank of England Museum*** *35, das über die Geschichte der Nationalbank informiert, die seit 1946 verstaatlicht ist und heute die Menge des Geldumlaufs festlegt, die Notendruckerei beaufsichtigt und die Goldreserven des Landes verwaltet. In südlicher Richtung gelangt man auf die Threadneedle Street mit der* ***Royal Exchange*** *36, der einstigen Königlichen Börse. Heute befinden sich im restaurierten Atrium schicke Shops und Lokale.*

In das Zentrum der modernen Finanzinstitutionen gelangt man auf der Cornhill Street [M9] in Richtung Osten. Man überquert die Gracechurch Street und folgt der Leadenhall Street weiter in Richtung Osten. Auf der rechten Seite erhebt sich das ***Lloyd's Building*** *38 aus dem Jahr 1986. Der Architekt Richard Rogers verlegte das übliche Innenleben mit den Versorgungsleitungen wie beim Centre Pompidou in Paris kurzerhand nach außen. Das futuristische Gebäude steht heute unter Denkmalschutz. Kurz bevor man das Gebäude erreicht, zweigt die Whittington Ave. nach rechts zum* ***Leadenhall Market*** *(s. S. 192) ab. Hier sollte man unbedingt einen Blick in die historischen Markthallen werfen oder sogar eine Pause in einem der Cafés einlegen.*

Gegenüber dem Lloyds Building erhebt sich in der Leadenhall Street Nr. 122 der ***Cheesegrater*** *aus dem Jahr 2013, ebenfalls von Richard Rogers entworfen. Nur ein kleines Stück weiter öffnet sich hinter der Kirche* ***St. Andrew Undershaft*** *die Gasse St. Mary Axe, die zum markanten* ***The Gherkin*** *(s. S. 71) von Sir Norman Foster führt. Das Hochhaus unterscheidet sich durch seine organische Form von den üblichen Stahl- und Glasstrukturen.*

Folgt man der St. Mary Axe bis zur Straße Bevis Marks und biegt nach links in die Camomile Street ab, gelangt man wieder auf die Gracechurch Street, die in ihrem oberen Abschnitt allerdings Bishopsgate heißt. Linker Hand sieht man den ***Tower 42*** *mit dem Gourmetrestaurant* ***City Social*** *(s. S. 177) aufragen. An der Ecke Bishopsgate/Houndsditch steht der* ***Heron Tower*** *mit den Aussichtsrestaurants* ***Sushisamba*** *und* ***Duck and Waffle*** *(s. S. 177). Folgt man der Bishopsgate in Richtung Süden, kann man in der Fenchurch Street auch noch einen Blick auf das* ***Walkie Talkie*** *(s. S. 71) werfen. Um hier die Aussichtsplattform oder die Restaurants zu besuchen, muss man vorher reservieren.*

Spaziert man weiter nach Süden, in Richtung Themse zur London Bridge, sieht man kurz vor der Brücke links das ***Monument*** *37 aufragen. Die Steinsäule erinnert an das Große Feuer von London 1666 und ihre Aussichtsplattform ist über 311 Stufen zu erreichen. Wer noch nicht müde ist, kann auf der anderen Seite der London Bridge den Spaziergang noch bis zur Tower Bridge* *53 fortsetzen.*

aus dem Boden und überschatten Wahrzeichen wie die **St. Paul's Cathedral** 30 und den **Tower** 54. Wochentags ist die City sehr belebt, denn ca. 300.000 Pendler arbeiten in den Bürotürmen. Permanent leben aber nur noch ca. 9000 Menschen in dem Gebiet. Um die Innenstadt wieder zu beleben, werden neue Hochhausriesen wie der Heron Tower und das Walkie Talkie nicht nur als Bürohäuser konzipiert, sondern beherbergen neben Luxusapartments auch Restaurants und Aussichtsplattformen, die für die Öffentlichkeit zugänglich sind (s. S. 71).

30 St. Paul's Cathedral ★★★ [L9]

Obwohl die neuen Hochhausriesen den Blick nach Osten dominieren, hat man von der Golden Gallery der St. Paul's Cathedral einen guten Rundblick über die City. Jahrhundertelang war die Kuppel der Kathedrale der höchste Punkt der Stadt und sie ist noch heute eines ihrer bekanntesten Wahrzeichen. Die Kirche hat die Jahrhunderte überdauert und sogar den Bombenangriffen des Zweiten Weltkriegs getrotzt. Heute finden hier viele offizielle Veranstaltungen statt, so z. B. im Juni 2012 der Gottesdienst anlässlich des **60. Thronjubiläums der Queen** und im April 2013 die Beerdigungszeremonie für die ehemalige Premierministerin Margaret Thatcher.

Bereits im Jahre 604 wurde von Mellitus, dem ersten angelsächsischen Bischof von London, eine erste Kirche errichtet. 1175 konnte der 1087 durch die Normannen begonnene Neubau fertiggestellt werden. Im 14. Jh. wurde die Kathedrale weiter ausgebaut und besaß damals einen 149 m hohen Kirchturm, der weithin zu sehen war. In den folgenden Jahrhunderten wurde das Gotteshaus jedoch vernachlässigt und geplündert und befand sich im 17. Jh. in einem bedauerlichen Zustand. Während des Großen Feuers 1666 brannte es dann bis auf die Grundmauern nieder.

Das heutige Gebäude ist das Meisterwerk des Architekten **Sir Christopher Wren** (1632–1723), der nach dem Großen Feuer von 1666 damit beauftragt worden war, die City wieder aufzubauen. Christopher Wren reichte gleich mehrere Entwürfe für den Neubau der Kathedrale ein, die alle in der **Krypta** ausgestellt sind. Seine ersten Vorschläge wurden jedoch abgelehnt, da sie sich als zu teuer erwiesen. Erst 1675 konnte man sich einigen und es wurde der Grundstein gelegt. Der letzte Stein der Kuppel wurde 1708 von Wrens Sohn im Beisein seines

Die Kuppel der St. Paul's Cathedral ist eine der größten ihrer Art weltweit

St. Paul's Cathedral

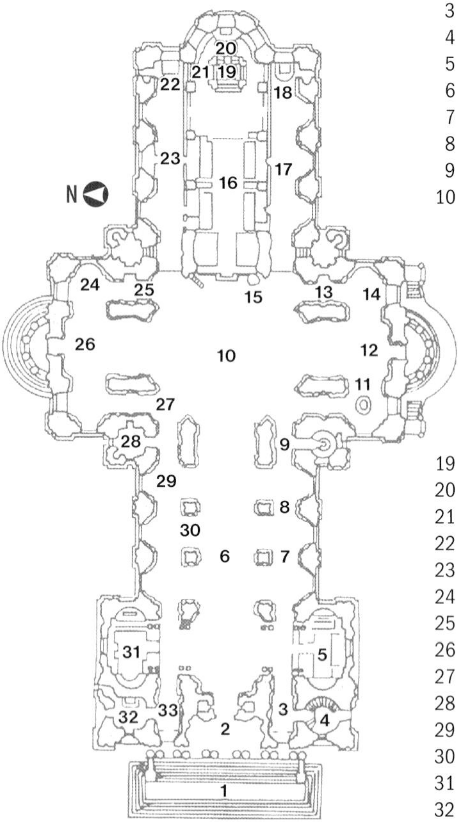

1 W-Vorhalle
2 großes W-Portal
3 SW-Portal
4 Dean's Staircase (Treppe des Dekans)
5 Chapel of St. Michael and St. George
6 Hauptschiff
7 S-Seitenschiff
8 „The Light of the World"
9 Aufgang zur Kuppel
10 Kuppel
11 Taufstein
12 S-Querschiff
13 Zugang zur Krypta
14 Dean's Vestry (Sakristei des Dekans)
15 Kanzel
16 Chorraum
17 S-Chorseitengang
18 Lady Chapel (Marienkapelle)
19 Hochaltar
20 Jesus Chapel
21 Tijou-Gitter
22 Chapel of Anglican Martyrs
23 N-Chorseitengang
24 N-Sakristei
25 Samuel-Johnson-Denkmal
26 N-Querschiff
27 Joshua-Reynolds-Denkmal
28 Lord Mayor's Vestry
29 N-Seitenschiff
30 Wellington-Monument
31 St. Dunstan's Chapel
32 All Souls' Chapel (Allerseelenkapelle)
33 NW-Portal

Vaters eingefügt und man feierte das Richtfest. Offiziell wurde die Kathedrale jedoch erst 1711 fertiggestellt.

Besonders beeindruckend ist das lange **Kirchenschiff:** Hier sind bei Staatsereignissen die Sitzbänke mit Blick auf den Altar angeordnet. Die Kuppel ist eine der größten der Welt und dem Petersdom in Rom nachempfunden. Der Chorraum hat eine reich verzierte Decke mit Schnitzereien von Grinling Gibbons, der auch die Orgel gestaltete.

Der Aufstieg in die **Aussichtsgalerien** ist nicht ohne Anstrengungen zu bewältigen: 259 Stufen führen zur ersten Ebene mit der **Whispering Gallery** (Flüstergalerie) in 30 m Höhe. Sie wird so genannt, weil man alle Geräusche auch am anderen Ende der Galerie vernehmen kann. Von hier aus eröffnet sich ein guter Blick auf das reich verzierte Innere der Kuppel mit Mosaiken und Reproduktionen der Originalgemälde von James Thornhill aus dem Jahr 1715. Insgesamt 378 Stufen führen bis zur **Stone Gallery,** auf der man rund um die Kuppel spazieren und die Aussicht genießen kann. Bis zur **Golden Gallery,** die auf der Außenseite der Kuppel verläuft, muss man insgesamt 528 Stufen erklimmen.

In der **Krypta** befindet sich u.a. die Schatzkammer der Diözese mit zahlreichen Kunstwerken, Deckenmalereien und Skulpturen. Zu den bedeutendsten Grabdenkmälern gehört der Sarkopharg von **Lord Nelson.** Seine Beerdigungszeremonie wurde ebenfalls in der Kathedrale abgehalten. Auch dem Architekten der Kathedrale, Christopher Wren, wurde die Ehre einer Bestattung in seinem eigenen Bauwerk zuteil. Außerdem ist im Untergeschoss ein Film zu sehen, der die Geschichte der Kathedrale demonstriert, und man kann in einem Café verschnaufen.

› St. Paul's Churchyard, Ludgate Hill, U: St. Paul's (Central Line), Tel. 72364128, www.stpauls.co.uk, Mo–Sa 8.30–16.30 Uhr, letzter Einlass 16 Uhr, manchmal schließt die Kirche früher (genaue Zeiten s. Website), Erw. £ 18, erm. £ 16, Kinder (6–17 Jahre) £ 8, The Café at St Paul's, Mo–Sa 9–17, So 10–16 Uhr

31 Museum of London ★★★ [L8]

Von der St. Paul's Cathedral in Richtung Norden gelangt man zum Museum of London. Einen Besuch hier sollte man auf keinen Fall verpassen. Auf mehreren Stockwerken wird die **Londoner Geschichte** von der Römerzeit bis in die Gegenwart ausführlich dokumentiert. Von besonderem Interesse sind die Kollektionen aus der Neuzeit. Hier bekommt man z.B. anhand von handwerklichen Instrumenten Einblick in die Sozialgeschichte und die Entwicklung der Stadt Londons zur „Werkstatt der Nation" vom 17. bis zum 19. Jh. Man sieht nicht nur die Maschinen, mit denen die Seidenweber im East End Stoffe herstellten, sondern auch die Endprodukte und die aus den Textilien gefertigte Kleidung. Hinzu kommen alte Zeitungen, Straßenschilder, Poster und Fotografien aus vergangenen Dekaden.

Ein Stück der alten Stadtmauer ist ebenfalls noch erhalten geblieben und wurde in die Museumsanlage integriert. Für eine Verschnaufpause nach der Besichtigung stehen ein Café und ein Restaurant zur Verfügung. Wer noch mehr über die Geschichte der Stadt erfahren möchte, sollte die Zweigstelle **Museum of London Docklands** 64 besuchen. Spannend ist die App „Museum of London Postcards", mit der man Postkarten von Exponaten des Museums oder eigenen Fotos erstellen und verschicken kann.

› 150 London Wall, Tel. 70019844, www.museumoflondon.org.uk, U: Barbican (Hammersmith & City/Circle/Metropolitan Line) oder St. Paul's (Central Line), Mo–So 10–18 Uhr, Eintritt frei

32 Smithfield ★★ [K8]

Das Viertel rund um den **Smithfield Market** steckt voller Geschichte. Die riesigen Markthallen entstanden 1868 durch den Architekten Horace Jones. Zuvor gab es hier ein offenes Feld, auf dem regelmäßig ein Tiermarkt und ab 1133 die Messe

Bartholomew's Fair stattfanden. Heute ist hier der größte Fleischmarkt Londons beheimatet. Das Marktgebäude steht ganz oben auf der Liste der Denkmalschützer, denn in der Nähe entsteht eine Station für die neue Crossrail-Bahn und der Markt soll umziehen. Nun plant man, das Gebäude so umzubauen, dass in einigen Jahren das Museum of London 31 einziehen kann.

Die älteste noch erhaltene Kirche Londons, **St. Bartholomew the Great** wurde von dem Augustinermönch Rahere 1123 gegründet. Sein Grab befindet sich in der Nähe des Hochaltars. Die Kirche grenzt an das älteste Krankenhaus Londons, **St. Barts (St. Bartholomew's)**, an, das im selben Jahr entstand. 1543 wurde ein Großteil der Kirche zerstört, aber die normannische Kanzel blieb erhalten. Sehr atmosphärisch ist auch das The Cloister Café im Kreuzgang der Kirche und wo der Kreisverkehr West Smitfield auf die Gasse **Cloth Fair** mündet, steht noch das alte Torhaus aus der Tudorzeit, das einst zur Kirche führte. Das Gotteshaus und seine Umgebung sind ein beliebter Hintergrund für die Dreharbeiten historischer Filme. Das Krankenhaus diente u.a. auch als Location für die BBC-Serie „Sherlock".

In der Cloth Fair kann man zwei Häuser sehen (Nr. 41 und 42), die das Große Feuer von 1666 überstanden. Sie sind typisch für die Häuser der Tuchhändler aus dem 17. Jh. Bei der Hausnummer 43 erinnert eine blaue Plakette an den Hofdichter und Denkmalschützer Sir John Betjeman (s. S. 164), der hier lange lebte. Einen Abstecher wert ist auch das **Charterhouse**, nordwestlich des Marktgebäudes. Vorbei am Charterhouse Square gelangt man zu der Anlage aus dem Jahr 1611, die einst ein Altersheim für verarmte Pensionäre und eine Stiftungsschule beherbergte.

› **Smithfield Market,** West Smithfield, Tel. 72483151, www.smithfieldmarket.com, Öffnungszeiten Fleischmarkt 2–11 Uhr

★**26** [L8] **St. Bartholomew the Great,** West Smithfield, U: Farringdon (Circle/ Hammersmith & City/Metropolitan Line), Tel. 76000440, www.greatstbarts.com, tgl. 8.30–17 Uhr

★**27** [L8] **The Charterhouse,** Sutton's Hospital, Charterhouse Square, www.thecharterhouse.org, geführte Touren: Di, Mi, Do, Sa, So 14.15 Uhr, £ 15, Vorausbuchung online notwendig

33 Barbican Centre ★ [L8]

In Richtung Osten gelangt man zum Komplex des Barbican Centre. Das **Kulturzentrum** mit der angrenzenden Wohnanlage wurde bereits 1959 im sogenannten **„brutalistischen" Stil** entworfen, die Bauarbeiten begannen jedoch erst 1971. Die Anlage beherbergt in drei 123 m hohen Türmen Wohnungen für 4000 Menschen. Bereits bei der Fertigstellung 1982 entsprach die bahnbrechende Architektur der 1960er-Jahre nicht mehr unbedingt dem Zeitgeist. Heute ist der Betonbau, der auf mehreren, verwirrenden Ebenen angelegt ist, jedoch denkmalgeschützt.

Das Kulturzentrum, das 2012 sein 25-jähriges Jubiläum feierte, bietet noch immer ein ambitioniertes Kulturprogramm. Die **Barbican Hall**, Sitz des **London Symphony Orchestra**, fasst 1949 Personen. Das **Barbican Theatre** mit 1166 Plätzen war bis zum Jahr 2000 die Heimat der Royal Shakespeare Company, heute zeigt man moderne Inszenierungen, die klassisches Theater, Oper und modernen Tanz vereinen. Im **Studio Theatre** mit 286 Sitzen kann man experimentelle Stücke sehen und es finden kreative Workshops statt. Zudem gibt es ein **Kino** und in der Barbican Gallery sowie in den öffentlichen Räumen finden **Wechselausstellungen** statt. In mehreren Cafés und Restaurants können Kulturhungrige auch auf den Außenterassen ihre Reserven dann wieder auftanken.

› Silk Street, City of London, U: Barbican (Circle/Hammersmith& City/Metropolitan Line) oder Moorgate (Circle/Hammersmith& City/Northern/Metropolitan Line), www.barbican.org.uk, Kartenverkauf: Tel. 76388891 (Mo–Sa 10–20, So 11–23 Uhr), Barbican Art Gallery Sa–Mi 10–18, Do–Fr 11–21 Uhr

34 Guildhall Art Gallery und Roman Amphitheatre ★★ [L8]

Vom Museum of London in südöstlicher Richtung trifft man bei der Gresham Street auf die Guildhall. In dem alten Rathaus der Stadt aus dem Jahr 1411 tagt die **City of London Corporation**, die Verwaltung für den eigenständigen Bezirk der City. Den Vorsitz hat der **Lord Mayor**, der Bürgermeister, der jeweils für ein Jahr gewählt wird (s. S. 21). Er/Sie hat die Aufgabe, die City als weltweit führendes Finanz- und Geschäftszentrum zu bewerben und zu fördern.

Die **große Halle** gehört zu den noch erhaltenen originalen Gebäudeteilen der Guildhall. Hier findet z. B. das alljährliche **Lord Mayor's Banquet** statt, bei dem sich die Honoratioren der City und geladene Politiker wie der Premierminister und der Finanzminister ein Stelldichein geben.

Die Guildhall ist das historische Rathaus der City of London

021lo-ln

Die **Guildhall Art Gallery** zeigt Gemälde aus verschiedenen Epochen von 1670 bis heute, darunter viele interessante historische Bilder der Stadt, z. B. von der Tower Bridge. Zudem sieht man viele Porträts und Statuen bekannter Briten.

Im Hof des Rathauses markieren Steinplatten die Umrisse eines **römischen Amphitheaters**, das man 1987 entdeckte. Die sehenswerten Ausgrabungen kann man im Untergeschoss der Guildhall besichtigen, der Zugang erfolgt durch die Kunstgalerie.

› Gresham Street, U: Moorgate (Hammersmith & City/Circle/Metropolitan/Northern Line), Tel. 73321313, www.guildhall.cityoflondon.gov.uk/art-gallery, große Halle: Mo–Sa 10–16.30, So (Mai–Sept.) 10–16.30 Uhr, Guildhall Art Gallery und Amphitheater: Mo–Sa 10–17, So 12–16 Uhr, Eintritt frei, außer Sonderausstellungen. Jeden Di, Fr und Sa finden vier kostenlose Führungen statt: 12.15, 13.15, 14.15, 15.15 Uhr. Geführte historische Touren der City of London Guides finden einmal pro Monat donnerstags statt, 10.45–12 Uhr, £ 8, nur nach Voranmeldung: www.cityoflondonguides.com/tours/guildhall-monthly-tours.

35 Bank of England Museum ★ [M9]

In Richtung Osten ist es nicht mehr weit bis zur U-Bahn-Station Bank an der Ecke Threadneedle Street. Am südlichen Ende des Kreisels steht das **Mansion House**, die offizielle Residenz des Lord Mayor. Direkt gegenüber steht die „Old Lady of Threadneedle Street“, wie die **Bank of England** auch genannt wird. In der Bartholomew Lane befindet sich der Eingang zum **Bank of England Museum**, das die Geschichte der Institution dokumentiert. Zu sehen sind antike Münzen, Banknoten durch die Jahrhunderte, historische Dokumente und antikes Mobiliar sowie Einrichtungsgegenstände im Eigentum der Bank.

1694 initierte König William III. die Gründung des Geldinstituts, da man Gelder für den Frankreichkrieg benötigte. Von 1788 bis 1833 war Sir John Soane Hausarchitekt und nahm viele Umbauten vor, die jedoch Anfang des 20. Jh. großenteils wieder überbaut wurden. Das heutige Gebäude stammt daher weitgehend aus den Jahren 1925 bis 1939.

Seit 1946 verstaatlicht, setzt die Bank heute die Menge des Geldumlaufes fest, beaufsichtigt die Notendruckerei und verwaltet die Goldreserven des Landes.

› Threadneedle Street, Eingang zum Museum Bartholomew Lane, U: Bank (Central/Northern/Waterloo & City Line), Tel. 34614444, www.bankofengland.co.uk/museum, Mo–Fr 10–17 Uhr, Eintritt frei

36 Royal Exchange ★ [M9]

Gegenüber der Bank of England befindet sich die Royal Exchange, die **ehemalige königliche Warenbörse.** Die erste Warenbörse *(Stock Exchange)* wurde im Jahre 1566 vom Händler und Finanzexperten Thomas Gresham nach Antwerpener Vorbild gegründet. Damals wurde noch nicht mit Geld oder Aktien gehandelt, sondern mit tatsächlichen Waren. Es fanden sich Hunderte von Großhändlern zusammen, die in der Halle alle nur denkbaren Produkte anboten. Das geschäftige Treiben zog viel Publikum an. Nachdem Elizabeth I. der Markthalle im Jahr 1570 einen of-

▷ Die Aussichtsplattform des Monument erreicht man über 311 Stufen

fiziellen Besuch abgestattet hatte, durfte man den Titel „Royal Exchange“ führen.

Beim Großen Brand von 1666 wurde die erste Halle zerstört und 1669 wieder aufgebaut. 1698 begann der Geschäftsmann John Castaing in seinem Kaffeehaus in der Change Alley damit, Listen von den in der Börse gehandelten Waren *(stock)* und deren Preisen anzulegen. Nachdem die Warenhändler noch im gleichen Jahr aus der Royal Exchange verbannt worden waren, verlagerte sich die Geschäftstätigkeit mehr und mehr in die Nachbarschaft des Kaffeehauses. 1761 wurden die ersten Aktien, d. h. Anteile an Warengeschäften, in dem Kaffeehaus gehandelt. 1801 entstand aus dieser Tätigkeit die erste moderne Börse, in der nicht mehr tatsächliche Waren, sondern nur noch Aktien gehandelt wurden.

In die Royal Exchange zog 1713 die Versicherung Lloyds ein. Nachdem das Gebäude 1838 durch ein Feuer zerstört worden war, entstand in den 1840er-Jahren der heutige Bau im **klassizistischen Stil** von Sir William Tite. Nach dem Zweiten Weltkrieg verfiel das Gebäude und wurde schließlich 2003 in seiner heutigen Form wiedereröffnet. In dem schönen Innenhof gibt es nun einige schicke **Shops** und **Restaurants.**

In südöstlicher Richtung verläuft die **Lombard Street.** Sie war ab dem 12. Jh., als sich italienische Geldverleiher aus der Lombardei hier niederließen, die Bankenmeile der Stadt. Das moderne Zentrum der Finanzinstitutionen hat sich allerdings inzwischen nach Osten rund um die Bishopsgate Street verlagert.

› Cornhill, U: Bank (Central/Northern/Waterloo & City Line und DLR), Tel. 72838935, www.theroyalexchange.co.uk, Shops 10–18 Uhr, Restaurants 8–23 Uhr

37 The Monument ★★★ [M9]

Nach Südosten führt die King William Street in Richtung Themse zur London Bridge 50. Kurz bevor man die Brücke erreicht, eröffnet sich links der Blick in eine Gasse, in der die Gedenksäule The Monument aufragt. Oben schimmert eine vergoldete Urne in der Sonne. Rundherum befindet sich in 61 m Höhe eine Aussichtsplattform, die man über 311 Stufen erreicht. Die **höchste frei stehende Steinsäule der Welt** entstand 1671 bis 1677 in Gedenken an das **Great Fire of London.** Damit zelebrierte man den Wiederaufbau der Stadt, wollte aber auch ein mahnendes Denkmal setzen. Im **September 1666** war in der **Pudding Lane** in der Altstadt ein Brand ausgebrochen, der sich in Windeseile ausbreitete. Die Fachwerkbauten und mittelalterlichen Holzhäuser des Zentrums wurden davon erfasst und fast 200.000 Menschen verloren ihre Heimat.

022lo-ln

Christopher Wren, der federführende Architekt des Wiederaufbaus, arbeitete zusammen mit Robert Hooke den Entwurf für das Mahnmal aus. Rund um das Podest illustrieren Steinmetzarbeiten und Inschriften den Fortgang des Feuers und die Löschversuche, die von König Charles II. unterstützt wurden – er mobilisierte Hilfskräfte und war angeblich selbst vor Ort. Eine eindringliche Schilderung des Feuers ist durch **Samuel Pepys** (1633–1703) überliefert. Der Stadtchronist saß im Anchor Pub (s. S. 180) auf der anderen Seite der Themse und dokumentierte von dort aus das Geschehen. Sein Tagebuch, das er von 1660 bis 1669 führte, ist heute eine wichtige Informationsquelle über die Zeit der Restauration.

› Monument Street, U: Monument (Central/Northern/Circle/District/Waterloo & City Line und DLR), Tel. 74033761, www.themonument.info, April–Sept. 9.30–18, Okt.–März 9.30–17.30 Uhr, Erw. £ 4,50, erm. £ 3, Kinder £ 2,30

023lo-dt©Lanceb

Das Lloyds Building aus dem Jahr 1986 steht heute unter Denkmalschutz

38 Lloyd's Building ★★ [M9]

Vom Monument in Richtung Norden führt die Straße Bishopsgate (am südlichen Ende Gracechurch Street) in das moderne Zentrum der City, in der ein moderner Hochhauswald heranwächst. Zu den „Skyscrapers“ der ersten Generation gehört das **Lloyd's Building** von Richard Rogers, aus dem Jahr 1986, das seit 2011 unter Denkmalschutz steht. Wie beim Centre Pompidou in Paris verlegte Rogers alle Versorgungseinrichtungen an die Außenwand des Gebäudes. Zu seiner Entstehungszeit galt der Bau als futuristisch und noch heute sticht er aus den Fassaden der neuen Hochhäuser heraus.

Das Gebäude wurde von der weltberühmten Versicherung **Lloyd's of London** in Auftrag gegeben, die bis heute das Zentrum des Versicherungsmarktes in der City ist. Das Unternehmen entstand aus einem von Edward Lloyd im 17. Jh. gegründeten Kaffeehaus. Man versicherte zu Anfang vornehmlich Frachtladungen auf Schiffen. Gleich um die Ecke des Gebäudes befindet sich in einer Passage der **Leadenhall Market** (s. S. 192), wo man in Cafés und Pubs einkehren kann.

Direkt gegenüber des Lloyd's Building erhebt sich der Turm des oben schmal zulaufenden sogenannten **Cheesegrater**, ein weiterer Bau von Richard Rogers. Daneben bietet sich ein guter Blick auf die Harmonie von historischer und moderner Architektur in London. Der Blick fällt zunächst auf die Kirche **St. Andrew Undershaft** aus dem Jahr 1532. Dahinter erhebt sich die **Gherkin** aus dem Jahr 2003.

› 1 Lime St, U: Liverpool Street (Central/Circle/Metropolitan/Hammersmith & City Line), www.lloyds.com. Besichtung nur während Open House London, s. S. 201.

Londoner Hochhauswald

In der Nachbarschaft der Straße Bishopsgate, die sich quer durch den Ostteil der City zieht, befindet sich das Zentrum umstrittener Bauaktivitäten. Hier entsteht ein Hochhauswald, der viele kritische Stimmen auf den Plan ruft. Aufgrund der Knappheit an Wohnungen in London wachsen aber nicht nur Bürohäuser in den Himmel. Positiv ist auch, dass die modernen Hochhausriesen sich mehr und mehr für Besucher öffnen: Sie beherbergen neben Büros und Luxusapartments auch ***Restaurants*** *und* ***Aussichtsplattformen,*** *die für die Öffentlichkeit zugänglich sind (wenn auch mit Auflagen). Von den 13 bis 2026 neu geplanten Hochhäusern in der City werden vorraussichtlich sechs Aussichtsterassen und Gastronomie anbieten.*

In der Fenchurch Street reflektierte das ***Walkie Talkie*** *(160 m) des uruguayischen Architekten Rafael Viñoly im Jahr 2013 aufgrund eines Konstruktionsfehlers einen Brennstrahl, der Gegenstände auf der Straße einschmolz. Schnell wurde das Gebäude mit Matten verhängt und der Fehler nach und nach behoben. Heute kann man hier die begrünte Aussichtsterrasse* ***Sky Garden*** *besuchen. Der Eintritt ist frei, allerdings muss man mindestens drei Tage im Voraus online buchen. Außerdem gibt es zwei Restaurants und eine Bar.*

Die Adresse Bishopsgate Nr. 110 nimmt der ***Heron Tower*** *(230 m) ein, der im 38. und 40. Stock ebenfalls Restaurants mit Aussichtsterrasse zu bieten hat. Südlich von hier entsteht das 278 m hohe Hochhaus 22 Bishopsgate. In der Leadenhall Street Nr. 122 erhebt sich der sogenannte* ***Cheesegrater*** *(„Käsereibe", 224 m) aus der Designschmiede des Teams von Richard Rogers. Auch bei diesem Bau zeigten sich Konstruktionsfehler: Mehrere riesige Bolzen von ca. 1,5 m Länge lockerten sich an dem 47-stöckigen Gebäude und fielen herab. Zum Glück wurde niemand verletzt.*

Gleich nebenan, in der Straße St. Mary Axe, ragt ein Publikumsfavorit in den Himmel: die 180 m hohe ***Gherkin*** *(„Gewürzgurke"). Der ökologisch durchdachte Bau geht auf das Konto von Sir Norman Foster. Dank der vollverglasten Fassade haben alle Räume genügend Tageslicht und die Fenster lassen sich öffnen. Im 36. Stock gibt es eine Wetterstation, die täglich berechnet, ob die natürliche Belüftung ausreicht. So lassen sich pro Jahr Energiekosten von bis zu 50 % sparen. Das Gebäude wurde 2015 für 700 Mio. £ an eine brasilianische Bankgesellschaft verkauft.*

★**28** *[M9]* ***Cheesegrater,*** *122 Leadenhall Street*

★**29** *[M8]* ***Heron Tower,*** *110 Bishopsgate. Für die Restaurants wie Duck and Waffle (s. S. 177) ist eine Vorausbuchung notwendig.*

★**30** *[M9]* ***The Gherkin,*** *30 St. Mary Axe*

★**31** *[M9]* ***Walkie Talkie,*** *20 Fenchurch Street, City, U: Monument, http://skygarden.london, Mo–Fr 10–18 (letzter Einlass 16.30), Sa, So 11–21 Uhr (letzter Einlass 19.30). Es gibt einen umfassenen „Regelkatalog" für Besucher: So muss man z. B. einen Ausweis mitbringen und für mitgebrachte Taschen gelten ähnliche Regelungen wie am Flughafen. Wer eine Reservierung für eines der drei Restaurants hat (z. B. die Darwin Brasserie, s. S. 177), hat automatisch Zugang zum Sky Garden.*

Kulinarisches

In den Hochhäusern der City gibt es mehrere Restaurants und Bars mit Aussicht, so z. B. das **City Social** (s. S. 177) im Tower 42, das **Duck and Waffle** (s. S. 177) im Heron Tower oder die **Darwin Brasserie** im Walkie Talkie (s. S. 71).

› **Cinnamon Kitchen & Anise** (s. S. 174). Moderne indische Küche vom Feinsten.

32 [L8] **Fox and Anchor Pub** ££ 115, Charterhouse Street, Smithfields, U: Barbican, www.foxandanchor.com. Gastropub der Kette Youngs mit modern britischer Speisekarte.

› **Hix Oyster and Chop House** (s. S. 173). Hier werden britische Klassiker wie Austern und Steaks, serviert.

33 [L8] **Le Cafe du Marché** ££, 22 Charterhouse Square, Charterhouse Mews, Smithfield, U: Barbican, Tel. 76081609, http://cafedumarche.co.uk. Kleines französisches Restaurant beim Smithfield Market.

34 [L8] **Rising Sun** £, 38 Cloth Fair, Smithfield, U: Barbican, Tel. 77266671, Mo–Sa 12–23, So 12–22.30 Uhr. Historische, kleine Eckkneipe mit gemütlichem Interieur in einer der ältesten Straßen Londons.

35 [L9] **Sweetings** ££, 39 Queen Victoria, City, U: Mansion House, Tel. 72483062, Mo–Fr 11.30–15 Uhr. Historisches Fischrestaurant aus dem Jahr 1889 mit viktorianischer Fassade. Gute Auswahl an Fisch und Weinen, allerdings nur zum Lunch geöffnet.

Shopping

› **Leadenhall Market** (s. S. 192). Die historischen Marktarkaden laden zu einem Schaufensterbummel mit Erfrischungspausen ein.

36 [M9] **Royal Exchange.** Im Atrium befinden sich viele edle Boutiquen, durch die man bummeln kann, bevor man sich in einem der Restaurants erfrischt.

South Bank und Southwark

Von der U-Bahn-Station Waterloo gelangt man durch die Jubilee Gardens zum Südufer der Themse, die die Lebensader der Stadt ist. Die South Bank ist eines der lebhaftesten und gleichzeitig angenehmsten Viertel von London. Entlang der Fußgängerzone des Silver Jubilee Walkway, der 1977 anlässlich des silbernen Thronjubiläums von Queen Elizabeth II. angelegt und inzwischen erweitert wurde, kann man vom London Eye 39 aus mehrere Stunden spazieren, Kultur erleben und sich unterwegs in hübschen Cafés und Pubs mit Themseblick ausruhen.

39 London Eye ★★★ [J10]

Weithin sichtbar ist das **Riesenrad** London Eye, eines von zahlreichen Projekten, die im Jahr 2000 den Beginn des neuen Millenniums einleiteten. Aus 135 m Höhe eröffnet sich den Besuchern ein umfassender Blick auf das Stadtzentrum rund um die Themse, der „Flug" dauert ca. 30 Minuten. Die 32 verglasten Kabinen bieten je 25 Personen Platz, sodass man genug Raum hat, um sich frei zu bewegen und Fotos zu machen. Allerdings ist das London Eye eine der meistbesuchten Attraktionen der Stadt und befördert ca. 35 Mio. Passagiere pro Jahr. Daher bucht man diese Sehenswürdigkeit am besten vorab, denn sonst muss man lange Schlange stehen. Seit Neuestem werden von den Betreibern auch **Rundfahrten auf der Themse** angeboten.

Gleich hinter dem Riesenrad befinden sich im Gebäude der ehemaligen County Hall das **London Aquarium** (s. S. 163) und das Gruselmuseum **London Dungeon** (s. S. 163), die Aktivitäten und Unterhaltung für regnerische Tage bieten.

› London Eye, Riverside Building, County Hall, Westminster Bridge Rd, U: Waterloo (Bakerloo/Jubilee/Northern/Waterloo & City Line), Tel. 08717813000, www.londoneye.com, Kernöffnungszeiten Sommer 10–20, Winter 11–18 Uhr, genaue Daten siehe Website, Standardticket £ 28, Kinder 4–15 Jahre £ 23 (Online-Tickets sind günstiger). Wer ein teureres Fast-Track- oder Flexi-Ticket kauft, kann die Wartezeit verkürzen.

40 Southbank Centre ★★ [J10]

Das South-Bank-Kulturzentrum, entstanden anlässlich des Festival of Britain im Jahr 1951, zeigt auf verschiedenen Bühnen und Ausstellungsflächen alle Sparten bildender Kunst. In der **Royal Festival Hall** mit knapp 3000 Sitzplätzen sind die **Londoner Philharmoniker** ansässig. In der kleineren Queen Elizabeth Hall mit 900 Plätzen finden Konzerte aller Musikrichtungen statt. Der **Purcell Room** mit nur 365 Sitzen ist für Kammermusik, Solisten, Lesungen etc. reserviert.

Im 5. Stock ist die **Poetry Library** untergebracht, eine Referenzbibliothek für englische Poesie ab dem Jahr 1912. Die **Hayward Gallery** zeigt in einem separaten Gebäude Wechselausstellungen und gehört zu den renommiertesten Galerien für moderne Kunst in London. In der Festival Hall und rund um die Veranstaltungsorte ist es immer belebt und es gibt zahlreiche Cafés und Restaurants mit Außenterrassen.

Ende 2015 begannen Renovierungsarbeiten an dem historischen Bau im brutalistischen Stil. Ursprünglich war eine

Das London Eye ist ein weithin sichtbares Wahrzeichen an der South Bank

Transformierung des von vielen als hässlich empfundenen Kulturzentrums durch kaschierende Neubauten angestrebt worden. Nach heftigem Widerspruch wurden hauptsächlich die Innenräume ansprechend restauriert.

Nur ein Stückchen weiter befindet sich unterhalb der Waterloo Bridge das **BFI Southbank** (s. S. 230), Teil des British Film Institute mit verschiedenen Kinos. Im Erdgeschoss gibt es ein Cafe und täglich findet im Schutz der Brücke ein Bücherflohmarkt statt.

› Southbank Centre, Belvedere Road, U: Waterloo (Bakerloo/Jubilee/Northern/Waterloo & City Line), Tel. 38799555 (Kartenreservierung 9–20 Uhr), www.southbankcentre.co.uk, Royal Festival Hall: tgl. 10–23 Uhr; Hayward Gallery, Mi–Mo 11–19, Do bis 21 Uhr, Eintritt ohne Gift Aid (s. S. 237) Erw. £ 10.90, erm. £ 10, Studenten £ 8, 12–18 Jahre £ 6,50, manche Ausstellungen sind kostenlos (s. Website), Poetry Library, www.poetrylibrary.org.uk, Di–So 11–20 Uhr

41 National Theatre ★★ [J10]

Weiter an der Uferpromenade entlang gelangt man zum National Theatre. Die Kompanie des englischen Nationaltheaters formierte sich unter der Leitung des berühmten Schauspielers Sir Laurence Olivier 1963 aus der ehemaligen **Old Vic Company**, die ihren Sitz im benachbarten Old Vic Theatre hatte. Erst im Jahr 1976 konnte die staatlich geförderte Truppe aber in das neue, vom Architekten Denys Lasdun gestaltete Theater umziehen, das heute unter Denkmalschutz steht.

Gleich vor dem Eingang zieht die modernistische Plastik **„London Pride"** von Frank Dobson (1886–1963) aus dem Jahr 1951 die Blicke auf sich.

Wie in der Royal Festival Hall gibt es auch hier drei verschiedene Bühnen: Im großen Saal, dem **Olivier Theatre**, werden bekannte Klassiker und moderne Publikumsmagneten aufgeführt. Das mittelgroße **Lyttleton Theatre** und das **Dorfman Theatre** (früher: Cottesloe) mit nur 350 Sitzen zeigen brandneue und experimentelle Stücke. Im Sommer gibt es im Rahmen der River Stage Weekends (s. S. 199) kostenlose Open-Air-Veranstaltungen.

Vor dem Theater stellt eine kleine Statue **Sir Laurence Olivier** als Hamlet dar und erinnert damit an den ersten Direktor und Mitbegründer des National Theatre.

› National Theatre, Upper Ground, South Bank, U: Waterloo (Bakerloo/Jubilee/Northern/Waterloo & City Line), www.nationaltheatre.org.uk, Reservierung online oder unter Tel. 74523000, Mo–Sa 9.30–23 Uhr

42 Old Vic Theatre ★★ [K11]

Südlich des Bahnhofs Waterloo kann man einen Abstecher zu diesem fast 200 Jahre alten Theater machen. Es war einst Sitz der National Theatre Company und gewann im Jahr 2003 neues Ansehen, als der Schauspieler **Kevin Spacey** die künstlerische Leitung übernahm. Seitdem macht es durch außergewöhnliche Produktionen und die Förderung junger Künstler („Old Vic New Voices") von sich reden. Für Zuschauer unter 25 Jahren sind pro Vorstellung 100 Karten zu einem Preis von nur £ 12 reserviert.

2015 trat Spacey die Leitung an den Theater- und Film-Regisseur **Matthew Warchus** ab. Der Brite hat auf Londoner und New Yorker Bühnen Shakespeare, aber ebenso Musicals inszeniert und an Film- und Fernsehproduktionen mitgewirkt.

Empfehlenswert sind die **Touren** durch das Theater, die von dessen frühen Tagen erzählen und mit vielen Anekdoten aufwarten. Sie finden von Mai bis August zu festgelegten Terminen statt.

› Waterloo Road, U: Waterloo (Bakerloo/Jubilee/Northern/Waterloo & City Line), Kartenverkauf unter Tel. 08448717628: Mo-Fr 9-19.30 Uhr, Sa 9-16, So 9.30-16 Uhr, Theaterkasse: Mo 10-18, Di-Sa 10-19, So 10-18 Uhr, www.oldvictheatre.com, Touren: 75 Min., £ 10, Vorbestellung unter Tel. 0844 8717628

43 Tate Modern ★★★ [L10]

Auf dem Weg entlang der Promenade passiert man den **Oxo Tower**, einst Teil einer Kraftwerksanlage. In den 1930er-Jahren wurde er von der Firma Oxo übernommen, die Brühwürfel (Oxo Cube) und Soßenpulver herstellt. Heute befindet sich hier im obersten Stockwerk ein Restaurant von Harvey Nichols. Von dort gibt es Zugang zu einer **Aussichtsplattform** im achten Stock, die Besuchern kostenlos offensteht.

Ein Stückchen weiter an der Themse entlang steht man bald vor dem beeindruckenden Bau des ehemaligen Kraftwerks **Bankside Power Station.** Es entstand im Jahr 1947 unter der Regie des Architekten Giles Gilbert Scott, der auch die Battersea Power Station (s. S. 143) entwarf. Da die Kunstbestände der **Tate Britain** 106 den Rahmen des dortigen Museums sprengten, begann man im Mai 2000 mit dem Umbau des Kraftwerks an der South Bank in die **Tate Gallery of Modern Art** (Tate Modern).

Die 30 m hohe ehemalige Turbinenhalle dient der Ausstellung besonders großer Werke, die zu diesem Zweck teilweise auch extra in Auftrag gegeben werden. Über Rolltreppen erreicht man dann die verschiedenen Ausstellungsebenen, in denen die Werke nach Kunststilen geordnet sind. Auf fünf Etagen sieht man Bestände zeitgenössischer Kunst aus der Tate-Sammlung: von Impressionismus über Dadaismus, Surrealismus und Pop-Art bis zur Konzeptkunst. Daneben gibt es regelmässig Sonderausstellungen und Retrospektiven. 2016 eröffnete der Anbau im ehemaligen Switch House (Schaltzentrum) des Kraftwerks, heute als **Blavatnik Building** bekannt. Der 65 m hohe Turm ist über eine Brücke mit dem Haupt-

025lo-kw

Die riesige Turbinenhalle der Tate Modern ist atemberaubend

gebäude verbunden. Ganz oben befindet sich eine Aussichtsterasse mit Café.

Zwischen der Tate Modern und der Tate Britain verkehrt das **Tate Boat,** ein Shuttle-Fährservice. Die Boote halten auf der Tour auch am Victoria Embankment gegenüber dem London Eye 39.

Vom Nordeingang der Galerie eröffnet sich von der spektakulären Hängebrücke **Millennium Bridge** aus dem Architekturbüro von Sir Norman Foster ein Blick auf St. Paul's Cathedral 30, deren Kuppel man am anderen Ufer aufragen sieht.

› **Tate Modern,** Bankside, U: Southwark (Jubilee Line), Tel. 78878888, www.tate.org.uk, So–Do 10–18 Uhr, Fr, Sa 10–22 Uhr, Eintritt frei, außer Sonderausstellungen, Tate Boat: Erw. £ 8,40, Kinder (5–16 Jahre) £ 4,20 (mit Travelcard £ 5,60/ 2,80)

•**36** [K10] **Oxo Tower,** Oxo Tower Wharf, Bargehouse Street, www.oxotower.co.uk/locations/observation-point, Aussichtsplattform: tgl. 10–22 Uhr

44 Shakespeare's Globe und Sam Wanamaker Playhouse ★★★ [L10]

Unweit der Tate Modern steht man plötzlich vor dem historischen Rundbau **Shakespeare's Globe.** Nachdem zur Tudorzeit den Freiluftspielstätten im East End die Lizenz entzogen worden war, verlegten die Theaterleute – unter ihnen William Shakespeare, Christopher Marlowe und James Burbage – ihre Aktivitäten kurzerhand auf die Südseite der Themse nach Southwark.

Dem amerikanischen Schauspieler **Sam Wanamaker** ist es zu verdanken, dass das geschichtsträchtige Globe Theatre originalgetreu wiederaufgebaut wurde. Er machte das Projekt zu seinem Lebenswerk und sorgte für die nötigen öffentlichen und privaten Gelder.

Die ausgegrabenen Fundamente des Theaters gaben zunächst nur wenig Aufschluss über den Orginalbau, sodass man

026lo-ws

sich vor allem nach historischen Quellen richtete. Die Theater der frühen Jahre – neben dem Globe auch **The Swan** und **The Rose** 45 – waren halbrund und hatten ein offenes Auditorium. Man nutzte das Tageslicht und bei Regen wurden die Vorstellungen abgebrochen. Unten gab es billige Stehplätze und in den Rängen teurere Sitzplätze. Beim Besuch einer der Vorstellungen kann man sich gut in vergangene Zeiten hineinversetzen. Wenn keine Aufführungen stattfinden, kann das Theater auf einer geführten **Tour** besichtigt werden, die auch einen Einblick hinter die Kulissen gestattet. Zudem gibt es eine Ausstellung zum Theater und Leben in den Zeiten von Shakespeare.

2014 gewann das Globe einen Anbau hinzu. Das **Sam Wanamaker Playhouse** orientiert sich am Theaterdesign aus der jakobitischen Ära des 17. Jh. In dem überdachten Raum werden klassische Stücke und moderne Produktionen gezeigt. Auch dieses Theater ist eine Holzkonstruktion und die Bühne ist in den Zuschauerraum integriert, sodass eine für Schauspieler und Zuschauer ungewohnte Nähe hergestellt wird. Die aufwendig bemalte Decke wird durch Kerzenlicht beleuchtet, was die historische Atmosphäre noch betont.

› 21 New Globe Walk, U: London Bridge (Jubilee/Northern Line), www.shakespearesglobe.com, Kartenverkauf online oder Tel. 74019919. Ausstellung: Mo–So 9–17 Uhr, Führungen Mo 9.30–17, Di–Sa 9.30–12.30, So 9.30–11.30 Uhr, alle 30 Minuten (nicht während Proben und Aufführungen), Erw. £ 17, erm. £ 15,50, Kinder (5–15 Jahre) £ 8, Theaterführungen Sam Wanamaker Playhouse unregelmäßig, Auskunft unter Tel. 79021500, Erw. £ 13,50, erm. £ 12,50, Kinder (5–15 Jahre) £ 9

45 The Rose Playhouse ★★ [L10]

Südöstlich des Globe entdeckte man 1989 in der Park Street bei Bauarbeiten die hölzernen Überreste eines weiteren Rundbaus, den man schließlich als das The Rose Theatre aus dem Jahr 1587 identifizieren konnte. Dieses erste Theater auf der Südseite der Themse entstand auf Initiative von **Philip Henslowe.** Der Geschäftsmann führte das Unternehmen zusammen mit seinem Schwiegersohn, dem Schauspieler Edward Alleyn.

Im 18. Jh. fand man **Henslowes Tagebuch**, das Historikern noch heute als seltene Informationsquelle über das elisabethanische Theater dient. Er führte zum Beispiel auf, wie viel die Ausstattung und Kostüme kosteten, welchen Lohn die Schauspieler erhielten und welches Publikum die Vorstellungen besuchte.

Im heutigen **Besucherzentrum** sind die Überreste des Theaters mithilfe von roten Leuchten markiert, die eigentlichen **Ruinen** befinden sich aus Konservierungsgründen unter Wasser. Von Ende Mai bis Ende Juli kann man einen Blick in den Raum werfen. Ganzjährig finden außerdem **Aufführungen historischer Theaterstücke** von Shakespeare, aber auch von anderen Autoren aus dieser Zeit wie Christopher Marlowe statt.

› The Rose Playhouse, 56 Park Street, U: London Bridge (Jubilee/Northern Line), Tel. 72619565, www.rosetheatre.org.uk, 24. Mai–30. Juli, Sa 10–17 Uhr, Eintritt zum Besucherzentrum Erw. £ 3, erm. £ 2, Vorstellungen: Preis variiert je nach Stück

Theater wie zu Shakespeares Zeiten im Globe Theatre

Southwark und die elisabethanischen Theater

Der Bezirk Southwark (historisch auch „The Borough") ist einer der ältesten Bezirke Londons. Er entwickelte sich am Südende der London Bridge 50*, die bis Mitte des 18. Jh. die einzige Themseüberquerung in die Londoner City darstellte. Im Mittelalter war Southwark eine Ausgangsstation für Pilger auf dem Weg zur Kathedrale in Canterbury und bereits im 13. Jh. entstand ein Straßenmarkt auf der Borough High Street. Die High Street war die Hauptverbindungsachse in Richtung Süden und später verkehrten regelmäßig Postkutschen von den Häfen am Ärmelkanal und aus den südenglischen Grafschaften von und nach London. Kein Wunder, dass sich schon früh zahlreiche Gasthöfe mit Kutschenstationen, sogenannte „Coaching Inns", links und rechts der Borough High Street ansiedelten. Einer der ältesten war der* ***Tabard Inn****, im Talbot Yard. Er wurde sogar von* ***Geoffrey Chaucer*** *(ca. 1343–1400) in seiner Pilgergeschichte Canterbury Tales verewigt.*

In den Inns wurde nicht nur getrunken, gegessen und geschlafen: Schon bald siedelten sich ***Bordelle*** *an und man bot „kurzweilige"* ***Unterhaltung.*** *Es fanden Bärenhatzen und Hahnenkämpfe statt und fahrende* ***Schausteller*** *gaben Vorstellungen in den Höfen der Postkutschengasthöfe. Die oberen Stockwerke der Inns waren damals von Galerien umgeben, die zu den Zimmern führten. Von dort aus sahen Zuschauer dem Treiben zu – wie von Theaterrängen. Der einzige noch erhaltene Postkutschengasthof, der noch eine Vorstellung von den Inns der damaligen Zeit vermittelt, ist heute der* ***George Inn*** *(s. S. 181) im George Yard. Das heutige Gebäude datiert allerdings vom Ende des 17. Jh., denn 1676 war das Original bei einem Brand zerstört worden.*

Ganz im Geist der Renaissance erteilte Queen Elizabeth I. 1572 offiziell die Erlaubnis zur Formierung von ***Theatertruppen.*** *Die Königin liebte das Theater, wohnte allerdings nur privaten Vorstellungen bei, 1601 zum Beispiel einer Aufführung von Shakespeares „Twelfth Knight" („Was Ihr wollt") im Middle Temple. Auch ihr Nachfolger James I. förderte die Schauspielkunst.*

Die ersten Freilufttheater aus Holz, die permanent von einer Truppe bespielt wurden, entstanden während der Tudorzeit in Shoreditch 71*.* ***James Burbage*** *(ca. 1530–1597) errichtete die erste dieser Bühnen und nannte sie ganz einfach* ***The Theatre.*** *Das Theater war wie ein römisches Amphitheater mit Rängen angelegt. Ab 1594 spielten dort die* ***Lord Chamberlain's Men,*** *für die* ***William Shakespeare*** *die Stücke schrieb. Burbages Sohn Richard war ebenfalls Mitglied und spielte die meisten Hauptrollen. Im Jahr 1597 wanderten die Chamberlain's Men in das benachbarte* ***Curtain Theatre*** *unweit der heutigen Curtain Road ab. Dort fanden u. a. die Premieren von Shakespeares „Romeo und Julia" und „Heinrich V." statt. 2011 entdeckte man die Fundamente des Curtain Theatre, die momentan freigelegt werden (www.thestageshoreditch.com/archaeology/the-curtain-theatre).*

1599 verließ die Truppe Shoreditch und zog nach Southwark, in den Freibezirk des Bischofs von Winchester (Liberty of *the Clink). Die Holzkonstruktion des alten The Theatre diente als Grundstock für das neu erbaute **Globe Theatre** 44. In Southwark gab es bereits mehrere andere Bühnen, z. B. das **Rose Theatre** 45 und **The Swan** (1595).*

*Theater war ein **lukratives Geschäft:** Pro Woche besuchten fast 15.000 Menschen eine Vorstellung. Es gab Bühnenautoren in Hülle und Fülle und genug neue Stücke für mehrere Vorstellungen am Tag. Der Eintritt für einen Stehplatz im Saal kostete nur einen Penny und war daher für das einfache Volk erschwinglich. Bessergestellte saßen auf den teureren Rängen, hatten ein Dach über dem Kopf und bekamen sogar ein Sitzkissen. Aufgrund von Feuergefahr durch Kerzenbeleuchtung fanden alle Vorstellungen bei Tageslicht statt, Frauenrollen wurden bis 1660 ausschließlich von Männern gespielt.*

Als nach dem Bürgerkrieg 1642 die Puritaner unter Oliver Cromwell an die Macht kamen, wurden alle Theateraktivitäten verboten und die Theater geschlossen. Erst nach der Restauration entstanden unter Charles II. wieder neue Theater in Covent Garden 20. *Und die Liebe der Londoner zum Theater ist ungebrochen: Auf mehr als 230 Bühnen werden heute Stücke gezeigt. Das Globe Theatre versetzt Zuschauer seit seiner Neueröffnung 1997 wieder in elisabethanische Zeiten.*

Auch das Sam Wanamaker Playhouse, das sich an der jakobitischen Ära des 17. Jahrhunderts orientiert, ist ganz aus Holz gebaut. Moderne Feuerschutzanlagen ermöglichen hier aber heute sogar Vorstellungen bei romantischem Kerzenlicht.

46 Winchester Palace ★ [L10]

Folgt man vom Globe aus der Uferpromenade nach Osten, gelangt man vorbei am historischen **Anchor Pub** (s. S. 180) auf die Clink Street. Im einstigen Amüsierviertel Southwark gab es viele Gefängnisse, in die man bereits für kleinste Fehltritte eingekerkert wurde. Eines der Zuchthäuser war das **Clink Prison** (s. S. 162), das heute ein Gruselmuseum beherbergt.

Verwaltet wurde das Viertel, die sog. Liberty of the Clink, vom **Bischof von Winchester** und es war unabhängig von der Londoner City. Der Bischof residierte im einst großräumigen **Winchester Palace**, von dem nur noch die Außenwände erhalten sind. Der Palast entstand unter Henry of Blois im 12. Jh. und war bis zum 17. Jh. in Benutzung. Der Bischof förderte das Unterhaltungsgewerbe, darunter auch die Theaterszene. Er füllte die Kassen seiner Diözese mit den Einnahmen aus der Gewerbesteuer, verhängte aber für dieselben Kunden zudem noch Strafgelder bei Gesetzesübertretungen und bereicherte sich somit gleich zweimal.

› Clink Street/Stoney Street, U: London Bridge (Jubilee/Northern Line), www.english-heritage.org.uk, geöffnet tgl. bis Dämmerung, Eintritt frei

47 Golden Hinde II ★ [M10]

Vom Winchester Palace wieder in Richtung Themse liegt im **St. Mary Overie Dock** der Nachbau der Galeone **Golden Hinde**, des berühmten Schiffs des Freibeuters **Sir Francis Drake**, vor Anker. Drake war 1577 ursprünglich mit einer Flotte von sechs Schiffen zu einer Expedition rund um Südamerika aufgebrochen. Nachdem die anderen Schiffe auf der ereignisreichen Reise verloren gegangen waren, umrundete Drake mit der Golden Hinde den Globus und kehrte mit erbeuteten Schätzen im Wert von heute 7 Mio. £ zurück. Seit der Rekonstruktion im Jahr 1973 hat auch der Nachbau die Erde umrundet und diente als **Kulisse** für viele historische Filme. Neben kostümierten **Führungen** finden auf dem Schiff heute viele Events wie z. B. Piratenpartys statt.

› St. Mary Overie Dock, 1 Pickford's Wharf, Clink Street, U: London Bridge (Jubilee/Northern Line), Tel. 74030123, www.goldenhinde.com, Nov.–März tgl. 10–17, April–Okt. tgl. 10–18 Uhr, Erwachsene und Kinder ab 3 Jahren £ 5, Familienticket für 4 Pers. £ 15

48 Southwark Cathedral ★★ [M10]

Die Southwark Cathedral mit ihrem mächtigen Vierungsturm ist neben der Westminster Abbey 3 eine der wenigen verbliebenen **gotischen Kirchen.** Schon im 7. Jh. stand hier ein Gotteshaus. 1106 begannen normannische Ritter mit dem Bau einer Abtei, die dann bis 1538 von einem Augustinerorden genutzt wurde. Unter König Heinrich VIII. wurde die Kirche in St. Saviour umbenannt. Sie fristete lange ein eher unspektakuläres Dasein und diente dem hier ansässigen bunten Einwohnergemisch als Gemeindekirche.

Ende des 19. Jh. wurde das bis dahin recht verfallene Gotteshaus rundum renoviert und im Jahr 1905 wurde die neue Southwark Cathedral Teil einer neuen Diözese. Auf die bunte Vergangenheit der Kirche, die vielen bekannten Persönlichkeiten als Hauskirche diente, weisen verschiedene Gestaltungselemente hin. So erinnern **Buntglasfenster** und eine **Büste** an **William Shakespeare** und Szenen aus seinen Stücken. Sein Bruder Edmund Shakespeare wurde 1607 hier beigelegt – das Grab ist allerdings unmarkiert. Auch dem Schauspieler und Wohltäter des Rose Theatre 45, **Edward Alleyn,** ist ein Fenster gewidmet. Die **Harvard Chapel** ist nach John Harvard benannt, dem Namensgeber der bekannten amerikanischen Universität, die mithilfe seiner Spenden entstand.

› Montague Close, U: London Bridge (Jubilee/Northern Line), Tel. 73676700, www.southwark.anglican.org, Mo–Fr 9–17, Sa 9.30–15.45 und 17–18, So 12.30–15 und 16–18 Uhr, Eintritt frei

49 Borough Market ★★★ [M10]

Direkt am Fuß der Kathedrale laden die **historischen Markthallen** des Borough Market zu einer kulinarischen Pause ein, denn fast alle Stände bieten warme Küche und leckere Spezialitäten. Dieser **Lebensmittelmarkt** ist einer der ältesten Londons und geht auf das 13. Jh. zurück. Der Markt siedelte sich schon früh vor der London Bridge 50 an, da die meisten Bauern und Händler, die von Süden in die Stadt kamen, aufgrund ständiger Verkehrsstaus gar nicht erst über die Brücke gelangten. Bis um 1755 fanden Handel und Verkauf unter erschwerten Bedingungen entlang der Borough High Street statt, dann verlegte man die Verkaufsstände auf ein neu erworbenes Stück Land bei der Kathedrale. Heute steht der Markt mit hochwertigen Bioprodukten von Obst bis Wildgeflügel vor allem auf der Einkaufsliste der nahegelegenen Gourmetrestaurants.

› 8 Southwark Street, U: London Bridge (Jubilee/Northern Line), www.boroughmarket.org.uk, Markt: Mi, Do 10–17, Fr 10–18, Sa 8–17 Uhr, Gourmetimbisse: Mo, Di 10–17 Uhr

027lo-ln

Veranstaltung mit Menschen in historischen Kostümen auf dem Borough Market

Kulinarisches

Entlang des Themseufers und im Bezirk Borough bieten sich in historischen Pubs und Restaurants mit Außenterrassen viele Gelegenheiten für eine Rast.

› **Anchor Pub** (s. S. 180). In diesem historischen Pub mit Außenterrasse verkehrte schon Dr. Johnson und der Chronist Samuel Pepys beobachtete von hier das Große Feuer von 1666.

› **Brindisia Tapas Kitchen** (s. S. 174) Beliebte Tapasbar mit weiteren Filialen in Soho, Shoreditch und Kensington.

› **George Inn Yard** (s. S. 181). Dieser historische Pub im Herzen von Southwark serviert gutbürgerliche Kost.

37 [L11] **Mercato Metropolitano,** 42 Newington Causeway, U: Elephant & Castle, www.mercatometropolitano.co.uk, Mo–Mi 8–23, Do 8–24, Fr 8–1, Sa 11–1, So 11–22 Uhr. Dieser italienische Markt legt den Fokus auf Nachhaltigkeit und es gibt italienische Köstlichkeiten zu kaufen.

38 [J10] **Skylon** ££, Royal Festival Hall, Southbank, U: Waterloo, Tel. 76547800, www.skylon-restaurant.co.uk, Lunch Mo–Fr 12–14.30, Dinner Mo–Sa 17–23 Uhr. Das verglaste Skylon Restaurant und der entspanntere Skylon Grill im Komplex des Southbank Centre bieten eine schöne Aussicht.

39 [L10] **The Swan at Shakespeare's Globe** £, 21 New Globe Walk, U: London Bridge, Tel. 79289444, www.loveswan.co.uk, Mo–Mi 8–23.30, Do 8–24, Fr 8–0.30, Sa 10–0.30, So 10–23 Uhr. Zum Globe Theatre gehört der Gastropub The Swan mit seiner Aussichtsterrasse. Hier gibt es Tapas und Salate, aber auch ein schickes Restaurant mit moderner britischer Küche.

Shopping

› **BFI Southbank** (s. S. 230). Vor dem Filmhaus findet täglich bis 19 Uhr ein Flohmarkt mit Büchern, Postern etc. statt.

40 [K10] **Gabriel's Wharf,** 56 Upper Ground, U: Waterloo, www.coinstreet.org, Di–So 11–18 Uhr. In der Gabriel's Wharf kann man in Kunsthandwerks- und Designläden stöbern und hin und wieder finden Ausstellungen statt. Zudem gibt es Cafés und Restaurants.

43 [L10] **Tate Modern.** Die Galerie hat gleich drei Läden, in denen man Kunstbücher, Spiele, Postkarten und Geschenke kaufen kann (So-Do 10–18, Fr-Sa 10–22 Uhr).

Spaziergang 4: South Bank und Southwark

*Der Spaziergang beginnt am **London Eye** 39. Vom Nordausgang des Bahnhofs Waterloo gelangt man zu den Jubilee Gardens am Fuß des Riesenrads. Wer möchte, kann den Ausblick von oben genießen, bevor er den Spaziergang beginnt. Allerdings sollte man reserviert haben, sonst muss man unter Umständen länger in der Schlange stehen. Neben dem Riesenrad erhebt sich die London County Hall mit dem **London Aquarium** (s. S. 163) und dem **London Dungeon** (s. S. 163).*

*Nun geht es auf dem **Silver Jubilee Walkway,** der zum silbernen Jubiläum der Queen angelegt wurde, das Themseufer entlang und unter der Hungerford Bridge hindurch in Richtung Osten. Gleich an der Hungerford Bridge beginnt der Komplex des **Southbank Centre** 40 mit seinen Theatern, Konzerthallen und Galerien. Hier befinden sich auch Cafés und Restaurants. Weiter gelangt man zur **Waterloo Bridge,** angeblich einer der schönsten Orte, um den Sonnenuntergang über der Themse zu beobachten. Unterhalb der Brücke hat das **BFI Southbank** (s. S. 230), eine Dependance des **British Film Institute,** seinen Sitz. Hier kann man auf mehreren Leinwänden und in Einzelkabinen Filme aus dem nationalen britischen Archiv sowie internationale Filmschauen sehen. Vor dem Gebäude gibt es die ganze Woche über einen Bücherflohmarkt.*

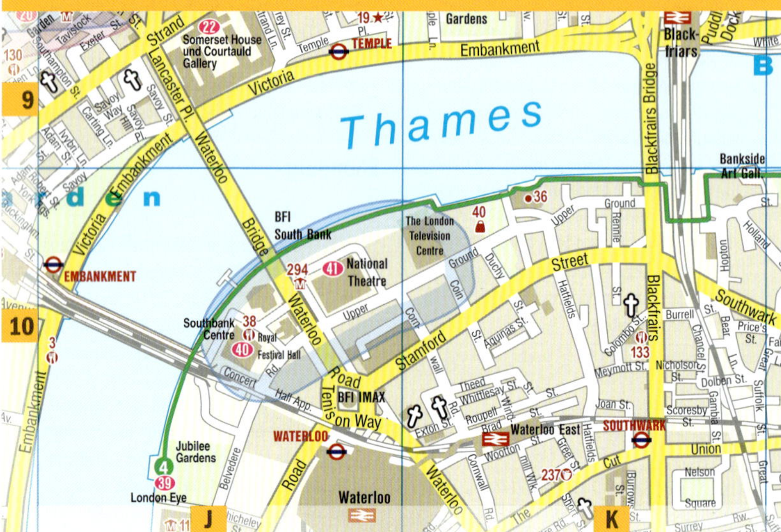

- 22 [J9] Somerset House und Courtauld Gallery S. 52
- 37 [M9] The Monument S. 69
- 39 [J10] London Eye S. 72
- 40 [J10] Southbank Centre S. 73
- 41 [J10] National Theatre S. 74
- 43 [L10] Tate Modern S. 75
- 44 [L10] Shakespeare's Globe und Sam Wanamaker Playhouse S. 76
- 45 [L10] The Rose Playhouse S. 77
- 46 [L10] Winchester Palace S. 79
- 47 [M10] Golden Hinde II S. 79
- 48 [M10] Southwark Cathedral S. 80
- 49 [M10] Borough Market S. 80
- 50 [M10] London Bridge S. 86
- 51 [M10] HMS Belfast S. 86
- 52 [N10] London City Hall S. 87
- 55 [M10] The Shard S. 95

Alle weiteren Karteneinträge s. S. 301.

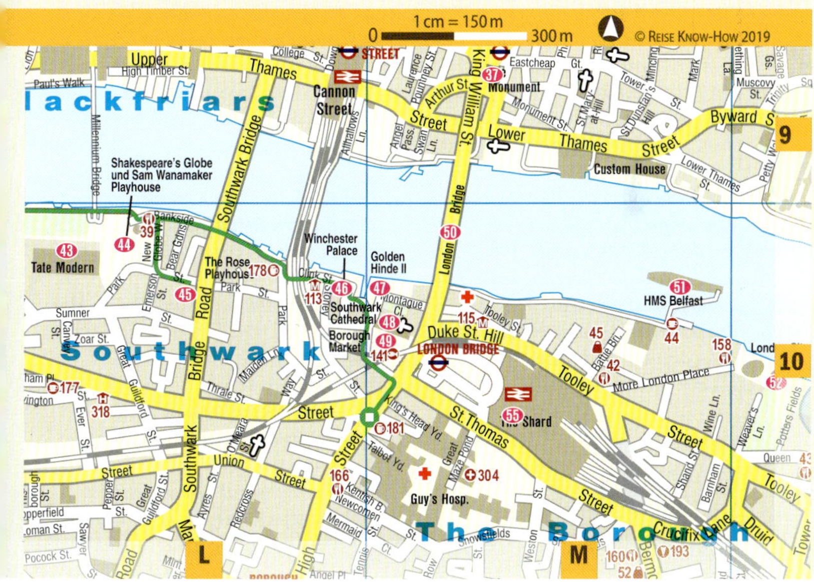

Als nächstes erreicht man das **National Theatre** 41, wo renommierte Theaterregisseure auf verschiedenen Bühnen ihre Stücke inszenieren. Im Sommer kann man rund um das Theater während der River Stage Weekends (s. S. 199) Open-Air-Aufführungen sehen.

Weiter die Promenade entlang gelangt man zur **Gabriel's Wharf** (s. S. 81). In dem Gebäudekomplex reihen sich Kunsthandwerks- und Designläden aneinander und hin und wieder finden an der Uferpromenade Ausstellungen statt. Hier kann man in den Läden stöbern und dann versuchen, einen der Tische in den Cafés zu ergattern. Hinter dem Gelände ragt der **Oxo Tower** (s. S. 76) auf. Wie die Tate Modern war auch er einst Teil einer Kraftwerksanlage. Im 8. Stock des Turms befindet sich eine Aussichtsplattform, die man kostenlos betreten kann.

Weiter am Fluss entlang erhebt sich nun rechter Hand der beeindruckende Bau der **Tate Modern** 43. Das Gebäude entstand 1947 durch den Architekten Giles Gilbert Scott und wurde im Jahr 2000 nach langem Umbau als Kunstgalerie wiedereröffnet. Besonders beeindruckend ist die 100 m lange und 30 m hohe Turbinenhalle, in der besonders große Werke gezeigt werden. Da der Eintritt frei ist, sollte man zumindest einen Blick in die Eingangshalle riskieren. Von der Dachterrasse des Blavatnik-Anbaus genießt man die Aussicht auf London.

▷ Ein Blick auf die gotische Southwark Cathedral 48

Direkt vor der Tate Modern überspannt die **Millennium Bridge** des Architekten Sir Norman Foster die Themse. Die spektakuläre Brücke eröffnet einen schönen Blick auf die Londoner City mit **St. Paul's Cathedral** 30. Wer einen Abstecher machen möchte, kann die Brücke überqueren und die Kathedrale gleich mitbesichtigen.

Von der Millennium Bridge hat man den besten Blick auf den **Shakespeare's Globe** 44. Ausgehend von den Fundamenten begann man bereits 1988, dieses historische Theater, in dem u. a. William Shakespeare und Christopher Marlowe ihre Stücke aufführten, originalgetreu zu rekonstruieren. 2013 kam noch das **Sam Wanamaker Playhouse** hinzu, der Nachbau eines Theaters aus dem 17. Jh. Auf beiden Bühnen kann man Vorstellungen sehen und an Führungen hinter den Kulissen teilnehmen. Über den New Globe Walk gelangt man zu einem weiteren Theater in der Park Street, **The Rose Playhouse** 45. Es war 1587 das erste Spielhaus auf der Südseite der Themse und wird momentan noch restauriert.

Wer am Ufer weiterspaziert, gelangt in den verwinkelten Straßenlauf rund um die **Southwark Bridge**, der noch an die Vergangenheit erinnert. Vorbei am Anchor Pub (s. S. 180), der bereits im 15. Jh. stand, gelangt man zum **Clink Prison Museum** (s. S. 162). Das heutige Gruselmuseum zeigt, wie die Gefangenen vom 12. bis zum 18. Jh. hier vor sich hin siechten. Ein Stückchen weiter kann man sich die Überreste des **Winchester Palace** 46 ansehen, in dem früher der Bischof residierte.

Über die Cathedral Street kommt man zum St. Mary Overie Dock, in dem der Segler **Golden Hinde II** 47 vor Anker *liegt. Der Dreimaster aus dem Jahr 1973 ist ein Nachbau des Schiffs, mit dem Francis Drake von 1577 bis 1580 um die Welt segelte. Ein paar Meter weiter sieht man bereits den Kirchturm der* ***Southwark Cathedral*** *48, der ältesten gotischen Kirche Londons, aufragen. Im Inneren befindet sich ein Denkmal für William Shakespeare, dessen Werke auch in den bunten Glasfenstern bildlich dargestellt sind. Sein Bruder Edmund liegt hier begraben. Am Fuß der Kirche erstreckt sich der* ***Borough Market*** *49, ein Gourmetmarkt mit Spezialiäten aus aller Welt. Er ist ein beliebter Treffpunkt, denn die Stände bieten preiswert warme Mahlzeiten an. In den Markthallen und drumherum befinden sich Cafés und Pubs, in denen man gut eine Rast einlegen kann.*

Folgt man nun der ***Borough High Street*** *[L10/11] nach Süden, entdeckt man auf der linken Seite kleine Gassen, die zu Hinterhöfen, sogenannten* ***Yards,*** *führen. Hier befanden sich einst die Postkutschenstationen für das fahrende Volk. Heutzutage erinnern nur noch die Namen der Höfe an die einstigen Tavernen, die leider verschiedenen Feuern, Stadtplanungen der Viktorianer und dem Zweiten Weltkrieg zum Opfer fielen. Der einzige noch erhaltene Gasthof ist der gut renovierte* ***George Inn*** *(s. S. 181), der noch heute als Pub in Betrieb ist.*

Wer den Spaziergang entlang der Themse nun noch etwas fortsetzen möchte, der kann auf dem Weg von der London Bridge bis zum Tower weitergehen (s. S. 91).

Von der London Bridge zur Tower Bridge

Wer die South Bank erkundet hat, kann den Spaziergang entlang des südlichen Themseufers noch etwas fortsetzen. Fast nahtlos gelangt man hinter der London Bridge 50 *in das brandneue London Bridge Quarter mit dem höchsten Hochhaus Londons, The Shard* 55*. Von der futuristischen City Hall* 52 *blickt man hingegen auf ein altbekanntes Wahrzeichen, die Tower Bridge* 53*.*

50 London Bridge ★ [M10]

Im Vergleich zur Tower Bridge 53 ist die London Bridge eher unscheinbar, historisch gesehen ist sie jedoch die bedeutendste Brücke der Stadt. Bis 1739 war sie die einzige Verbindung zwischen dem Nord- und dem Südufer der Themse. Die Römer errichteten an dieser Stelle eine erste Holzkonstruktion über den Fluss. Erst zwischen 1176 und 1209 entstand die erste Steinbrücke, über die sich tagaus und tagein ein geschäftiger Strom von Menschen ergoss.

Wie damals üblich, wurde die Brücke mit Geschäften und Wohnhäusern bebaut. In den eng aneinandergedrängten Häuschen kam es immer wieder zu verheerenden **Feuersbrünsten**, aber an Flucht war auf der überfüllten Brücke nicht zu denken und viele mussten ihr Leben lassen. 1758 bis 1762 nahm man daher Umbauten vor und 1831 wurde – nach langer Bauzeit – feierlich eine ganz neue Brücke eingeweiht. In den Jahren 1967 bis 1972 entstand dann die dritte, heutige London Bridge.

Rund um den Bahnhof London Bridge, der momentan unterirdisch erweitert wird, ist inzwischen das neue Viertel **London Bridge Quarter** mit Apartments, Luxushotels und Geschäften entstanden. In der Tooley Street, die vom Südende der Brücke abzweigt, kann man sich im Gruselmuseum **London Bridge Experience & Tombs** (s. S. 163) eine Dokumentation über die unschönen Aspekte der mittelalterlichen Brückengeschichte anschauen.

› U: London Bridge (Jubilee/Northern Line)

> EXTRATIPP
>
> **Riverside London**
>
> Ein nützlicher Begleiter für einen Besuch am südlichen Themseufer ist die **App „Riverside London“.** Von Vauxhall bis London Bridge findet man hier hilfreiche Karten, Veranstaltungshinweise und Sonderangebote für die angesiedelte Gastronomie (kostenlos für iOS und Android, www.riversidelondonapp.com).

51 HMS Belfast ★★ [M10]

Von der Tooley Street gelangt man durch die Hay's Galleria (s. S. 94) an das Themseufer, wo die HMS Belfast vor Anker liegt. Sie ist nach dem Sitz der **Belfaster Werft Harland & Wolff** benannt, wo sie 1938 vom Stapel gelassen wurde. Schon 1939, bei einem ihrer ersten Einsätze im Zweiten Weltkrieg, wurde der Kiel der Belfast von einer deutschen Mine beschädigt. Nach zweijähriger Reparatur war sie wieder im Einsatz und spielte bei der Landung der Alliierten in der Normandie 1944 eine entscheidende Rolle. Ein Jahr zuvor hatte sie das deutsche Schlachtschiff Scharnhorst versenkt.

Fast 950 Mann lebten und arbeiteten an Bord in sehr beengten Verhältnissen. Aufmunternd wirkte dabei die tägliche Rumration, die allen Matrosen zustand. Seit 1971 ist die HMS Belfast ein **Museumsschiff** und bei einem Besuch kann man sich in das tägliche Leben der **Royal Navy** hineinversetzen, zusätzlich finden viele Sonderveranstaltungen statt. Das Schiff wird vom **Imperial War Museum** (s. S. 161) in Vauxhall geführt, das auf jeden Fall einen Abstecher wert ist. Dort gibt es Dauerausstellungen über die beiden Weltkriege, den Holocaust und verschiedene Aspekte zum Leben in der Kriegszeit.

› HMS Belfast, The Queen's Walk, U: London Bridge (Jubilee/Northern Line), Tel. 79406300, www.iwm.org.uk/visits/hms-belfast, tgl. 10–18 Uhr, Erw. £ 17, erm. £ 12,35, Kinder (5–15 Jahre) £ 7,70

Das Museumsschiff HMS Belfast

52 London City Hall ★ [N10]

Wieder zurück entlang der Tooley Street gelangt man auf den **More London Place**, wo sich Cafés für eine Pause anbieten. Von hier führt eine Gasse hinunter zur **City Hall**, vorbei an erfrischenden Wasserfontänen, hinter denen sich bereits der Blick auf die **Tower Bridge** 53 eröffnet. Das moderne **Rathaus** der Stadt ist Sitz des Bürgermeisters. Der Gebäudekomplex wurde von Sir Norman Foster entworfen und ist wie The Gherkin (s. S. 71) umweltfreundlich angelegt.

Von den Stufen des benachbarten Amphitheaters **The Scoop** kann man den Blick auf die Themse genießen. Wer einen Blick ins Innere der City Hall riskiert, kann dabei die 500 m lange Wendeltreppe bewundern, die zu den Ratssälen führt. Hier gibt es auch ein preiswertes öffentliches Cafe (London's Kitchen, s. S. 94), allerdings muss man vorher eine Sicherheitsschranke passieren.

› The Queen's Walk, U: London Bridge (Jubilee/Northern Line), Tel. 79834000, www.london.gov.uk, Mo–Do 8.30–18, Fr bis 17 Uhr, Eintritt frei

Die Themse

Die Themse war lange der wichtigste Transportweg der Stadt und ist noch heute ihre Lebensader. Sie ist Orientierungspunkt und bietet einige der unvergesslichsten Blicke auf London. Entlang der Ufer führt der ***Thames Path,*** *der Themsewanderpfad. Er schließt den Jubilee Walkway an der South Bank mit ein, aber auch das Nordufer der Themse bis in die Docklands.*

Der sich stark schlängelnde Strom, der in den Cotswold Hills seinen Ursprung hat, ist insgesamt 346 km lang. Auf dem Weg zur Mündung in die Nordsee verbreitert er sich ständig: Auf der Höhe der London Bridge ist er 265 m breit, nur wenige Kilometer entfernt in Woolwich bereits 448 m.

Die Breite war lange Zeit ein Hindernis für den ***Brückenbau.*** *600 Jahre lang war die* ***London Bridge*** 50 *der einzige Übergang. Erst 1739 begann man mit dem Bau der* ***Westminster Bridge,*** *die 1750 fertiggestellt wurde. Heute überspannen neun Brücken den Fluss und es sind weitere geplant: Die Diamond Jubilee Bridge soll zwischen Battersea und Chelsea Harbour verlaufen und Nine Elms zwischen Vauxhall und Pimlico. Ebenfalls angedacht ist eine Verbindung zwischen der Tower Bridge und Dartford (Gallions Reach Crossing).*

Der Lebensraum an der Themse breitet sich aus, denn Apartments mit Blick auf Fluss und Skyline sind begehrt. Zuerst wurden die Docklands transformiert und bieten vom ***St. Katherine's Dock*** 61 *bis zu den* ***Royal Docks*** 66 *attraktiven Wohnraum. In den Hafenbecken tummeln sich heute Segelboote, Kanus und sogar Surfer. Auch in den lange vernachlässigten Gebieten im Westen wie* ***Vauxhall*** *und* ***Nine Elms*** *entstehen in der Nachbarschaft der Battersea Power Station neue Wohnviertel.*

Wer das moderne Themseufer mit historischen Ansichten vergleichen möchte, wird in der ***Tate Britain*** 106 *fündig. Zu Zeiten, als die Themse noch von Segelschonern bevölkert war, hielten britische Landschaftsmaler wie J. W. Turner und John Constable faszinierende Szenen auf der Leinwand fest.*

Als der Fluss noch ein Warenumschlagplatz war, gab es Probleme mit Schmugglern und Dieben. Um 1798 gründeten die Dockeigentümer daher die ***Thames River Police,*** *die zur ersten Flusspolizei der Welt wurde. Sie sah sich oft mit grausamen Verbrechen und tragischen Ereignissen wie Schiffsunfällen konfrontiert. Noch heute ist die Thames Division ein Arm der* ***Metropolitan Police*** *und kümmert sich um alle Verbrechen, die mit dem Fluss in Verbindung stehen.*

In Wapping gibt es ein kleines Museum über die Wasserpolizei, das man während des Events London Open House (s. S. 201) oder nach schriftlicher Voranmeldung besuchen kann.

› ***Wandern auf dem Themsepfad:*** *Thames Path National Trail, www.nationaltrail.co.uk/thames-path*

M 41 *[O10]* ***Thames Police Museum,*** *Wapping Police Station, Wapping High Street, www.thamespolicemuseum.org.uk*

53 Tower Bridge ★★★ [N10]

Die Tower Bridge ist eines der bekanntesten **Wahrzeichen** Londons. Bereits 1876 erkannte man die Notwendigkeit einer weiteren Brücke über die Themse, nachdem die Docks und das East End sprunghaft angewachsen waren. Sie durfte aber den Schiffsverkehr bis hin zur London Bridge nicht beeinflussen. Im Jahr 1884 entschied man sich schließlich für den von Horace Jones und John Wolfe Barry vorgelegten Entwurf einer **Zugbrücke,** die allerdings erst acht Jahre später fertiggestellt wurde.

Im nordwestlichen Brückenpfeiler ist die **Tower Bridge Exhibition** untergebracht, die den Bau der Brücke anschaulich dokumentiert. Damals wurde die Zugbrücke durch Dampfkraft betrieben und die viktorianischen Maschinenräume kann man auf der Südseite der Brücke in Shad Thames besichtigen. Heute wird die Hydraulik elektrisch gesteuert und die Brücke öffnet sich täglich mehrmals für hinein- und hinausfahrende Schiffe.

Besonders spektakulär ist die Aussicht von den **Verbindungsstegen** zwischen den Brückenpfeilern in 42 m Höhe, die nun einen **Boden aus Glas** besitzen. Die Stahlstreben, die hier einst für die Stabilität der Stege sorgten, wurden durch 68 mm dicke Glasplatten ersetzt. Sie dienen Fußgängern nun als schwindelerregende Aussichtsplattform – aber nur denjenigen, die sich trauen, nach unten zu schauen.

› Tower Bridge Exhibition, Tower Bridge Road, London, U: Tower Hill (Circle/District Line), Tel. 74033761, www.towerbridge.org.uk, April–Sept. tgl. 10–17.30 Uhr, Okt.–März tgl. 9.30–17 Uhr, Eintritt: Erw. £ 9,80, erm. £ 6,80, Kinder (5–15 Jahre) £ 4,20

Die Tower Bridge ist bis heute eines der Wahrzeichen der Stadt

54 Tower of London ★★★ [N9]

Über die Tower Bridge gelangt man zum Tower von London, einer der meistbesuchten Touristenattraktionen Londons. Als Symbol der neuen normannischen Staatsmacht erbaute **William the Conqueror** 1078 den **White Tower,** der noch heute das Kernstück der Festung bildet.

Im Mittelalter war der Tower das imposanteste Bauwerk an der Themse und von den alten römischen Stadtmauern umgeben. König Richard the Lionheart ließ 1189 bis 1199 einen neuen **Mauerring** *(inner ward)* mit 12 Wachtürmen errichten. Unter Edward I. entstand 1285 schließlich auch noch der äußere Mauerring *(outer ward),* der von einem Burggraben umgeben war. Dies machte die Festung so gut wie uneinnehmbar. Sie wurde nur sporadisch als Königssitz genutzt und diente im Wesentlichen zur **Verteidigung** der Stadt gegen Angriffe von der Themse und als **Waffenarsenal.**

Der White Tower geht auf William the Conqueror zurück

Ab dem 12. Jh. war der Tower auch ein **ausbruchssicheres Gefängnis.** In der Tudorperiode wurden hochkarätige Staatsfeinde mit dem Boot über die Themse in den Tower befördert und betraten die Festung auf diese Weise durch das sogenannte **Traitor's Gate** (Verrätertor). Sie wurden dann in einem der Türme eingekerkert, bevor sie vor der Kapelle St. Peter ad Vincula auf dem Schafott hingerichtet wurden. Dieses Schicksal wurde auch Anne Boleyn und Catherine Howard zuteil, beides Ehefrauen von Henry VIII.

Der **Bloody Tower** wird mit der Legende von den zwei Prinzen in Verbindung gebracht: Richard III. soll seine zwei Neffen, die Thronerben, in diesem Turm eingekerkert und ermordet haben, um selbst den Thron zu besteigen.

Das **Jewel House** mit den **Kronjuwelen** ist zweifellos eine der Hauptattraktionen des Tower. Die Originaljuwelen des Krönungsornats (Krone, Zepter und Schwert) waren während des Bürgerkriegs von den Truppen Oliver Cromwells zerstört worden und Charles II. ließ 1661 für seine eigene Krönung neue Exemplare anfertigen. Seit 1907 ziert das Zep-

030lo-ws

Spaziergang 5: Von der London Bridge zum Tower

Der Spaziergang verläuft zwischen den beiden berühmtesten Brücken der Stadt und beginnt am Nordende der London Bridge. Man fährt am besten zunächst mit der Tube zur U-Bahn-Station ***Monument*** *37, wo das gleichnamige Denkmal an das Große Feuer von London im Jahr 1666 erinnert. Von hier läuft man südlich in Richtung Themse bis zur Lower Thames Street, wo man dann nach Westen hin zur Brücke abbiegt. Schon die Römer bauten an dieser Stelle eine Holzbrücke über den Fluss, der mehrere Neubauten folgten. Bis ins Jahr 1750 blieb die* ***London Bridge*** *50 die einzige Brücke über die Themse und sie ist daher mit der Geschichte Londons eng verbunden. Von der Brücke hat man einen guten Blick auf den Verlauf des Flusses.*

Am Südufer erhebt sich aus dem Häusergewirr das momentan höchste Gebäude der Stadt, ***The Shard*** *55. Der Wolkenkratzer misst 310 m und hat eine Aussichtsplattform. Obwohl er aufgrund seiner Größe ganz nah erscheint, befindet sich der Eingang ein ganzes Stück von der Brücke entfernt an der St. Thomas Street, nahe dem* ***Bahnhof London Bridge.*** *Rund um den Bahnhof und The Shard ist ein ganz neues Stadtviertel, das London Bridge Quarter mit Apartmentblocks und Geschäften, entstanden.*

Der Spaziergang entlang des Themseufers beginnt in der ***Tooley Street*** *[M10], die direkt hinter der London Bridge in Richtung Osten führt. Nach etwa fünf Minuten erreicht man das Erlebnismuseum* ***London Bridge Experience*** *(s. S. 163). Bei der Dokumentation über die eher unschöne Geschichte der Brücke (hier wurden früher zum Beispiel die aufgespießten Köpfe von Staatsfeinden ausgestellt) kann man das Gruseln lernen. Kurz darauf gelangt man zum Eingang der* ***Hay's Galleria*** *(s. S. 94), einer umgebauten ehemaligen Werft mit Geschäften und Cafés. In der Halle steht auch die monumentale Skulptur „The Navigators" des Bildhauers David Kemp aus dem Jahr 1987.*

Am anderen Ausgang der Passage liegt das Museumsschiff ***HMS Belfast*** *51 vor Anker. Dieser 1938 in Dienst gestellte Kreuzer der Royal Navy unterstützte u. a. 1944 die Landung der Alliierten in der Normandie. Nach dem Zweiten Weltkrieg versah er seinen Dienst in Fernost. Heute kann man hier einen guten Eindruck vom einstigen Leben an Bord gewinnen.*

Folgt man dem Uferpfad von hier weiter in Richtung Osten, gelangt man zum Gebäudekomplex rund um die ***London City Hall*** *52, dem hypermodernen Rathaus der Stadt, das von Sir Norman Foster entworfen wurde. Zwischen den Bauten setzte Foster als verbindendes Element ein modernes Amphitheater, genannt* ***The Scoop,*** *auf dessen Stufen die Angestellten und Touristen gern ihre Mittagspause verbringen oder sich ausruhen. Von Juni bis September finden hier zahlreiche Open-Air-Veranstaltungen statt, die große Menschenmengen anziehen. Die ungewöhnliche Knollenform der City Hall dient übrigens der Energieeffizienz.*

Dieser Teil des Ufers gehört zu den modernsten Arealen der Stadt. Das südliche Themseufer mit den alten Dockanlagen war im Zweiten Weltkrieg stark beschädigt worden. Die alten Warenhäuser beherbergen heute teure Lofts, Geschäfte und Gastronomie.

1 cm = 150 m
0
300 m
© Reise Know-How 2019
Bank of England Museum 35
Bank
Mansion House
36 Royal Exchange
Cornhill
Threadneedle St.
Bishopsgate
Leadenhall St.
38 Lloyd's Building
28
30
276
Gracechurch St.
Lombard St.
Fenchurch St.
31
Fenchurch St.
197
Pepys St.
Aldgate
Aldgate High St.
Minories
Mansell St.
Braham
Alie St.
Prescot Street
Goodman's Yard
Tower Gateway
Royal Mint
Tower Hill
Mansion House
Cannon St.
Cannon Street
Monument
37 Monument
5
Eastcheap
King William St.
Arthur St.
Lower Thames Street
Custom House
Byward St.
Tower Hill
The Tower of London 54
Tower Bridge Approach
East Smithfield
St. Katherine's Dock 61
St. Katherine's Way
London Bridge 50
Winchester Palace
Golden Hinde II
46
47
113
Southwark Cathedral 48
Borough Market 49
141
115
Duke St. Hill
Tooley St.
London Bridge
51 HMS Belfast
44
45
42
158
London City Hall
52
Tower Bridge 53
More London Place
55 The Shard
Tooley Street
St. Thomas Street
King's Head Yd.
181
304
Guy's Hosp.
166
The Borough
Snowsfields
Crucifix Lane
160
193
52
Bermondsey Street
56
Fashion and Textile Museum
Leathermarket St.
49
White Cube 57
Tyers Ga.
Tower Bridge Road
Druid St.
Queen Elizabeth St.
43
48
Shad Thames
59 Shad Thames
Tanner St.
Jamaica Road
46
51
Millstream Rd.
Abbey Street
Long Lane
334
Tabard St.
Great Dover Street
Pilgrimage
St. Mary Magdalene Church
58
Newham's Rw.
47
50
Grange Rd.
Grange Walk
128
Tower Bridge Road
Borough
Abbey St.
9
10
11
M
N

Wer das Viertel Bermondsey noch etwas weiter erkunden möchte, kann vom More London Place, den man von der City Hall aus über eine kleine Gasse erreicht, einen Abstecher auf die Bermondsey Street machen. Hier kann man z. B. das ***Fashion and Textile Museum*** 56 *oder die Galerie* ***White Cube*** 57 *besuchen oder auf dem* ***Maltby Street Market*** *(s. S. 97) einkaufen. Bei der* ***St. Mary Magdalene Church*** 58 *befindet sich eine schöne Gartenanlage zum Ausruhen und am Bermondsey Square finden manchmal ebenfalls Märkte statt.*

Vom Bermondsey Square gelangt man über die Tower Bridge Road nach ***Shad Thames*** 59 *mit der* ***Butler's Wharf,*** *die einst der größte Warenspeicherplatz an der Themse war. Heute ist hier ein belebtes Areal mit Restaurants und Cafés, von denen man eine atemberaubende Aussicht auf die Tower Bridge und die davor ankernden Luxusjachten genießen kann.*

Der Uferweg führt zurück bis zur ***Tower Bridge*** 53*, die man dabei die ganze Zeit im Blick hat. Die Zugbrücke wurde 1894 eingeweiht, für Entwurf und Bauleitung zeichneten Sir Wolfe John Barry und Sir Horace Jones verantwortlich. Die beiden Brückenteile können innerhalb von nur 90 Sekunden geöffnet werden. Auf der Ostseite liegen oft größere Privatjachten vor Anker und im Fundament des Südturms kann man ein Ticket für die* ***Tower Bridge Exhibition*** *kaufen, das auch einen Aufstieg zum verglasten Verbindungssteg hoch über der Fahrbahn einschließt, von wo man eine schöne Aussicht auf den Fluss und die Stadt hat.*

Über die Tower Bridge geht es nun zum berühmten ***Tower of London*** 54*. Für die Besichtigung muss man mindestens zwei Stunden einplanen, denn um die Kronjuwelen bilden sich immer lange Schlangen. Im Tower hat sich ein großer Teil der Historie des Landes abgespielt und man kann interessante Führungen mit einem der Beefeater, der berühmten Wachtruppe der Festung, unternehmen.*

Von der Westseite des Tower führt ein Spazierweg durch die Grünanlagen des Tower Hill an der gleichnamigen Station der Docklands Light Railway. Von hier aus könnte man z. B. eine Fahrt in die ***Docklands*** *(s. S. 100) unternehmen oder den Uferweg auf der Nordseite zu Fuß oder mit dem Fahrrad weiter erkunden.*

35 [M9] Bank of England Museum S. 68
36 [M9] Royal Exchange S. 68
37 [M9] The Monument S. 69
38 [M9] Lloyd's Building S. 70
46 [L10] Winchester Palace S. 79
47 [M10] Golden Hinde II S. 79
48 [M10] Southwark Cathedral S. 80
49 [M10] Borough Market S. 80
50 [M10] London Bridge S. 86
51 [M10] HMS Belfast S. 86
52 [N10] London City Hall S. 87
53 [N10] Tower Bridge S. 89
54 [N9] Tower of London S. 90
55 [M10] The Shard S. 95
56 [M11] Fashion and Textile Museum S. 96
57 [M11] White Cube S. 96
58 [M11] St. Mary Magdalene Church S. 97
59 [N10] Shad Thames S. 97
61 [N10] St. Katherine's Dock S. 100

Alle weiteren Karteneinträge s. S. 301.

ter der First Star of Africa, ein Diamant von 530 Karat, der aus dem größten Diamanten der Welt, dem Cullinan, geschnitten wurde. Insgesamt gehören 10 Kronen zum Staatsschatz, wobei die Imperial State Crown die meistgetragene ist. Die amtierende Königin trägt sie jedes Jahr bei offiziellen Anlässen, so z. B. bei der Eröffnung des Parlaments im Herbst.

Für die Besichtigung der Anlage sollte man mehrere Stunden einplanen. Interessant sind die Führungen mit einem der **Beefeater**, einem Mitglied der berühmten Wachtruppe der Festung. Die Beefeater sind Armeeveteranen und als *Yeomen of the Guard* (königliche Leibgardisten) dem königlichen Personal zugehörig. In der Vergangenheit durften sie vom Büfett des Königs so viel Rindfleisch essen, wie sie wollten. Daraus leitete sich der Name „Beefeater" (Rindfleischesser) ab.

Über **Waffen, Uniformen und Heraldik** kann man sich in den New Armouries, dem Zeughaus, dem Royal Fusiliers' Museum, den Waterloo Barracks und dem Heralds Museum informieren.

Pünktlich um 21.53 Uhr spielt sich jeden Abend die jahrhundertealte traditionelle Schlüsselzeremonie (**Ceremony of the Keys**) vor dem Bloody Tower ab, der man nach Voranmeldung beiwohnen kann.

› Tel. 0844482777, www.hrp.org.uk, U: Tower Hill (Circle/District Line), März–Okt. Di–Sa 9–17.30, So, Mo 10–17.30 (letzter Zutritt 17 Uhr), Nov.–Feb. Di–Sa 9–16.30, So, Mo 10–16.30 Uhr (letzter Zutritt 16 Uhr), Erw. £ 26,80, erm. £ 20,90, Kinder (5–15 Jahre) £ 12,70 (Online-Tickets sind preiswerter)

Momentan das höchste Gebäude Londons – The Shard

Kulinarisches

› **Gaucho Tower Bridge** (s. S. 177). Steak-Restaurant mit tollem Blick auf die City Hall und die Tower Bridge.

42 [M10] **Leon** £, 6 More London Place, More London, U: London Bridge, Tel. 74030202, http://leonrestaurants.co.uk, Mo–Fr 6.30–22, Sa 8–20, So 9–18 Uhr. Leon bietet gesundes „Fast Food" wie Salate und Falafel.

› **London's Kitchen** £, City Hall 52. Im Erdgeschoss der City Hall gibt es ein kleines Kantinen-Café, wo man preisgünstig frühstücken (8.30–10.30 Uhr) und lunchen (11.30–14.30 Uhr) kann. Zwischen 8 und 17 Uhr gibt es außerdem durchgängig Getränke und Snacks.

43 [N10] **Story** £££, 201 Tooley Street, London Bridge Quarter, Tel. 71832117, www.restaurantstory.co.uk. Die Gerichte, die im Story angeboten werden, sind „Modern British" mit klassisch-rustikalem Einschlag – jedes erzählt eine „Geschichte".

44 [M10] **The Botanical Bar,** Morgans Lane, Queen Walk, U: London Bridge, Tel. 74036246, www.iwm.org.uk/visits/hms-belfast/eat-drink, tägl. 12–24 Uhr. Direkt über dem Eingang zur HMS Belfast befindet sich diese Lokal des Fernsehkochs Hugh Fearnley-Whittingstall. Aussichtsterrasse zur Themse. So legt ab 16 Uhr ein DJ auf.

Shopping

45 [M10] **Hay's Galleria,** 1 Battle Bridge Lane. In den Hallen der Hay's Wharf legten einst die großen Segelschiffe an, die nicht durch die niedrigen Rundbögen der London Bridge passten. In der glasüberdachten Halle der renovierten Werft, Hay's Galleria, findet man heute hübsche Geschäfte mit Büchern, Schuhen und Accessoires. Daneben gibt es eine Reihe von Restaurants und Cafés.

Bermondsey und Rotherhithe

Im 19. Jh. bestimmten die geschäftigen Docks auf der Südseite der Themse das Leben in Bermondsey. In der Nachbarschaft des Hochhauses The Shard 55 *reihen sich heute restaurierte Warenhäuser aneinander, die von schicken Restaurants, Kreativ-Agenturen und Galerien bevölkert sind. Bei einem angenehmen Bummel kann man sich auf die Spuren der Geschichte des Viertels begeben, auf Märkten stöbern und einkehren. Rotherhithe war von der Tudorzeit bis ins 20. Jh. ein Hafengebiet mit maritimen Verbindungen nach Skandinavien. Schon Henry VIII. ließ hier Schiffe für die Royal Navy bauen. Bereits zu Zeiten der Viktorianer entstand der erste Tunnel unter der Themse.*

031lo-kw

55 The Shard ★★★ [M10]

Vom Bahnhof London Bridge gelangt man über die St. Thomas Street zum **The Shard.** Der 2013 fertiggestellte Bau des Architekten Renzo Piano ist ein konischer, sich nach oben verjüngender Turm, der einer Glasscherbe ähnelt (daher der Name). Er erhebt sich aus dem Häusergewirr enger Straßen und ist mit 310 m das bisher höchste Gebäude Londons. Wenn man in Southwark und Bermondsey spazierengeht, erhascht man immer wieder einen Blick auf den Turm, aber auch von anderen Stadtteilen ist er weithin sichtbar.

Den Blick von der Aussichtsplattform **View from the Shard** sollte man nicht verpassen. Man muss jedoch mind. einen Tag im Voraus buchen (im Sommer früher). Vom Shard hat man einen weiten Blick – bisher überragt der Skyscraper alle anderen Hochhäuser am Nordufer der Themse. Neben Büros und Apartments beherbergt er auch das Luxushotel **Shangri-La** und mehrere Aussichtsrestaurants (z. B. Oblix, s. S. 177). Auf der Aussichtsplattform finden unregelmäßig Events statt und an ausgesuchten Wochenenden eine „Silent Disco" (Musik über Kopfhörer), dann kann man die Lichter der Stadt bei Nacht bewundern.

› 32 London Bridge St, Zugang zur Aussichtsplattform: Joiner St, Tel. 08444997111, U: London Bridge (Jubilee/Northern Line), www.theviewfromtheshard.com, 25. März–28. Okt. tgl. 10–22 Uhr (letzter Einlass 20.30 Uhr), 29. Okt.–24. März So–Mi 10–19, Do–Sa 10–22 Uhr (letzter Einlass 17.30 Uhr). Eintritt nur zum gebuchten Termin, Erw. £ 30,95, Kinder 4–15 Jahre £ 24,95 (online jeweils günstiger), Silent Disco £ 37,50

56 Fashion and Textile Museum ★★ [M11]

Folgt man der St. Thomas Street entlang der Bahnarkaden weiter in Richtung Osten, kreuzt man bald die **Bermondsey Street**. Sie ist die lange Hauptstraße durch das Viertel. Vom Mittelalter bis Mitte des 18. Jh. florierte in Bermondsey die Gerberindustrie, daran erinnern heute noch Straßen wie die Tanner Street (Gerberstraße), wo Leder und Wolle verarbeitet wurden.

Empfehlenswert ist ein Besuch im **Fashion and Textile Museum**, das 2001 von Dame Zandra Rhodes in Auftrag gegeben wurde. Die heute 80-jährige Designerin, die zur Zeit des Punk und des New Wave mit ihren bunten Kreationen Akzente setzte, entwirft heute noch Kollektionen, z.B. für das Modehaus Valentino. Das farbenfrohe Museumsgebäude ließ sie von dem mexikanischen Architekten Ricardo Legorreta entwerfen. Heute wird es vom **Newham College of Further Education** geführt und beherbergt dessen Modeschule. Neben Mode aus verschiedenen Jahrhunderten gibt es interessante Wechselausstellungen zu sehen, z.B. zur Textilentwicklung, sowie Retrospektiven zu weniger bekannten Designern. Im Café des Museums, „The Workroom", finden Workshops und Events statt.

› 83 Bermondsey Street, U: London Bridge (Jubilee/Northern Line), Tel. 74078664, www.ftmlondon.org, Di–Sa 11–18, Do bis 20, So 11–17 Uhr, Eintritt: Erw. £ 9,90, erm. £ 8,80, Studenten £ 7, Kinder unter 12 Jahren frei

57 White Cube ★ [M11]

Wandert man die Bermondsey Street weiter in Richtung Süden, erreicht man bald die **Galerie** White Cube. Sie wird von **Jay Jopling** geführt, einem frühen Förderer des Performance-Künstlers Damien Hirst. Neben einer weiteren Filiale im Mason's Yard im Viertel St. James's führt er auch Galerien in Hong Kong und São Paolo, die neue Talente ebenso wie bereits etablierte Künstler zeigen. Das Galeriegebäude, das (wie auch die anderen Filialen) an das Konzept eines „weißen Würfels" angelehnt ist, bietet eine riesige Ausstellungsfläche, wobei der Schwerpunkt auf **Skulpturen** und **Installationen** liegt. So hat hier z.B. schon Anthony Gormley ausgestellt, aber auch Katharina Fritsch, deren „blaues Huhn" im Jahr 2014 das Fourth Plinth am Trafalgar Square (7) schmückte. Neben den Ausstellungen finden **Lesungen** und **Filmvorführungen** in einem angegliederten Auditorium statt.

› 144–152 Bermondsey St, U: Borough (Northern Line), Tel. 79305373, www.whitecube.com, Di–Sa 10–18, So 12–18 Uhr, Eintritt frei

032lo-ln

Die St. Mary Magdalen Church war einst das Kernstück einer riesigen Abtei

58 St. Mary Magdalene Church ★ [M11]

Kurz bevor die Bermondsey Street auf den Bermondsey Square mündet, passiert man auf der linken Seite die St. Mary Magdalene Church. Sie war die Abteikirche der **Bermondsey Abbey**, einer Benediktinerabtei, die hier bereits 1082 gegründet wurde.

1339 wurde das Gotteshaus geweiht. Der mächtige Abteibau erstreckte sich südlich des Gotteshauses bis auf den heutigen Bermondsey Square.

Die Abtei beherbergte früher mehrere aus Westminster „verbannte" Mitglieder der königlichen Familie, so verstarben hier z. B. Queen Catherine, die Frau von Henry V. (1437), und Elizabeth Woodville, die Frau von Eward VI. (1492). Unter Henry VIII. wurde sie, wie auch alle anderen Abteien im Land, zerstört. Die Kirche blieb zwar erhalten, war jedoch bis 1680 so verfallen, dass sie komplett restauriert werden musste. Der untere Teil der Fundamente sowie vier gotische Bögen in der Orgelkammer stammen noch aus der mittelalterlichen Zeit. Im Inneren sind Dekorationen aus dem 17. und 18. Jh. zu sehen. In der Parkanlage hinter der Kirche kann man sich vom Bummeln ausruhen.

Auf dem benachbarten **Bermondsey Square** findet freitags ein Antikmarkt statt (s. S. 99) und von Mo bis Do servieren hier Streetfood-Wagen Lunch (11.30–15 Uhr). Zudem gibt es ein Kino.

› 193 Bermondsey Street, U: Borough (Northern Line), Tel. 72340100, http://stmarysbermondsey.org.uk, die Kirche ist sonntags beim Gottesdienst geöffnet, ansonsten wendet man sich an das Büro des Dekans: Di–Do 9.30–13.30, Fr. 14–17 Uhr

K47 [M11] **Kino digital Bermondsey,** 10 Bermondsey Square, Tel. 73576845, www.kinodigital.co.uk/home. In dem kleinen modernen Kino werden die neusten Streifen gezeigt. Man kann aber auch einfach in der Café-Bar relaxen (tägl. 12–23 Uhr).

59 Shad Thames ★★ [N10]

Auf der Ostseite der Tower Bridge Road liegt in Flussnähe das Viertel **Shad Thames.** Die Uferpromenade, die von hier aus bis zum **St. Saviour's Dock** verläuft, wo ein Kanal den Weg versperrt, bietet einen der schönsten Ausblicke auf die Tower Bridge und die dahinter gelegene City. Der Gebäudekomplex **Butler's Wharf** war einst der größte Warenspeicher an der Themse. In der Stra-

EXTRATIPP

Maltby Street Market

Von der Tower Bridge Road zweigt die Tanner Road ab, die zu einem Bahnuntergang führt. Entlang der Bahnarkaden schlängelt sich dort der Ropewalk entlang, wo am Wochenende der **Maltby Street Market** stattfindet. Hier kann man exotische und britische Leckereien probieren und außerdem handgemachte Seifen, feines Olivenöl etc. kaufen. Der Markt findet jeweils samstags und sonntags statt. Wer den Bahnarkaden entlang der Millstream Road und Enid Street noch weiter folgt, trifft auf weitere Aussteller **(Spa Terminus Market),** die in den Arkadengängen ihre Lagerräume haben (www.spa-terminus.co.uk).

46 [N11] **Maltby Street Market,** Ropewalk, Bermondsey, U: Bermondsey, Sa 10–17, So 11–16 Uhr, www.maltby.st

0331o-fo©Matthew Bugg

ße Shad Thames, die parallel dahinter verläuft, und bei der Tower Bridge Piazza sind heute Geschäfte und Restaurants untergebracht.

In den **Bermondsey Docks** legten Schiffe an, die Lebensmittel und Gewürze nach London brachten. Nachdem das Viertel 1836 an die Eisenbahn angebunden worden war, wurden die Waren direkt aus den hiesigen Lagerhäusern ins Land transportiert. Dockarbeiter ließen sich in großer Anzahl im Viertel nieder und es kam zu Überbevölkerung. Man lebte in ähnlich horrenden Lebensbedingungen wie im East End.

Im Zweiten Weltkrieg erlitt Bermondsey große Zerstörungen und richtig restauriert wurde erst zu Beginn der 1990er-Jahre. Damals eröffnete der Designer **Terence Conran** hier sein **Design Museum** 91, das aber inzwischen nach Kensington umgezogen ist.

› DLR: Tower Gateway

60 Brunel Museum Rotherhithe ★★ [P10]

1843 rückte der Stadtteil Rotherhithe ins Rampenlicht, denn damals wurde hier der erste Tunnel unter der Themse eröffnet – gleichzeitig der erste **Unterwassertunnel** der Welt.

Als die Docks auf beiden Seiten der Themse anwuchsen, suchte man nach einer neuen Landverbindung zwischen Rotherhithe und Wapping. **Sir Marc Brunel** (1769–1849) hatte sich bereits mit der Technik des Tunnelbaus beschäftigt und eine **Schildvortriebsmaschine** entwickelt, die es Arbeitern erlaubte, sich Stück für Stück in den Tunnel vorzuarbeiten. Beteiligt war auch sein Sohn **Isambard Kingdom Brunel** (1806–1859), der später Eisenbahnen und Dampfschiffe entwarf und heute als der herausragendste Ingenieur der viktorianischen Zeit gilt. In Rotherhithe entstanden ein 23 m tiefer Schacht und ein Gehäuse für die Dampfmotoren zum Herauspumpen des Wassers. Sie bilden einen Teil des **Brunel Museums.** Während des Baus gab es viele Probleme und Verzögerungen, denn es kam zu wiederholten Wassereinbrüchen, bei denen Arbeiter starben. Die Arbeiten dauerten 18 Jahre und die Kosten uferten aus. Ursprünglich sollten in dem Tunnel Pferdekutschen verkehren, allerdings hatte man nicht mehr genug Geld, die Einfahrtschächte zu bauen. Dennoch wurde der Tunnel bei seiner Eröffnung 1843 wie das achte Weltwunder gefeiert. Innerhalb der ersten drei Monate kam fast eine Million Menschen, um den Tunnel zu besichtigen – unter ihnen Queen Victoria und Prinz Albert. Bereits 1841 war Marc Brunel von der Queen für seine Verdienste geadelt worden.

Elegant geschwungene Treppen führten in die Schachthalle, von der die Tunnelläufe abzweigen, die allerdings nicht mehr geöffnet sind. In der großen Halle unten wurde allerlei geboten: Es gab Akrobatik und Theater, es wurden Souvenirs verkauft und sogar Bankette veranstaltet. Finanziell war der Tunnel ein Misserfolg, denn bis 1865 wurde er nur von Fußgängern genutzt. Dann kaufte ihn die **East London Railway Company** und ließ dort Dampflokomotiven verkehren. Ab 1995 fuhr hier die U-Bahn der Eastern Line, heute nutzt ihn die London Overground.

An beiden Ufern hat man Teile des denkmalgeschützten Baus im ursprünglichen Zustand belassen. In Rotherhithe befindet sich eine Ausstellung über den Bau des Tunnels und man kann die Schachthalle während einer Tour besichtigen. Nahebei an der Themse befindet sich das Dock, wo Brunels Schiff „Great Eastern" aus Stahl geschmiedet wurde. Hierhin gelangt man zum Beispiel mit Ausflugsbooten.

› Railway Avenue, Rotherhithe, U: Bermondsey (Jubilee Line, 10 Min. Fußweg) oder Zug bis Rotherhithe Station, dann Bus 381 oder C10, Tel. 72313840, www.brunel-museum.org.uk, tgl. 10–17 Uhr, Erw. £ 6, erm. £ 4, Kinder bis 16 Jahre Eintritt frei, geführte Touren: So, Mo 10.40, Mi 16.15 Uhr, Treffpunkt U: Bermondsey

Kulinarisches

48 [N10] **Butlers Wharf Chop House** £££, 36e Shad Thames, Tel. 7403 3403, www.chophouse-restaurant.co.uk, Mo–Sa 12–15.45, 17.30–23, So 12–15.45, 17.30–22 Uhr. Steaks, Koteletts und Burger mit klassisch britischen Beilagen. Toller Blick auf die Tower Bridge

› **Manze** (s. S. 173). Historisches Fischrestaurant mit ausgefallenen Spezialitäten.

› **Tanner & Co** (s. S. 178). Gemütliche Restaurant-Bar mit moderner britischer Speisekarte.

49 [M11] **The Woolpack** £, 98 Bermondsey Street, Tel. 34370139, www.woolpackbar.com, Mo–Fr 11–23, Sa 9–23, So 9–22.30 Uhr. Unabhängig geführter Pub mit moderner britischer Küche und großem Garten (Kinder nur bis 17 Uhr erlaubt).

› **Zucca** (s. S. 178). Edel-Italiener mit modernen Gerichten.

Shopping

50 [M11] **Bermondsey Square Markets,** Bermondsey Square, U: London Bridge, https://bermondseysquare.net. Am Bermondsey Square findet freitags der Bermondsey Antique Market statt, wo wertvolle antike Stücke verkauft werden.

51 [N11] **Jensen's Gin,** 55 Stanworth Street, U: Bermondsey, Tel. 72371500, www.bermondseygin.com, Sa 10–16 Uhr. Kaum zu glauben, aber London hat gleich mehrere Gin-Brennereien. Samstags kann man während der Öffnungszeiten des Maltby Market (s. S. 97) in der Brennerei die Produkte der Marke Jensen's probieren. Führungen können auf Anfrage arrangiert werden.

52 [M10] **London Glassblowing,** 62–66 Bermondsey Street, U: London Bridge, Tel. 74032800, www.londonglassblowing.co.uk, Mo–Sa 10–18 Uhr. In dem Studio des Glasbläsers Peter Layton finden Wechselausstellungen zur Glasbläserei statt und man kann ausgefallene Kunstobjekte kaufen.

‹ In Shad Thames wurden Gewürze und Tee gelagert, die Lagerhäuser sind teilweise noch durch Brücken verbunden

Docklands

Die Docklands, ein ca. 20 km² großes Hafengebiet, waren lange Zeit Europas bedeutendster Warenumschlagplatz. In den 1960er-Jahren wurde der Containerschiffsverkehr jedoch an die Themsemündung in Tilbury verlegt und die Docklands wurden wirtschaftlich unbedeutend. Nach einer langen Zeit des Verfalls begann in den 1980er-Jahren durch die London Docklands Development Corporation (LDDC) eine Sanierung des Geländes. Heute sind die historischen Fassaden der Lagerhäuser unter Denkmalschutz gestellt, Gebäude wurden in teure Apartments umgewandelt und es sind noble Restaurants eingezogen. Die Docklands Light Railway (DLR) fährt quer durch das neu erschlossene Wohn- und Arbeitsgebiet, das sich immer weiter nach Osten ausbreitet.

EXTRATIPP

Die Docklands entdecken

Die Docklands kann man z. B. entlang des nördlichen Themsepfads mit dem **Leihfahrrad** (s. S. 243) erkunden. Ganz entspannt geht es auch mit einem der **Ausflugsboote,** die vom St. Katherine's Dock bis Greenwich fahren und unterwegs an verschiedenen Stellen anhalten (www.thamesriverservices.co.uk). Die verschiedenen Linien der **Docklands Light Railway** fahren vom Tower Hill entweder bis nach Greenwich oder zu den Royal Docks. Unterwegs kann man mit einem Tagesticket beliebig ein- und wieder aussteigen.

› **Thames Path National Trail,** www.nationaltrail.co.uk/thames-path

61 St. Katherine's Dock ★★ [N10]

Im Osten der Tower Bridge bietet das St. Katherine's Dock einen guten Einstieg für eine Erkundung der Docklands. 1828 wurden hier Slumviertel plattgewalzt, um eine neue Hafenanlage zu bauen, die sich auf den Umschlag von Gewürzen, Zucker, Rum, Parfüm und Elfenbein spezialisierte. Durch die rasante Entwicklung des Schiffsverkehrs war sie jedoch bald modernen Anforderungen nicht mehr gewachsen und wurde geschlossen.

In den 1980er-Jahren wurde mit der **Restaurierung der maroden Dockanlagen** begonnen. Heute liegen in den Hafenbecken, die durch Hebebrücken erreichbar sind, Motor- und Segeljachten neben historischen Schiffen vor Anker und rundherum haben sich **Restaurants** angesiedelt.

Sehenswert ist u. a. das **Ivory House** aus dem Jahr 1852 mit seinem alten Uhrenturm, das sich im Zentrum des St. Katherine's Dock erhebt. Die Architektur der Warenlager geht auf Thomas Telford und Philip Hardwick zurück.

Entlang des Themsepfads kann man vom St. Katherine's Dock bis nach Wapping 62 spazieren.

› 50 St. Katharine's Way, www.skdocks.co.uk, U: Tower Hill (Circle/District Line)

62 Wapping, Shadwell und Limehouse ★★ [P10]

Wapping war jahrhundertelang ein kleiner Hafen an der Themse mit florierendem Seehandel. Matrosen und Kapitäne lebten hier genauso wie Schiffsbauer. Die Gegend besitzt noch einige historische Pubs, die auf das 16. Jh. zurückgehen, wie den **Prospect of Whitby** (s. S. 181). Pubs ebenso wie Lagerhäuser hatten ihren Vordereingang an der Straße und einen Hinterausgang hinunter zum Themseufer, wo sich bei Ebbe ein Strand bildet, der das Anlegen von Booten ermöglicht.

Bei den **Wapping Old Stairs** befand sich das **Execution Dock,** wo Verbrecher angekettet wurden, sodass sie von der eingehenden Flut ertränkt wurden. Am Ostende von Wapping liegt das **Shadwell Basin,** wo Wassersportaktivitäten wie Kanufahren auf der Themse angeboten werden. Von hier führt der Themsepfad weiter zum **Limehouse Basin.** Es hat eine Verbindung zum Grand Union bzw. Regent's Canal, weshalb man hier viele Hausboote sieht, die auf dem Kanal entlangschippern.

•**53** [P9] **Shadwell Basin Outdoor Activity Centre,** 3–4 Shadwell Pierhead, Glamis Road, London Overground: Wapping, DLR: Shadwell/Limehouse, Tel. 74814210, www.shadwell-basin.co.uk

034lo-ln

Der Dickens Inn (s. S. 104) im St. Katherine's Dock lädt zur Rast ein

63 Canary Wharf ★ [S10]

Die Canary Wharf liegt auf der Halbinsel Isle of Dogs, die zu Zeiten der Tudors ein königliches Jagdgebiet war. In den 1990er-Jahren entstand hier ein neuer **Industrie- und Bürokomplex,** der der City of London Konkurrenz macht. Überragt wird das Viertel vom 244 m hohen Canary Wharf Tower, genannt **One Canada Square,** der 1991 von César Pelli gebaut wurde. Im Fuß des Gebäudes gibt es Geschäfte und Gastronomie.

Ganze 16 Hochhäuser ragen aus dem Businesszentrum heraus, in dem über 110.000 Menschen arbeiten. Die Immobilien der Canary Wharf wurden 2015 für 2,6 Mrd. £ an eine Investmentfirma aus Katar verkauft (den Kataris gehören bereits The Shard 55 und das Kaufhaus Harrods 95).

035lo-ln

Die modernen Docklands sind durch Lofts und Glastürme gekennzeichnet

Am frühen Morgen spuckt das gewölbte Portal der **U-Bahn-Station Canary Wharf,** die von Norman Foster entworfen wurde, Tausende von Pendlern aus, die in die Büros strömen. Aber das Gebiet hat auch andere Ecken: Ein Spaziergang über die Brücken, die die zahlreichen Kanäle überspannen, eröffnet immer wieder neue Ausblicke auf die Hochhaustürme und Bassins. Zum Beispiel am West India Quay haben sich zahlreiche **Pubs** und **Restaurants** angesiedelt, in denen man verschnaufen kann, und Streetfood-Märkte bieten Lunch an. Die großen Firmen haben in Canary Wharf viele Kunstwerke gesponsort, z. B. die auffallenden Uhren „Six Clocks" an der Reuters Plaza.

› https://canarywharf.com/arts-events/art-on-the-estate (u. a. mit kompletter Liste der Kunstwerke im öffentlichen Raum), DLR und U: Canary Wharf (Jubilee Line)

64 Museum of London Docklands ★★★ [S9]

Einen Besuch in dieser Filiale des Museum of London 31 sollte man nicht verpassen. Die **Entwicklung der Docklands** durch die Jahrhunderte und die lebenswichtige Rolle der **Themse** werden hier spannend dokumentiert. Besonders interessant ist der Vergleich zwischen dem Boom in der viktorianischen Ära und der Neugestaltung im 20. Jh. Wer die Geschichte der Docklands genauer erkunden möchte, sollte an einer der geführten Touren des Museums („Walk the Docks") teilnehmen.

› No. 1 Warehouse, West India Quay, Tel. 70019844, www.museumoflondon.org.uk/docklands, DLR: West India Quay, tgl. 10–18 Uhr, Eintritt frei, Walk the Docks £ 7,50, erm. £ 5

65 Trinity Buoy Wharf ★★ [U9]

Wo der River Lea in die Themse mündet, wurden in der Trinity Buoy Wharf einst die ersten **Leuchtbojen** Englands gefertigt. Die Organisation **Trinity House** geht aus einer Vereinigung von Fischern und Seefahrern hervor, die bereits von Henry VIII. 1514 durch eine Charter ihren Arbeitsauftrag erhielt. Die Organisation war dafür zuständig, Seezeichen wie Leuchtbojen *(beacons)* einzurichten, um die Seefahrt entlang den Küsten Englands sicherer zu gestalten. Noch heute verwaltet Trinity zahlreiche Leuchttürme und hält Seezeichen instand.

Um 1803 entstand die **Trinity Buoy Wharf,** die der Firma als Werkstatt an der Themse diente. Die ersten Bojen waren noch aus Holz und wurden per Boot hinaus aufs Meer gezogen. Die älteste noch vorhandene Struktur der Werft ist die Hafenmauer aus dem Jahr 1822. Das Electrician's Building, in dem das elektrische Material aufbewahrt wurde, entstand 1836. 1862 baute man den **Leuchtturm** – heute der letzte seiner Art in London. Hier testete man u. a. die Leuchtfeuer und schulte Leuchtturmwärter.

Die Firma wuchs und ab 1910 beschäftigte man fast 150 Ingenieure, Schmiede und andere Handwerker, die die Seezeichen entwarfen und herstellten. Der Physiker Michael Faraday (s. Faraday Museum 15) unterhielt neben der Werft eine Dachwerkstatt und beriet die Firma in physikalischen Fragen.

Erst im Jahr 1988 wurde das Gelände von der London Docklands Development Corporation aufgekauft und die Firma geschlossen. Heute dienen die Gebäude als **Kulturzentrum** und **Galerie.** Kunstwerke und Skulpturen verschiedener Künstler zieren das Gelände. Außerdem kann man die Ausstellung **„The Faraday Effect“** besuchen, die in einem der alten Lagerschuppen untergebracht ist (tgl. 7–18 Uhr, Eintritt frei). Wer sich hier gemütlich im Orchard Café (Mo–Fr 7–19, Sa, So 8.30–17 Uhr) niederlässt, kann den Blick auf die O2 Arena auf der anderen Themseseite genießen, die von hier aus zum Greifen nah erscheint.

› **Trinity Buoy Wharf,** 64 Orchard Place, Tel. 7515 7153, www.trinitybuoywharf.com, DLR: East India Docks, dann Bus 277 oder U: Canning Town (Jubilee Line), dann 15 Min. zu Fuß, Mo–So 9–17 Uhr, Eintritt frei

66 Royal Docks und The Crystal ★★ [U9]

Bereits im Vorlauf zu den Olympischen Sommerspielen 2012 richteten Londoner Stadtplaner ihr Auge auf den fernen Osten der Docklands und in den letzten Jahren hat sich das Gebiet sprunghaft entwickelt: Hunderte von Appartments sind in neuen, sich dicht aneinander drängenden Hochhäusern entlang der Wasserstraßen entstanden.

Die sich östlich der Canary Wharf befindenden **Royal Docks** bestehen aus den drei Becken Royal Victoria, Royal Albert und King George V., die zwischen 1855 und 1921 gebaut wurden. Rund um das **Royal Victoria Dock** sind begehrte Wohnviertel mit vielen Freizeitmöglichkeiten entstanden. So gibt es an der weitläufigen Wasserfläche z. B. ein Wakeboarding-Zentrum und auch einen Stadtstrand. In der Nachbarschaft des City Airports, am **Royal Albert Dock,** soll ein weiteres Businesszentrum entstehen.

Das Ausstellungszentrum **The Crystal** am Royal Victoria Dock entstand im Rahmen der Olympischen Spiele. Der Pavillion beschäftigt sich mit der Stadtplanung der Zukunft. Der Eintritt ist frei und im Erdgeschoss kann man sich in einem Café erfrischen. Ebenfalls am Dock befindet sich die Station der **Seilbahn Emirates Air Line,** der über die Themse zur O2 Arena auf der Südseite der Themse schwebt. Die Fahrt dauert ca. 10 Minuten und eröffnet einen Panoramablick über die futuristische Landschaft Ostlondons.

› **Royal Victoria Dock,** www.londonsroyaldocks.com, DLR: Royal Victoria

› **The Crystal,** One Siemens Brothers Way, www.thecrystal.org, Di–Sa 10–17 Uhr, Erw. £ 5, erm. £ 4, Kinder unter 18 Jahren frei

•**54** [V9] **Emirates Air Line,** 27 Western Gateway, www.emiratesairline.co.uk, DLR: Royal Victoria, April–Sept. Mo–Fr 7–23, Sa 8–23, So 9–23, Okt.–März Mo–Do 7–21, Fr 7–23, Sa 8–23, So 9–21 Uhr, Erw. £ 4,50/Kinder £ 2,30, mit Oyster Card £ 3,40/£ 1,70

036lo-ln

› *Mit der Emirates Air Line kann man zum südlichen Themseufer schweben*

Kulinarisches

55 [N10] **Dickens Inn,** Marble Quay, St. Katharine's Way, Tel. 74882208, www.dickens inn.co.uk, Mo–Sa 11–23, So 12–22.30 Uhr. Von der Terrasse und den Galerien des Pubs, der von außen historisch anmutet, innen jedoch zum Gastropub umfunktioniert wurde, kann man die Atmosphäre des St. Katherine's Dock am besten genießen.

56 **Nakhon Thai** ££, Waterfront Studios, 1 Dock Road, Royal Docks, DLR: Royal Victoria, Tel. 74745510, http://nakhonthai.co.uk, Mo–Do 12–15, 18–23, Fr 12–15, 18–23.30, Sa 13–23.30, So 13–23 Uhr. Modernes Thai-Restaurant mit Blick auf das Royal Victoria Dock. Der Hit ist die angegliederte Cocktail Bar mit Südseeromantik.

› **Plateau** (s. S. 175). Verglastes Restaurant mit Dachgartenatmosphäre.

› **Prospect of Whitby** (s. S. 181). Pub in den ehemaligen Docks mit Ausblick auf die Themse und jahrhundertelanger Geschichte.

› **The Narrow** (s. S. 177). Das Bistro-Restaurant von Gordon Ramsey bietet den besten Blick auf Canary Wharf.

Shopping

In Canary Wharf gibt es am Cabot Place, am Canada Place, am Jubilee Place und am Churchill Place mehrere Einkaufspassagen mit exklusiven Boutiquen.

› **Infos zu Shops:** https://canarywharf.com

57 [S10] **Rituals,** Lower Mall -2, Jubilee Place DLR: Canary Wharf, www.rituals.com, Mo–Fr 9–20, Sa 10–19, So 12–18 Uhr. Feine Kosmetikartikel, Kerzen und andere Heimwaren.

58 [S10] **The Kooples,** Mall Level -1, Canada Place, Canary Wharf, U: Canray Wharf, www.thekooples.co.uk, Mo–Fr 9–20, Sa 10–19, So 12–18 Uhr. Englischer Stil, modern aufbereitet von einem französischen Modehaus.

East End

Das East End (auch als Verwaltungsbezirk Tower Hamlets bekannt) begann seine Geschichte als Einwandererzuflucht außerhalb der Stadtgrenzen. Hieraus ergibt sich ein wahrhaft multikulturelles Erbe.

Im 19. Jahrhundert machte Whitechapel wegen seiner schlechten Lebensbedingungen und hohen Kriminalitätsraten von sich reden. Hier wohnten die Ärmsten der Armen, Verbrecher wie Jack the Ripper machten die Straßen unsicher und Epidemien wüteten in den beengten Gassen.

In den 1990er-Jahren entdeckte die Künstler-und Alternativszene das vergessene Viertel, in dem einst die ersten elisabethanischen Theater entstanden (s. S. 78).

Heute ist das East End für sein **Nachtleben, Galerien, Klubs** und **Läden** bekannt und am Wochenende ziehen die ausgedehnten **Märkte** Hunderte von Besuchern an. In den einst billigen Lofts der alten Warenhäuser hat allerdings längst die Gentrifizierung eingesetzt.

Zwischen dem Old-Street-Kreisverkehr (Silicon Roundabout) und der U-Bahn-Station Shoreditch High Street befindet sich sich die sogenannte **East London Tech City.** Hier haben sich Coworking-Büros für Start-ups, Technologiezentren wie der Google Campus und auch andere kreative Unternehmen der IT-Branche, Designer und Werbeagenturen angesiedelt.

Im Stadtteil Stratford, der anläßlich der Sommerolympiade 2012 regeneriert wurde, ist ein neues Wohnviertel mit Park und Freizeitmöglichkeiten entstanden.

67 Whitechapel Gallery ★★ [N8]

Der Bezirk rund um die Whitechapel High Street mit der Ostlondoner Moschee hat arabisches Flair. Einen guten ersten Eindruck von der lebhaften Kulturszene des East End gewinnt man in der Whitechapel Gallery. Auf Initiative des Wohltäters Samuel Barnett wurde das **Kulturzentrum** 1901 ins Leben gerufen. Hier wird noch heute die Bevölkerung stark in das Kulturprogramm miteinbezogen und es gibt viele Workshops und Kurse, aber auch Dichterlesungen und Musikveranstaltungen.

Schon immer setzte man sich für die Belange der Anwohner ein. So wurde 1939 nach dem Überfall der britischen Faschisten unter Oswald Mosley auf das von Juden bewohnte East End Picassos „Guernica" ausgestellt. Die **Galerie** war auch eine der ersten, die in den 1960er-Jahren Pop-Art zeigte. Der Eintritt ist kostenlos und hier kann man einige „Klassiker" der modernen Kunst bewundern, aber auch Werke zeitgenössischer Künstler.

› Whitechapel Gallery, 80 Whitechapel High Street, U: Aldgate East (District/Hammersmith & City Line), Tel. 75227888, www.whitechapel.org, Di–So 11–18 Uhr, Do bis 21 Uhr, Eintritt frei

68 Brick Lane ★★ [N8]

Die Brick Lane zweigt von der Whitechapel Lane ab. Das südliche Ende der Straße wird vor allem von Einwanderern aus Bangladesh geprägt. Im 17. Jh. reihten sich hier Ziegeleien aneinander, die der Straße ihren Namen gaben. Ein **Torbogen** markiert den Eingang zur sogenannten „Banglatown" mit zahlreichen Curry-Restaurants, Sari-Shops und Videoläden mit den neuesten Filmen aus Bollywood. Im Juni findet im nahegelegenen Victoria Park in South Hackney jedes Jahr das **Boishakhi Mela** (www.towerhamlets.gov.uk/mela/index.htm), das Neujahrsfest der Bengalen mit Umzügen und indischen Tanzveranstaltungen, statt. Die **Jamme Masjid Mosque**, eine Moschee für bengalische Muslime, war noch bis 1976 eine jüdische Synagoge. Weiter in Richtung Norden erreicht man bald Boutiquen mit ausgefallener Mode und hier und da zieren Graffiti die Häuserwände.

Die ersten Brauereien siedelten sich im East End bereits im 17. Jh. an. 1679 kaufte Joseph Truman eine Brauerei in der Brick Lane, in der noch bis in die 1980er-Jahre gebraut wurde. Heute ist in der **Old Truman Brewery** ein **Zentrum für Design und Mode** entstanden. Zahlreiche Agenturen und das Indie-Musiklabel Rough Trade East (s. S. 188) sind hier beheimatet und es finden Märkte wie der Sunday Upmarket (s. S. 193) statt. Im Hof gibt es Streetfood und dazu Restaurants und Konzerträume. Auch in der Nachbarschaft finden sich Kneipen und Nachtklubs.

•59 [N7] **The Old Truman Brewery,** 91 Brick Lane, London Overground: Shoreditch High Street, www.trumanbrewery.com

EXTRATIPP

Nachtmärkte im East End

Im Sommer finden im East End Nachtmärkte **nach asiatischem Vorbild** statt. Hier gibt es Streetfood, DJs legen auf und es wird Unterhaltung geboten.

60 [N7] **Urban Food Fest,** Euro Car Parks, 162–175 Shoreditch High Street, www.urbanfoodfest.com, im Sommer jeweils Sa 12–24 Uhr

› **Street Feast London,** www.facebook.com/streetfeastlondon

69 Spitalfields Market ★★★ [N8]

Von der Brick Lane in Richtung Westen gelangt man zunächst zur **Commercial Street**, einer belebten Straße mit zahlreichen Cafés, Restaurants und Läden. Das Erbe der Hugenotten, aber auch der jüdischen Einwanderer in dieser Gegend ist die Schneiderei. Der **Spitalfields Market** trägt dem noch heute Rechnung, denn beim Trader's Market stellen Designer an fast 110 Ständen ihre handgeschneiderten Kreationen vor. Neben modischer Kleidung werden auch Accessoires wie Handtaschen, Gürtel etc. aus eigener Fertigung verkauft. Kunsthandwerk gibt es an den Ständen des benachbarten **Arts Market** und sonntags gesellt sich ein **Style Market** mit weiteren Designerobjekten hinzu.

Bereits 1887 war hier eine Markthalle mit einem **Glasdach mit Einfeldträgern** entstanden, einer bahnbrechenden viktorianischen Bautechnik. 1991 begann man unter dem Architekten Sir Norman Foster mit der Sanierung der maroden Halle. Das riesige Areal hat mehrere Ein- und Ausgänge und lädt zu einem ausgedehnten Bummel ein. Die luftigen Markthallen beherbergen auch zahlreiche Restaurants mit Aussichtsebene im ersten Stock. Der Old Spitalfields Market in den historischen Marktarkaden bietet an verschiedenen Wochentagen thematische Märkte, so gibt es donnerstags Antiquitäten und samstags Secondhand- und Vintage-Mode.

Vom Westausgang der Halle gelangt man über die Middlesex Street weiter zum **Petticoat Lane Market** (s. S. 192). Die Hugenotten webten in der Petticoat Lane einst die Seide für Unterröcke und andere Unterwäsche. Der heutige Markt bietet dem Besucher an fast 1000 Ständen eine multikulturelle Atmosphäre, viele Wühltische und alles von Kleidung über CDs bis hin zu Haushaltsgegenständen – teilweise kann man auch tolle Schnäppchen machen.

› Spitalfields Market, Commercial Road/65A Brushfield St., U: Liverpool Street (Central/Circle/Metropolitan/Hammersmith & City Line), www.spitalfields.co.uk, Traders Market Mo–Fr 10–17, Sa 11–17, So 9–17 Uhr, Arts Market zweimal im Monat Do–So 10–17 Uhr (genaue Daten auf der Website), Style Market Sa 11–17 Uhr, Old Spitalfields Market, www.oldspitalfieldsmarket.com, Mo–Fr 10–20, Sa 10–18, So 10–17 Uhr

154lo-ln

Christ Church Spitalfields ist eine der „Queen-Anne-Kirchen"

70 Christ Church Spitalfields ★ [N8]

An der Ecke Commercial Street/Fournier Street steht die von **Nicholas Hawksmore** 1729 errichtete Christ Church. Wie auch St. Martin-in-the-Fields am Trafalgar Square 7 ist sie eine der **„Queen-Anne-Kirchen"**, die von der damaligen Königin 1711 in Auftrag gegeben wurden. Hiermit sollte unter anderem den zahllosen Einwanderern unterschiedlichster Konfessionen spirituell auf die Sprünge geholfen werden. Die Kirchtürme sollten weit sichtbar sein und hoch in den Himmel ragen. Hawksmoor war ein Schüler von Christopher Wren und arbeitete zusammen mit James Gibbs an dem Bau der neuen Kirchen.

Die **Orgel** von 1735 stammt vom Orgelbauer Richard Bridge und war hundert Jahre lang die größte Orgel Englands. Heute kommt sie bei zahlreichen Konzerten zum Einsatz. In dem kleinen Kirchgarten speiste man in früheren Zeiten die Obdachlosen der Umgebung.

› Commercial Street/Ecke Fournier Street, U: Aldgate East (District/Hammersmith & City Line), Tel. 73772440, www.christchurchspitalfields.org, Mo–Fr 10–16, So 13–16 Uhr

71 Shoreditch, Hoxton und Dalston ★ [M7]

Von der U-Bahn-Station Shoreditch High Street gelangt man in das Viertel **Shoreditch.** Entlang der **Shoreditch** High Street und entlang der Old Street im benachbarten Hoxton wird seit zwei Jahrzehnten die alte East-End-Architektur aufpoliert. Zahlreiche moderne Hotels wie das Boundary des Designers Terence Conran ziehen inzwischen internationale Gäste an. Das Hotel Shoreditch Rooms (s. S. 250) beherbergt einen der exklusiven Privatklubs der Gruppe Soho House (s. S. 37).

Es lohnt sich, in Seitenstraßen wie der **Cheshire Street** und der **Redchurch Street,** die das Nordende der Brick Lane kreuzen, zu bummeln. Hier findet man Secondhandläden, aber auch ausgefallene Designerboutiquen, Galerien und zahlreiche Cafébars.

An der Shoreditch High Street ist die Kirche **St. Leonhard's** aus dem Jahr 1740 historisch interessant. Hier befand sich einst das elisabethanische Schauspielhaus The Theatre und in der Kirche gibt es eine Gedenkplatte, die an den

EXTRATIPP

Auf den Spuren von Jack the Ripper

Unweit von Christ Church Spitalfields 70 befindet sich der Pub The Ten Bells, der mit den Morden von **Jack the Ripper** in Verbindung gebracht wird, da dort wahrscheinlich der Täter wie auch seine Opfer verkehrten. Es wird angenommen, dass Jack the Ripper in der angrenzenden Fournier Street eine Wohnung hatte. **Mary Jane Kelly,** das letzte Opfer des Killers, soll in dem Pub noch ein Bier getrunken haben, bevor sie ermordet wurde. Heute ist die Außenterrasse immer von Menschen umgeben und im ersten Stock befindet sich eine zugehörige Cocktailbar. Wer eine Stadttour auf den Spuren von Jack the Ripper unternimmt, wird hier auf jeden Fall einkehren.

61 [N8] **The Ten Bells,** 84 Commercial Street, Tel. 73661721, U: Liverpool Street, Mo–Mi, So 12–24, Do–Sa 12–1 Uhr; Upstairs at the Ten Bells, Tel. 07530 492986, www.tenbells.com, Di Quiz Night, Mi, Do 17–24, Fr, Sa 17–1 Uhr

EXTRATIPP

Galerien in Hoxton und Shoreditch

In Hoxton und Shoreditch finden sich zahlreiche Galerien, in denen zeitgenössische Kunst ausgestellt wird, die man auch kaufen kann.

- 62 [M7] **Autograph,** Rivington Place, Tel. 77299616, http://autograph-abp.co.uk, U: Old Street, Di, Mi, Fr 11–18, Do 11–21, Sa 12–18 Uhr. Die Galerie Autograph zeigt Fotografieausstellungen internationaler Künstler mit ethnischem Hintergrund. Der Schwerpunkt liegt auf der Vermittlung von Identität, Menschenrechten und sozialer Gerechtigkeit.
- 63 [N7] **Espacio Gallery,** 159 Bethnal Green Road, U: Bethnal Green Station, Tel. 07815 319073, www.espaciogallery.com, Di–Sa 13–19, So 13–17 Uhr. Von Künstlern geführte Gallerie, die dem Austausch dienen soll. Es finden auch Künstlergespräche statt.
- 64 [M6] **Peer,** 97–99 Hoxton Street, Hoxton, London Overground: Hoxton, Tel. 77398080, www.peeruk.org. Zeitgenössische Kunst und Installationen mit Thema London.
- 65 [M7] **Standpoint Gallery,** 45 Coronet Street, Shoreditch, U: Old Street, Tel. 77394921, www.standpointlondon.co.uk. Von Künstlern geführte Galerie, die die Ausstellungen selbst zusammenstellen.
- 66 [N7] **Tony's Gallery,** 68 Sclater Street, Shoreditch, U: Shoreditch High Street, Tel. 35565201, www.tonysgallery.com, Mi–So 10–19 Uhr. Die Ausstellungen hier sind immer spektakulär – es werden auch die Außenwände um das Schaufenster mitverziert.

Theatergründer James Burbage erinnert. Im Viereck zwischen Commerical Street, Worship Street und Apollo Street hat man bei Bauarbeiten die Überreste des **Curtain Theatre** entdeckt, die mit Glas bedeckt werden sollen, um Besuchern einen Einblick zu ermöglichen (s. S. 78).

Die **Town Hall** aus dem Jahr 1866 in der Old Street beherbergt heute u. a. das indische Sternerestaurant The Clove Club (s. S. 178). Nachts geht es auf der Kingsland Road im nördlich von Shoreditch gelegenen **Dalston** hoch her. In dem Viertel der Alternativszene reihen sich Kneipen und Nachtklubs aneinander.

› London Overground: Shoreditch High Street

72 Geffrye Museum ★★ [N6]

Spaziert man auf der Shoreditch High Street in Richtung Norden, gelangt man zum Geffrye Museum. Es gibt einen **Einblick in das historische East End.** Anfang des 18. Jh. ließ Sir Robert Geffrye, zu jener Zeit Vorsteher der Eisengilde und Lord Mayor von London, auf eigenem Grund und Boden eine Anzahl Häuser für Arme und Bedürftige, sogenannte *almshouses,* errichten. Hier lebten ältere mittellose Menschen und erhielten freie Unterkunft und Verköstigung.

Einer der Originalräume des Armenhauses kann an bestimmten Tagen besichtigt werden (Daten auf der Website). In den restlichen restaurierten Wohlfahrtsbauten wird ein Querschnitt durch die **Wohn- und Lebensbedingungen durch die Jahrhunderte** gezeigt. In elf Räumen kann man das typische Mobiliar verschiedener Epochen sehen. Auf dem Gelände befinden sich auch Gartenanlagen, die zeigen, wie Vorgärten damals zum Anbau von Gemüse und Kräutern genutzt wurden.

› Kingsland Road, Tel. 77399893, www.geffrye-museum.org.uk, London Overground: Hoxton. **Wegen Restaurierung ist das Museum bis zum Frühjahr 2020 geschlossen.** Die Gärten sind weiterhin Mo bis Fr von 7.30 Uhr bis zur Dämmerung geöffnet und es finden zu ausgesuchten Daten Touren statt (£ 5).

73 Queen Elizabeth Olympic Park ★★★ [T4]

Der Queen Elizabeth Olympic Park im Stadtteil Stratford ist ein Freizeitareal auf dem Gelände der XXX. Olympischen Sommerspiele, die im Sommer 2012 hier ausgetragen wurde. Man kann mehrere Stunden durch den umgestalteten Park wandern und die Sporteinrichtungen benutzen, die zum großen Teil der Öffentlichkeit zugänglich gemacht wurden. Das **Olympic Stadium** ist seit 2017 die neue Heimat des Ostlondoner Fußballvereins West Ham. Die Fußballer teilen sich die Arena mit den UK Athletics und es werden Leichtathletikmeisterschaften ausgetragen. Zudem finden hier Major-League-Baseballspiele statt.

Das von der Stararchitektin **Zaha Hadid** entworfene **Aquatics Centre** mit dem wellenförmigen Dach steht als Schwimmbad zur Verfügung. Im **Lee Valley**, dem Tal des River Lee, der im Osten an das Gelände grenzt, gibt es einen Erlebnispfad entlang des Flusses. Hier befindet sich auch das einstige Velodrom, das nun in den **Lee**

Auch architektonisch interessant - der Aussichtsturm ArcelorMittal Orbit

038lo-amo

Geschichte des East End

Bis Mitte des 18. Jh. lagen die Bezirke des heutigen East End außerhalb der alten Stadtgrenzen. Zu elisabethanischen Zeiten bot das Viertel einen ***Freiraum für Künstler,*** *insbesondere für die Theaterzunft (s. S. 78). In den heutigen Bezirken Shoreditch und Finsbury entstanden gegen Ende des 16. Jh. The Theatre und The Curtain Theatre. Viele Theaterleute und Künstler lebten in der Nähe der Veranstaltungsstätten.*

Das East End war ein Auffanglager für Einwanderer. Als religiöse Flüchtlinge wanderten die ***Hugenotten*** *bereits Mitte des 16. Jh. nach London ein und gründeten in der Gegend um Spitalfields Seidenwebereien. Auch gab es einen beständigen Strom an* ***jüdischen Einwanderern:*** *zunächst sephardische Juden aus Spanien und dann Ashkenasi aus Osteuropa. Sie arbeiteten im Textilgewerbe, waren Uhrmacher und Graveure oder handelten mit allen möglichen Waren.*

037lo

Ende des 18. Jh. kam es aufgrund einer Hungersnot („Potato Famine") zu einer großen Einwanderungswelle aus ***Irland.*** *Durch den Schiffsverkehr mit den Kolonien kamen auch zum ersten Mal dunkelhäutige Einwanderer aus der* ***Karibik*** *und* ***Afrika*** *nach Großbritannien, zunächst vornehmlich als Sklaven, später als Arbeitskräfte in den Docks und den Fabriken.*

Die ***Londoner Docks*** *fungierten als größter Arbeitgeber, denn Ende des 18. Jh. legten pro Woche bis zu 1400 Schiffe entlang der Themse an und ständig mussten Waren ein- und ausgeladen werden. Die meisten Dockarbeiter waren jedoch Tagelöhner. Sie ließen sich in den Gegenden östlich des Towers wie St. Giles, Whitechapel, Shadwell, Spitalfields und Bethnal Green nieder und es kam zu Übervölkerung. Ganze Familien mussten in einem einzigen Zimmer Platz finden, für die Ärmsten gab es Schlafhäuser, in denen man einzelne Betten mieten konnte. Oft gab es nicht einmal die rudimentärsten sanitären Einrichtungen. Es gab kein fließendes Wasser, die Straßen waren nicht gepflastert. Die Behausungen hatten oft kein Tageslicht, Krankheiten verbreiteten sich.*

Mitte des 18. Jh. kam es mehrfach zu ***Typhus-Epidemien.*** *Die Abwässer aus den verschiedenen Wasserläufen der Stadt endeten in der Themse, aus der ungeklärtes Trinkwasser entnommen wurde, was* ***Choleraerkrankungen*** *auslöste. Wer es sich leisten konnte, trank stattdessen Bier oder Wein. Zwischen 1720 und 1740 kam* *es zum sogenannten „Gin Craze", denn der Schnaps wurde zeitweise billiger verkauft als die Grundnahrungsmittel. Der Maler* ***William Hogarth*** *hielt die durch den Alkohol ausgelösten Zustände in seinem Werk* ***„Beer Street and Gin Lane"*** *im Jahr 1751 bildlich fest (s. Abbildung). Aufgrund eines Preisanstiegs beim heimischen Getreide und dem Erlass des „Gin Act" im Jahr 1751 wurde dem „Gin Craze" schließlich Einhalt geboten.*

Da die Arbeitslage stark fluktuierte, kam es zu einem Anstieg der ***Kriminalität*** *und* ***Prostitution.*** *Noch bis Ende des 19. Jh. und zu Beginn des 20. Jh. hatte das East End daher den Ruf eines lasterhaften und gefährlichen Pflasters. Ereignisse wie die Morde durch* ***Jack the Ripper*** *förderten dieses Bild.*

Im 19. Jh. entstanden weitgehend auf private Initiative einiger Industrieller und einflussreicher Bürger zahlreiche ***karitative Institutionen.*** *Neue Krankenhäuser, Schulen und kulturelle Einrichtungen wie die* ***Whitechapel Gallery*** *67 wurden durch private Stiftungen finanziert. In Bethnal Green stand* ***Angela Burdett-Coutts,*** *eine reiche Erbin und Wohltäterin, an vorderster Front der Regeneration. 1869 ließ sie die Markthallen des* ***Columbia Market*** *ausbauen, die heute leider nicht mehr stehen. Ein Blumenmarkt findet jedoch immer noch sonntags auf der Columbia Road (s. S. 192) statt. Am Columbia Square entstanden unter Burdett-Coutts Leitung die ersten* ***Sozialwohnungen*** *in London. Erst zu Beginn des 20. Jh. begann die Stadtverwaltung damit, Slums abzureißen und Anwohner in Sozialwohnungen umzusiedeln. Viele der Einwohner des East End waren über die Massenumsiedlungen in anonyme Vorstädte jedoch gar nicht glücklich. Trotz der schlechten Lebensbedingungen hatte die Enge in den armen Stadtvierteln nämlich auch den Zusammenhalt unter den Bewohnern gefördert: Jeder kannte jeden, Kinder konnten unbehelligt auf den Straßen spielen, man half sich gegenseitig aus, wo man konnte.*

Das ***Gemeinschaftsgefühl*** *in Vierteln wie dem East End zeigte sich z. B. in den 1930er-Jahren, als britische Faschisten unter Oswald Mosley ihre Aggression auf die jüdische Gemeinde im East End richteten. Am 4. Oktober 1936 rief Mosley zu einer antisemitischen Demonstration auf. Ein riesiges Polizeiaufgebot versuchte, die englischen Nazis von den East-End-Bewohnern zu trennen. In der Cable Street in Whitechapel kam es zu einer der gewaltigsten Straßenschlachten, die London jemals erlebt hat. Dabei wurden die Faschisten von der Bevölkerung vernichtend geschlagen und der* ***Battle of Cable Street*** *ging als Zeichen von* ***Solidarität gegen den Rassismus*** *in die Geschichte ein.*

Im ***Zweiten Weltkrieg*** *wurden große Teile der alten Bausubstanz im East End zerstört, aber erst Ende des 20. Jh. setzte die Sanierung nach modernen Standards ein. Noch heute leben im East End Gemeinschaften aus Pakistan, Bangladesch und Afrika. Seit in den 1990er Jahren die* ***Gentrifizierung*** *auf dem Vormarsch ist, werden die Niedrigverdiener unter der multikulturellen Bevölkerung allerdings langsam aus dem East End „heraussaniert".*

Valley VeloPark umgewandelt wurde. Von Radrennen bis BMX-Fahren ist hier alles möglich. Im **Lee Valley Hockey and Tennis Centre** stehen Tennis- und Hockeyeinrichtungen zur Verfügung.

Mit 114,5 m Höhe ist der assymetrische Aussichtsturm **ArcelorMittal Orbit** des Bildhauers Anish Kapoor und des Ingenieurs Cecil Balmond das höchste Bauwerk auf dem Gelände. Zwei Plattformen auf 76 m und 80 m Höhe bieten einen unvergleichlichen Blick auf den Osten Londons. Eine besondere Attraktion ist die Rutsche **The Slide**, die sich 178 m rund um die Skulptur nach unten windet. Entworfen wurde sie vom deutschen Künstler Carsten Höller. Das ganze Jahr über finden zusätzliche Veranstaltungen statt, wie z. B. DJ-Abende am Aussichtsturm.

› Stratford, U: Stratford (London Overground/ DLR/Central Line), http://queenelizabeth olympicpark.co.uk

› **London Olympic Park Tours,** Blue Badge Guides, www.toursof2012sites.com; The Olympic Walk, Erw. £ 10, Kinder £ 5, erm. £ 8. Termine für Touren siehe Website.

★**67** [T5] **Arcelor Mittal Orbit,** 3 Thornton Street, Tel. 0333 8008099, http://arcelor mittalorbit.com, 21. Juli–2. Sept. 10–17 Uhr, Eintritt bei Onlinebuchung Erw. £ 11,50, Kinder (3–16 Jahre) £ 5,50, erm. £ 8,50, Kombiticket mit The Slide: Erw. £ 16,50, erm. £ 13,50, Kinder £ 10,50

Kulinarisches

68 [N7] **Allpress Espresso,** 58 Redchurch Street, Shoreditch, Tel. 77491780, www.allpressespresso.com. Kaffeerösterei mit Café in der angesagten Redchurch Street.

69 [N7] **DumDumsDonuttery,** Unit 31, Boxpark, 2–4 Bethnal Green Road, Shoreditch, http://dumdums.co.uk, Mo–Fr ab 8, Sa ab 10, So ab 11 Uhr. Der Laden schließt, wenn alle Donuts ausverkauft sind.

70 [N8] **St John Bread and Wine** ££, 94–96 Commercial Street, Spitalfields, Tel. 72510848, www.stjohnrestaurant.com, Breakfast Mo–Fr 9–11.30, Sa, So 9–12, Lunch Mo–Fr 12–16, Sa, So 13–16, Dinner So–Mo 18–22, Di–Sa 18–23 Uhr. Einfache Gerichte mit besten Zutaten.

› **The Clove Club** (s. S. 178). Das mit einem Michelin-Stern ausgezeichnete indische Restaurant befindet sich in der historischen Shoreditch Town Hall.

› **The English Restaurant** (s. S. 173). Englische Klassiker neu aufgelegt.

Shopping

Das East End ist mit Märkten gesegnet, in der Petticoat Lane (s. S. 192), in Spitalfields 69, der Columbia Road (s. S. 192) und der Truman Brewery in der Brick Lane 68 kann man sich stundenlang mit Stöbern beschäftigen. Außerdem ist hier die Hochburg des „Vintage" mit vielen Secondhandläden, die ausgesuchte Stücke verkaufen, z. B. **Absolute Vintage** (s. S. 193) und **Beyond Retro** (s. S. 193). Für einen längeren Bummel empfiehlt sich auch die Redchurch Street [N7].

71 [N7] **Boxpark,** 2–4 Bethnal Green Road, Shoreditch, www.boxpark.co.uk, Mo–Sa 9–23, So 9–22 Uhr. In schick aufgemotzten Containern direkt am Bahnhof Shoreditch High Street befindet sich dieses Mini-Einkaufszentrum mit vielen coolen Boutiquen.

› **Rough Trade East** (s. S. 188). Ein Besuch beim Plattenlabel in der Truman Brewery ist ein Muss für Liebhaber der Indie-Szene und für DJs, nicht zuletzt wegen der kostenfreien Konzerte.

Bloomsbury bis King's Cross

In Bloomsbury finden sich einige der am besten erhaltenen Straßenzüge georgianischer Architektur in London. Das Viertel entstand ab 1800 unter Francis Russell, dem 5. Duke of Bedford, der den Russell Square anlegte. Nach und nach entstanden weitere Stadthäuser. Gleich in der Nachbarschaft baute man nur wenige Jahrzehnte später die University of London, deren Fakultäten heute über das ganze Viertel verstreut sind. Drei der größten Bahnhöfe Londons grenzen im Norden an das Gebiet. Hier wird seit einigen Jahren großflächig restauriert und nahe des Bahnhofs King's Cross (80) *ist ein neues angesagtes Viertel entstanden.*

(74) British Museum ★★★ [I8]

An der Great Russell Street erhebt sich einer der größten Touristenmagneten Londons. Durch das 1823 von Robert Smirke gestaltete klassizistische Portiko am Eingang des British Museum strömen tagtäglich Tausende von Besuchern (insgesamt ca. 5 Mio. pro Jahr). Sie sind auf dem Weg zu einer der weltgrößten kulturgeschichtlichen Sammlungen von architektonischen Fundstücken und Artefakten der Frühgeschichte.

Die Entstehung des Museums ist dem Arzt Sir **Hans Sloane** (1660–1753) zu verdanken, der zu einer neuen Generation von wohlhabenden Reisenden in Europa gehörte, die sich als Entdecker der bisher unerforschten Welt betrachteten. Sie brachten von ihren Reisen wertvolle Kunstgegenstände wie Münzen, Büsten und archäologische Ausgrabungsobjekte, aber auch Fossilien zurück nach Hause (was heute illegal ist und von den meisten Ländern schwer geahndet wird). Manche Objekte wurden der Forschung vermacht. Wertvolle griechische Statuen, ägyptische Sarkopharge und mit Gold und Juwelen verzierte Objekte dienten jedoch auch oft als Dekoration in den eigenen vier Wänden. Bei seinem Tod im Jahr 1753 hatte Sir Sloane fast 71.000

Die Sammlung ägyptischer Kunst im British Museum (hier eine Büste von Ramses II.) gehört zu den beeindruckendsten der Welt

Objekte angehäuft, die er der britischen Nation vermachte. Ab 1759 wurden sie im Montague House ausgestellt, das an der Stelle des heutigen British Museum stand.

Britische Naturwissenschaftler und Archäologen des 19. Jh. trugen weitere Funde und eroberte Objekte bei. Nicht wenige wurden aus den ehemaligen britischen Kolonien ohne deren Zustimmung „entwendet". Umstritten sind besonders die **Elgin Marbles** aus dem Parthenon in Athen. Die damaligen osmanischen Herrscher gestatteten dem britischen Botschafter Sir Thomas Elgin im Jahr 1811 die Mitnahme von Fundstücken von der Ausgrabungsstelle der Akropolis. Seit Jahrzehnten fordern die Griechen die Artefakte zurück, da sie die Legalität der damaligen Genehmigung in Frage stellen.

Die ständige Erweiterung der Sammlung führte zum Neubau des British Museum und der Auslagerung von Ausstellungsstücken in andere Häuser wie das **Natural History Museum** 98 und die **British Library** 79. Heute umfasst die permanente Sammlung **ca. 8 Mio. Ausstellungsstücke** von der Früh- bis in die Neuzeit. Im Museum sind diese sind nach Regionen (von Ägypten, Griechenland und China bis Mexiko) und chronologisch geordnet. Darunter befinden sich z. B. der ägyptische Rosetta Stone, aber auch heimische Funde wie der angelsächsische Grabschatz von Sutton Hoo. Allerdings kann dem Publikum immer nur ein kleiner Teil gezeigt werden und es finden daher **Wechselausstellungen** statt.

Der berühmte **Reading Room** entstand im Jahr 1857. Das außergewöhnlich schöne Design von Smirke ist eine Kuppel von 42,5 m Durchmesser aus gußeisernen Streben. Hier war noch bis ins Jahr 1997 das Nationalarchiv untergebracht. Namhafte Literaten und Politiker des 19. und 20. Jh. wie Rudyard Kipling, Arthur Conan Doyle, Virginia Woolf und Oscar Wilde benutzten die umfassende Bibliothek ebenso regelmäßig wie die zeitweilig in London lebenden Politiker Karl Marx und Mahatma Ghandi. Im Jahr 2000 wurde der Innenhof rund um den Reading Room vom Architekturbüro Sir Norman Foster ebenfalls mit einer Glaskuppel überzogen. Der Reading Room selbst ist bis auf Weiteres geschlossen.

2014 entstand am Nordwestflügel des Museums das **World Conservation and Exhibition Centre.** Hier werden thematische Ausstellungen gezeigt und unterirdisch gibt es zahlreiche Forschungseinrichtungen und Lagerräume für die Sammlungen.

› Great Russell Street, U: Tottenham Court Road (Central/Northern Line), Tel. 73238000, www.britishmuseum.org, tgl. 10–17.30, Fr. bis 20.30 Uhr, Eintritt frei

75 Foundling Museum ★★ [J7]

Das Foundling Hospital war ein **Waisenhaus**, das 1739 aus einer Stiftung von **Thomas Coram** (1668–1751) hervorging. Der Seekapitän war entsetzt über die Bedingungen, unter denen Waisenkinder damals auf den Straßen von London hausen mußten.

Das Stift machte sich die „Erhaltung und Erziehung von ausgesetzten und verlassenen jungen Kindern" *(foundlings)* zur Aufgabe. Man bot hier vor allem Frauen die Möglichkeit, anonym uneheliche Kinder abzugeben. Namen wurden nicht genannt und nicht verlangt. Zu den **Ausstellungsstücken** des Museums gehö-

Bloomsburys Garden Squares

Bloomsbury ist heute vor allem aufgrund der **Bloomsbury Group** ein Begriff. Anfang des 20. Jh. sorgten die Literaten und Wissenschaftler, die hier lebten und sich austauschten, für intellektuelles und künstlerisches Flair. Die Mitglieder verband eine liberale Weltsicht, man lebte in Freiehen und veranstaltete Diskussionszirkel, Lesungen und Ausstellungen. Zu den bekanntesten Mitgliedern gehörte die Schriftstellerin und Feministin Virginia Woolf, der Literat E. M. Forster, Virginias Schwester Vanessa Bell, eine Malerin, aber auch der Ökonom John Meynard Keynes, der das Konzept des Keynsianismus begründete.

Eine besondere Charakteristik des Viertels Bloomsbury sind die **15 Garden Squares.** Sie wurden ebenso gleichförmig angelegt, wie die sie umgebenden georgianischen Häuserterrassen und verbesserten schon damals die Lebensqualität der Anwohner. Im 17. Jh. befand sich auf den Ländereien noch das elegante Anwesen **Bedford House** des Earl of Southampton. Dessen „Vorgarten" war der heutige **Bloomsbury Square,** an dem man auf einer Bodenplakette eine Abbildung des Hauses und Parks sehen kann. Mittels Heirat gelangte das Viertel dann in den Besitz der Dukes of Bedford, die ihm seinen heutigen Charakter verliehen.

Francis Russell, der 5. Duke of Bedford, ließ Bedford House abreißen und begann mit dem Bau der Häuserterrassen. Den Russell Square ließ er von Humphrey Repton anlegen. Nach und nach entstanden weitere Plätze und Häuser, in denen, aufgrund der Nähe zur Universität, ab dem 20. Jh. vor allem die intellektuelle Mittelklasse wohnte. Auch Institute und Büros der Fakultäten zogen hier ein.

040lo-ln

Der **Bedford Square** wurde zwischen 1775 und 1783 angelegt und bildete die Vorlage, an der sich die anderen Gärten orientierten. Er ist noch heute privat und nur den Anwohnern zugänglich. Rund um die Plätze **Russell Square, Gordon Square, Tavistock Square** und Bedford Square erinnern blaue Plaketten an den Häusern an die einstigen illustren Anwohner. In den Gärten selbst findet man außerdem verschiedene Denkmäler, z. B. eine Statue des 5. Duke of Bedford am Russell Square. Am Tavistock Square steht eine Büste von Virginia Woolf und auch **Mahatma Ghandi,** der an der London University studierte, ist hier verewigt. Eine Statue von Charlotte von Mecklenburg-Strelitz, Frau von George III., steht auf dem **Queen Square.**

72 [I8] **Caffé Tropea,** Russell Square Gardens, Bloomsbury, Tel. 76375093, Mo–Fr 7–18, Sa, So 8–17 Uhr. Sehr gut für eine kleine Pause.

ren u.a. kleine Plaketten, die die Mütter den Babys ansteckten und die später der Identifikation dienen konnten. Nur wenige Mütter nahmen später die Kinder wieder zu sich, wenn sie finanziell besser gestellt waren. Da keine Namen notiert wurden, dienten lediglich die Plaketten zur Feststellung der Familienzugehörigkeit. Geburtsurkunden waren nicht vorhanden und hätten auch nur wenig genutzt: Dort wurde damals der Name der Mutter gar nicht vermerkt, sondern nur der des Vaters (der sich ja meist aus dem Staub gemacht hatte).

Einer der Gründungsmitglieder des Hospitals war der sozialkritische Maler **William Hogarth** (1697–1764). Er stiftete 1740 das erste Gemälde, das zum Grundstock einer Gemäldegalerie wurde, aus deren Einkünften sich die Stiftung später finanzierte, darunter u.a. Werke von Thomas Gainsborough und Joshua Reynolds. Auch der Komponist Georg Friedrich Händel war für die Stiftung tätig.

In den 1920er-Jahren wurde das Hospital am Coram's Field geschlossen und man eröffnete ein Museum am Brunswick Square. Dabei rekonstruierte man zahlreiche Räume mit der Originaleinrichtung, einschließlich Stuck und Holztreppen. Das Museum ist schon allein aufgrund der umfassenden **Gemäldegalerie** sehenswert.

› Foundling Museum, 40 Brunswick Square, Bloomsbury, U: Russell Square, Tel. 78413600, www.foundlingmuseum.org.uk, Di–Sa 10–17, So 11–17 Uhr, Eintritt Erw. £ 10, erm. £ 7,50, Kinder 5–16 Jahre frei

▷ *Der Portikus des University College London (UCL)*

76 University of London ★★ [I8]

Die Universität Londons wurde mithilfe einer königlichen Charta 1836 durch den Zusammenschluss des **University College London (UCL)** und des **Kings College** gegründet. Sie ist neben Oxford und Cambridge die drittälteste Universität des Landes.

Heute besteht der Campus aus 18 Colleges und 10 Forschungsinstituten wie der London School of Economics and Political Science, der London School of Hygiene and Tropical Medicine und der School of Oriental and African Studies. Das **Imperial College**, das UCL und das King's College gehören zu den renommiertesten Fakultäten Großbritanniens, die ebenso wie Oxford und Cambridge viele Studenten aus dem Ausland anziehen.

Die umfangreichen historischen Sammlungen der medizinischen und naturwissenschaftlichen Fakultäten der Universität werden gleich in mehreren Museen ausgestellt. Im **Grant Museum of Zoology** findet man z.B. die Skelette seltener Tiere, aber auch gruselige, in Formaldehyd eingelegte Tierembryos. Das **Petrie Museum** entstand als Lehrmuseum der Fakultät für ägyptische Archäologie. Die meisten Artefakte, von denen einige mit den Kollektionen des British Museum mithalten können, wurden von dem Institutsprofessor William Flinders Petrie (1853–1942) zusammengetragen.

Auch das weiße Verwaltungsgebäude **Senate House** im Art-déco-Stil ist sehenswert. Während des Zweiten Weltkriegs war hier das Ministry of Information untergebracht, heute befindet sich in dem Gebäude die zentrale Bibliothek der Lehranstalt. George Orwell nahm den Bau in seinem Roman „1984" zum Vorbild für das „Ministry of Truth" und es diente vielfach als Filmkulisse.

Entlang der **Gower Street** erinnern viele blaue Plaketten an berühmte Wissenschaftler der Colleges. Die Hausnummer 62 bis 64 wird von der **Royal Academy of Dramatic Arts – RADA** eingenommen. Sie ist seit 1904 die renommierteste Ausbildungsstelle für Schauspieler in Großbritannien und ist dem King's College angeschlossen.

› University of London, Senate House, Malet Street, U: Goodge Street (Northern Line), 78628000, www.london.ac.uk, Infos zu den Museen: www.ucl.ac.uk/culture

041lo-ln

77 Wellcome Institute ★★ [H7]

Der Amerikaner **Sir Henry Solomon Wellcome** (1853–1936) hatte lebenslang ein Interesse an Medizin, Pharmazie und Anthropologie. 1880 gründete er zusammen mit Silas Mainville Borough seine erste pharmazeutische Firma und investierte dann vor allem in die Arzneiforschung. Unter anderem entwickelte die Firma einen Impfstoff gegen Diphterie. Der **Wellcome Trust** ist heute eine gemeinnützige Stiftung, die Forschung zur Gesundheit von Mensch und Tier betreibt.

Neben seiner Arbeit legte Wellcome auf zahlreichen Reisen eine Sammlung zur Geschichte der **Anthropologie und Medizin** an, mit dem Ziel, ein Museum einzurichten. So kamen über die Jahre ca. 1 Mio. Objekte zusammen. Wellcome sammelte auch Gegenstände, die für ungeübte Betrachter nicht unbedingt in eine medizinische Sammlung passen – so erstand er z. B. Napoleon's Zahnbürste (die heute noch im Museum zu sehen ist). 1930 begann er mit dem Bau des Hauses an der Euston Road und richtete hier ein Museum und ein Forschungslabor ein.

Nach seinem Tod wurden viele der Kuriositäten aus der Sammlung verkauft oder vernichtet, einige davon befinden sich heute im Science Museum 97. Die verbliebenen Objekte wurden im **Wellcome Museum** zu einer ungewöhnlichen Ausstellung für „unheilbar Neugierige" zusammengeführt. Das Museum führt auch die **Wellcome Library,** wo man Bücher, Dokumente und Fotografien zu Studienzwecken einsehen kann.

› Wellcome Collection, 183 Euston Road, U: Euston (Northern/Victoria Line), Tel. 76112222, www.wellcomecollection.org, Di, Mi, Fr, Sa 10–18, Do 10–22, So 11–18 Uhr, Eintritt frei

78 St. Pancras New Church ★ [I7]

Weiter östlich an der geschäftigen Euston Road steht eine der interessantesten **Regency-Kirchen** Londons. Die St. Pancras New Church entstand zwischen 1819 und 1822 durch die Architekten William und Henry Inwood. Das Design ist dem **Erechteion** auf der **Akropolis in Athen** nachempfunden. Am Haupteingang auf der Westseite steht ein gewaltiges klassizistisches Portiko mit ionischen Säulen und auch im Innenraum setzen sich die Säulen fort. Blickfang ist jedoch die Gestaltung der Sakristeien an der Ostseite: Die Eingangsportale über der Krypta werden nämlich von **Karyatiden** gestützt. Hierzu fertigte Henry Inwood Gipsabdrücke der weiblichen Originalfiguren des Erechteion in Athen an und der Bildhauer Charles Felix Rossi modellierte daraus die Figuren. Dann stellte sich jedoch heraus, dass die Figuren zu groß waren und so wurden sie kurzerhand in der Mitte gekürzt, was ihnen eine etwas gedrungene Form verleiht. In der **Krypta** finden heute Wechselausstellungen und Veranstaltungen statt.

Ursprünglich stand die Kirche an einem weitläufigen Platz. Gegenüber erhob sich das massive Portiko der **Euston Station**, der sogenannte Euston Arch. Der Bahnhof mit einer grandiosen Halle war von William Cubitt entworfen worden, der auch den Covent Garden restauriert hatte. Leider fiel der Euston-Bahnhof in den 1960er-Jahren den Stadtplanern zum Opfer und die klassizistischen Säulen warf man in die Themse.

Die Euston Station ist nun als Bahnhof für die neue Schnellstrecke High Speed 2 in die Midlands vorgesehen und soll ab 2026 in neuem Glanz erstrahlen.

› Euston Road, U: Euston (Northern/Victoria Line), www.stpancraschurch.org, Tel. 73881461, Mo–Do 8–18, So 7.30–11.30, 17.30–19 Uhr, Kunstausstellungen Krypta, Tel. 73881461, www.cryptgallery.org.uk, Eintritt frei

EXTRATIPP

Woburn Walk

Über die Duke's Street [I7] auf der Ostseite der St. Pancras Church gelangt man zum **Woburn Walk.** Der Architekt Thomas Cubitt entwarf hier 1822 eine der ersten Fußgängerzonen Londons. Die gut gepflegten Fassaden der heimeligen Gasse sehen aus wie anno dazumal und zahlreiche Caféterrassen laden zu einer entspannten Rast ein. Von 1895 bis 1919 lebte der irische Dichter William Butler Yeats im Haus mit der Nummer 18 (heute Nr. 5).

› U: Euston

79 British Library ★★★ [I7]

Weiter östlich der St. Pancras New Church steht an der Euston Road der Neubau der British Library. Das britische Nationalarchiv wurde 1997 aus dem **Reading Room** des British Museum hierher ausgelagert. Die Bibliothek ist auch dann einen Besuch wert, wenn man nicht in den Archiven stöbern will (hierzu ist ohnehin eine Voranmeldung nötig). Die luftige Haupthalle wird von Studenten und Lesenden bevölkert, die an ihren Laptops arbeiten. Gleich vier Cafés und Restaurants von Peyton & Byrne laden zum Verweilen ein. Auch auf dem Außengelände kann man sich gut mit einem Buch niederlassen.

Die **Sir John Ritblat Treasures Gallery** zeigt eine Dauerausstellung mit seltenen

Die Statue „Newton" von Eduardo Paolozzi im Hof der British Library wird gern für eine Pause genutzt

Originalmanuskripten, z. B. eine Shakespeare-Handschrift, eine Gutenberg-Bibel und historische Karten. Zusätzlich finden auch thematische Ausstellungen zu populären und historischen Themen statt oder man kann an einer Tour durch die Bibliothek teilnehmen, bei der man etwas über die Entstehung der Institution erfährt.

› 96 Euston Rd, Tel. 0330 3331144, www.bl.uk, U: St. Pancras (Circle/Hammersmith & City/Metropolitan/Northern/Piccadilly/Victoria Line), Treasures Gallery Mo, Fr 9.30–18, Di–Mi 9.30–20, Sa 9.30–17, So, Fei 11–17 Uhr, Eintritt frei, geführte Touren: Erw. £ 10, erm. £ 8

(80) St. Pancras und King's Cross ★ [I6]

An die British Library schließen sich zwei weitere große Bahnhöfe an: **St. Pancras** und **King's Cross,** die heute durch U-Bahn-Gänge unterirdisch verbunden sind. Sie entstanden zu einer Zeit, als die Eisenbahnmagnaten sich gegenseitig im

EXTRATIPP

Sprechende Statuen

An verschiedenen Stellen in London wurden von der Initiative Sing London Statuen „zum Leben erweckt". Scannt man den dort angebrachten Barcode mit dem Smartphone, klingelt das Telefon und man hört, was die dort dargestellten Personen bzw. Tiere über ihre Situation zu erzählen haben. Die von Schriftstellern verfassten und von bekannten Schauspielern gesprochenen Texte entsprechen zwar nur zum Teil den Fakten, sind aber auf jeden Fall unterhaltsam. So kommt z. B. Eduardo Paolozzis Statue von Isaac Newton bei der British Library (79) zu Wort, ebenso Sherlock Holmes in Marylebone und Isambard Kingdom Brunel an der Paddington Station.

› Infos: www.talkingstatueslondon.co.uk

Bau neuer grandioser Bahnhöfe überbieten wollten: Ein Stararchitekt nach dem anderen wurde verpflichtet.

Die **St. Pancras Station**, heute der Endbahnhof für den Eurostar, wurde von der **Midlands Rail Company** in Auftrag gegeben. Die Haupthalle musste luftig sein, damit der Dampf der mit Kohle betriebenen Lokomotiven entweichen konnte. Die beeindruckende Glaskuppel aus Einfeldträgern stammt von dem Ingenieur **William Henry Barlow.** Angeschlossen wurde 1873 das **Midland Grand Hotel**, ein luxuriöses Hotel mit allen Schikanen. Die neogotische Fassade des Architekten George Gilbert Scott aus dem Jahr 1868 zieht noch immer die Blicke auf sich.

Im 20. Jh. setzte jedoch der Verfall ein und die St. Pancras Station war für den Abriss vorgesehen. Der Poet **Sir John Betjeman**, Mitbegründer der Victorian Society, hatte sich für die Erhaltung von zwölf Londoner Bahnhöfen ausgesprochen. Bei der Euston Station war er nicht erfolgreich gewesen, aber 1962 begann er mit der Kampagne zur Rettung von St. Pancras und das Gebäude wurde schließlich unter **Denkmalschutz** gestellt. Bis zur Restaurierung dauerte es jedoch mehrere Jahrzehnte: Erst im Jahr 2007 wurde das Eurostar-Terminal fertiggestellt, von dem heute der gleichnamige Schnellzug auf das Festland verkehrt. Betjeman wurde auf der oberen Ebene nahe der Gleise mit einer Statue verewigt. Das restaurierte Hotel öffnete 2011 als **St Pancras Renaissance Hotel** wieder seine Pforten und beherbergt u. a. die Brasserie **The Gilbert Scott** (s. S. 173).

Von der Haupthalle gelangt man zum Vorplatz der **King's Cross Station.** Das historische Gebäude wurde mit modernen Strukturen kombiniert. Man sollte einen Blick in die Bahnhofshalle wagen, innen befindet sich nämlich das moderne Gegenstück zur Glaskuppel in St. Pancras. Das halbzylindrische Dach, gestaltet von der Architekurfirma Arup, erinnert an eine moderne Konzerthalle.

Vor dem „Eingang" der fiktiven **Plattform 9 ¾**, direkt neben dem Harry Potter Shop (s. S. 122), steht außerdem den ganzen Tag eine lange Schlange: Hier lassen sich Harry-Potter-Fans auf dem Weg zum Hogwarts Express fotografieren.

› U: St Pancras/King's Cross (Circle/Hammersmith & City/Metropolitan/Northern/Piccadilly/Victoria Line)

157lo-ln

81 London Canal Museum ★★ [J6]

Entlang der Ostseite des Bahnhofs King's Cross gelangt man zum **Granary Square** auf der gegenüberliegenden Seite des Regent's Canal. Der Platz mit den Wasserfontänen und Terrassenrestaurants ist ein beliebter Treffpunkt, nicht zuletzt versammeln sich hier die Studenten der benachbarten Kunstuniversität **Central St. Martins.**

Der **Regent's Canal** entstand als Verbindungsachse zwischen der Themse und dem Grand Union Canal, der nach Norden in die Industriestädte und Bergbaugebiete führte. Noch heute ist er vom Limehouse Basin bis nach Paddington befahrbar. Einst wurde hier bei Kings's Cross Kohle gelagert, die zum Befeuern der Eisenbahnen benötigt wurde. Heute ist in den ehemaligen Lagerhallen aus Backstein das neue Einkaufszentrum **Coal Drops Yard** (s. S. 189) untergebracht.

Auf der Südseite des Kanals befindet sich am **Battlebridge Basin** das **London Canal Museum.** Zum Eingang in der New Wharf Road gelangt man über die Straße York Way und die Wharf Road. Das Museum gibt anhand von Schiffsutensilien, Dokumentationen und Fotografien Einblick in die Geschichte der Wasserkanäle Londons, die Anfang des 19. Jh. entstanden und dem Warentransport mit den Narrow Boats dienten.

Durch die Erfindung der Eisenbahn verloren die Kanäle ihre Bedeutung als nationale Transportwege. Sie dienten aller-

Mit den bunten Narrow Boats kann man Ausflüge auf dem Regent's Canal unternehmen

EXTRATIPP

Mit dem Narrow Boat auf dem Regent's Canal

Zwischen dem Camden Lock und Little Venice kann man auf einem Narrow Boat **Bootstouren** durch eine abwechslungsreiche Landschaft und vorbei am London Zoo 84 unternehmen. Wer ein Kombiticket inkl. Zoo kauft, kann unterwegs dort aussteigen. Man kann die Fahrt an jedem der beiden Endpunkte beginnen.

Am **Camden Lock** kann man etwas auf dem Markt bummeln, bevor man dort ins Boot einsteigt. Die Fahrt führt bis zu einer der großen Schleusen des Regent's Canal in **Little Venice.** Das „kleine Venedig" befindet sich in Maida Vale, einem eleganten Viertel mit klassizistischer Architektur, das sich rund um den Regent's Canal bzw. den Anschluss an den Grand Union Canal erstreckt. In Little Venice liegen Restaurantschiffe vor Anker und auf einem Boot befindet sich hier auch das Puppentheater Puppet Theatre Barge (s. S. 197).

Abfahrt Camden Lock

- •73 [G5] **Jenny Wren,** Camden Lock East, Walker's Quay, Camden Lock, U: Camden Town (Northern Line), www.walkersquay.com/jennywren.html, März Sa, So 12.30 und 14.30 Uhr, April–Okt. tgl. 12.30, 14.30, 16.30 Uhr, einfache Fahrt Erw. £ 15, erm. £ 12, Kinder (5–15 Jahre) £ 7,50

Abfahrt Little Venice

- •74 [D8] **Jason's Trip,** Jason's Yard, 42 Blomfield Rd, Little Venice, U: Warwick Avenue (Bakerloo Line), www.jasons.co.uk, tgl. 10.30, 12.30 und 14.30 Uhr, einfache Fahrt Erw. £ 10, Kinder/Senioren £ 9

dings noch lange der Beförderung von Waren innerhalb von Städten. So wurden auch in London unterschiedlichste Waren weitertransportiert, z.B. Eisblöcke aus Norwegen, die zur Kühlung von Lebensmitteln oder zur Herstellung von Eiscreme benutzt wurden. Das Canal Museum ist in einem alten *ice house,* d.h. einem Warenspeicher für Eisblöcke untergebracht.

Die Kanäle waren eng angelegt und damit zwei Boote aneinander vorbeifahren konnten, entwickelte man die schmalen **Narrow Boats,** deren Ladefläche vor allem unter Wasser lag. Sie wurden von Pferden entlang des Zugpfades *(towpath)* gezogen. Die bunt verzierten Boote dienen heute als **Haus- und Ausflugsboote** und sind überall am Regent's Canal zu sehen.

Entlang des Kanals verläuft vom Granary Square aus ein Spazierweg. Wer auf dem Narrow Boat eine Ausflugsfahrt unternehmen möchte, gelangt von hier aus zu Fuß in Richtung Westen nach ca. 3 km zum Bootsanleger im **Camden Lock.** Wahlweise nimmt man von King's Cross die U-Bahn.

› London Canal Museum, 12/13, New Wharf Road, King's Cross, U: St. Pancras/King's Cross (Circle/Hammersmith & City/Metropolitan/Northern/Piccadilly/Victoria Line), Tel. 77130836, www.canalmuseum.org.uk, Di–So, Fei 10–16.30, jeden ersten Donnerstag im Monat bis 19.30 Uhr, Eintritt Erw. £ 5, erm. £ 4, Kinder (5–15 Jahre) £ 2,50

Kulinarisches

In der Nähe des British Museum, z.B. in der Museum Street, befinden sich neben Antiquariaten auch Cafés, wo man einfach mal verschnaufen kann. Das Ruskin's serviert gute Snacks und Getränke.

› **German Gymnasium** (s. S. 174)

75 [I7] **Fork Deli Patisserie,** 85 Marchmont Street, Bloomsbury, Mo–Fr 7.30–19, Sa 8.30–16, So 9–16 Uhr. Hier wird Monmouth Coffee serviert, daneben gibt es leckere Kuchen und Snacks wie Salate und Sandwiches.

› **Rotunda Bar & Restaurant** (s. S. 175). Moderne britische Küche mit Blick auf den Regent's Canal.

76 [I8] **Ruskin's Cafe,** 41B Museum Street, Tel. 74051450, Mo–So 8–18.30 Uhr

› **The Gilbert Scott** (s. S. 173). In der Brasserie gibt es leichte Gerichte. Allein das historische Interieur des Restaurants ist schon einen Besuch wert.

77 [I6] **The Lighterman** £, 3 Granary Square, Kings Cross, U: King's Cross/St. Pancras, Tel. 38463400, www.thelighterman.co.uk, Mo–Do 8–23.30, Fr, Sa 8–24, So 9–22.30 Uhr. Gastropub mit Blick auf den Regent's Canal und Außenterasse.

Shopping

•78 [I7] **Brunswick Centre,** Management Suite, Unit 57, The Brunswick, Bloomsbury, U: Russell Square, Tel. 78336066, www.brunswick.co.uk, Mo–Sa 9–18, So 11–18 Uhr. Bei der Russell Street U-Bahn-Station findet sich dieses Einkaufszentrum, das in einer Bausünde aus den 1960er-Jahren untergebracht ist, die allerdings heute unter Denkmalschutz steht. Geschäfte bekannter Marken und Restaurants reihen sich um einen fußgängerfreundlichen Innenhof.

› **Harry Potter Shop,** Bahnhof King's Cross 80, Platform 9 ¾, www.harrypotterplatform934.com, Mo–Sa 8–22, So 9–21 Uhr. Hier können sich Fans mit Accessoires eindecken.

› **Coal Drops Yard** (s. S. 189)

Der BT Tower überragt Fitzrovia

Fitzrovia, Marylebone und Camden

Fitzrovia hat eine lange Medien- und Literatentradition. Das angrenzende Marylebone ist ein elegantes Wohnviertel, das in der Nachbarschaft des Regent's Park entstand. Nördlich des Regent's Park liegt der Primrose Hill mit einer tollen Aussicht auf die Stadt. Der Regent's Canal fließt rund um den Park bis nach Camden, bis heute Heimat ausgefallener Märkte und der Musikszene.

82 Fitzrovia ★★ [H8]

Fitzrovia ist kein offizieller Stadtteil von London, sondern bezeichnete ein **Künstlerviertel** zwischen der Oxford Street im Süden, der Tottenham Court Road im Osten und der Goodge Street im Norden. Der Name geht wahrscheinlich auf **Charles Fitzroy** zurück, der den Fitzroy Square in Marylebone anlegte. Fitzroy war der Name, den traditionell die unehelichen Kinder der Monarchen erhielten: Charles war ein Enkel von Charles II. und aus einer solchen unehelichen Beziehung hervorgegangen.

Von 1920 bis 1950 versammelten sich hier Bohemiens, Literaten und Intellektuelle. Fitzrovia bot auch Lebensraum für die Immigranten, Künstler, Musiker und Lebedamen, die sich in Soho keine Bleibe leisten konnten. George Bernard Shaw lebte hier, ebenso der französische Poet Arthur Rimbaud. In der Charlotte Street und der Rathbone Street befinden sich historische Pubs wie **Fitzroy Tavern** (s. S. 180) und **Wheatsheaf** (s. S. 127), in denen auch Dylan Thomas und George Orwell Stammgäste waren. Daneben reihen sich hier viele empfehlenswerte Restaurants aneinander.

Der 191 m hohe **British Telecom Tower** (auch **BT Tower**) ist in dem Gebiet weithin sichtbar. Er dient seit 1962 als Fernsehturm und bis in die 1980er-Jahre befand sich oben ein Drehrestaurant. Aufgrund seiner Bedeutung für die Telekommunikation galt der Turm in der Cleveland Street als „Geheimnis" und durfte bis 1990 nicht auf Landkarten gezeigt

044lo-ln

werden. Aufgrund seiner Höhe war er jedoch kaum zu übersehen.

In Richtung Westen gelangt man zur Straße Portland Place, wo die **BBC** ihren Sitz hat. Hinter der Art-déco-Fassade des ursprünglichen Gebäudes versteckt sich ein riesiges Areal an Studios. Die BBC begann 1936 als Radiostation und besitzt heute zahlreiche nationale und internationale Radiostationen und Fernsehkanäle.

› U: Goodge Street (Northern Line)

83 Madame Tussauds ★★ [F8]

In den vielen Jahrzehnten seiner Existenz hat das Wachsfigurenmuseum von Madame Tussaud in der Marylebone Road nichts an seiner Beliebtheit eingebüßt. Noch immer stehen jeden Tag die Besucher vor dem Eingang Schlange und warten geduldig auf ihre Chance, sich mit den **Wachskopien von Popstars, Filmhelden** oder anderen Persönlichkeiten fotografieren zu lassen.

Marie Tussaud wurde 1761 als Marie Grosholtz in Straßburg geboren und hatte ein sehr wechselhaftes Leben. Nach dem Tod des Vaters nahm ihre Mutter eine Stelle als Hausmädchen bei einem Arzt in Bern an. Dr. Curtius modellierte für anatomische Studien aus Wachs menschliche Körperteile und gelangte durch gesellschaftliche Verbindungen nach Paris, wo er damit begann, ein professionell betriebenes Wachsfigurenkabinett anzulegen. Marie erlernte das Handwerk von Curtius und hatte schon bald Erfolg mit ihren eigenen Arbeiten. Nach Curtius' Tod trat sie sein Erbe an, jedoch unterbrach die französische Revolution ihre Karriere. Nach einer unglücklich geschiedenen Ehe wanderte sie nach England aus, wo sie zusammen mit ihren beiden Söhnen viele Jahre umherreiste.

Erst 1835 fand sich die Gelegenheit, in London ein permanentes Museum zu eröffnen, und zwar zunächst in der Baker Street. Nach Tussauds Tod im Jahr 1850 führten ihre Söhne das Museum weiter und 1884 zog man an den heutigen Standort in der Marylebone Road. Heutzutage werden die Wachsfiguren mit 3D-Druckern hergestellt und es gibt Filialen in der ganzen Welt.

Läuft man auf der Marylebone Street in Richtung Westen, passiert man übrigens die „sprechende Statue" (s. S. 119) von **Sherlock Holmes** und gleich um die Ecke befindet sich in der Baker Street auch das **Sherlock Holmes Museum** (s. S. 162), wo die Legende des Detektivs aus der Feder von Sir Arthur Conan Doyle aufrechterhalten wird.

› Marylebone Road, U: Baker Street (Bakerloo/Circle/Hammersmith & City/Jubilee/Metropolitan Line), Tel. 08704003010, www.madame-tussauds.com, Mo–Fr 9–17, Sa, So und während der Schulferien 9–18 Uhr, Erw. £ 35, Kinder £ 30, Onlinetickets Erw. ab £ 29, Kinder ab £ 24

84 Regent's Park und London Zoo ★★★ [F6]

Wie die meisten Parks in London begann auch der Regent's Park als königlicher Jagdgrund. 1811 wurde er unter dem Prinzregenten, dem späteren König George IV., von **John Nash** zu einem eleganten Park mit angrenzenden Villen umgestaltet. Das ambitionierte Bauprojekt sollte sich von der Regent Street bis zum Regent's Park erstrecken, wurde jedoch nie ganz fertiggestellt. Auch der **Regent's Canal** war Teil der Landschaftsgestaltung,

045lo-fo©Tony Baggett

noch heute kann man hier mit **Ausflugsbooten** entlangschippern (s. S. 121).

Rund um den Park erstrecken sich terrassenförmig angelegte Häuserzeilen im klassizistischen Regency-Stil. Im Park selbst hatte einst die Königliche Botanische Gesellschaft ihren Sitz. Heute gibt es neben Grünflächen einen künstlichen See mit Bootsverleih, einen Lehrgarten, Spiel- und Tennisplätze, ein Freilufttheater, einen Stein- und einen Rosengarten sowie Cafés.

› U: Baker Street (Bakerloo/Circle/Hammersmith & City/Jubilee/Metropolitan Line), www.royalparks.org.uk, http://openairtheat re.com

Eine beliebte **Familienattraktion** im Regent's Park ist der **London Zoo**, der 1828 von Sir Stamford Raffles und Sir Humphrey Davy zunächst zu Studienzwecken gegründet wurde. Die Zoologische Gesellschaft von London verwaltet den Zoo noch heute und führt auch weitere Einrichtungen im Land. Erst 1847 wurde der Tierpark für die Öffentlichkeit zugänglich gemacht und Freigehege legte man sogar erst nach 1902 an, da man vorher angenommen hatte, exotische Tiere könnten im englischen Klima nicht überleben. Heute findet man hier **Tiere aus 600 verschiedenen Arten,** darunter auch seltene Komodo-Drachen. Die Eintrittspreise sind je nach Saison unterschiedlich. Bei einer Vorausbuchung kann man jedoch erheblich sparen.

› London Zoo, Outer Circle, Regent's Park, U: Baker Street (Bakerloo/Circle/Hammersmith & City/Jubilee/Metropolitan Line) oder Camden Town (Northern Line), Tel. 08442251826, www.zsl.org/london-zoo, tgl. 25. März–2. Sept. 10–17.30, 3. Sept–19. Okt. 10–17.30, 20.–27. Okt 10–17, 28. Okt–24. März 10–16 Uhr, Eintritt bei Onlinebuchung: Erw. £ 24,30 (sonst £ 29,30), Kinder ab 3 Jahre £ 18 (sonst £ 22)

Der Regent's Park bietet viele Oasen der Ruhe

85 Primrose Hill ★★ [F5]

Der **Primrose Hill** erhebt sich nordwestlich des Regent's Park und nördlich der Prince Albert Road. Von dem 78 m hohen Hügel hat man eine relativ **unverstellte Aussicht** auf London. Das Wohngebiet, das sich unterhalb des Hügels anschließt, ist bereits seit Jahrhunderten ein beliebtes Refugium für Literaten, Schauspieler und Kunstschaffende. Bei einem Bummel durch die Regent's Park Road, die Primrose Hill Road und deren Nachbarsträßchen passiert man zahlreiche **blaue Plaketten** *(Blue Plaques)*, die an einstige namhafte Bewohner erinnern. Friedrich Engels wohnte z. B. in der Nr. 122 der Regent's Park Road, die Dichterin Sylvia Plath in der Nr. 3 am Chalcot Square und der Poet William Butler Yates in der Nr. 23 an der Fitzroy Road. Zu den bekannten Namen, die heute noch hier residieren, zählen z. B. der Schriftsteller Alan Bennett, die Regisseurin Sam Taylor-Johnson (z. B. „Nowhere Boy", „Fifty Shades of Grey") und der Chefkoch Jamie Oliver. Es verwundert daher auch nicht, dass die Sträßchen gespickt sind mit ausgefallenen Boutiquen und einladenden Cafés sowie Restaurants.

› U: Chalk Farm (Northern Line)

046lo-ln

86 Camden Town ★★ [H5]

Die Chalk Farm Road führt in Richtung **Camden Lock**, wo sich die Ausflugsboote auf dem Regent's Canal versammeln (s. S. 121). Der **Camden Market** (s. S. 192) entwickelte sich Ende der 1970er- bzw. Anfang der 1980er-Jahre aus einem alternativen Zentrum mit kleinen Werkstätten und Geschäften und wuchs beständig an.

Inzwischen ist das gesamte Zentrum von Camden Town miteinbezogen: Insgesamt **sieben Märkte** mit unzähligen Ständen und Geschäften reihen sich hier aneinander und locken jede Woche Hunderttausende von Touristen an. Daneben gibt es die Markthallen des **Stables Market** mit Kleidung, Designobjekten, Möbeln etc. und einen Gourmet-Markt mit Streetfood aus allen Ecken der Welt. Camden hat viele alteingesessene **Musikklubs** zu bieten und nicht nur abends geht es hier hoch her. Seit vielen Dekaden ist der Stadtteil auch der Treffpunkt der **Alternativszene:** Früher waren es Hippies, dann Punks und Grufties und heute sind es Steampunks und Cybergoths, die hier ihre Outfits kaufen. Wie lange das noch so bleibt, ist jedoch unklar. In der Nachbarschaft der Gegend wird momentan „gentrifiziert" und auch der Markt soll in Zukunft „aufgewertet" werden.

› U: Camden Town (Northern Line)

87 Jewish Museum ★★ [G5]

Das Museum wurde bereits 1932 gegründet und zog 1995 nach Camden um. Anhand von zahlreichen Objekten und Dokumenten erfährt man hier vieles über die **Geschichte der britischen Juden** seit 1066. In London ist die jüdische Geschichte besonders mit der Geschichte des East End verbunden. Das Museum zeigt am Beispiel von Einzelschicksalen auch eine Dokumentation über die Zeit während des Holocausts. Eine Sonderausstellung beschäftigt sich mit dem **Judaismus als Glaubensrichtung** im Allgemeinen. Außerdem gibt es **Wechselausstellungen** zu historischen und aktuellen Themen.

› Raymond Burton House, 129–131 Albert St, Camden, U: Camden Town (Northern Line), Tel. 72847384, www.jewishmuseum.org.uk, So–Do 10–17, Fr 10–14 Uhr, Eintritt Erw. £ 7,50, erm. £ 5,50, Kinder (5–15 Jahre) £ 3,50

Kulinarisches

79 [H5] **Blues Kitchen Camden,** 111–113 Camden High St, Camden, U: Camden Town, Tel. 73875277, http://theblueskitchen.com/camden, Mo, Di 12–24, Mi, Do 12–1, Fr 12–2.30, Sa 10–3.30, So 10–1 Uhr. Burger der gehobenen Klasse. Abends gibt es Blues- und Soul-Nächte sowie Livebands.

› **Fitzroy Tavern** (s. S. 180). Historischer Literatenpub, in dem illustre Gästen einkehrten und einkehren.

80 [F5] **Greenberry Café,** 101 Regent's Park Road, Primrose Hill, U: Chalk Farm, Tel. 74833765, http://greenberrycafe.co.uk, Mo 9–15, Di–Sa 9–22, So 9–15 Uhr. Moderne britische Küche mit viel Fisch.

› **Hawley Arms** (s. S. 182). In diesem Szene-Pub war einst die Sängerin Amy Winehouse Stammgast.

› **Odette's** (s. S. 173). In diesem Restaurant des walisischen Chefkochs Bryn Williams geht es edel zu.

› **The Lansdowne Pub and Dining Room** (s. S. 178). Gastropub mit moderner britischer Küche.

› **The Queens** (s. S. 183). Klassiker mit Blick auf den Primrose Hill, in dem schon viele Musikstars tranken.

81 [H8] **Wheatsheaf,** 25 Rathbone Place, Tel. 75801585, Mo–Fr 11.30–23, Sa 12–23 Uhr. In seiner Stammkneipe lernte der Dichter Dylan Thomas seine spätere Frau Caitlin Mcnamara kennen.

Shopping

› **Camden Market** (s. S. 192). Der Camden Market besteht aus sieben verschiedenen Märkten, die sich über das Stadtzentrum von Camden Town verteilen.

› Entlang der **Tottenham Court Road** [H7–G8] gibt es zahlreiche Einrichtungs- und Design-Geschäfte, wo man ausgefallene Kleinigkeiten finden kann.

Auf dem Camden Market ist immer etwas los

Hyde Park, Kensington Gardens und Notting Hill

London hat viele Parkanlagen und grüne Plätze. Die großen Parks im Zentrum, St. James's Park [I10/11], Green Park [G/H10], Hyde Park 88 und Kensington Gardens [D10/11], gehen fast nahtlos ineinander über, sodass man hier kilometerweit entlangspazieren kann. In den Parks bieten sich viele Freizeitmöglichkeiten, so kann man z. B. Sonnenliegen mieten, Bootfahren, Schwimmen, Reiten, Galerien besuchen und an Open-Air-Veranstaltungen teilnehmen. In den Kensington Gardens kann man die königliche Residenz Kensington Palace 90 besichtigen. Westlich davon schließt sich das Viertel Notting Hill an, wo der beliebte Portobello Road Market (s. S. 193) stattfindet.

Ein Rundgang könnte beim **St. James's Park** beginnen, der sich hinter dem großen Platz der **Horse Guards** 5 erstreckt. Der Park wurde vom Architekten John Nash während der Regency-Periode neu gestaltet. Im hübsch angelegten See mit Fontäne befindet sich eine Vogelinsel mit seltenen Arten, u. a. auch Pelikanen. Auf dem Weg durch den Park in Richtung Westen zum **Buckingham Palace** 11 passiert man eine große Wiese mit Hunderten von **Liegestühlen,** die man gegen eine kleine Gebühr mieten kann (online oder telefonisch).

Vorbei am Viktoria-Denkmal und dem Buckingham Palace geht es dann über die Straße The Mall in den **Green Park,** der gern von Joggern und zum Picknicken genutzt wird, denn er hat viele schattenspendende Bäume zu bieten. Am Westende des Parks öffnet sich eine Verkehrsinsel mit dem **Wellington Arch.** Ein Fußgängerübergang führt zum **Hyde Park Corner.** Die Ampeln hier gelten übrigens nicht nur für Fußgänger, auch Reiter und ihre Pferde müssen die Verkehrsregeln einhalten.

Der **Hyde Park** 88 mit dem Serpentine Lake ist einer der größten Parks der Stadt. Hier kann man Boote mieten, rasten und sogar baden. Westlich schließen sich die **Kensington Gardens** mit dem **Kensington Palace** 90 an, einst Heimat von Queen Victoria und Princess Diana. Von der Südseite des Hyde Park gelangt man vorbei am **Albert Memorial** 100 nach **Kensington** mit seinen vielen Museen. Wahlweise kann man jedoch auch vom Hyde Park (Marble Arch) mit dem Bus in nur 10 Min. bis zum **Regent's Park** 84 weiterfahren (Nr. 13, 82, 139, 189).

88 Hyde Park ★★★ [F10]

Der Hyde Park ist einer der größten der Londoner Parks und bietet viele weitläufige Grünflächen, die im Sommer auch für Veranstaltungen genutzt werden. Einst im Besitz der Westminster Abbey, verwandelte Heinrich VIII. die Ländereien in ein königliches Jagdrevier. Ab 1637 war der Park dann öffentlich zugänglich. Im Frühjahr und Sommer suchen heu-

EXTRATIPP

Sonnenliegen mieten

Von März bis Oktober kann man in den großen Parks im Zentrum Londons Sonnenliegen, sogenannte **Deck Chairs,** mieten. Tickets bucht man telefonisch oder online. Tarife: 1 Std. £ 1,80, 2 Std. £ 2,80 usw., Tagesticket £ 9.

› **Park Deck Chairs,** Tel. 74868117, www.parkdeckchairs.co.uk.

te viele erhitzte Touristen ein schattiges Plätzchen unter den Bäumen und es kann recht voll werden.

Unweit von **Hyde Park Corner** befindet sich das **July Memorial**, das an die 52 Opfer des Terroranschlags vom 7. Juli 2005 auf die Londoner U-Bahn erinnert, und am südöstlichen Ende des Parks erhebt sich das **Wellington Monument** mit der Statue des Gottes Achill.

Der **Serpentine Lake** bildet das Herz des Parks. Hier lädt das Serpentine Bar & Kitchen zum Ausruhen ein, man kann ein Tret- oder Ruderboot mieten, Schwäne füttern oder sogar im **Serpentine Lido** ein Bad im See nehmen. Südlich des Sees entstand 2004 der **Diana Memorial Fountain** zum Gedenken an die verstorbene und von vielen verehrte Prinzessin.

In der Nordostecke des Parks, am **Marble Arch,** befindet sich **Speaker's Corner** (U: Marble Arch). Jeden Sonntag darf hier jeder, der möchte, das Podium erklimmen und seine Meinung kundtun, ohne ein Blatt vor den Mund zu nehmen. Von politischen Aktivisten über religiöse Demagogen bis zum einfachen Mann von der Straße schwatzt hier jeder, wie ihm die Leber gewachsen ist. Diese Tradition der freien Meinungsäußerung wurde ab 1872 polizeilich verbrieft und wird noch heute stolz aufrechterhalten. Ob ein Vortrag interessant ist, zeigt sich vor allem an der Anzahl der Zuhörer, die stehenbleiben.

› U: Hyde Park Corner (Piccadilly Line) oder Marble Arch (Central Line), www.royalparks.org.uk/parks/hyde-park, geöffnet 5–24 Uhr

047lo-ln

◸ *Der Hyde Park ist Teil der grünen Lunge Londons*

89 Serpentine Gallery und Serpentine Sackler Gallery ★★ [E10]

Die **Serpentine Gallery** auf der Südseite des Serpentine Lake bietet schon seit den 1970er-Jahren Wechselausstellungen mit zeitgenössischer Kunst. Alljährlich bekommt im Rahmen einer Sonderausstellung ein Architekt die Chance, einen temporären Pavillion in der Nachbarschaft zu errichten. Hierbei handelt es sich immer um visuell sehr eindrucksvolle Konstruktionen. Auf der Nordseite des Sees wurde in einem alten Munitionslager eine zweite Kunsthalle, die **Ser-**

0480-In

pentine Sackler Gallery, eingerichtet. Die klassizistische Fassade des historischen Gebäudes wird von der geschwungenen Kuppel eines Anbaus komplettiert, die die Handschrift der Architektin Zaha Hadid trägt. Während des Sommers finden in beiden Galerien **Ausstellungen** und **Events** statt. In der Sackler Gallery befindet sich zudem ein Restaurant.

› Serpentine Gallery, Kensington Gardens, Serpentine Sackler Gallery, West Carriage Drive, U: South Kensington (Piccadilly/Circle/District Line) oder Knightsbridge (Piccadilly Line), www.serpentinegalleries.org, tgl. 10–18 Uhr, Eintritt frei, Chucs Restaurant, www.chucsrestaurants.com/serpentine, Di–So 9–18.30 Uhr

Der Garten des Kensington Palace ist heute für Besucher zugänglich

90 Kensington Palace ★★ [D10]

Westlich des Serpentine Lake erstrecken sich die **Kensington Gardens.** Lange waren die Palastgärten nicht öffentlich zugänglich. König William III. ließ den Kensington Palace von Christopher Wren zwischen 1669 und 1718 errichten, da der Whitehall Palace in die Jahre gekommen war. George I. ließ 1722 Anbauten vornehmen und in seinen Privaträumen entstand z. B. der achteckige **Cupola Room.**

Der **Kensington Palace** diente vielen Monarchen als Heimat und ist heute u. a. die offizielle Londoner Residenz des **Duke und der Duchess of Cambridge.** Seit ihrer Heirat 2018 leben Prinz Harry und seine Frau Meghan Markle, der Duke und die Duchess of Sussex, im Nottingham Cottage, das sich auf dem Gelände des Kensington Palace befindet.

Die **Orangery** des Palastes wurde von Nicholas Hawksmoor im Jahr 1704 für Queen Anne entworfen. Hier wird ein eleganter Afternoon Tea angeboten, für den man jedoch vorher reservieren sollte.

Am 24. Mai 1819 erblickte die spätere **Königin Victoria** im Kensington Palace das Licht der Welt. Ihr war der Palast jedoch verhasst und nach der Thronbesteigung erwirkte sie einen Umzug des Hofstaats in den neueren Buckingham Palace ⓫.

Nach der Scheidung von Prinz Charles zog **Prinzessin Diana** mit ihren Kindern in Kensington ein. Nach ihrem plötzlichen Tod legten damals trauernde Briten Tausende von Blumenbouquets vor das Palasttor. Heute gibt es hier eine interessante **Austellung** über das Leben und Wirken der Prinzessinnen und Königinnen, die hier gelebt haben.

› Kensington Gardens, U: High Street Kensington (District/Circle Line), Lancaster Gate oder Queensway (Central Line), Tel. 31666000, www.hrp.org.uk/kensingtonpalace, Tel. 0970 7515170, tgl. 10–18 Uhr, Erw. £ 19,50, Kinder £ 9,70

91 Design Museum ★★ [B11]

Südlich des Kensington Palace gelangt man auf die Kensington Road, über die man in westlicher Richtung den **Holland Park** erreicht. Der angenehme und ruhige Park gehörte einst zu den Ländereien des **Holland House,** das im Zweiten Weltkrieg weitgehend zerstört wurde. Im Sommer finden in der Nähe die Freiluftveranstaltungen der **Opera Holland Park** statt.

An der Südseite des Parks steht das ehemalige Commonwealth House, das heute das **Design Museum** beherbergt. Das Museum geht auf den Designer **Terence Conran** (geb. 1931) zurück, der bereits in den 1950er-Jahren moderne Möbel und Einrichtungsgegenstände produzierte. Später war er Teil der „Swinging Sixties"-Szene in London und eröffnete 1964 seine eigene Kaufhauskette Habitat, die IKEA Konkurrrenz machte.

Als die Docklands in den 1980er-Jahren „wiederentdeckt" wurden, errichtete Conran in Bermondsey im Stadtteil Shad Thames sein erstes Design Museum. 2016 zog es nach Kensington um. Hier gibt es nun eine Dauerausstellung u. a. mit internationalen Designklassikern zu sehen, aber auch Wechselausstellungen.

› 224–238 Kensington High St, Kensington, U: High Street Kensington (District und Circle Line), Tel. 38625900, http://designmuseum.org, tgl. 10–18 Uhr, Eintritt frei (außer Sonderausstellungen)

92 Notting Hill ★★ [B10]

Nördlich des Holland Park erstreckt sich der Stadtteill **Notting Hill** mit der **Portobello Road,** auf dem der bekannte Markt stattfindet. Notting Hill, unter anderem berühmt geworden durch den gleichnamigen Film mit Julia Roberts und Hugh Grant aus dem Jahr 1999, war in den 1950er-Jahren das bevorzugte Viertel der karibischen Einwanderer, bevor diese in preiswertere Unterkünfte nach Brixton in Südlondon abwandern mussten. Heute sind Notting Hill und das benachbarte Westbourne Grove schicke Wohnviertel für die gehobene Mittelklasse.

Der bekannte **Portobello Road Market** (s. S. 193) erstreckt sich über mehrere Kilometer in Richtung Norden. Von Antiquitäten über Schmuck und Kleidung bis hin zu Lebensmitteln wird hier alles verkauft, zudem gibt es Antiquitätenläden, Pubs und Restaurants. Am letzten Wochenende im August findet der **Notting Hill Carnival** statt, ein bunter karibischer Karneval mit Paraden, Musik und Gastronomie: Man sieht farbenprächtige Kostüme, lauscht Steel Bands und es gibt Stände mit karibischen Köstlichkeiten. Bei ca. einer Million Besuchern aus dem In- und Ausland sollte man sich jedoch nur hierher wagen, wenn man mit großem Menschengedränge gut zurechtkommt.

› Portobello Road, U: Notting Hill Gate (Central/Circle/District Line), Ladbroke Grove (Circle/Hammersmith & City Line)

EXTRATIPPS

Electric Cinema

Auf der Portobello Road befindet sich eines der ältesten Kinos in Großbritannien. Bereits 1910 entstand das **Electric Cinema** im Stil des edwardianischen Barock. 1993 wurde es geschlossen, aber da es unter Denkmalschutz steht, blieb es erhalten. Heute wird es von der Gruppe Soho House geführt. Der Kinosaal ist immer noch mit rotem Plüsch ausgestattet, es gibt Einzelsessel und Sofas, auf denen man es sich beim Film mit Wein und Snacks gemütlich machen kann. Angeschlossen ist das Restaurant **Electric Diner,** das Gäste ganztags versorgt. In den oberen Stockwerken befindet sich einer der Privatklubs von Soho House (s. S. 37).

K82 [B9] **Electric Cinema,** 191 Portobello Road, Notting Hill, www.electriccinema.co.uk, U: Ladbroke Grove. Electric Diner, Mo–Mi 8–24, Do–Sa 8–1 Uhr

Die Geschichte der Werbung

Das **Museum of Brands** in Notting Hill (s. S. 162) eröffnet anhand von Werbemitteln bekannter Produkte einen Blick in die Ästhetik und den Zeitgeschmack der verschiedenen Dekaden.

93 Paddington Station ★ [E9]

Entlang der Straße Westbourne Grove gelangt man zu einem weiteren der großen Bahnhöfe Londons: **Paddington Station.** Sie gab übrigens dem berühmten **Bären aus den Kinderbüchern** von Michael Bond seinen Namen: Der peruanische Bär wird am Bahnhof Paddington von der Familie Brown gefunden, adoptiert und in „Paddington Brown" umbenannt. Am Bahnhof befindet sich auf der Platform No. 1 eine „lebensgroße" Bronzestatue des Bären von Michael Cornish. Auf der oberen Ebene findet sich zudem ein Shop, in dem man sich mit Paddington-Bär-Artikeln eindecken kann.

Der **Bahnhof** war zunächst die Endstation für die aus dem Westen von Bristol kommende Bahnstrecke der Great Western Railway (GWR). Die Bahnlinie ermöglichte preiswerte Reisen zu den Stränden im Südwesten der Insel und wurde daher auch „Holiday Line" genannt.

Der verantwortliche Ingenieur für die Great Western war **Isambard Kingdom Brunel** und so stammt auch ein Großteil des Bahnhofs aus seiner Schmiede, so zum Beispiel drei Glaskuppeln: Die Mittlere misst 30 m, die beiden anderen sind je 21 m breit.

Im Jahr 1863 fuhr von Paddington die erste „U-Bahn", d.h. der erste unterirdische Dampfzug, bis nach Farringdon. Momentan wird wieder gebaut, denn Paddington soll eine der neuen Crossrail-Stationen (s. S. 206) werden.

Das Paddington Basin ist außerdem ein Sammelbecken für bunte Narrow Boats auf dem Regent's Canal.

› U: Paddington (Bakerloo/Circle/District Line), www.networkrail.co.uk/stations/paddington

158lo-ln

› **The Paddington Bear Shop,** Tel. 07917 797427, www.paddington.com, www.thisispaddington.com/article/paddington-bear-shop, Mo–Fr 7.30–21, Sa 9–21, So 9–19 Uhr

Kulinarisches

› **Granger and Co** (s. S. 174). Leichte Gerichte, frisch und knackig und oft mit asiatischem Einschlag.

83 [B8] **Kipferl,** 95 Golborne Road, 89695852, www.kipferl.co.uk, Di–Do 12–22, Fr, Sa 10–22, So 10–18 Uhr. Wiener Kaffeehausstil verströmt dieses Etablissement mit leckeren Torten und Snacks und vor allem gutem Kaffee.

84 [B9] **Negozio Classica,** 283 Westbourne Grove, Tel. 70340005, Mo–Do 15.30–24, Fr, So 11–24, Sa 9–24 Uhr. In dieser italienischen Weinbar gibt es auch Snacks aus der Toskana, z. B. feine Schinken- und Käseplatten.

Knightsbridge, Belgravia und Kensington

Südlich des Hyde Park befinden sich einige schicke Wohnadressen Londons: An das Viertel Knightsbridge grenzt im Osten Belgravia und im Westen Kensington an. Elegant einkaufen kann man in der Nachbarschaft der Sloane Street 94, geballte Kultur wartet in der sich weiter westlich befindenden Museumsmeile in Südkensington.

94 Sloane Street ★ [F11]

Die Sloane Street beginnt bei der U-Bahn-Station Knightsbridge und führt in Richtung Süden bis zum Sloane Square in Chelsea. In der Nachbarschaft befindet sich das Edelkaufhaus **Harvey Nichols** (s. S. 189). An diesem Ende der Straße, die nach Sir Hans Sloane benannt ist, der mit seiner Sammlung den Grundstock für das British Museum 74 legte, reihen sich viele **Boutiquen internationaler Designer** wie Chanel, Dior und Armani aneinander. Im Osten liegt das Viertel Belgravia, das zum Besitz des Duke of Westminster, einem der reichsten Aristokraten Großbritanniens, gehört. In den **klassizistischen Häusern** des Viertels residieren neben Aristokraten auch Millionäre und Milliardäre, zu denen Geschäftsleute und Stars gehören. Auch **Botschaften** haben hier ihren Sitz: Die Deutsche Botschaft findet man z. B. bei der Adresse 21–23 Belgrave Square.

› U: Knightsbridge (Piccadilly Line)

An der Paddington Station begrüßt der Paddington Bear die Reisenden

95 Harrods ★ [F11]

Folgt man von der Tube-Station Knightsbridge der Brompton Road nach Südwesten, passiert man bald das **bekannteste Kaufhaus Londons,** Harrods. Es ist nicht nur eines der elegantesten Kaufhäuser der Welt, sondern mit 330 Abteilungen auch eines der größten. Entstanden ist es 1824 als Familienunternehmen. 1985 kauften dann die Brüder Fayed das Haus. Dodi, der Sohn von Mohamed Al-Fayed, war später mit Prinzessin Diana liiert. Seinen Tod bei dem Autounfall, dem auch Diana zum Opfer fiel, konnte der Vater nie verwinden. Im Jahr 2010 wurde das hochverschuldete Unternehmen an eine Investmentfirma aus Katar verkauft. Nicht selten reisen aristokratische Milliardäre aus den Golfstaaten mit ihrem Hofstaat ein, die hier ausgedehnt einkaufen gehen.

› 87–135 Brompton Road, U: Knightsbridge (Piccadilly Line), Tel. 77301234, www.harrods.com, Mo–Sa 10–21, So 11.30–18 Uhr

96 Victoria & Albert Museum ★★★ [E12]

Folgt man der Brompton Road weiter in Richtung Westen, gelangt man zum Victoria & Albert Museum. Es besitzt eine der größten Kunstgewerbe- und Design-Sammlungen der Welt.

Das Museum ging aus der Weltausstellung von 1851 in London hervor. Damals reisten Millionen internationaler Besucher an, um die Errungenschaften der britischen Nation in zahlreichen Ausstellungspavillons zu begutachten. Die Einnahmen aus der erfolgreichen Ausstellung dienten Queen Victorias deutschem Gemahl **Prinz Albert** dazu, seine Vision zu verwirklichen. Er wollte Kultur und Wissenschaft einer breiten Gesellschaftsschicht zugänglich machen und so entstand in Südkensington ein Museum mit Exponaten aus der Weltausstellung.

Heute können Besucher auf sieben Stockwerken eine Wanderung durch die **Kunst- und Kulturgeschichte vom Mittelalter bis zum Art déco** unternehmen. Fast **1,5 Mio. Objekte** aus der westlichen Welt, Asien und dem mittleren Osten sind in thematischen Sammlungen ausgestellt, darunter Keramik, Möbel, Schmuck, Skulpturen, Textilien, Glas- und Metallobjekte sowie fast 500.000 Fotografien.

Die Theater- und Tanzgeschichte wird ebenfalls dokumentiert und es gibt eine Ausstellung zur Pop- und Rockmusik. Zudem ist ein Modemuseum mit Kleidungsstücken aus dem 18. Jh. bis heute angeschlossen.

Die **Weston Cast Courts**, d. h. die **Skulpturenhöfe** des Museums entstanden im Jahr 1873, um eine Sammlung an Abgüssen antiker Skulpturen zu beherbergen. Zu den teils riesigen Ausstellungsstücken, die in den Hallen 46a und 46b untergebracht sind, gehört z. B. eine Nachbildung der „Tür zum Paradies", also des Ostportals des Doms in Florenz. Die 5 m hohe David-Statue von Michelangelo, die Queen Victoria 1856 als Geschenk präsentiert wurde, wird ohne das „Feigenblatt" gezeigt, das die Königin damals aus Gründen der Tugend anbringen ließ.

Derartige Abgüsse wurden im 19. Jh. einem Publikum gezeigt, das zwar von der Existenz der Kunstschätze wusste, aber nicht die finanziellen Mittel hatte, um durch Europa zu reisen. Viele europäische Metropolen hatten solche Sammlungen, die jedoch meist im 20. Jh. zerstört wurden. Aus diesem Grund ist die Sammlung des V&A in ihrem Umfang einzigartig.

› Cromwell Road, Tel. 79422000, www.vam.ac.uk, U: South Kensington (Circle/District/Piccadilly Line), tgl. 10–17.45 Uhr, Fr bis 22 Uhr, Eintritt frei, außer bei Sonderausstellungen

97 Science Museum ★★ [E11]

1893 beschloss man, die wissenschaftlichen Exponate aus dem Victoria & Albert Museum 96 in ein neues Haus auszugliedern. Hieraus entstand das Science Museum, in dem heute den Besuchern auf mehreren Etagen **naturwissenschaftliche Phänomene** nahegebracht werden. Das Museum ist interaktiv angelegt und besonders auf Kinder ausgerichtet. Interessante Kleinigkeiten findet man im Museumsshop: Hier gibt es ausgefallene technische Spielereien wie „Space-Knete" und kleine sogenannte „Gadgets", die sich auch gut als Souvenir eignen.

› Exhibition Road, U: South Kensington (Circle/District/Piccadilly Line), Tel. 0333 2414000, www.sciencemuseum.org.uk, tgl. 10–18 Uhr, Eintritt frei, außer IMAX-Kino (Erw. £ 11, Kinder/erm. £ 9), Flugsimulator (Fly 360°, Kapsel für 2 Pers. £ 12; Fly Kids, für 1 Kind £ 2) und wechselnde Sonderausstellungen

98 Natural History Museum ★★ [E12]

Im Jahr 1881 wurden die botanischen, mineralogischen, paläontologischen und zoologischen Objekte aus dem British Museum 74 in das neue **Museum für Naturgeschichte** ausgelagert. Die meisten Exponate, die den Grundstock bildeten, stammten aus der Sammlung von **Sir Hans Sloane.**

Die Eingangshalle des Natural History Museum, hier noch mit Dinosaurier „Dippy"

051lo-dt©Lofik

Das Museum ist vor allem – wenn auch nicht nur – bei Kindern beliebt. Der berühmte und beliebte „Dippy the Diplodocus", ein riesiges Dinosaurierskelett in der Eingangshalle, musste zwar im Jahr 2017 dem 25 m langen Skelett eines Blauwals weichen, es gibt aber viele interaktive Elemente in der Ausstellung, mit denen Kinder sich stundenlang beschäftigen können. Im selben Gebäude sind nämlich auch Ausstellungen über Insekten, Vögel und die Geologie der Erde untergebracht.

› Cromwell Road, U: South Kensington (Circle/District/Piccadilly Line), Tel. 79425000, www.nhm.ac.uk, tgl. 10–17.50 Uhr, Eintritt frei, außer bei Sonderausstellungen

99 Royal Albert Hall ★★ [D11]

Die Royal Albert Hall, in der 7000 Zuschauer Platz finden, wurde im Jahr 1871 von Queen Victoria eröffnet. Obwohl sie erst nach Prinz Alberts Tod fertiggestellt wurde, war sie Teil seiner Vision, dem Volk Kunst und Wissenschaft nahezubringen, und diente zuerst als Ausstellungshalle.

Der Architekt **Henry Cole** ließ sich bei der Planung des Gebäudes von italienischen Rundbauten inspirieren und der Fries ist mit Terrakottafiguren verziert.

Die Royal Albert Hall ist als Veranstaltungshalle weltberühmt und bietet einen imposanten Rahmen für eine große Bandbreite an **Konzerten** – von klassisch bis modern. Besonders bekannt sind die Konzerte im Rahmen der **BBC Proms** (s. S. 200), die hier von Juli bis September stattfinden.

› Kensington Gore, U: High Street Kensington (Circle/District Line), Tel. 75893203, www.royalalberthall.com

100 Albert Memorial ★ [D11]

Direkt gegenüber der Albert Hall ragt das Albert Memorial auf. Eine sitzende, vergoldete Figur von **Prinz Albert** wird von einem 60 m hohen Baldachin überspannt. Die trauernde **Victoria** ließ das neogotische Denkmal ab 1876 von **George Gilbert Scott** für ihren an Typhus verstorbenen Ehemann errichten. Der Bau dauerte zehn Jahre, kostete fast ebenso viele Millionen und wurde aus öffentlichen Geldern finanziert. Von hier aus verläuft die Kensington High Street nach Westen vorbei an einer weiteren Grünanlage, dem Holland Park, in dem es viele lauschige Ecken zum Ausruhen und Entspannen gibt. Ganz im Süden grenzt der Park an das Design Museum 91 an.

› Kensington Gardens, U: High Street Kensington (Circle/District Line)

Kulinarisches

85 [E11] **Caffé Concerto** £, 78 Brompton Road, U: Knightsbridge, Tel. 74946841, www.caffeconcerto.co.uk, Mo–So 7.30–23 Uhr. Mediterrane Küche, Patisserie und Eiscreme. Dazu gibt es Livejazz oder -swing.

86 [F11] **Outlaw's at The Capital Hotel** ££££, 22–24 Basil Street, Knightsbridge, Tel. 75911202, www.outlaws.co.uk/restaurants/london. Nathan Outlaw ist für seine Fischrestaurants in Cornwall bekannt und auch hier wird fangfrischer Fisch serviert. Das Restaurant hat seit 2014 einen Michelin-Stern.

87 [E12] **The Kensington Creperie,** 2–6 Exhibition Road, Kensington, U: South Kensington, Tel. 75898947, www.kensingtoncreperie.com, So–Do 9–23, Fr, Sa 9–23.30 Uhr. Leckere Crêpes, Waffeln, Salate und Eiscreme. Mit Außenterrasse.

Chelsea

In den 1960er-Jahren entwickelte sich Chelsea zu einem Magneten für die „hippe“ Mode und Musikszene der Swinging Sixties. Heute kann man hier auf der King's Road vom schicken Sloane Square bis nach Fulham stundenlang in interessanten Boutiquen stöbern oder einen Abstecher zu Sehenswürdigkeiten am Themseufer machen. Chelsea ist einer der wenigen Bezirke Londons, durch den keine U-Bahn-Linie führt. Allerdings verkehren mehrere Busse, darunter die Nummern 11, 22 und 170, durch das Gebiet.

KLEINE PAUSE

Michelin House

Einen Abstecher wert ist das Michelin House. Es ist eines der schönsten **Jugendstilgebäude** Londons und war ab 1911 Hauptsitz der französischen Reifenfirma.

Heute wird das Haus von der Familie des berühmten Designers Terence Conran (s. S. 131) betrieben. Man kann im Designladen The Conran Shop stöbern oder in der **Bibendum Oyster Bar** (s. S. 174) bzw. im Restaurant Claude Bosi Bibendum speisen.

› www.bibendum.co.uk
› www.conranshop.co.uk/our-stores/chelsea

101 King's Road ★★ [F12]

Am **Sloane Square** beginnt die King's Road, die auf mehreren Kilometern in südwestlicher Richtung das Viertel Chelsea durchschneidet. Charles II. nutzte die Straße auf dem Weg in die grünen Vororte an der Themse. Zudem hatte er hier seine Maitresse Nell Gwynne untergebracht, die er regelmäßig besuchte. Mitte des 19. Jh. wurde die Straße dann für den Publikumsverkehr geöffnet und zu einer wichtigen Verkehrsachse.

Das Viertel wurde zudem von Literaten, Künstlern und Bohemiens entdeckt: Jonathan Swift und Oscar Wilde sowie Maler wie Dante Gabriel Rosetti und J. W. Turner lebten hier. Am Sloane Square steht das **Royal Court Theatre,** das sich selbst als „Theater der Autoren“ bezeichnet. Es erlangte durch Stücke von George Bernard Shaw und durch John Osbornes „Blick zurück im Zorn“, das am 8. Mai 1956 Premiere hatte, Berühmtheit. Die Schriftsteller gehörten zur Gruppe der gesellschaftskritischen Angry Young Men, deren Stücke den Beginn des modernen realistischen Theaters in Großbritannien einleiteten. Hier kamen u.a. auch Stücke von Brecht und Sartre sowie von Harold Pinter zur Aufführung. Heute produziert das Theater gesellschaftskritische Stücke von internationalen Autoren.

In den 1960er-Jahren wurde Chelsea zur **Hochburg der Swinging Sixties** (s. S. 222) mit angesagten Boutiquen und Cafés, in denen sich die Jugendszene der „Mods“ traf. Heutzutage prägen Edelboutiquen, Restaurants und Delikatessengeschäfte das Bild von Chelseas Hauptstraße. Die Hausnummer 430 wird von einem berühmten Laden eingenommen: Seit den 1970er-Jahren führt hier die Designerin **Vivienne Westwood** eine Boutique mit ihren ausgefallenen Kreationen. Heute trägt der Laden den Namen Worlds End (s. S. 191).

› Sloane Square,
U: Sloane Square (Circle/District Line)

Spaziergang 6: Chelsea

Der Spaziergang beginnt am eleganten ***Sloane Square*** *[F12], wo u. a. eine Filiale des Schneiders Gieves and Hawkes zu finden ist, der auch die Queen einkleidet. Hier hat auch eines der renommiertesten Theater Londons seinen Sitz: das* ***Royal Court Theatre*** *(s. S. 187), das durch die Literatengruppe der Angry Young Men Berühmtheit erlangte. Vom Sloane Square zweigt die* ***King's Road*** 101 *ab, die sich über 3 km in südwestlicher Richtung quer durch das Viertel Chelsea bis nach Fulham erstreckt. Nur wenige Meter vom Sloane Square entfernt führt eine Gasse nach links zum* ***Duke of York Square,*** *wo sich Designerläden und schicke Cafés befinden. An den Platz schließt sich das Gelände der* ***Saatchi Gallery*** *(s. S. 163) an, die in den ehemaligen Militärbaracken des Duke of York untergebracht ist.*

Von der King's Road gelangt man über die Franklin's Row zum Eingang des ***Royal***

Hospital 102 *in der East Road. Hier dürfen seit dem Jahr 1682 verdiente Veteranen ihren Lebensabend verbringen. Verschiedene Räume des eindrucksvollen historischen Gebäudes können besichtigt werden, es gibt Führungen und ein Café, in dem ein traditioneller Afternoon Tea serviert wird. Ende Mai findet auf dem Gelände die berühmte Chelsea Flower Show statt.*

Nun kann man gut einen Bummel in der King's Road anschließen, einkaufen

101 [F12] King's Road S. 137
102 [F13] Royal Hospital Chelsea S. 141
103 [E14] Chelsea Old Church S. 142
105 [F13] Chelsea Physic Garden S. 143
106 [I12] Tate Britain S. 144

Alle weiteren Karteneinträge s. S. 301.

und zwischendurch in den zahlreichen Cafés und Restaurants einkehren. Wer nicht die ganze Straße zu Fuß erkunden will, kann zwischendurch in einen der Busse einsteigen, die die Straße auf ganzer Länge entlangfahren.

Schon seit den 1970er-Jahren existiert die Boutique ***Worlds End*** *(s. S. 191) der Designerin Vivienne Westwood, in der die Band Sex Pistols ihren Anfang nahm, an der King's Road. Ganz in der Nähe zweigt die Milman's Street nach Süden ab. Sie führt zum* ***Cheyne Walk*** *104 - von jeher ein beliebter Wohnort für Künstler und Rockmusiker. An der Old Church Street, die von hier abzweigt, steht die* ***Chelsea Old Church*** *103, in der u. a. Henry James und Dr. Hans Sloane begraben liegen. Vor der Kirche beginnt das Chelsea Embankment mit der Hängebrücke* ***Albert Bridge,*** *die hier die Themse überspannt und ursprünglich eine Zollbrücke war.*

In Richtung Westen führt der Uferweg zum ***Chelsea Harbour*** *104, wo teure Jachten vor Anlagen mit Luxusapartments anliegen. In Richtung Osten passiert man den* ***Chelsea Physic Garden*** *105, wo man rund* ***5000 verschiedene Pflanzen*** *bestaunen kann, die essbar sind und in Arzneien verarbeitet werden. Am anderen Ufer sieht man die* ***Battersea Power Station*** *(s. S. 143) aufragen. Der Architekt Sir Gilbert Scott schuf dieses Kraftwerk ebenso wie das vom Baustil her ähnliche Gebäude der Tate Modern 43 in den 1930er-Jahren. Rund um das Gebäude entsteht momentan ein großer Komplex aus Luxusapartments, Büros, Geschäften und öffentlichen Plätzen. Weiter auf dem Embankment erreicht man bald die* ***Tite Street*** *[F13], wo bei der Hausnummer 34 eine blaue Plakette an* ***Oscar Wilde*** *erinnert, der in den 1880er-Jahren hier lebte. Die Enthüllung seiner homosexuellen Verhältnisse führte für Wilde zu einer Gefängnisstrafe, sozialer Ächtung und dem finanziellen Ruin.*

Wer möchte, kann noch weiter am Ufer nach Osten wandern und einen Besuch in der Galerie ***Tate Britain*** *106 anschließen. Der Zuckerfabrikant Henry Tate war der Gründer der Galerie, die Werke aller berühmten englischen Meister zeigt. Die riesige Sammlung von Werken des Landschaftsmalers* ***J. W. Turner*** *sind in der angegliederten* ***Clore Gallery*** *ausgestellt. Die Sammlung moderner Kunst, die einst auch hier untergebracht war, wurde inzwischen in die Tate Modern 43 ausgelagert.*

132lo-ln

Vor der Chelsea Old Church 103 wacht eine Statue von Sir Thomas Moore

102 Royal Hospital Chelsea ★★ [F13]

Südlich des Duke of York Square gelangt man von der Saatchi Gallery (s. rechts) über die Franklin's Row zum Royal Hospital. Der Name ist irreführend, denn die Einrichtung ist kein Krankenhaus, sondern ein **Altersruhesitz für verdiente Veteranen.**

Etwa dreihundert der sogenannten **Chelsea Pensioners** verbringen hier ihren Lebensabend. Sie sind traditionell mit einer markanten roten Uniform bekleidet und bieten Führungen über das Gelände an. Hierbei erfährt man Interessantes über die Geschichte der Institution, die unter Charles II. ins Leben gerufen wurde. Er suchte nach einer passenden Unterkunft für Veteranen seiner großen Armee und beauftragte Sir Christopher Wren mit dem Entwurf. Das von ihm entworfene Hauptgebäude war jedoch zu klein und wurde durch Seitenflügel ergänzt.

Im sogenannten **Figure Court** steht eine griechisch angehauchte goldene Statue von Charles II. vor klassizistischen Säulen. Zudem gibt es hier eine von Wren entworfene Kapelle mit italischen Deckenmalereien aus dem Jahr 1714 zu sehen.

Seit 1913 findet in der Gartenanlage und auf dem Gelände alljährlich Ende Mai die berühmte **Chelsea Flower Show** (s. S. 198) statt, die auch von der königlichen Familie besucht wird.

› Royal Hospital, Royal Hospital Road, Tel. 78815200, www.chelsea-pensioners.co.uk, Museum Mo–Fr 10–16 Uhr, Eintritt frei, U: Sloane Square (Circle/District Line), Bus Nr. 137 ab Sloane Square bis Royal Hospital

EXTRATIPP

Duke of York Square und Saatchi Gallery

Wenn man vom Sloane Square die King's Road hinunterspaziert, führen bald mehrere kleine Gassen nach links zum **Duke of York Square.** Hier wurde ein Einkaufsviertel mit schicken Boutiquen, Cafés und Restaurants geschaffen. Direkt hinter dem Platz gelangt man zu einer offenen Grünfläche, die dem Gebäude der ehemaligen Duke of York's Barracks aus dem Jahr 1801 vorgelagert ist. Hier ist heute die **Saatchi Gallery** (s. S. 163) untergebracht, die wohl größte Galerie, in der ein Kunstsammler neuen Talenten die Möglichkeit gibt, ihre Werke zu präsentieren. Der Eintritt ist frei und die Galerie hat auch ein sehr schönes Café.

123lo-ln

103 Chelsea Old Church ★★ [E14]

In der Nähe der alten Kirche von Chelsea lebte einst der Lordkanzler von Henry VIII., **Sir Thomas Moore** (1478–1535). Der Humanist verfasste 1516 das Werk „Utopia", welches das Modell eines idealen Staates entwarf und seiner Zeit weit voraus war. Da Moore als überzeugter Katholik mit Heinrichs Ideen der Reformation nicht übereinstimmte, musste er erst im Tower einsitzen und wurde dann wegen Hochverrats zum Tode verurteilt.

Eine Kapelle bestand an dieser Stelle bereits seit dem 13. Jh. Die südliche Kapelle der Old Church wurde 1528 für Moore angefügt und von ihm privat genutzt. Angeblich ehelichte Henry VIII. hier auch seine dritte Frau Jane Seymour. Die spätere anglikanische Gemeindekirche wurde im Zweiten Weltkrieg stark zerstört und bis 1958 restauriert und neu geweiht. Innen findet man (wenngleich etwas versteckt) viele **Gedenktafeln** für berühmte Einwohner Chelseas, u.a. auch für Sir Hans Sloane (s.S. 113). Hier gibt es auch die einzigen Exemplare von Kettenbüchern in London (im Mittelalter war es üblich Bücher anzuketten, damit sie nicht gestohlen wurden).

Vor der Kapelle sitzt eine mit viel Gold verzierte Statue von Sir Thomas Moore. Die Hängebrücke **Albert Bridge**, die schräg gegenüber die Themse überspannt, entstand im Jahr 1873 ursprünglich als Zollbrücke. Die Zollhäuschen stehen heute noch an beiden Enden.

› Old Church Street/Ecke Cheyne Walk, Tel. 77951019, www.chelseaoldchurch.org.uk, Di, Do 14–16 Uhr, Bus 170: Chelsea Old Church

104 Cheyne Walk und Chelsea Harbour ★★ [E14]

Zu den elegantesten Wohnadressen Chelseas gehören die historischen Stadthäuser an der Themse. Zwischen der Battersea Bridge und der Albert Bridge erstrecken sich in zweiter Reihe und hinter Grünanlagen die Terrassen des Cheyne Walk. Hier haben im Laufe des 19. und 20. Jh. viele berühmte Persönlichkeiten gewohnt, von Schriftstellern wie **Henry James** (1843–1916, Haus Nr. 21), **T.S. Eliot** (1888–1965, Haus Nr. 19) und **Ian Fleming** (1908–1964, Haus Nr. 118), dem Erfinder von James Bond, bis zu den Musikidolen **Keith Richards** (Nr. 3) und **Mick Jagger** (Nr. 48).

0531o-ln

Der Themseblick ist noch immer verlockend, allerdings ist das Chelsea Embankment heute eine stark befahrene Straße. Die Luxusadressen des 21. Jh. findet man von hier aus in westlicher Richtung, rund um den Chelsea Harbour. Dort reihen sich exklusive Apartmentblocks um private Gartenanlagen, die auf Jachtanleger blicken.

› Bus 170: Albert Bridge

105 Chelsea Physic Garden ★ [F13]

Entlang des Chelsea Embankment in Richtung Osten passiert man die **Tite Street,** wo bei der Hausnummer 34 eine blaue Plakette an **Oscar Wilde** (1844–1900) erinnert, der in den 1880er-Jahren hier lebte. Seine Werke „The Picture of Dorian Gray“ (1891) und „The Importance of Being Earnest“ (1895) gehören heute zu den Standardwerken der englischen Theaterliteratur. Die Enthüllung von Wildes homosexuellen Verhältnissen führte trotz seines Erfolgs als Theaterautor zu einer Gefängnisstrafe, sozialer Ächtung und dem finanziellen Ruin, denn damals wurde Homosexualität noch mit Zwangsarbeit, langen Gefängnisstrafen und sogar chemischer Kastration geahndet.

Wandert man weiter, erreicht man den **Chelsea Physic Garden.** Er wird heute von einer Wohltätigkeitsorganisation geführt, die auf die Bedeutung von Pflanzen in der Medizin und in der Umwelt hinweisen möchte. Tatsächlich wurde der Garten 1673 von der Apotheker-Gesellschaft gegründet. Hier kann man rund **5000 verschiedene Pflanzen** bestaunen, die essbar sind und in Arzneien verarbeitet werden. Der verwunschene, von Mauern umgebene Garten ist sehr charmant angelegt und bietet viele Ecken, in denen man sich ausruhen und die Stille genießen kann. Hier herrscht ein mildes Mikroklima, in dem auch empfindliche Pflanzen gedeihen. Ab 1713 war der Garden im Besitz von **Sir Hans Sloane,** der ihn für eine sehr geringe Summe an die Apotheker vermietete. Neben anderen Statuen findet man auch ein Abbild des Londoner Gönners in dem Garten.

› 66 Royal Hospital Road (Eingang am Swan Walk), Tel. 73525646, http://chelseaphysicgarden.co.uk, Busse 11, 19, 211, Mo–Fr, So 11–18 Uhr, Eintritt Erw. £ 9,50, Kinder £ 6,25

EXTRATIPP

Battersea Power Station

Am Nordufer der Themse ist der wuchtige Bau der **Battersea Power Station** kaum zu übersehen. Von 1932 bis 1934 wurde das einstige Kraftwerk von Giles Gilbert Scott, dem Architekten des Gebäudes der Tate Modern 43, erbaut. Jahrelang wurden viele Projekte für den Umbau des Gebäudes angedacht, die nie zustandekamen. Nun hat eine malaysische Baufirma mit der Umgestaltung begonnen und es entsteht ein großer Komplex aus **Luxusapartments, Büros, Geschäften** und **öffentlichen Plätzen.** Im Prinzip bleibt nur die äußere Hülle der denkmalgeschützten Fabrik erhalten.

› www.batterseapowerstation.co.uk

Im Chelsea Harbour liegen teure Jachten vor Anker

106 Tate Britain ★★★ [I12]

Weiter in Richtung Osten am Fluss entlang befindet sich auf der Ostseite der Vauxhall Bridge die Galerie **Tate Britain.** Sie besitzt Tausende von Werken **britischer Kunst** aus der Zeit von 1500 bis heute. Die Werke moderner Kunst wurden größtenteils in die Schwestergalerie Tate Modern 43 ausgelagert.

Gegründet wurde die Gemäldegalerie 1897 vom Zuckerfabrikanten **Sir Henry Tate.** Ihm lag die Ausstellung der besten britischen Kunst am Herzen und bis heute hat sich an dem Konzept nichts geändert.

Die Eingangshalle befindet sich einem Rundbau, dessen Kuppel von einem spektakulären Glasdach überspannt wird. Im Erdgeschoss sind Skulpturen ausgestellt,

054lo-ln

dann folgt man der Ausstellung chronologisch durch die Stockwerke. In der **Clore Gallery** wird ein Großteil des Oeuvres von **J.W. Turner** gezeigt, ebenso wie das seines größten Rivalen, des Landschaftsmalers **John Constable.**

› Millbank, U: Pimlico (Victoria Line), Tel. 78878888, www.tate.org.uk, tgl. 10–18 Uhr, Eintritt frei

Kulinarisches

88 [E13] **Busaba Eathai** £, 358 King's Road, Chelsea, Busse 11 oder 22, Tel. 73495488, www.busaba.com, Mo–Do 11.30–23, Fr, Sa 11.30–23.30, So 11.30–22 Uhr. Filiale der Thai-Restaurantkette mit ausgefallenem Interieur und frisch zubereiteten Gerichten.

› **Manicomio** (s. S. 179). Edel-Italiener, auf dessen Terrasse man aber auch einfach einen Cappuccino trinken kann.

89 [F13] **Maze Grill** ££, 79 Royal Hospital Road, Chelsea, U: Sloane Square, Tel. 73524448, www.gordonramsayrestaurants.com/maze-grill-royal-hospital-road. Ungezwungenes Lokal des Chefkochs Gordon Ramsey mit britischen Gerichten. Dreigängemenü ab £21 pro Person – der Clou: Kinder essen kostenlos.

90 [F12] **The Botanist** ££, 7 Sloane Square, Chelsea, U: Sloane Square, Tel. 77300077, www.thebotanistonsloanesquare.com, Mo–Mi 8–23.30, Do 8–24, Fr, Sa 9–1, So 9–23.30 Uhr. Hier kann man elegant „Modern British" speisen. Große Auswahl an Teesorten.

91 [F13] **The Rabbit Restaurant** ££, 172 King's Road, Chelsea, Busse 11 oder 22, Tel. 37500172, www.rabbit-restaurant.com, Mo 18–23, Di–Sa 12–24, So 12–17 Uhr. Herzhaft zubereitete Gerichte, Modern British. Viele Zutaten stammen aus eigener Zucht bzw. eigenem Anbau.

Royal Greenwich

Der grüne Vorort Royal Greenwich bietet maritime Geschichte pur. Hier kann man eines der größten Marinemuseen der Welt besichtigen und den Nullmeridian betreten. Die Anreise erfolgt mit der DLR von der Canary Wharf bis zur Station „Cutty Sark (for Maritime Greenwich)". Wahlweise kann man den Ausflug auch von einem der städtischen Piers mit einer Bootsfahrt kombinieren. Zu Ehren des diamantenen Thronjubiläums der Queen im Jahr 2012 erhielt der Borough den Zusatz „Royal".

107 Cutty Sark ★ [T13]

Bei der DLR-Station „Cutty Sark" befindet sich der **historische Teeklipper**, der seit den 1950er-Jahren hier im Trockendock liegt und an die glorreichen Tage der Handelsschifffahrt erinnert. Leider brannte das Schiff im Jahr 2010 völlig aus. Nach der Restaurierung kann man nun den ausgehöhlten Rumpf des Schiffes wieder besichtigen. Außerdem wurde ein Besucherzentrum eingerichtet.

› King William Walk, DLR: Cutty Sark for Maritime Greenwich, Tel. 83126608, www.rmg.co.uk/cuttysark, tgl. 10–17 Uhr, Kombiticket mit Besuch des Royal Observatory: Erw. £ 15, Kinder £ 6,50, Einzelticket Erw. £ 12,15, Kinder £ 6,30

‹ *Durch die Kuppel der Tate Britain gelangt viel Licht in die Ausstellungsräume*

EXTRATIPP

Die Themse unterqueren

Gleich gegenüber der Cutty Sark 107 erhebt sich ein Kuppelbau. Er bildet den Eingang zu einem **Fußgängertunnel,** der unter der Themse bis zur gegenüberliegenden Isle of Dogs führt.

Auf der anderen Seite hat man Anschluss an die Docklands Light Railway, mit der man in die Docklands (s. S. 100) gelangt.

108 Old Royal Naval College ★★ [T13]

Das Old Royal Naval College entstand aus einem Hospital für Seeleute, dem **Royal Naval Hospital.** Der Architekt **Sir Christopher Wren** orientierte sich bei dem Barockgebäude am Dome des Invalides in Paris. Es besteht aus zwei identischen Bauten mit Kuppeltürmen. Dazwischen eröffnet sich der Blick auf das dahinterliegende **Queen's House.** Dessen Architekt **Inigo Jones** (s. S. 166), der auch für das Banqueting House 6 verantwortlich zeichnet, hatte das Gebäude 1616 als Sommerhaus für Königin Anna von Dänemark, die Frau von James I., entworfen. Zur Zeit von Wrens Bauarbeiten bestand die dann amtierende Königin Mary II. darauf, dass der Blick vom bereits bestehenden Queen's House auf die Themse unbedingt freigehalten werden müsse. So bietet sich dem Betrachter von der Themse aus heute ein Bild vollkommener Symmetrie.

Zu den Gebäudeteilen gehört auch der **Queen Mary Court,** wo sich eine Rokoko-Kapelle aus dem Jahr 1789 befindet. Glanzstück ist die **Painted Hall** im King

127lo-kw

William Court mit einer Barockdecke, an der der Künstler Sir James Thornhill 19 Jahre lang arbeitete.

› King William Walk, DLR: Cutty Sark for Maritime Greenwich, Tel. 82694747, www.ornc.org, tgl. 10–17 Uhr, Eintritt frei. Am Westgate ist die **Touristeninformation für Greenwich** untergebracht. Hier erhält man Karten und Informationen.

109 National Maritime Museum ★★★ [U13]

Das National Maritime Museum ist **eines der größten Marinemuseen der Welt.** Hier wird Großbritanniens Geschichte als eine der bedeutendsten Seemächte der Welt gebührend gewürdigt. So fehlt es denn auch nicht an Tausenden von Artefakten, die die Geschichte und Entwicklung der Seefahrt erläutern. Dem Handel der **East India Company** ist ebenso wie **Admiral Nelson,** dem Helden der siegreichen Seeschlacht bei Trafalgar, eine eigene Ausstellung gewidmet. Im benachbarten **Queen's House** sind die Kunstwerke aus der Sammlung des Museums untergebracht.

Die Wände des schön angelegten Hauses sind mit sehenswerten Gemälden namhafter britischer Künstler bedeckt, darunter auch ein Exemplar des berühmten Porträts von Queen Elizabeth I. mit der Schlacht gegen die spanische Armada im Hintergrund. Aus den Fenstern kann man den Blick zurück zum Naval College und zur Themse genießen.

› Park Row, DLR: Cutty Sark, Tel. 88584422, www.rmg.co.uk, tgl. 10–17 Uhr, Eintritt frei

Perfekte Symmetrie: das Old Royal Naval College von Sir Christopher Wren

056lo-kw

110 Royal Observatory ★★★ [U14]

Durch den **Greenwich Park** gelangt man bergan zum **Königlichen Observatorium mit Planetarium.** Der wissenschaftlich interessierte Charles II. ließ es 1675 von Christopher Wren errichten.

Das Flamsteed House wurde nach **John Flamsteed**, dem ersten Hof-Astronomen benannt. Hier gibt es eine Ausstellung von nautischen Instrumenten wie dem **Harrison-Chronometer** aus dem Jahr 1735, der zum ersten Mal eine verlässliche Bestimmung der Längengrade auf See ermöglichte. Im **National Maritime Museum** 109 findet sich zudem eine Sonderausstellung über die langwierige Entwicklung der Präzisionsuhren, die hierzu notwendig waren.

Im Hof des Observatory kann man über den **Nullmeridian** laufen, der die westliche und östliche Hemisphäre trennt – von hier aus wird die **Greenwich Mean Time** (GMT) berechnet. Wer möchte, kann dann noch einen Besuch im Planetarium anschließen.

› Blackheath Avenue, Tel. 88584422, www.rmg.co.uk, DLR: Greenwich, tgl. 10–17 Uhr, Big Ticket (Tagesticket mit Observatory, Cutty Sark und Sonderausstellung) Erw. £ 15, Kinder £ 6,50

111 Thames Barrier ★ [S. 276]

Das **Thames Barrier**, eine bewegliche **Hochwasserschutzanlage**, überspannt ca. 4 km östlich von Greenwich auf ca. 520 m die Themse. Hier ragen futuristisch in der Sonne glänzende, hydraulisch betriebene schwenkbare Tore aus dem Wasser. Sie stellen jedoch nur einen Teil der Konstruktion dar, der größte Teil liegt unter Wasser. Wenn Gefahr

Das Royal Observatory birgt ein Planetarium

durch Sturmfluten besteht, werden die zehn Stahltore durch einen hydraulischen Mechanismus geschlossen.

Der Anlass für den Bau der Barriere war eine verheerende Sturmflut im Jahr 1953, bei der viele Menschen starben. Da die Themsemündung den Gezeiten der Nordsee unterworfen ist, können bei hohen Fluten erhebliche Wassermengen in den Flusslauf drängen und zu Überflutungen im Stadtbereich führen. In den letzten Jahrzehnten kam es durch globale Klimaveränderungen öfter zu Hochwasserständen.

Wer einen genaueren Blick auf die faszinierenden Barrieren werfen will, sollte dies auf einem der Ausflugsboote der Themse tun. Weitere Informationen und einen guten Blick auf die Anlage erhält man im **Thames Barrier Park** auf der Südseite der Barriere, in Woolwich.

› Thames Barrier Information Centre, 1 Unit Way, Woolwich, Tel. 83054188, www.gov.uk/guidance/the-thames-barrier, Do–So, Fei 10.30–17 Uhr, Eintritt: Erw. £ 4,15, erm. £ 3,65, Kinder £ 2,65. Anfahrt per Bahn: Charlton oder Woolwich Dockyard Railway Station, ca. 15 Min. Fußweg. Anfahrt per Boot: Von Juli bis Sept. halten Boote des Thames River Service am Thames Barrier Park, www.thamesriverservices.co.uk/thamesbarriervisitorcentre.cfm.

Kulinarisches

92 [T13] **Peter de Wit's Café,** 21 Greenwich Church St, Greenwich, U: Cutty Sark, Tel. 83050048, www.peterdewitscafe.co.uk, Do, Fr 11–18, Sa, So 9–18 Uhr. Frühstück, Sandwiches und Suppen in einem der ältesten Gebäude Greenwichs nahe der Cutty Sark.

93 [T13] **The Gipsy Moth,** 60 Greenwich Church Street, www.thegipsymothgreenwich.co.uk, Tel. 88580786, Mo–Do, So 12–23, Fr, Sa 12–24 Uhr. Der historische Pub wurde in einen Gastropub mit ansprechender Speisekarte verwandelt.

94 [U13] **The Trafalgar Tavern,** 6 Park Row, DLR Maritime Greenwich, Tel. 38879886, www.trafalgartavern.co.uk, Mo–Fr 12–21, Sa, So 10–21 Uhr. Nahe dem Flussufer neben dem Royal Naval College. Pub mit einer Ausstellung alter Navigationsinstrumente und vielen Bildern von Lord Nelson. Es gibt Klassiker wie Fish & Chips und Burger.

Shopping

› Der **Greenwich Market** (s. S. 192) lädt Di bis So zum Bummeln ein. Neben dem Lebensmittelmarkt gibt es donnerstags und freitags einen Antikmarkt und am Wochenende einen Kunsthandwerksmarkt. Er befindet sich unweit von der Cutty Sark in einer kleinen überdachten Halle.

057lo-kw

Ausflüge in die Umgebung

Touristisch besonders interessant und mit dem Boot und anderen Verkehrsmitteln gut zu erreichen sind die hübschen Vororte, die sich im Thames Valley an der westlichen Themse aneinanderreihen. Hier kann man an Uferpromenaden spazieren und historische Paläste und Gärten besuchen. Im Norden Londons bietet dagegen Hampstead Heath einen unerwarteten Ausblick auf die Skyline der Stadt.

112 Hampstead Heath ★★ [E2]

Der grüne Norden Londons ist ein beliebtes Ausflugsziel für die Städter. Auf den Hügeln von Hampstead Heath kann man sich auf 134 m frische Luft um die Nase wehen lassen. Zudem hat man von hier aus einen umfassenden Blick auf die Londoner Skyline. Einst stand hier ein dichter Wald, der allerdings im Laufe der Jahrhunderte ausgedünnt wurde. Das weitläufige Gelände wird lediglich von zwei Straßen durchschnitten und dehnt sich weit nach Nordwesten aus.

Bei schönem Wetter ist die **Heide** immer von Spaziergängern belebt und die **Bathing Ponds**, d.h. drei kleine Seen, laden zum Baden ein. Eingeschworene Schwimmer drehen täglich hier ihre Runden – auch im Winter. Man hat die Auswahl zwischen einem **Ladies' Pond**, **Men's Pond** und dem **Mixed Pond.**

In der Nordostecke des Areals steht das majestätische **Kenwood House.** Es war der Wohnsitz des Richters **William Murray**, dem ersten **Earl of Mansfield.** Murray's Rechtsprechung im Fall „Somerset v. Stewart" im Jahr 1772 gab den ersten Anstoß zur Abschaffung der Sklaverei in den britischen Kolonien in Amerika. In dem Prozess gestand er einem nach England mitgebrachten Sklaven, James Somerset, das Recht auf Freiheit zu, da seine Versklavung nicht mit der englischen Gesetzgebung zu vereinbaren war. Das Urteil setzte einen Prozess in Gang, der fast hundert Jahre dauerte: 1833 wurde das Unrecht der Sklaverei in Großbritannien per Gesetz offiziell verboten – in den USA dagegen erst 1865.

In Murrays Familie befand sich die Tochter seines Neffen, **Dido Belle**, die aus der unehelichen Verbindung mit einer Sklavin stammte. Die dunkelhäutige Frau wuchs zusammen mit seinem Mündel Elizabeth Murray auf und erreichte später als Erbin einen hohen sozialen Status. Revolutionär war das von Murray in Auftrag gegebene Portrait der beiden jungen Frauen. Hier wurde Belle nicht als Sklavin oder Untergebene dargestellt, wie normalerweise üblich, sondern von gleichem Rang. 2014 entstand zu dem Thema sogar ein Film („Belle"). Das Portrait befindet sich heute in Schottland. Kenwood House ist aufgrund der klassizistischen Architektur von Robert Adam und der Gemäldegalerie einen Besuch wert, die Werke von Rembrandt, van Dyck, Reynolds und Gainsborough umfasst.

Auch der Stadtkern von Hampstead, **Hampstead Village**, ist einen Bummel wert. Der gutsituierte Vorort wurde im 19. Jh. zur Heimat von Künstlern und Literaten. Der an Tuberkulose leidende Dichter

◁ Die Themse erkundet man am besten mit einem der vielen Ausflugsboote (s. S. 258)

Königspaläste an der Themse

***Heinrich VIII.** (1509-1547) nannte fast 60 Residenzen sein Eigen, darunter Schlösser, Burgen und Landhäuser. Nur wenige davon haben die Zeiten überdauert, die meisten wurden im Bürgerkrieg (1642-1658) von Oliver Cromwell zerstört. Der Tudorherrscher Heinrich VIII. verbrachte fast ein Drittel des Jahres auf Reisen durch das Königreich, um sich seinen Untertanen zu präsentieren. Die Paläste an Themse, darunter Greenwich und Richmond Palace sowie **Hampton Court** 115, waren besonders beliebt, da sie bequem mit dem Boot von London aus zu erreichen waren.*

Damals reiste man nicht gerade mit „Handgepäck": In den Koffern des Königs und der Königin befanden sich neben der umfassenden Garderobe auch Geschirr, Teppiche und Wandbehänge etc. Der mitreisende Hofstaat bestand oft aus mehreren Hundert Menschen, einschließlich persönlichen Bediensteten des Monarchen, deren Familien und Bedienstete usw. Da es damals noch keine Herbergen bzw. Hotels gab, die einem Monarchen genügt hätten, quartierte man sich auf den Anwesen von Adeligen ein. Diese sahen sich gezwungen, Unsummen für die Herrichtung ihrer Güter auszugeben (dafür wurden Sie allerdings mit einträglichen Stellen bei Hofe belohnt).

*Diese aufwendige Art des königlichen Reisens führte schließlich zu einer Anpassung der Architektur: Schlösser und Güter wurden mit zahlreichen Nutzbauten, inklusive Sanitärgebäuden, ausgestattet, in denen Hunderte von Menschen untergebracht werden konnten. Für großartige Bankette wurden Großküchen gebaut. Zur Unterhaltung gab es Sportplätze für **Rittertuniere** („jousting"), **Tennis** und **Bowling**.*

*Einer der ersten solcher Vorzeigepaläste war **Richmond Palace**, der unter Henry VII. 1501 neu erbaut wurde, von dem aber leider nur noch einige Ruinen existieren. Die Tudorherrscher verbrachten traditionell ihre Weihnachtsferien in dem Palast. Elizabeth I. zog sich oft vom Hof hierher zurück und verstarb hier im Jahr 1603.*

*Nach einem Brand im Westminster Palace machte Henry VIII. seinen Geburtsort Greenwich Palace zu seiner ständigen Residenz. Er stand an der Stelle des heutigen **Royal Naval College** 108 und des **Queen's House** (s. S. 145), verfiel jedoch im Bürgerkrieg. Der **Palace of Whitehall** auf dem Gelände des heutigen Regierungsviertels in Whitehall war Henrys ambitioniertestes Projekt. Er entstand aus einem Umbau von York Place, der Residenz seines Lordkanzlers Cardinal Wolsey. Der damals größte Palast in Europa hatte mehr als 1500 Räume, brannte jedoch 1698 fast völlig nieder (einzig das **Banqueting House** 6 blieb übrig). Wolsey, der 1529 in Ungnade fiel und das Amt des Erzbischofs von Canterbury verlor, musste auch seinen Hampton Court Palace zwangsweise an Henry abgeben. Er ist heute der einzig verbliebene Tudorpalast innerhalb der Stadtgrenzen von London. Ebenfalls im Thames Valley, aber außerhalb der Stadtgrenze, liegt **Windsor Castle** 116, wo Henry VIII. beerdigt wurde. Es hat die Jahrhunderte überdauert und wird heute noch von der königlichen Familie als Residenz genutzt.*

John Keats zog sich von 1818 bis 1820 wegen der Luft hierhin zurück. Im **Keats House** am Fuß der Heide wurde ein Museum eingerichtet, das an ihn erinnert. Hier kann man einige Originalmanuskripte des Dichters einsehen. Anhand von emotionalen Briefen erfährt man auch etwas über seine Liebe zu Fanny Brawne, der Tochter einer benachbarten Familie. Die Romanze fand jedoch ein vorzeitiges Ende: 1820 reiste Keats auf Anordnung seines Arztes zu einer Kur nach Rom, wo er fünf Monate später verstarb.

Weiter südlich lebte der Psychoanalytiker **Sigmund Freud** bis zu seinem Tod. Seine Tochter Anna bewahrte das Haus weitgehend im Originalzustand und es ist heute ebenfalls ein Museum.

› U: Hampstead (Northern Line), London Overground; Hampstead Heath

95 [D4] **Freud Museum London,** 20 Maresfield Gardens, U: Belsize Park, Tel. 74352002, www.freud.org.uk, Mi–Mo 12–17 Uhr, Eintritt: Erw. £ 9, erm. £ 7, Kinder £ 5

96 [E3] **Keats House,** 10 Keats' Grove, Tel. 73323868, www.cityoflondon.gov.uk/things-to-do/keats-house, Mi–So 11–17 Uhr, Eintritt: Erw. £ 6,50, erm. £ 5,50, Kinder frei

97 [E1] **Kenwood House,** Hampstead Lane, Hampstead, Tel. 83481286, www.english-heritage.org.uk, Mo–So 10–17 Uhr, Eintritt frei.

98 [E3] **Freemasons Arms** £, Downshire Hill, Hampstead Heath, Tel. 74336811, www.freemasonsarms.co.uk. Klassische und moderne britische Küche gibt es in diesem Pub mit sonniger Außenterrasse.

99 [D3] **Ginger and White** £, 4a–5a Perrins Court, http://gingerandwhite.com, Mo–Fr 7.30–17.30, Sa, So 8.30–17.30 Uhr. Originelle Café-Küche mit leckerem Brot und einfallsreichen Rezepten.

113 Kew Gardens ★★★ [S. 272]

Der **Botanische Garten** in Kew wird von der Organisation **Royal Botanic Gardens, Kew** geführt und dient nicht zuletzt der Forschung. Die **Millennium Seed Bank,** mit Samen und DNA von über 34.100 lebenden und ausgestorbenen Pflanzen die größte Samenbank der Welt für wildwachsende Pflanzen, wurde aber inzwischen nach Wakehurst in Sussex ausgelagert.

Auf dem weitläufigen Gelände von **Kew Gardens** befanden sich einst mehrere Adelspaläste. Deren Landschaftsparks wurden schließlich zusammengefügt und 1840 entstanden daraus offiziell die Botanischen Gärten. Das berühmte **Palmenhaus** (erbaut 1844–1848), das zum Wahrzeichen von Kew wurde, ist ein architektonisches Meisterwerk von Decimus Burton und Richard Turner. Hier sind noch heute die größten Palmen untergebracht. In zahlreichen anderen Gewächshäusern findet man Pflanzen aus den verschiedensten Klimazonen der Erde. Die relativ langen Wege zwischen den Ausstellungen kann man mit einem Bähnchen abkürzen. Oder man spaziert auf dem **Treetop Walkway** über den Wipfeln, einer Hängebrücke, die einen gefühlt in den Urwald versetzt.

Auf dem Gelände ist noch der **Kew Palace** erhalten, der ab 1729 von George II. (1727–60) als royale Residenz genutzt wurde. Sein Nachfolger George III. (1738–1820) litt unter der genetisch bedingten Krankheit Porphyrie, die bei ihm geistige Verwirrung auslöste. In Kew Palace lebte er viele Jahre in Abgeschiedenheit, während sein Sohn ab 1810 an seiner Stelle regierte. Die Bereicherung des Schlossgartens mit **exotischen Pflanzen**

059lo-fo©mkos83

ist nicht zuletzt George III., seiner Mutter Prinzessin Augusta von Sachsen-Coburg Altenburg (1719–1722) und seiner Frau Charlotte von Mecklenburg-Strelitz (1744–1818) zu verdanken. Alle drei förderten die Ausweitung der Sammlung. Ab 1797 wirkte dann der Naturwissenschaftler **Sir Joseph Banks** (1743–1820) als Berater für Kew Gardens und ließ den Bestand systematisch aufstocken. Er selbst hatte mit Captain Cook Neuseeland, Australien, Brasilien und Tahiti bereist und Spezies wie Eukalyptus und Akazien nach Europa eingeführt.

› Royal Botanic Gardens, Brentford Gate, Kew, Richmond, Surrey, Tel. 83325655, www.kew.org, www.hrp.org.uk/KewPalace, Overground: Kew Gardens, 22. Apr.-30. Sept. tgl. 10–19, 1.-27. Okt. 10–18, 28. Okt–20. Nov. 10–16, 21. Nov.-1. Jan 10–15.30, 2.-31. Jan. 10–16, Febr. 10–17, März 10–18 Uhr, Kew Palace: 22. Apr.-27. Sept. 10.30-17.30 Uhr, Eintritt: Erw. £ 16, erm. £ 14, Kinder £ 4. Auf dem Gelände gibt es mehrere Cafés, die leichte Gerichte und Erfrischungen bieten.

Der Kew Palace auf dem Gelände von Kew Gardens

114 Ham House ★★ [S. 272]

Südlich von Kew Gardens liegt der Vorort **Richmond**, der bereits im 13. Jh. von den Monarchen favorisiert wurde. Bevor Henry VII. 1501 **Richmond Palace** baute (heute nur noch Ruinen), hatten bereits Edward I. und Richard II. hier eine Residenz. Die Uferpromenade mit der alten Brücke aus dem Jahr 1777 und dem Bootsanleger hat einen altmodischen Charme und ist bei Tagesausflüglern beliebt.

Entlang der Themse führt ein Spazierweg ca. 1,5 km bis zum **Ham House.** Im Jahr 1626 erhielt William Murray, ein treuer Bediensteter von Charles I., Ham House als Geschenk. Bis 1639 unternahm er umfangreiche Renovierungsarbeiten an dem Haus im jakobitischen Stil. Als 1642 der Bürgerkrieg ausbrach, bewahrte Murrays Tochter Elizabeth das Haus vor der Zerstörung durch die Truppen Cromwells. Nach der Restauration heiratete Elizabeth 1672 den Duke of Lauderdale. Beide waren weitgereist und hatten ein Faible für exotische Möbel und andere Einrichtungsgegenstände entwickelt. Zusammen dekorierten sie das Haus im überschwänglichen Stil der Restaurations-Periode. Die nachfolgenden Jahrhunderte überlebte das Haus fast unversehrt und ist heute ein seltenes Beispiel für die **Architektur und das Design Mitte bis Ende des 17. Jh.**

› Ham Street, Richmond-upon-Thames, Surrey, U: Richmond (District Line), weiter mit Bus 65 ab Richmond Station bis Petersham/Fox & Duck Pub, dann zu Fuß vorbei am Polo Club oder Zug bis Kingston Station und dann Bus 65 bis Fox & Duck, Tel. 89401950, www.nationaltrust.org.uk/ham-house, tgl. 12–16 Uhr, nur geführte Touren, im Winter sind nur ausgewählte Räume geöffnet, Eintritt Erw. £ 11,05, Kinder £ 5,50

115 Hampton Court Palace ★★★ [S. 272]

Hampton Court Palace liegt ca. 20 km westlich des Londoner Stadtzentrums direkt an der Themse. Neben den Originalgebäuden aus der Tudorperiode kann man die angrenzenden Neubauten aus der Zeit des Barock bzw. der georgianischen Periode und umfassende Gartenanlagen besichtigen. Wie alle unbewohnten royalen Residenzen wird Hampton Court heute im Namen der Queen von der **Stiftung Historic Royal Palaces** verwaltet, die sich aus eigenen Mitteln finanziert.

Das **Torhaus** ist ein beeindruckendes Beispiel der englischen Spätgotik (Perpendicular Style). 1540 wurde dort die große **astronomische Uhr** angebracht, die auch die Mondphasen, Sternzeichen und den Hochwasserstand der Themse anzeigt. Davor reihen sich Wappentiere wie der englische Löwe und der königliche Drache, die sogenannten **King's Beasts**, aneinander.

Hampton Court wurde zuerst von 1514 bis 1525 von **Kardinal Wolsey** ausgebaut. Wolsey wurde von **Henry VIII.** gefördert und war schon bald Lordkanzler, d. h. der zweitmächtigste Mann im Land. In dem pompösen Palast hielt er Empfänge ab und brachte Staatsgäste unter. Neben 40 Gästezimmern stattete er auch Suiten für Henry und seine Famililе aus. Wolsey fiel jedoch bereits 1528 in Ungnade, nachdem er die Annulierung von Henrys Ehe mit Catarina d'Aragon nicht beim Papst bewirken konnte. Er sah Karriere und Leben in Gefahr und überließ Hampton Court daher dem König.

Henry VIII. ließ die **Great Hall** bauen, eine im mittelalterlichen Stil gehaltene Empfangshalle mit beeindruckender Stichbalkendecke. In der von ihm neu angelegten **Großküche** arbeiteten in 55 Räumen ca. 200 Angestellte, die pro Tag 600 Mahlzeiten für den Hofstaat kochten. Dabei lag ein Schwerpunkt auf Grillfleisch – pro Jahr wurden ca. 1200 Ochsen, 8200 Schafe, 2400 Wildtiere und 1800 Schweine „verbraten". Der König legte auch einen Jagdwald und Tennisplätze an. Im Küchengarten wurde für Nachschub an Gemüse und Gewürzen gesorgt.

Einer der Höhepunkte der Besichtigung ist die **Royal Chapel**, die königliche Kapelle. Das Deckengewölbe, das wieder auf den Stand aus dem Jahr 1535 restauriert wurde, besteht aus Eichenschnitzereien, die dunkelblau bemalt und mit Gold verziert wurden. In den Dekorationen finden sich die fünfblättrige Rose, das Symbol des Hauses Tudor, sowie die englischen Wappeninsignien „Dieu et mon Droit" („Gott und mein Recht") ebenso wie die Devise des Hosenbandordens: „Honi soit qui mal y pense" („Beschämt sei, wer schlecht darüber denkt"). Henry VIII. und seine Ehefrauen wohnten Gottesdiensten von einer Empore aus bei. Dort ist heute eine Nachbildung der Krone des Königs ausgestellt. In der Kapelle wurde 1537 Henrys einziger (legitimer) Sohn (mit seiner dritten Frau Jane Seymour) getauft, der im Alter von 9 Jahren seine Nachfolge antrat.

James I. nutzte den Palast für Tänze, Bankette und Theatervorstellungen. Im Jahr 1603 traten u. a. auch William Shakespeare mit seinen „The King's Men" hier auf. **William of Orange** und **Mary II.** beauftragten 1698 Sir Christopher Wren mit dem Neubau der inzwi-

schen veralteten Königsgemächer. Die Ost- und die Südfassade des Palasts wurden im Barockstil neu gestaltet und der Landschaftsgarten erhielt exotische Pflanzen. Ende Juni bis Anfang Juli stehen die Gärten jedes Jahr während der **Hampton Court Flower Show** in voller Blüte. **Georg II.** war der letzte Monarch, der den Palast umbaute und selbst nutzte, **Queen Victoria** machte ihn 1838 der Bevölkerung zugänglich.

Nördlich des Palasts erstrecken sich noch die Überreste des Jagdwalds: Im **Bushy Park** gibt es immer noch freilebendes Rotwild.

› East Molesey, Surrey, Tel. 31666000, www.hrp.org.uk, www.chapelroyal.org, 25. März–27. Okt. tgl. 10–18, 28. Okt.–30 März, tgl.10–16.30 Uhr, Chapel Royal bei Gottesdiensten geschl., Eintritt: Erw. £ 19,20, erm. £ 15,40, Kinder £ 9,60. Die Anfahrt mit dem Boot vom Westminster Pier (nur im Sommer) dauert je nach Wasserstand ca. 2½ Std. (Thames River Boats, www.thamesriverboats.co.uk). Mit dem Zug sind es von der Waterloo Station ca. 35 Min. Auf dem Gelände befinden sich mehrere Café-Restaurants mit warmer und kalter Küche.

100 Dish £, 9 Bridge Road, East Molesey Tel. 89411095, https://hamptoncourtdish.co.uk, tgl. 6–18 Uhr. Frühstück, Sandwiches und Kuchen gibt es in diesem Café an der Hauptstraße des Orts, unweit des Palasts.

101 Le Petit Nantais £££, 41 Bridge Road, Hampton Ct Way, East Molesey KT8 9ER, Tel. 89792309, www.lepetitnantais.co.uk, Lunch Di–So 12–14, Dinner Di–Sa 19–21.30 Uhr. Französische Lebensart an der Themse: Dieses Bistro auf der Themseseite gegenüber dem Palast serviert traditionelle französische Küche.

Beeindruckende Tudorarchitektur: der Hampton Court Palace

116 Windsor Castle und Eton ★★★ [S. 272]

Das von einem großen Landschaftspark umgebene mächtige Schloss von Windsor bietet ein beeindruckendes Bild. Es ist das älteste noch erhaltene königliche Schloss und diente schon 39 Monarchen als Heimat. Noch heute wird es regelmäßig von **Queen Elizabeth II.** und der **königlichen Familie** genutzt. Die Queen und Prinz Philipp verbringen ihre Wochenenden und die Osterferien hier. Im Juni sind die Queen und andere Mitglieder der königlichen Familie beim Pferderennen in **Royal Ascot** anwesend. Außerdem finden im Schloss Staatsempfänge und Bankette statt.

Windsor gab der königlichen Familie ihren heutigen Namen, denn während des Ersten Weltkriegs kam es zu Ressentiments gegen das deutschstämmige Königshaus. Queen Victorias Mutter war Prinzessin Viktoria von Sachsen-Coburg-Saalfeld und ihr Vater stammte vom Hannoveraner König George III. ab. Durch Queen Victorias Ehe mit ihrem Cousin Prinz Albert von Sachsen-Coburg Gotha erbte der Sohn Edward VII. nach Victorias Tod den Titel des Vaters (engl. Saxe-Coburg and Gotha). Als Edwards Sohn, George V., die Nachfolge antrat, änderte er den deutsch klingenden Namen schließlich in „Windsor" ab.

1070 von **William the Conqueror** erbaut, wurde die Burg von Henry II. in ein Schloss mit königlichen Gemächern umgebaut. Die normannische Burg wurde 1170 in einen Rundturm umgestaltet und das umgebende Gelände neu angelegt. Edward III. kreierte einen gotischen Palast und gab Unsummen dafür aus. Den letzten Schliff erhielt das Schloss dann durch die Tudors. **Henry VIII.** ließ einen Tennisplatz und eine große Außenterrasse mit Blick auf die Themse errichten. Jedes Jahr fanden hier die ausufernden Feste des Hosenbandordens statt (Order of the Garter at the Castle).

Charles II. ließ die königlichen Gemächer 1693 im Barockstil neu ausstatten und George III. gab der Außenfassade ein gotisches Aussehen. Unter George IV. wurden neue Königsgemächer auf der Südseite angelegt. Nachdem 1922 in Queen Victorias Privatkapelle ein Brand ausbrach, der viele Räume erfasste, musste u. a. die St. George's Hall komplett neu ausgestattet werden.

Bei einer Besichtigung der **State Apartments** erkennt man Stilelemente aus verschiedenen Epochen. Wie auch im Buckingham Palace 11 zieren Kunstwerke aus der riesigen königlichen Sammlung die Wände, darunter Gemälde von Rembrandt, Rubens und Canaletto. Die Gemächer von George IV., die sogenannten **Semi-State Rooms**, sind nur von Ende Sept. bis Ende März zu besichtigen.

Eine besondere Bedeutung hat die **St. George's Chapel.** Sie wurde 1348 zur Ordenskapelle des Hosenbandordens und noch heute versammeln sich hier jedes Jahr die Queen, der Prince of Wales und die 24 „Ritter" des Ordens, der die höchste Auszeichnung der britischen Monarchie darstellt. Die Kapelle im spätgotischen Perpendikularstil wurde von Henry VIII. um die Lady Chapel erweitert. Er hatte bereits zu Lebzeiten eine Grabstätte ausstatten lassen, ursprünglich war sie für Cardinal Wolsey gedacht, letztlich wurde jedoch der König selbst 1547 dort beerdigt. Auch Jane Seymour, Mutter seines Sohnes und Nachfolgers Edward, ist hier

Windsor Castle

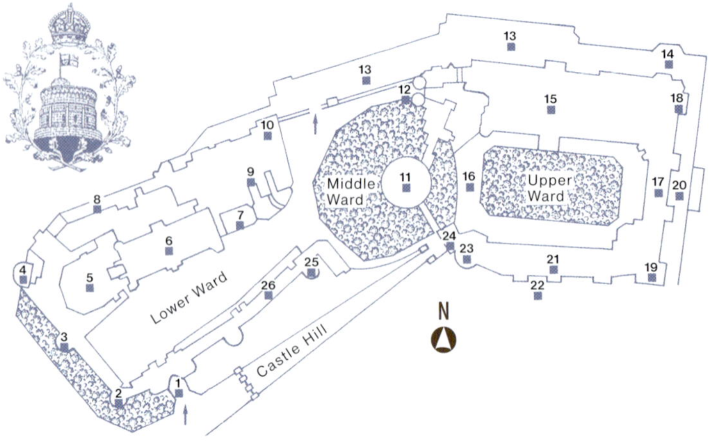

Windsor Castle

1	Henry VIII. Gate
2	Salisbury Tower
3	Garter Tower
4	Curfew Tower
5	Horseshoe Cloister
6	St. George's Chapel
7	Albert Memorial Chapel
8	Canon's Residence
9	Deanery
10	Winchester Tower
11	Round Tower
12	Norman Gate
13	North Terrace
14	Brunswick Tower
15	State Apartments
16	Charles II. Statue
17	Private Apartments
18	Prince of Wales Tower
19	Queen's (Victoria) Tower
20	East Terrace
21	Visitor's Apartments
22	George IV. Gate
23	Edward III. Tower
24	St. George's Gateway
25	Henry III. Tower
26	Garter House

beerdigt. Sie ist die einzige seiner Ehefrauen, der die Ehre zuteil wurde, neben im beigelegt zu werden. Auch Charles I. ist hier beerdigt, ebenso George V.

Weiterhin ist auf dem Gelände die **Drawings Gallery** zu finden, die u.a. mit Zeichnungen von Leonardo da Vinci aufwartet. Ebenfalls interessant ist das aufwendige Puppenhaus von Queen Mary (**Queen Mary's Dolls' House**), das von Sir Edwin Lutyens 1924 entworfen und von verschiedenen Künstlern in akribischer Kleinarbeit ausgeschmückt wurde.

Im **Dörfchen von Windsor** kann man durch die Gassen bummeln, einkaufen und einkehren. Auf der Pferderennbahn von Ascot (**Ascot Racecourse**), ca. 8 km südwestlich von Windsor, die 1711 unter Queen Anne entstand, finden von Mai bis Oktober Rennen statt. Zu den bekanntesten Veranstaltungen gehört Mitte Juni **Royal Ascot** (s. S. 200). Hier ist die königliche Familie anwesend und auch die Pferde der Queen gehen an den Start. Zu einem beliebten Zeitvertreib gehören auch **Bootsausflüge** auf der Themse. Unter anderem führen diese in das südöstlich von Windsor gelegene Runnymede, wo 1215 die aufständischen Barone von King John die Zustimmung zur Magna Carta erzwangen.

Unterhalb des Schlosses in Richtung Themse gelangt man zu einer kleinen Brücke. Hat man sie in Richtung Norden überquert, befindet man sich bereits im Städtchen **Eton.** Der gemächliche Rhythmus des Lebens in Eton wird bestimmt durch das berühmte **Jungen-Internat**, das bereits von Henry VI. im Jahr 1440

⌃ *Die St. George's Chapel ist die Privatkapelle der Queen und Ordenskapelle des Hosenbandordens*

gegründet wurde. Henrys Stiftung diente damals der Erziehung von weniger begüterten Kindern und nahm 70 Jungen auf, die nach der Absolvierung der Schuljahre am King's College in Cambridge studieren durften. Heute kostet ein Trimester *(term)* in Eton ca. £ 12.000. Das das akademische Jahr aus drei Trimestern besteht, kann man also mit ca. £ 36.000 pro Schuljahr rechnen. Unter den heutigen 1300 Studenten im Alter von 13 bis 18 Jahren befinden sich neben Kindern aus wohlhabenden Familien jedoch auch zahlreiche Stipendiaten. Noch immer setzen ca. ein Drittel aller Absolventen ihre Ausbildung an den Elite-Universitäten Oxford und Cambridge fort. Zweifelsohne vereinfacht der Besuch des Eton College den Zugang zu den einflussreichsten Positionen im Land. Zu den bekannten Persönlichkeiten, die hier lernten, gehören z. B. der Premierminister David Cameron und auch Londons Bürgermeister Boris Johnson.

Henry VI. legte großen Wert auf die religiöse Erziehung der Schüler und der eindrucksvolle Bau der **Eton College Chapel** könnte manchen Kathedralen Konkurrenz machen. Innen befinden sich Wandgemälde im flämischen Stil aus den Jahren 1479 bis 1487. Während des Bürgerkriegs wurden die Gemälde von den Puritanern übermalt, jedoch 1847 wiederentdeckt und bis 1923 vollständig restauriert.

› **Windsor Castle,** Royal Borough of Windsor, www.royalcollection.org.uk/visit/windsorcastle, Bahn: Windsor & Eaton Central, Windsor & Eaton Riverside von Waterloo und Paddington, März–Okt. 10–17.15, Nov.–Febr. 10–16.15 Uhr, Eintritt Erw. £ 21,20, erm. £ 19,30, Kinder (5–17 Jahre) £ 12,30

› **Bootsausflüge:** French Brothers, The Clewer Boathouse, Clewer Court Road, Windsor, Tel. 01753 851900, www.frenchbrothers.co.uk

› **Eton College,** Windsor, Berkshire SL4 6DW, Tel. 0175 3370100, www.etoncollege.com/visits.aspx. Geführte Touren sind online buchbar: Mai–Sept. Fr 14 und 16 Uhr, Eintritt £ 10. Bei der Tour besichtigt man Schulhof, Kirche, Upper School College Hall und das Museum of Eton Life.

102 All Bar One ££, 40, Windsor Royal Station, Windsor, Berkshire, Tel. 01753 857570, www.allbarone.co.uk/all-bar-one-windsor, Mo–Mi 10–23, Do, Fr 10–24, Sa 9–24, So 9–22.30 Uhr. Diese Café-Bar serviert moderne Pub-Klassiker wie Burger und Wraps. Ein Teil der Gaststätte ist im ehemaligen privaten Wartesaal von Queen Victoria untergebracht. Die königliche Lokomotive kann man gleich um die Ecke besichtigen.

103 Côte Windsor and Eton £££, 71-72 High Street, Eton, Berkshire, Tel. 01753 868344, www.cote-restaurants.co.uk, Mo–Fr 8–23, Sa 9–23, So 9–22.30 Uhr. Dieses Restaurant mit Blick auf den Fluss serviert französische Klassiker.

104 The Fat Duck ££££, High Street, Bray, Berkshire, Tel. 01628 580333, www.thefatduck.co.uk, Di–Sa 12–13.15, 19–20.15 Uhr. Wer die Experimentalküche von Heston Blumenthal kennenlernen möchte und über das nötige Kleingeld verfügt, sollte einen Besuch in seinem Restaurant mit Michelinstern nicht verpassen.

105 The Two Brewers, 34 Park St, Windsor, Berkshire, Tel. 01753 855426, www.twobrewerswindsor.co.uk. Mo–Do 11.30–23, Fr, Sa 11.30–23.30, So 12–22.30 Uhr. Dieser Pub aus dem Jahr 1792 hat Historie im Gebälk, heute wird hier Modern British gekocht. Reservierung nur telefonisch – Kinder haben keinen Zutritt.

LONDON ERLEBEN

003lo-In

London für Kunst- und Museumsfreunde

London hat unzählige renommierte Museen und Galerien zu bieten und bei vielen ist der Eintritt frei. Auch Museumsmuffel sollten daher wenigstens einen Besuch, z. B. in der National Gallery 8 oder dem British Museum 74, einplanen. Hinzu kommen interaktive Erlebnismuseen, die Aktivitäten für Kinder und Erwachsene anbieten.

Museen

35 [M9] **Bank of England Museum.** Das Museum gewährt Einblick in die Währungsgeschichte Großbritanniens, zeigt aber auch Gemälde und Mobiliar (s. S. 68).

74 [I8] **British Museum.** Wechselausstellungen zeigen jeweils einen Teil der ca. 1,9 Mio. Objekte umfassenden Sammlung aus dem alten Ägypten, Rom und Griechenland sowie einen Querschnitt durch die britische Historie (s. S. 113).

60 [P10] **Brunel Museum Rotherhithe.** 1843 wurde in Rotherhithe der erste Tunnel unter der Themse eröffnet – er war auch der erste Unterwassertunnel der Welt. Es gibt eine Ausstellung über den Bau und es finden Events statt (s. S. 98).

M106 [I11] **Cabinet War Rooms und Churchill Museum,** Clive Steps, King Charles Street, U: Westminster, Tel. 74165000, www.iwm.org.uk, Juli–Aug. tägl. 9.30–19, Sept.–Juni 9.30–18 Uhr, Eintritt: Erw. £ 21, erm. £ 16,80, Kinder £ 10,50 (bis 16 Jahre frei). In der Kommandozentrale aus dem Zweiten Weltkrieg gewinnt man Einblick in die Tage des „Blitz" und sieht Churchill-Memorabilien.

29 [J7] **Charles Dickens Museum.** Das einzige noch existierende Heim von Dickens in London gibt einen Einblick in das Leben und Schaffen des beliebten Autors, aber auch in den Alltag im 19. Jh. (s. S. 58).

91 [B11] **Design Museum.** Das Museum des Designers Terence Conran gibt einen oft überraschenden Einblick in die rasante Entwicklung von Gegenständen des täglichen Lebens. Neben Wechselausstellungen wird eine ständige Sammlung von Klassikern des europäischen Produktdesigns gezeigt (s. S. 131).

26 [K9] **Dr Johnson's House.** Samuel Johnson war einer der herausragendsten Literaten seiner Zeit und sein Wohnhaus am Gough Square, in dem er von 1748 bis 1759 lebte, ist ein seltenes Beispiel des Lebensstils dieser Zeit. Johnsons „Dictionary of the English Language" war bis ins Jahr 1884 das maßgebliche Nachschlagewerk über die englische Sprache (s. S. 56).

56 [M11] **Fashion and Textile Museum.** Modeinteressierte finden hier thematische Ausstellungen zu Kleidung, Textildesign und Trends (s. S. 96).

75 [J7] **Foundling Museum.** Museum mit Ausstellungsstücken aus einem ehemaligen Waisenhaus und umfassender Gemäldegalerie (s. S. 114).

› **Freud Museum** (s. S. 151). In diesem Wohnhaus in Hampstead lebte der Psychoanalytiker mit seiner Tochter.

2 [J12] **Garden Museum.** In der entweihten Kirche St. Mary-at-Lambeth sind interessante Ausstellungen zum Thema Gartendesign zu sehen (s. S. 26).

Vorseite: Die Westminster Bridge bietet einen tollen Panoramablick und manchmal auch Unterhaltung durch Straßenkünstler

Blick von der Millennium Bridge auf die Tate Modern 43

72 [N6] **Geffrye Museum.** Das Museum im ehemaligen Armenhaus des wohltätigen Stifters Geffrye zeigt einen Querschnitt durch die Wohn- und Lebensbedingungen verschiedener Jahrhunderte. **Wegen Restaurierung ist das Museum bis Frühjahr 2020 geschlossen.** Die Gärten sind Mo bis Fr von 7.30 Uhr bis zur Dämmerung geöffnet und es finden zu ausgesuchten Daten Touren statt (s. S. 108).

34 [L8] **Guildhall Art Gallery and Roman Amphitheatre.** Die Kunstgalerie zeigt Wechselausstellungen mit Werken aus der Sammlung der Guildhall. Außerdem kann man die Reste eines römischen Amphitheaters besichtigen (s. S. 67).

M107 [G9] **Handel & Hendrix in London,** 25 Brook Street, Mayfair, U: Bond Street (Central oder Jubilee Line), Tel. 74951685, https://handelhendrix.org, tgl. 11-18 Uhr, Erw. £ 10, Kinder unter 16 Jahre frei. Hier erhält man Einblick in das Leben des Komponisten Georg Friedrich Händel. Im Nachbarhaus kann man die einstige Wohnung des Gitarristen Jimi Hendrix besichtigen.

M108 [K11] **Imperial War Museum,** Lambeth Road, Tel. 74165000, www.iwm.org.uk, U: Lambeth North, tgl. 10–18 Uhr, Eintritt frei (außer Sonderausstellungen). Das sehenswerte Museum, dem auch die HMS Belfast 51 untersteht, erzählt von den Leiden des Kriegs und ist interaktiv gestaltet.

87 [G5] **Jewish Museum.** Das Museum gibt einen umfassenden Einblick in das jüdische Leben in Großbritannien (s. S. 127).

› **Keats House** (s. S. 151). Auch der romantische Dichter Keats lebte im schönen Hampstead. Heute sind hier Originalmanuskripte und Briefe des Dichters zu sehen.

2 [J12] **Lambeth Palace.** Der Palast des Erzbischofs von Canterbury steckt voller Historie (s. S. 26).

81 [J6] **London Canal Museum.** Das Museum bietet Einblick in die Geschichte der Wasserkanäle Londons (s. S. 121).

M109 [J9] **London Film Museum,** 45 Wellington Street, WC2E 7BN, U: Covent Garden, www.londonfilmmuseum.com, Tel. 78364913, tgl. 10–18 Uhr, Erw. £ 14,50, Kinder/erm. £ 9,50. Das Museum bietet Ausstellungen zu bestimmten Filmthemen.

M110 [J9] **London Transport Museum,** 39 Wellington Street, U: Covent Garden, Tel.

111lo-fo©KittyKat

73796344, www.ltmuseum.co.uk, U: Covent Garden, tgl. 10–18 Uhr, bei Onlinebuchung Erw. £ 16, erm. £ 13,50, Kinder bis 17 Jahre frei, erm. £ 11,50. Das Museum an der Ostseite der Covent Garden Piazza informiert interaktiv über die Entwicklung des öffentlichen Nahverkehrs in der Metropole.

M111 [A9] **Museum of Brands,** 111–117 Lancaster Road, Notting Hill, U: Ladbroke Grove, Tel. 72439611, www.museumofbrands.com, Mo–Sa 10–18, So 11–17 Uhr, Erw. £9, erm. 7 £, 7–16 Jahre £5. Dieses Museum verdeutlicht die Entwicklungsgeschichte der Werbemittel von bekannten Markenprodukten, wie Rimmel-Kosmetik, die sich bis auf das Jahr 1890 zurückverfolgen lässt. Über 12.000 Artikel, darunter Poster, Puppen, Schachteln, Büchsen und andere Gegenstände, die im Laufe der Jahrzehnte als Werbemittel genutzt wurden, eröffnen einen Blick in die Ästhetik und den Zeitgeschmack der verschiedenen Dekaden und rufen beim Betrachter Erinnerungen wach.

31 [L8] **Museum of London.** Zu besichtigen sind Exponate aus allen Epochen der Londoner Geschichte von der Steinzeit bis in die Gegenwart (s. S. 65).

64 [S9] **Museum of London Docklands.** Die Zweigstelle des Museum of London verdeutlicht die großen Veränderungen, die das East End und die Docklands im letzten Jahrhundert durchgemacht haben (s. S. 102).

109 [U13] **National Maritime Museum.** Dieses beeindruckende Marinemuseum, das über die einstige Seemacht Großbritannien erzählt, befindet sich im Queen's House von Inigo Jones in Greenwich (s. S. 146).

98 [E12] **Natural History Museum.** Das Museum ist wegen der Dinosaurierskelette und der zahlreichen angebotenen Aktivitäten besonders bei Kindern beliebt (s. S. 135).

108 [T13] **Old Royal Naval College.** Sir Christopher Wren entwarf dieses einstige Hospital für Seeleute. Sehenswert sind u.a. die Rokoko-Kapelle im Queen Mary Court und die Painted Hall im King William Court (s. S. 145).

102 [F13] **Royal Hospital Chelsea** (s. S. 141). Der Altersruhesitz für verdiente Armeeveteranen wurde bereits von Charles II. ins Leben gerufen und von Sir Christopher Wren gebaut. Hier findet auch jedes Jahr die Chelsea Flower Show (s. S. 198) statt.

110 [U14] **Royal Observatory.** Man kann das Planetarium besuchen, frühe astronomische Instrumente begutachten und den Nullmeridian betreten (s. S. 147).

97 [E11] **Science Museum.** Mit neuester interaktiver Technik wird hier Einblick in die wissenschaftlichen Entwicklungen von heute geboten (s. S. 135).

M112 [F7] **Sherlock Holmes Museum,** 221b Baker Street, Tel. 79358866, www.sherlock-holmes.co.uk, U: Baker Street, tgl. 9.30–18 Uhr, Eintritt Erw. £ 15, Kinder £ 10. Im Sherlock Holmes Museum kann man das Arbeitszimmer des genialen Detektivs und viele weitere Memorabilien besichtigen und auch Souvenirs kaufen.

27 [J8] **Sir John Soane Museum.** Hier hat man Zugang zur Kollektion eines fanatischen Sammlers (s. S. 57).

96 [E12] **Victoria & Albert Museum.** Das V&A zeigt die ganze Bandbreite des künstlerischen Schaffens verschiedener Nationen und ist sicher auch für „Museumsmuffel" interessant (s. S. 134).

Erlebnismuseen

M113 [L10] **Clink Prison Museum,** Clink Street, U: London Bridge, Tel. 74030900, www.clink.co.uk, Juli–Sept. tgl. 10–21, Okt.–Juni Mo–Fr 10–18, Sa, So 10–19.30 Uhr, Eintritt: Erw. £ 7,50, Kinder/erm. £ 5,50. In diesem Gruselmuseum werden die Zustände im Gefängnis des lasterhaften Bezirks Southwark im Mittelalter dargestellt. Die Zellen waren so berüchtigt, dass der Name in die englische Umgangssprache einging: „Clink" bedeutete Knast.

114 [J10] **London Aquarium,** County Hall, Westminster Bridge Road, U: Westminster oder Waterloo, Tel. 08716631678, www.visitsealife.com/london, Mo–Fr 10–20, Sa, So 9.30–19 Uhr, Eintritt: Erw. £ 26, Kinder £ 21 (online £ 21/17). Im Aquarium kann man nicht nur Meereslebewesen aller Art betrachten, sondern auch selbst aktiv werden: Es werden Tauchkurse in den Becken angeboten.

115 [M10] **London Bridge Experience & Tombs,** 2–4 Tooley Street, U: London Bridge, Tel. 08000434666, www.thelondonbridgeexperience.com, Mo–Fr 10–17, Sa, So 9.30–18 Uhr, Eintritt Erw. £ 19,95, Kinder £ 16,50. Hier wird die Geschichte der London Bridge durch die Jahrhunderte von Schauspielern gruselig in Szene gesetzt. Die „Tombs Experience" zeigt zeitgemäßen Horror: Man trifft auf Mörder, Zombies etc.

116 [J11] **London Dungeon,** County Hall, Westminster Bridge Road, U: Waterloo, Tel. 76540809, www.thedungeons.com, Mo–Fr 10–17, Sa 10–18, So 10–17 Uhr, Erw. £ 24,60, Kinder £ 19,20, erm. £ 22,50. Hier wird eine 90-minütige Show geboten, in der Schauspieler die gruselige Geschichte der Londoner Unterwelt an ausgewählten Beispielen nachstellen und Charaktere wie Jack the Ripper, Sweeney Todd und Guy Fawkes sich persönlich vorstellen.

83 [F8] **Madame Tussauds.** Im bekannten Wachsfigurenkabinett kann man sich mit den Abbildungen bekannter Persönlichkeiten fotografieren lassen. Vorausbuchung ist empfehlenswert, um langes Anstehen zu vermeiden (s. S. 124).

117 The Making of Harry Potter, Studio Tour Drive, Leavesden, Tel. 0345 0840900, www.wbstudiotour.co.uk, Anfahrt per Bahn von Euston nach Watford Junction, von dort mit dem Shuttlebus, Eintritt: Erw. £ 43, Kinder £ 35. In dem von den Warner Bros. in den Leavesden Studios eingerichteten „Making of Harry Potter" wandert man durch Originalkulissen und kann u. a. einen Hexenbesen reiten.

Kunstgalerien

22 [J9] **Courtauld Gallery.** In der Fachwelt ist das Courtauld Institute für seine umfassende Sammlung an impressionistischer Kunst bekannt. Für Renovierungsarbeiten bleibt dei Galerie **bis 2020 geschlossen.** Während dieser Zeit werden einige Gemälde als Leihgaben in anderen Galerien zu sehen sein (s. S. 52).

› **Hayward Gallery.** In der Galerie des Southbank Centre **40** wird in Wechselausstellungen moderne Kunst gezeigt (s. S. 73).

8 [I10] **National Gallery.** Die National Gallery beherbergt die Werke italienischer Meister des 15. und 16. Jh. sowie holländische, flämische und französische Gemälde des 17. Jh. (s. S. 32).

9 [I9] **National Portrait Gallery,** Die National Portrait Gallery zeigt Porträts bekannter Briten durch die Jahrhunderte (s. S. 32).

11 [H11] **Queen's Gallery.** Die große Kunstsammlung des Königshauses wird dem Publikum in unterschiedlichen Wechselausstellungen gezeigt (s. S. 35).

14 [H10] **Royal Academy of Arts.** Hier stellen nicht nur die Maler der Akademie ihre Werke aus, sondern es werden auch wechselnde Ausstellungen zu unterschiedlichen Themen organisiert (s. S. 40).

118 [F12] **Saatchi Gallery,** Duke of York's HQ, King's Road, Chelsea, U: Sloane Square, Tel. 78113070, www.saatchi-gallery.co.uk, tgl. 10–18 Uhr, Eintritt: frei. Es ist wohl die größte Galerie, in der ein Kunstsammler die „Stars" von morgen ausstellt. Charles Saatchi hat ein gutes Auge für neue Talente und gibt jungen Künstlern die Möglichkeit, ihre Werke einer breiten Öffentlichkeit zu präsentieren.

89 [E10] **Serpentine Gallery und Serpentine Sackler Gallery.** Die Serpentine Gallery zeigt im Sommer Ausstellungen internationaler Künstler. Die Sackler Gallery entstand auf der anderen Seite des Lake Serpentine nach einem Design der Architektin Zaha Hadid.

106 [I12] **Tate Britain.** Eine umfassende Sammlung britischer Malerei vom 15. bis 19. Jh. wird hier in Wechselausstellungen gezeigt. In der angeschlossenen Clore Gallery sind Werke der Landschaftsmaler J. W. Turner und Gainsborough zu bewundern (s. S. 144).

43 [L10] **Tate Modern.** Der moderne Teil der Tate-Kunstsammlung wurde in den ehemaligen Kraftwerksbau der Bankside Power Station verlegt und ist hier nach Kunststilen geordnet (s. S. 75).

67 [N8] **Whitechapel Gallery.** Die Kunstsammlung zeigt wechselnde zeitgenössische Ausstellungen, aber auch Dichterlesungen, Musikveranstaltungen und Filme stehen auf dem Programm (s. S. 105).

57 [M11] **White Cube.** Hier werden Werke interessanter zeitgenössischer Künstler aus der ganzen Welt ausgestellt (s. S. 96).

EXTRAINFO

Kombitickets

Die vier Sehenswürdigkeiten **London Eye** 39, **London Aquarium, London Dungeon** und **Madame Tussauds** 83 bieten Kombitickets an, bei denen man erheblich sparen kann (z. B. www.visitsealife.com/london/tickets, www.londoneye.com/tickets-and-prices).

London für Architekturinteressierte

London vereint viele Architekturstile und bei einem Spaziergang durch die Stadt begibt man sich auf eine Reise durch die Jahrhunderte. Denkmalschutz wird in Großbritannien ernst genommen, daher ist in London Architektur aus vielen Dekaden erhalten geblieben.

1957 gründete ein Zirkel von Intellektuellen die **Victorian Society** (www.victoriansociety.org.uk), die sich bis heute für den Schutz von Bauwerken aus den Jahren von 1850 bis 1920 einsetzt. Zu den Gründungsmitgliedern zählten u. a. der Hofdichter *(Poet Laureate)* **John Betjeman** (1906–1984) und der Kunsthistoriker **Nikolaus Pevsner** (1902–1983). Pevsner verfasste in akribischer Kleinarbeit ein Register von englischen Bauten und Plätzen („The Buildings of England", 1951), das noch heute als Nachschlagewerk genutzt und weitergeführt wird. Der populäre Betjeman sorgte durch seine Schriften und Fernsehauftritte für eine breite Unterstützung. Viele Bauten in London blieben aufgrund seiner Initiative erhalten, nicht zuletzt der Bahnhof St. Pancras 80.

Um die Architektur des 20. Jahrhunderts ab 1914 kümmert sich die **Twentieth Century Society** (www.c20society.org.uk), die Ausstellungen und Touren organisiert.

Auf nationaler Ebene setzen sich die beiden Organisationen English Heritage und Historic England für den Erhalt von historischen Gebäuden ein. Die öffentliche Körperschaft **Historic England** fungiert als Berater für das Kultusministerium und führt ein Nationalarchiv bedeutender Stätten, die unter Denkmalschutz gestellt werden sollen.

English Heritage ist seit 2015 eine separate Organisation, die bereits geschützte Gebäude verwaltet und sie außerdem für die Öffentlichkeit zugänglich macht.

Seit 1895 besteht zudem die gemeinnützige Organisation des **National Trust**, der von Verfall oder Zerstörung bedrohte Gebäude und Landschaftsregionen aufkauft.

In London bestehen sogenannte **„protected views"**, d.h. der Blick auf altehrwürdige Monumente wie die St. Paul's Cathedral 30 oder den Tower of London 54 darf von bestimmten Blickwinkeln aus nicht verbaut werden. Meist werden bestehende Bauten in neue Projekte integriert, was auf lange Sicht zu einer einzigartigen Zusammensetzung von Architekturstilen führt.

Die Fantasie der Architekten ist gefragt und hinter historischen Fassaden entstehen vielerorts moderne Appartements. Ein gutes Beispiel hierfür ist zum Beispiel die Eingliederung vom The Shard 55, dem größten Hochhaus Londons, in den mittelalterlichen Straßenverlauf von Southwark.

Einen Einblick in die georgianische und viktorianische Lebenswelt bieten das **Geffrye Museum** 72 im East End und das **Victoria & Albert Museum** 96. Ein Modell der Stadt kann man im Schauraum von **New London Architecture – NLA** besichtigen. Dort werden alle aktuellen Bauprojekte plastisch dargestellt.

- **119** [I8] **New London Architecture,** The Building Centre, 26 Store Street, Fitzrovia, U: Goodge Street, Tel. 76364044, www.newlondonarchitecture.org, Mo–Fr 9–18, Sa 10–17 Uhr

Römische Zeit

Die meisten Überreste aus der römischen Anfangszeit Londons liegen heute tief unter der Oberfläche begraben. Was man bei Bauarbeiten und Ausgrabungen gefunden hat, ist im **Museum of London** 31 und im **British Museum** 74 ausgestellt. Teile der **römischen Stadtmauer,** die entlang der Straße London Wall verlief, sieht man noch beim Museum of London und bei der U-Bahn-Station Tower Hill. Die Fundamente des **Temple of Mithras** aus der Zeit um 250 n.Chr. befinden sich zwischen den U-Bahn-Stationen Mansion House und Bank an der Queen Victoria Street, sind aber nur durch einen Zaun zu betrachten. Eindrucksvoll ist das Amphitheater im Keller der **Guildhall** 34.

Normannische Zeit und Gotik

Bereits im 11. Jh., kurz vor dem Ende der angelsächsischen Herrschaft, setzten sich in Großbritannien Elemente der romanischen Architektur nach französischem Vorbild durch. Dies erkennt man z.B. in den ältesten Teilen der **Westminster Abbey** 3 aus dem Jahr 1042. Aus normannischer Zeit stammen der **White Tower** (1078) des Tower of London 54 und die **Westminster Hall** (1097) der Houses of Parliament 1.

Die romanische Bauweise der **Temple Church** 23 ist einzigartig in London. Die Rundkirche wurde von Mönchen des Templerordens 1185 fertiggestellt. Die älteste Kirche Londons ist jedoch **St. Bartholomew the Great** (s.S.66) mit ihrer erstaunlich gut erhaltenen Kanzel. Sie wurde 1123 von Augustinermönchen gegründet.

Die englische Frühgotik bezeichnet man als **Early English Style** (1170–1240). Sie zeichnet sich durch den Bau von aufwendigen Kreuzrippengewölben aus. Ein seltenes Beispiel hierfür sind die Kapelle und die Krypta des **Lambeth Palace** 2 aus dem Jahr 1220. Danach folgte der **Decorated Style** (1250–1370) mit üppigen Dekorationen, z. B. Blattmustern auf allen Flächen. Leider wurden die mittelalterlichen Gebäude der Londoner Altstadt weitgehend durch das Große Feuer von 1666 zerstört.

Tudorzeit und Renaissance

Während der Tudorperiode (1485–1603) herrschte zunächst der **Perpendicular Style** (1350–1520) der englischen Spätgotik vor. Er ist in Europa einzigartig und zeichnet sich durch gerade vertikale und horizontale Linien sowie aufwendige Fächergewölbe aus. Ein gutes Beispiel ist die von Henry Yvele für Henry VII. gestaltete **Lady's Chapel** in der Westminster Abbey 3. Ein Stilmerkmal von Herrenhäusern war der Tudorbogen, zu sehen z. B. beim **Lambeth Palace** 2 aus dem Jahr 1495 und beim **St. James's Palace** 10 (1531–1536). Die Häuser hatten lange Schornsteine, damit der Rauch aus den Kaminen nicht nach unten geweht wurde (siehe z. B. **Hampton Court Palace** 115). Einfache Häuser wie das **Torhaus** der Kirche **St. Bartholomew the Great** (s. S. 66) in Smithfield entstanden aus Fachwerk.

Erste Einflüsse der **Renaissance** zeigten sich zur Zeit der Herrschaft von Elizabeth I. (1558–1603). Eine Neuerung waren die Freilufttheater, von denen man im **Shakespeare's Globe** 44 und im **Rose Theatre** 45 einen Eindruck gewinnen kann. Sehenswert ist auch die Elizabethan Hall im **Middle Temple** (s. S. 55) aus dem Jahr 1570.

Die Zeit unter König James I. von 1603 bis 1625 wird als jakobitische Zeit (**Jacobean Era**) bezeichnet. **Ham House** 114 an der Themse ist eines der am besten erhaltenen Häuser aus dieser Zeit.

Inigo Jones (1573–1652) war der erste Architekt, der die klassischen Ideale der palladianischen Architektur anwandte. 1638 legte er einen Entwurf für die komplette Neugestaltung des **Palace of Whitehall** (s. S. 150) vor. Zuvor hatte er für James I. das 1622 **Banqueting House** 6 gebaut, das erste klassizistische Gebäude in England. Auch die **Covent Garden Piazza, St. Paul's Covent Garden** (s. S. 48), das **Queen's House** (s. S. 145) in Greenwich und das **Somerset House** 22 gehen auf ihn zurück.

Barock und Queen Anne Style

Nachdem unter Charles I. (er regierte von 1625 bis 1649) der Bürgerkrieg ausgebrochen war, wurde der König hingerichtet und die **Puritaner** unter Oliver Cromwell übernahmen die Herrschaft. Sie zerstörten landesweit Herrschaftsarchitektur und bauten vor allem Kirchen.

Nach Cromwells Tod etablierte Charles II. die Monarchie auf Neue. Diese als „**Restoration**" (Stuart-Restauration) bezeichnete Periode zeichnet sich durch barocke Opulenz aus. Nach dem Großen Feuer beauftragte Charles II. den herausragendsten Architekten des englischen Barock, **Sir Christopher Wren**, mit dem Wiederaufbau der Stadt. Unter anderem zeichnet dieser für 50 Kirchen in der City of London verantwortlich, herausragend ist sein Meisterwerk, die **St. Paul's Cathe-**

dral 30. Zusammen mit Robert Hooke entwarf er auch das **Monument** 37. Ein weiterer Großbau war das **Old Royal Naval College** 108.

Wren's Schüler Nicholas Hawksmoor (1661–1736) war bei vielen Aufträgen die rechte Hand seines Lehrers. Nachdem Queen Anne (regierte 1702–1714) weitere 50 Kirchen in Auftrag gegeben hatte, war Hawskmoor u.a. für **Christ Church Spitalfields** 70 und St. Anne's Limehouse verantwortlich. Sein Zeitgenosse James Gibbs (1682–1754) entwarf **St. Martin-in-the-Fields** (s. S. 33). Der sogenannte **Queen Anne Style,** mit dem beide Architekten in Verbindung gebracht werden, zeichnet sich durch besonders klare und elegante Linien aus und fand im späten 19. Jh. besonderen Anklang in den Vereinigten Staaten.

078lo-ln

Georgianische Periode und Regency

Im Klassizismus, der erneut palladianische Ideale aufgriff, entstand die Idee für **Terraced Houses** (Reihenhäuser), die rund um einen Park oder einen Kreisverkehr angeordnet waren. Hier ging es um Proportionen und Einheitlichkeit von klaren Linien. Man legte Wert auf eine gleichförmige Fassade, in der alle Fensterrahmen, Eingangstüren, Zäune etc. gleich aussahen. Elegante Beispiele finden sich z. B. beim Queen Anne's Gate südlich des **St. James's Park** und im Diplomatenviertel **Belgravia** (s. S. 133).

Eine abgespeckte Version der Terraced Houses waren Arbeiterhäuser (**Workers' Cottages**) von einfacherer Bauweise, die man noch vereinzelt im East End findet. In der Artillery Lane und der Fournier Street [N8] in **Spitalfields** sieht man noch einige Exemplare aus dem frühen 18. Jh.

Der herausragende Architekt der Regency-Periode (1714–1830) war zweifelsfrei **John Nash** (1725–1835). Er wurde Hofarchitekt des Prinzregenten George IV., der an seines Vaters statt regierte. Daher nennt man die unter George IV. entstandene Architektur auch **„Regency".** Nash entwarf zahlreiche Paläste wie **Clarence House** 10 und die Carlton House Terrace an der Pall Mall. Er begann auch den Umbau des Buckingham Palace 11, wurde jedoch aus Kostengründen vom Nachfolger William IV. entlassen.

Die **Regent Street** [H9], der **Regent's Park** 84 und elegante Terrassenhäuser wie Park Crescent, Cumberland Terrace und Portland Place entstanden als Teil

Am Cumberland Place beim Regent's Park sieht man Architektur von John Nash

eines Großbauprojekts, bei dem eine Prachtstraße als Verbindungsachse zu dem neuen Wohnviertel im Norden geschaffen werden sollte. Heute gehören diese Häuser zu den begehrtesten und teuersten Immobilien in London.

Neogotik und Arts and Crafts Movement

Die Neogotik **(Gothic Revival)** hatte in Großbritannien zunächst einen philosophisch-religiösen Hintergrund. Der Architekt Augustus Pugin (1812–1852) idealisierte gotische Architektur als einen Ausdruck „wahren Christentums" und suchte eine Rückbesinnung auf die Ideale des Mittelalters. Zusammen mit Charles Barry (1795–1860) erhielt Pugin den Auftrag für den Neubau der **Houses of Parliament** 1. Das Gebäude ist jedoch ein Kompromiss: Der klassizistische Bauplan für das Gebäude stammt von Charles Barry. Pugin arbeitete 1836/37 und von 1844 bis 1852 an der Innen- und Außendekoration. Von ihm stammen z. B. Mobiliar, Buntglasfenster, Kacheln etc.

Als Antwort auf die Industrialisierung propagierte ab Mitte des 19. Jh. das **Arts and Crafts Movement** (ein Vorläufer des Art Nouveau) eine Abwendung von der maschinellen Produktion und die Rückkehr zum Handwerk. Künstler wie der Maler Dante Gabriel Rossetti (1828–1882) und der Textildesigner William Morris (1834–1896) gründeten die Design-Firma Morris, Marshall, Faulkner & Co. und stellten dekorative Objekte her. Sie arbeiteten mit natürlichen Stoffen und kreierten außergewöhnliche Stoffmuster, Möbel, Kacheln und Töpferwaren. Verkauft wurden sie im **Kaufhaus**

079lo-fo©Jan Kranendcnk

Liberty (s. S. 189), das 1924 im **Tudor-Revival-Stil** entstand. Noch heute stellt Liberty hochwertige Designer-Tapeten und -Stoffe her.

Später traten ideologische Motive in den Hintergrund und die Neogotik wurde zur Vorzeigearchitektur bei öffentlichen Gebäuden. Fast immer standen auch technische Errungenschaften im Vordergrund. George Gilbert Scott senior (1811–1878) begann sein Meisterwerk, den **Bahnhof St. Pancras** 80, im Jahr 1868. Die Glaskuppel aus Einfeldträgern war ein Geniestreich des Ingenieurs Willam Henry Barlow. Auch der Ingenieur Isambard Kingdom Brunel (1806–1859) kam als Architekt von Großprojekten wie z. B. dem **Thames Tunnel** zu Ansehen (Brunel Museum Rotherhithe 60).

Ab 1850 gab es in Wohnhäusern serienmäßige Sanitärsysteme – fließendes warmes Wasser und Toiletten mit Wasserspülung –, allerdings nur für die wohlhabende Mittelklasse. Im East End wurden massenweise Cottages aus billigstem Backstein für Arbeiter aus dem Boden gestampft. Sie standen Rücken an Rücken und hießen daher **Back-to-back houses.** Oft waren hier mehrere Familien untergebracht, die eine Gemeinschaftstoilette am Ende der Straße nutzten. Im 20. Jh. wurden diese Slum-Viertel abgerissen. Nur an wenigen Stellen findet man heute noch restaurierte Exemplare.

Das 20. Jahrhundert

Zu Beginn des 20. Jahrhunderts vermischten sich in London verschiedene Architekturströmungen. Während der Regentschaft von Edward VII. zwischen 1901 und 1914 (Edwardianische Zeit) spricht man auch vom **Neo-Barock**, ein Beispiel hierfür sind z. B. der **Cenotaph** (s. S. 30) von Edwin Lutyens oder das **Electric Cinema** (s. S. 132) in Notting Hill.

Inspiriert vom Art Nouveau florierte von 1925 bis 1939 das **Art-déco.** Viele Hotels und öffentliche Gebäude entstanden in diesem Stil, so z. B. das Dorchester Hotel in Mayfair 13, aber auch das BBC Building. Zu den vielen Theatern und Kinos aus dieser Zeit gehören z. B. das Adelphi Theatre, das Dominion und das Prince of Wales Theatre. Wichtigster Architekt des Art-déco war **Giles Gilbert Scott** (1880–1960), der Neffe von George Gilbert Scott. Er entwarf die **Battersea Power Station** (s. S. 143) und die Bankside Power Station, in der sich heute die **Tate Modern** 43 befindet. Auch die weltbekannten roten Telefonhäuschen sind ein Design von ihm.

Der Zweite Weltkrieg hinterließ in der City of London und am südlichen Themseufer große Zerstörungen und man baute nach und nach in die entstandenen Lücken. In den 1950er-Jahren entstand anläßlich des Festival of Britain deshalb zum Beispiel das **Southbank Centre** 40.

Zwischen 1950 und 1970 entstanden zahlreiche Bauten im Stil des **Brutalismus** (Brutalism), der ursprünglich von Le Corbusier beeinflusst war. Er sollte nach dem Krieg ein positives Signal des Aufbruchs in eine neue Zukunft setzen. Vielfach als hässliche Geschmacksverirrung verkannt, wurden Bauten wie das **National Theatre** 41 und das **Barbican** 33 dennoch konsequent unter Denkmalschutz gestellt, da sie ein Stück Architekturhistorie repräsentieren.

Der neogotische Bahnhof St. Pancras wird auch als „Kathedrale" bezeichnet

London heute

Die Skyline von London verändert sich ständig. Aus Platzgründen wird heute vor allem nach oben gebaut. Nicht nur Büros, sondern auch Wohnraum verlagert sich mehr und mehr in die luftigen Höhen futuristischer Hochhäuser. Bis in die 1960er-Jahre verbot der **Building Act** von 1894 den Bau von Gebäuden, die höher waren als „80 feet" (24,3 m). Dies war damals eine Reaktion auf den Bau eines 14-Stockwerke hohen Appartementblocks in St. James's: Queen Victoria beschwerte sich, dass der Bau ihr den Blick vom Buckingham Palace auf die Houses of Parliament versperrte. Erst in den 1960er-Jahren, einer Zeit der Bauwut und wachsender Abrisse, wurde dieses Gesetz revidiert.

An der Themse wird, wie hier in Vauxhall, überall in die Höhe gebaut

Das erste Hochhaus war der **Tower 42** (siehe Restaurant City Social, S. 177) von Richard Seifert mit 183 m, damals noch National Westminster Tower genannt. Zwischen 1978 und 1986 entstand das **Lloyd's Building** 38 des Architekten Richard Rogers, das heute unter Denkmalschutz steht. Bis 2013 war **One Canada Square** in Canary Wharf 63 von Cesare Pelli das höchste Hochaus Londons. Seit dem Jahr 2013 hält **The Shard** 55 von Renzo Piano mit 310 m den Rekord. Bis 2026 sollen 13 neue Hochhäuser in der City entstehen, die über 290 m hoch sind. Bei einigen sind Aussichtsterrassen und Restaurants geplant. Aufgrund der andauernden Wohnungsknappheit werden auch mehr und mehr Wohnhochhäuser geplant.

Einer der aktivsten Architekten der Stadt ist **Sir Norman Foster.** Er entwarf u. a. die Millennium Bridge und das Atrium des British Museum 74. Sein 180 m messendes konisches Hochhaus **St. Mary Axe** (genannt **„The Gherkin"**) aus dem Jahr 2003 und die London City Hall aus dem Jahr 2002 sind schon heute Klassiker.

Die britisch-irakische Architektin Zaha Hadid, die 2006 verstarb, war für ihre organisch geschwungenen Konstrukte bekannt. Zum Beispiel stammen aus ihrer Feder das **Aquatic Centre** im **Olympic Park** 73 und die **Serpentine Sackler Gallery** 89 im Hyde Park.

Für die Zukunft sind futuristische Projekte geplant: z. B. der **Thames Deckway,** ein Fahrradweg auf einem schwimmenden Ponton, und die **Endless City,** ein an ein Kreuzfahrtschiff erinnerndes Hochhaus.

London für Genießer

163lo-kw

Die Londoner Gastronomie ist vielfältig und bietet für jeden Geschmack etwas. London besitzt eine breite Palette internationaler Restaurants: Von europäisch über asiatisch, südamerikanisch bis zu afrikanisch sind alle Richtungen vertreten. Gourmets kommen in 69 Restaurants mit Michelin-Sternen auf ihre Kosten, darunter finden sich inzwischen auch indische, peruanische und vegetarische Restaurants.

Zu Lunchzeiten kann man auch in teuren Restaurants preiswertere Menüs bekommen, wenn man vorher reserviert. Wer es lieber ungezwungen mag, findet ein riesiges Angebot an Cafébars und Restaurants mit internationaler und moderner britischer Küche. Die als **Modern British** bezeichnete Kochrichtung bietet eine Neuinterpretation britischer „Standards" wie *pies* (Pasteten), Steak oder Fish and Chips. Alles wird frisch und oft mit Bio-Zutaten zubereitet. Auch in **Gastropubs,** die oft von aufstrebenden jungen Köchen *(Chefs)* geführt werden, legt man Wert auf eine fantasiereiche Küche. Um sich von der Konkurrenz zu unterscheiden, experimentiert man aber auch mit immer exotischeren Zutaten und Kombinationen, die vielleicht nicht jedermans Geschmack sind. Man sollte also vor der Einkehr die Karte genau studieren.

Traditionellere asiatische Restaurants findet man in Chinatown, indische Curry-Restaurants rund um die Brick Lane im East End und in der City. Letztere bieten auch eine große Auswahl an vegetarischen Gerichten, allerdings wird kein Alkohol serviert, da die bengalischen Betreiber meist Muslime sind. In den meisten Restaurants wird der Lunch von 12 bis 14/15 Uhr und das Abendessen (Dinner) von 17/18 bis 21/22 Uhr serviert. Es gibt auch zahlreiche **Ketten,** bei denen man ganztags einkehren kann. So gibt es Sushibars wie **Wasabi** (www.wasabi.uk.com) oder die Thai-Restaurants von **Busaba Eathai** (http://busaba.com) Individuell geführte französische und italienische Restaurants sind recht teuer, eine preiswertere Alternative bieten z. B. die Ketten **Côte** (www.cote-restaurants.co.uk) und **Carluccio's** (www.carluccios.com). Coffeeshops und Snackbars wie **EAT** und **Pret-A-Manger** oder **Café Nero** und **Costa Coffee** bieten

In London gibt es überall Möglichkeiten zur Einkehr, so z. B. im Covent Garden Market 20

Gastro- und Nightlife-Areale

Bläulich hervorgehobene Bereiche in den Karten kennzeichnen Gebiete mit einem dichten Angebot an Restaurants, Bars, Klubs, Discos etc.

Preiskategorien

Die Preiskategorien sind Richtwerte für ein Hauptgericht ohne Getränke.

£	bis 10 £
££	10-15 £
£££	15-25 £
££££	ab 25 £

neben Sandwiches teils auch wärmende Suppen oder Salate.

Alkohol und insbesondere Weine sind aufgrund der hohen Mehrwertsteuer in Großbritannien teurer als in Deutschland. Auch wenn das Essen preisgünstig ist, muss man in der Stadtmitte bei einem Glas Wein mit einem Preis von mindestens £ 5 bis 7 rechnen. Bier vom Fass ist preiswerter als importiertes Flaschenbier, ein Pint kostet im Schnitt £ 3.

Ausgewählte Lokale

Restaurants bekannter Köche

In vielen Londoner Gourmetrestaurants hat man sich von der steifen Atmosphäre der Vergangenheit verabschiedet. Gepaart mit preiswerteren Menüs soll dies eine neue Klientel in die Lokale locken.

120 [F11] **Dinner by Heston Blumenthal** ££££, Mandarin Oriental Hotel, 66 Knightsbridge, U: Knightsbridge, Tel. 72013833, www.dinnerbyheston.com, Lunch Mo-Fr 12-14, Sa, So 12-14.30, Dinner Mo-Fr 18-22.15, Sa, So 18.30-22.30 Uhr. Zwei Michelin-Sterne nennt einer der herausragendsten Chefköche der experimentellen Küche Großbritanniens sein Eigen. Im Londoner Lokal wird unter Leitung von Chef Ashley Palmer-Watts aber nicht experimentell gekocht, sondern nur sehr fein.

121 [I10] **Kerridge's Bar & Grill** ££££, Corinthia Hotel, No.10 Northumberland Avenue, Tel. 73213244, www.kerridgesbarandgrill.co.uk, Lunch Mo-Sa 12-14.30, So 12-15.30, Dinner Mo-Sa 17.30-22.30, So 18-21.30 Uhr. Tom Kerridge hat bereits mit anderen Restaurants Michelin-Sterne ergattert und kocht nun in London verfeinerten Versionen von traditionell englischen Spezialitäten. Lecker sind z. B. der Kabeljau in Haselnusskruste oder die Wildpastete.

122 [F9] **Le Gavroche** ££££, 40 Upper Brook Street, Mayfair, U: Marble Arch, Tel. 74080881, www.le-gavroche.co.uk, Reservierung (mindestens einen Monat im Voraus) per E-Mail: bookings@le-gavroche.com, Lunch Di-Fr 12-14, Dinner Di-Sa 18-22 Uhr. Der alteingesessene Gourmettempel mit exzellenter französischer Küche und zwei Michelin-Sternen wird von Michel Roux jr. geführt.

123 [H8] **Lima** £££, 31 Rathbone Place, Fitzrovia, U: Goodge Street, Tel. 86003600, www.limalondon.com, Lunch Mo-Sa 12.30-14.30, So 12-15.15 Uhr, Dinner Mo-Sa 17.30-22.30, So 17.30-21.30 Uhr. Unter der Leitung des peruanischen Chefkochs Virgilo Martinez kommen hier innovative Rezepte mit ausgefallenen Zutaten auf den Tisch.

124 [G10] **Murano** £££, 20 Queen Street, Mayfair, U: Green Park, Tel. 74951127, www.muranolondon.com, Lunch Mo-Sa 12-15, Dinner 18.30-23 Uhr. In dem von Starköchin Angela Hartnett geführten Restaurant wird mediterrane Küche in ungezwungenem Stil serviert. Trotz Michelin-Stern sind die Preise sehr vernünftig.

125 [H9] **Social Eating House** £££, 8/10 Pollen Street, Mayfair, U: Oxford Circus, Tel. 79933251, www.socialeatinghouse.com, Lunch Mo–Sa 12–14.30, Dinner Mo–Sa 18–22.30 Uhr, Bar tgl. 11.30–24 Uhr. Wie der Name verspricht, geht es in diesem „geselligen Speisehaus" – trotz Michelin-Stern – ungezwungen zu. Chefkoch James Atherton serviert heimische Spezialitäten wie Wildgeflügel und Fisch. Wer keinen Platz bekommt, kann es gleich gegenüber im Bistro **Pollen Street Social** versuchen oder im dritten Etablissement **Berners Tavern** im Edition Hotel in Soho.

126 [I6] **The Gilbert Scott** £££, St. Pancras Renaissance Hotel, Euston Road, U: St. Pancras/King's Cross, Tel. 72783888, www.thegilbertscott.co.uk, Lunch Mo–So 12–14.45, Dinner Mo–Sa 17.30–22.45 Uhr, So bis 20.45 Uhr. Im Restaurant des restaurierten Jugendstilhotels im Bahnhof St. Pancras, das unter der Leitung von Chefkoch Marcus Waring steht, sitzt man stilvoll, aber entspannt.

Made in Britain

127 [K8] **Hix Oyster and Chop House** £££, 36–37 Greenhill Rents, Cowcross Street, City, U: Barbican, Tel. 70171930, www.hixrestaurants.co.uk, Mo–Sa 12–23, So 12–22 Uhr. Austern von den britischen Küsten und ausgesuchte Fleisch-Spezialitäten. Weitere Etablissements des Chefkochs Mark Hix befinden sich in Soho (Hix Soho) und im East End (Tramshed).

128 [M11] **Manze** £, 87 Tower Bridge Road, Bermondsey, U: London Bridge, Tel. 74072985, www.manze.co.uk, Mo 11–14, Di–Do 10.30–14, Fr 10–14.30, Sa 10–14.45 Uhr. Traditionsreiches Fischrestaurant, das neben Fish and Chips den traditionellen Aal in Gelee (jellied eel) anbietet.

129 [F5] **Odette's** ££, 130 Regent's Park Road, Primrose Hill, U: Chalk Farm, Tel. 75868569, www.odettesprimrosehill.com, Lunch Di–Fr 12–14.30, Sa, So 12–15, Dinner Di–Fr 18–22, Sa 18–22.30, So 18–22 Uhr. Der walisische Chefkoch Bryn Williams bringt eine moderne Interpretation britischer Klassiker mit feinsten Zutaten auf den Tisch. Es gibt auch ein "Tasting Menu" und preiswerte Lunch-Menüs.

130 [I9] **Rules** £££, 35 Maiden Lane, Covent Garden, U: Covent Garden, Tel. 78365314, www.rules.co.uk, Mo–Sa 12–24, So 12–23 Uhr. Rules ist das älteste noch existierende Restaurant Londons und stammt aus dem Jahr 1798. Bekannt für seine Wild- und Fischgerichte, darunter Austern von der Duchy of Cornwall, Hummer und Seeteufel. Der Cocktail „Kate Middleton 29" ist nach der Duchess of Cambridge benannt.

131 [N8] **The English Restaurant** ££, 50/52 Brushfield Street, U: Liverpool Street, Tel. 72474110, www.theenglishrestaurant.com. Mo–Fr 8–23, Sa 9.30–23, So 9.30–19 Uhr. Füllende englische Klassiker mit Rind, Lamm und Fisch.

132 [H12] **The Vincent Rooms** ££, Westminster Kingsway College, 76 Vincent Square, U: Victoria, Tel. 78028391, www.thevincentrooms.co.uk, The Escoffier Rooms: Mo–Fr 12–15, Mi, Do 18–21 Uhr, The Brasserie: Mo–Fr 12–14, Di–Do 18.30–21 Uhr; beide Etablissements sind in den College-Ferienzeiten geschlossen. Wer die Starköche von morgen kennenlernen möchte, kann hier die Kreationen der Absolventen der renommierten Kochschule des Westminster Kingsway College probieren. Höchste Qualität zu vernünftigen Preisen.

Internationale Küche

133 [K10] **Baltic** £, 74 Blackfriars Road, Southwark, U: Southwark, Tel. 79281111, www.balticrestaurant.co.uk, Mo 17.30–23.15, Di–Sa 12–15, 17.30–23.15, So

12–16.30, 17.30–22.30 Uhr. Eines der wenigen Restaurants mit osteuropäischer Küche (z. B. Blinis mit Kaviar) und einer großen Auswahl an Wodkasorten.

134 [E12] **Bibendum Oyster Bar** £, 81 Fulham Rd, U: South Kensington, www.bibendum.co.uk, Mo–Fr 8–11, 12–16, 18–21.45, Sa 9.30–16.45 (Brunch), 18–21.45, So 9.30–16.45 (Brunch), 18–20.45 Uhr. Preiswerte Austern, Meeresfrüchte und andere leckere Kleinigkeiten gibt es im Art-déco-Ambiente des Michelin House.

135 [H9] **Bocca di Lupo** £, 12 Archer Street, U: Piccadilly Circus, Tel. 77342223, http://boccadilupo.com, Mo–Sa 12–15, 17–23, So 12–15.30, So 17–21 Uhr. Italienisches Restaurant mit Vorspeisenauswahl und vielen Spezialitäten – bei fast allen Speisen kann man verschiedene Größen bestellen.

136 [H9] **Brindisa Tapas Kitchen** £, 18–20 Southwark Street, Southwark, U: Southwark, www.brindisatapaskitchens.com, Tel. 73578880, Mo–Fr 10–23.30 (zwischen 11–12 und 16–17.30 Uhr nur kalte Tapas), Sa 9–23.30, So 9.30–22 Uhr. Moderne Tapasbar, die auch abends gern als Bar frequentiert wird.

137 [K7] **Caravan** £, 11–13 Exmouth Market, Holborn, U: Farringdon, Tel. 78338115, www.caravanonexmouth.co.uk, Mo–Fr 8–22.30, Sa 10–22.30, So 10–16 Uhr. Die Fusion-Küche dieses Bistros vermischt asiatische und mitteleuropäische Zutaten zu neuen Geschmacksvarianten, z. B. Muscheln in Thai-Curry-Soße.

138 [I9] **Ceviche** £, 17 Frith Street, Soho, U: Leicester Square, Tel. 72922040, www.cevichefamily.com, Mo, Di 12–15, 17–23, Fr 12–23, Sa 10–23.30 Uhr. Hier kann man dem Koch hinter der Theke direkt auf den Löffel schauen. Peruanische Leckereien und Cocktails.

139 [N8] **Cinnamon Kitchen & Anise** £££, 9 Devonshire Square, City, U: Liverpool Street, Tel. 76265000, www.cinnamon-kitchen.com. Lunch Mo–Fr 12–14.45, Dinner Mo–Sa 18–22.45 Uhr, Anise Bar Mo–Fr 16–24/Sa 18–24 Uhr. Ableger des indischen Restaurants Cinnamon Club.

140 [I9] **Dumpling's Legend** £, 15–16 Gerrard Street, Chinatown, U: Leicester Square, Tel. 74941200, www. dumplingslegend.com, Mo–Do 12–24, Fr, Sa 12–3, So 12–23 Uhr. Moderner Chinese mit Dim-Sum-Spezialitäten und den berühmten chinesischen dumplings.

141 [M10] **Fish!** ££, Cathedral Street, Southwark, U: London Bridge, Tel. 74073803, www.fishkitchen.com, Mo–Do 11.30–23, Fr 9–23, Sa 8–23, So 10–22.30 Uhr. Auf dem Gelände des Borough Market kann man hier frischen Fisch essen. Es gibt das Essen auch als *take away*.

142 [I6] **German Gymnasium** ££, 1 King's Boulevard, U: King's Cross, Tel. 72878000, www.germangymnasium.com, Restaurant: Lunch Di–So 12–15, Dinner Mo–Sa 17.30–23 Uhr. Im Grand Café gibt es Mo bis Fr von 8 bis 11.30 Uhr Frühstück (am Wochenende 10–16 Uhr Brunch) und Do–So 16–17.30 Uhr Kaffee und Kuchen. In einer restaurierten Turnhalle serviert heute der einstige Chefkoch des Hamburger Vier Jahreszeiten Hotels deutsche Spezialitäten.

143 [C9] **Granger and Co** £, 175 Westbourne Grove, Notting Hill, U: Notting Hill Gate, Tel. 72299111, www.grangerandco.com, Mo–Sa 7–23, So 8–22.30 Uhr. Der australische Chefkoch Bill Granger bringt einen Hauch von Sonne in den Alltag. Leichte Gerichte, frisch und knackig und oft mit asiatischem

Londons Küche ist international, experimentierfreudig und bietet auch Leckeres für Vegetarier

Einschlag. Zu den Frühstücks-Klassikern gehören die Rühreier (*scrambled eggs*) à la Bill.

144 [H8] **Herman Ze German** ££, 43 Charlotte Street, Fitzrovia, U: Goodge Street, Tel. 73239207, www.hermanzegerman.com, Mo–Mi 9–23, Do 9–23.30, Fr 9–24, Sa 10–24, So 10–22.30 Uhr. Currywurst, Pommes und sogar Paulaner-Bräu, wer Heimweh nach deutscher Kost hat, ist hier richtig. Weitere Filialen in Soho und Charing Cross. Hermans Motto: „Our Wurst is ze best".

145 [K7] **Moro** ££, 34–36 Exmouth Market, Holborn, U: Chancery Lane, Tel. 78338336, www.moro.co.uk, Lunch Mo–Sa 12–14.30, 17.15–22.45, So 12.30–15.30 und 17–21.45 Uhr. Die maurische Küche Spaniens und Nordafrikas, frisch zubereitet und mit viel Grillfleisch, Vorspeisen und Salaten.

146 [K5] **Ottolenghi Islington** ££, 287 Upper Street, Islington, U-Angel, Tel. 72881454, www.ottolenghi.co.uk, geoffnet: Mo–Sa 8–22.30, So 9–19 Uhr. Der israelische Chefkoch Yotam Ottolenghi führt gleich vier Restaurants in London. Die Rezepte sind inspiriert von der Küche des östlichen Mittelmeerraums.

147 [S10] **Plateau** ££££, 4th Floor, Canada Place, U: Canary Wharf, Tel. 77157100, www.plateau-restaurant.co.uk, Lunch Mo–Fr 11.30–15, Dinner Mo–Sa 18–22.30, Brunch Sa 11.30–15.30 Uhr, Bar und Grill Mo–Sa 11.30–22.30 Uhr. Bei erstklassigem Essen blickt man hier von einer verglasten Terrasse auf den Canada Square Garden.

148 [F9] **Roti Chai** ££, 3–4 Portman Mews South, Mayfair, U: Marble Arch, Tel. 74080101, www.rotichai.com, Restaurant Lunch Mo–Fr 12–14.30, Dinner Mo–Sa 17–22.30, So 17–21 Uhr, Street Kitchen Mo–Sa 12–22.30 Uhr, So 12.30–21 Uhr. Indisches Restaurant und *take away*, die Gerichte sind leicht und frisch.

149 [I6] **Rotunda Bar & Restaurant** ££, King's Place, 90 York Way, Tel. 70142840, www.rotundabarandrestaurant.co.uk, U: King's Cross, Bar Mo–Mi, Sa 11–23, Do, Fr bis 24, So. 11–22.30 Uhr, Lunch Mo–Sa 12–15, Dinner 17–22.30, So (festes Menü) 11–18.30 Uhr. Die Küche ist Modern British mit Lamm- und Rindfleisch von der eigenen Farm. Schön ist die Außenterrasse mit Blick auf den Regent's Canal.

147lo-mw

EXTRATIPPS

Für den späten Hunger

150 [I9] **Bar Italia,** 22 Frith Street, Soho, U: Leicester Square, Tel. 74374520, www.baritaliasoho.co.uk, geöffnet tgl. 7–5 Uhr. Italienischer Klassiker, der bereits seit Jahrzehnten fast rund um die Uhr die Gäste versorgt.

151 [N7] **Brick Lane Beigel Bake,** 159 Brick Lane, Spitalfields, London Overground: Shoreditch High Street, Tel. 77290616. Die Bäckerei im Szeneviertel des East End backt bis 3 Uhr morgens Bagels.

152 [I9] **Ed's Easy Diner,** 12 Moor Street/Old Compton Street, Soho, U: Leicester Square, https://edseasydiner.com/locations/soho, Mo–Mi 11–23, Do bis 23.30, Fr 11–24, Sa 12–24, So 12–22 Uhr. Amerikanisches Diner mitten im Nightlife-Viertel Soho mit beliebten Klassikern wie Burger, Hot Dogs und Nachos.

153 [H10] **Mahiki,** 1 Dover Street, Mayfair, U: Green Park, Tel. 74939529, www.mahiki.com, Mo–Sa 18–3 Uhr. Die karibische Cocktailbar serviert bis frühmorgens Snacks und Häppchen.

162lo-kw

Dinner for One

In den Filialen von Restaurantketten wie Busaba Eathai (s. S. 171) sitzen Gäste ungezwungen auf Bänken und an Tischen nebeneinander. So kommt man schnell ins Gespräch. Viele der Restaurants bieten Einzeltische an. Auch in Pubs und Gastropubs kann man als Alleinreisender bedenkenlos einkehren.

154 [I9] **Barrafina** £–££, 26–27 Dean Street, U: Tottenham Court Road, www.barrafina.co.uk, Lunch Mo–Sa 12–15, So 13–15.30, Dinner Mo–Fr 17–23, So 17.30–22 Uhr. Bei dieser beliebten Tapas-Bar kann man als Single besser einen der raren Sitzplätze an der Theke ergattern – die Portionen sind genau richtig. Seit 2015 hat das Restaurant sogar einen Michelin-Stern.

155 [H9] **Inamo** ££, 134–136 Wardour Street, U: Tottenham Court Road, Tel. 78517051, www.inamo-restaurant.com, Mo–Do 17–23.30, Fr 17–24, Sa 12–24, So 12–22.30 Uhr. Asiatische Fusion-Küche. Man bestellt die Gerichte an einer interaktiven Karte am Tisch.

156 [H9] **Princi Bakery** £, 135, Wardour Street, U: Tottenham Court Road, Tel. 74788888, www.princi.co.uk, Mo–Sa 8–24, So 8.30–22 Uhr. Hier hat man die Wahl zwischen Selbstbedienungsrestaurant mit Salaten, Pizza und Focaccia-Broten oder dem angeschlossenen Restaurant Princi.

Streetfood-Märkte

Wer unterwegs Hunger bekommt, findet an Gourmet-Imbisswagen leckere frisch zubereitete Snacks. Zur *lunch time* bauen diese sogenannten Pop-ups an verschiedenen Orten der Stadt auf, so z. B. KERB am Granary Square [I6], an der Covent Garden Piazza [I9], in Spitalfields oder in der Canary Wharf (www.kerbfood.com). Auch zu den Marktständen der Wochen- und Flohmärkte

(s. S. 191) gesellen sich mittags Gourmetimbisse hinzu. Der Favorit unter den Marktküchen ist der Borough Market 49, wo man die ganze Woche preiswert gut essen kann.

Außerdem gibt es Veranstalter, die feste Locations haben, so Ely's Yard in der Old Truman Brewery (s. S. 105) oder der Mercato Metropolitano (s. S. 81) in Newington. Street Feast (www.streetfeast.com) oder Urban Food Fest (www.urbanfoodfest.com, nur im Sommer) öffnen erst nachmittags und bleiben bis Mitternacht geöffnet.

Speisen mit guter Aussicht

Entlang des Südufers der Themse gibt es zahlreiche Cafés und Restaurants, die einen guten Ausblick bieten. Auch in den Docklands kann man an vielen Stellen direkt am Wasser sitzen. Den spektakulärsten Blick hat man von den Restaurants der neuen Hochhäuser.

157 [M8] **City Social** ££££, im Tower 42, 25 Old Broad Street, City, U: Liverpool Street, Tel. 78777703, http://citysociallondon.com, Mo-Fr 12-14.30, 18-22.30, Sa 17-22.30 Uhr, Bar 12 Uhr bis spät. Das Restaurant ist ein weiteres Unternehmen des Chefkochs Jason Atherton. In dem vom Art-déco inspirierten Ambiente kann man moderne britische Küche mit italienischem Einschlag genießen. Die Bar serviert Drinks, die an die Prohibitions-Ära erinnern, und am Sonntagnachmittag gibt es Livejazz.

› **Darwin Brasserie** ££, im Walkie Talkie (s. S. 71),Tel. 0333 7720020, http://sky garden.london, Breakfast tgl. 7.30-10 Uhr, Lunch tgl. 11.30-16.30 Uhr, Dinner So-Do 17-22, Fr, Sa 17-22.30 Uhr. Modern British - von Risotto bis Steak. Das Beste ist die Aussicht aus 150 m Höhe. Zudem gibt es noch den Fenchurch Seafood Bar and Grill und die Sky Pod Bar.

› **Duck and Waffle** ££, Heron Tower (s. S. 71), U: Liverpool Street, Tel. 36407310, http://duckandwaffle.com, Breakfast Mo-Fr 6-10.30, Sa, So 6-10.45 Uhr , Brunch: Sa, So 11-15.30, Dinner Mo-Fr 17.30-24, Sa, So 17-23.30 Uhr, *Late Night Snacks* 22.30-5 Uhr. Im 40. Stock des Heron Tower befindet sich dieses Café-Restaurant mit einer Auswahl an Tagesgerichten, besonders empfehlenswert ist der Brunch.

158 [M10] **Gaucho Tower Bridge** £££, 2 More London Riverside, U: London Bridge, Tel. 74075222, www.gauchorestaurants.co.uk. Steakhouse mit südamerikanischen Spezialitäten. Von drinnen und von der Außenterrasse hat man einen weiten Blick auf die City, die City Hall und die Tower Bridge.

› **Oblix** ££££, Level 32, The Shard 55, U: London Bridge, Tel. 72686700, www.oblixrestaurant.com, Lunch Mo-So 12-15, Dinner 18-23 Uhr. Rotisserie im 32. Stock des The Shard. In der Lounge Bar (Mo-So 18-23, Brunch Sa, So 12-16 Uhr) gibt es auch Livemusik. Im 31. und 33. Stockwerk befinden sich die Restaurants Aqua Shard und Hutong (s. S. 95).

› **The Lighterman** (s. S. 122). Mit Blick auf den Regent's Canal.

159 [Q9] **The Narrow** £££, 44 Narrow Street, Limehouse, U: DLR Limehouse, Tel. 75927950, www.gordonramsay.com/thenarrow, Mo-Sa 12-22.30 (Bar 12-23), So 12-22 (Bar 12-22.30) Uhr. The Narrow steht unter der Leitung von Chefkoch Gordon Ramsey. Von hier am Eingang zum Limehouse Basin hat man den besten Blick auf Canary Wharf.

‹ *Ein Paradies für Leckermäuler: Borough Market* 49

160 [M10] **Tanner & Co** £, 50 Bermondsey Street, Tel. 73570244, http://tannerandco.co.uk, U: London Bridge, Mo–Mi 8–24, Do, Fr 8–1, Sa 10–1, So 10–23 Uhr. Das Bar-Restaurant hat eine einfach strukturierte Speisekarte: Modern British mit viel Fisch und Wildgerichten. Der Vorteil: man kann große oder kleine Portionen wählen.

161 [C9] **Taqueria** £, 139–143 Westbourne Grove, Notting Hill, U: Notting Hill Gate, Tel. 72294734, www.taqueria.co.uk, Mo 13–23, Di–Do 12–23, Fr, Sa 12–23.30, So 12–22.30 Uhr. Unkomplizierte mexikanische Gerichte, angenehme Atmosphäre, lange Öffnungszeiten und preiswert – was will man mehr?

162 [M7] **The Clove Club** ££££, Shoreditch Town Hall, 380 Old Street, Hoxton, U: Old Street, Tel. 77296496, Lunch Di–Sa 12–13.45, Dinner Mo–Sa 18–22.30 Uhr (Reservierung nötig). Restaurant und Bar im alten Rathaus mit ausgefallenen Rezepten wie Hühnchen in Buttermilchoße. 2015 wurde dem Restaurant ein Michelin-Stern verliehen.

163 [F5] **The Lansdowne Pub and Dining Room** £, 90 Gloucester Avenue, Primrose Hill, U: Chalk Farm, Tel. 74830409, www.thelansdownepub.co.uk, Lunch 12–15.30, Dinner 17.30–22 Uhr. Der Pub bietet eine Auswahl an britischen Klassikern mit modernem Twist, darunter Fisch, Wild und Vegetarisches. Pizza gibt es den ganzen Tag über.

164 [B9] **The Rum Kitchen** £, 6–8 All Saints Road, Notting Hill, U: Ladbroke Grove, Tel. 36682538, http://therumkitchen.com, Mo–Mi 6–23, Do, Fr 16–1, Sa 12–1, So 12–22.30 Uhr. Karibisches Restaurant und Cocktailbar mit Livemusikveranstaltungen.

165 [N8] **Zengi** £, 44 Commercial Street, Spitalfields, U: Aldgate East, Tel. 74260700, www.zengirestaurant.com, tgl. 12–23 Uhr. Die Küche des Mittleren Ostens mit Meze und Grillgerichten.

166 [L10] **Zucca** ££, 184 Bermondsey Street, U: London Bridge, Tel. 0131 2219323, https://zuccarestaurant.co.uk, Di–Do 12–14.30, 17–21, Fr, Sa 12–16, 17–21 Uhr. Leichte italienische Küche in frischem, modernem Ambiente.

145lo-ln

Vegetarische Küche

167 [H9] **Mildred's** ££, 45 Lexington Street, Soho, U: Piccadilly Circus, Tel. 74941634, www.mildreds.co.uk, Mo–Sa 12–23 Uhr. Elegantes vegetarisches Restaurant für einen geruhsamen, netten Abend mit exzellentem Essen. Die Rezepte reichen von Couscous bis zu indisch/asiatisch beeinflussten Gerichten.

168 [H9] **Tibits** £, 12–14 Heddon Street, Mayfair, U: Oxford Circus, Tel. 77584112, www.tibits.ch, Do–Fr 9–24, Sa 11.30–24, So 11.30–22.30 Uhr. Preisgekröntes vegetarisches Restaurant einer schweizerischen Kette. Große Auswahl an einfallsreichen Gerichten, dazu ein leckeres Salatbüfett und Biowein.

169 [K8] **Vanilla Black** £££, 17–18 Tooks Court, Holborn, U: Chancery Lane, Tel. 72422622, www.vanillablack.co.uk, Lunch Mo–Sa 12–14.30, Dinner 18–22 Uhr. Vegetarische Haut Cuisine für Genießer, leider nicht ganz billig.

170 [I9] **Wild Food Café** £, 1st Floor, 14 Neal's Yard, U: Covent Garden, Tel. 74192014, www.wildfoodcafe.com, Mo 11.30–16, Di–Sa 11.30–21, So 11.30–18 Uhr. Dieses kleine Alternativcafé ist ideal für Fans der gesunden Küche – alle Gerichte sind bunt, frisch angerichtet und lecker.

Cafés, Bistros und Co.

171 [F5] **Cachao Toy Café** £, 140 Regent's Park Road, Primrose Hill, U: Chalk Farm, Tel. 74834422, www.cachaotoycafe.com, tgl. 10–18 Uhr. Das Café bietet eine leckere Auswahl an Paninis, Omelettes und Salaten. Der angeschlossene Spielwarenladen ist eine Attraktion für Kinder.

172 [G8] **La Fromagerie** £, 2–6 Moxon Street, U: Bond Street, Tel. 79350341, www.lafromagerie.co.uk, Mo–Fr 8–19.30, Sa 9–19, So 10–18 Uhr. Direkt bei der Marylebone High Street bietet dieser Käseladen ganztags eine gute Speisekarte und man kann noch Käse zum Mitnehmen kaufen.

173 [I9] **Maison Bertaux** £, 28 Greek Street, U: Leicester Square, Tel. 74376007, www.maisonbertaux.com, tgl. 8.30–22.30, So 9.30–19.30 Uhr. Französische Patisserie auf zwei Stockwerken, die bereits seit 1871 die Gäste mit frischen Backwaren, Snacks und Kaffee versorgt.

174 [F12] **Manicomio** ££, 85 Duke of York Square, Chelsea, U: Sloane Square, www.manicomio.co.uk, Tel. 77303366, Café Mo–Fr 7.30–20, Sa 8–20, So 9–18, Restaurant Lunch Mo–Fr 12–15, Sa, So 12–16, Dinner Mo–Sa 18–22.30 Uhr. Edel-Italiener am schicken Duke of York Square, große Auswahl an leckeren Kleinigkeiten an der Café-/Deli-Theke.

175 [H9] **Nordic Bakery** £, 14a Golden Square, Piccadilly, U: Piccadilly Circus, Tel. 32301077, www.nordicbakery.com, Mo–Fr 7.30–20, Sa 8.30–19, So 9–19 Uhr. Wer mal wieder Lust auf herzhaftes Roggenbrot hat, findet in diesem skandinavischen Café viele Varianten davon und auch andere leckere Backwaren.

176 [D7] **Raoul's Restaurant & Deli** £, 13 Clifton Road, Maida Vale, U: Warwick Avenue, Tel. 72896649, www.facebook.com/raouls london, Mo–Sa 8.30–23, So, Fei 9–23 Uhr. Dieser Delikatessenladen verkauft und serviert mediterrane Spezialitäten wie Salami, Eingelegtes, Gourmet-Öl und verschiedene Brotsorten.

177 [L10] **The Table Café** ££, 83 Southwark Street, U: Southwark, Tel. 74012760, www.thetablecafe.com, Mo–Mi 7.30–22.30, Fr 7.30–23, Sa 8–16 Uhr. Ausgezeichnetes Frühstücksmenü – wenn auch nicht ganz billig. Der Brunch am Wochenende ist legendär.

◁ Ed's Easy Diner im Look der 1950er-Jahre (s. S. 176) serviert gute Burger

London am Abend

Die Auswahl an Unterhaltungsmöglichkeiten für Nachtschwärmer ist in London unvergleichlich. Das Südufer der Themse ist von der **Westminster Bridge** [J11] bis zur **Tower Bridge** 53 aufgrund des Theater-, Kino- und Restaurantangebotes abends ein beliebter Treffpunkt. Auch im „Theatreland" rund um den **Leicester Square** 19 ziehen die Neonreklamen die Aufmerksamkeit auf sich und die Terrassen der umliegenden Bars sind gerammelt voll. (Theaterkarten sollte man im Voraus buchen, s. S. 238). Hier befinden sich außerdem Multiplexkinos, in denen die neuesten Filme laufen. Im benachbarten **Soho** 17, einst für sein anrüchiges Nachtleben bekannt, gibt es alteingesessene Bars und Klubs der LGBT-Szene. In **Mayfair** 13 und Kensington kann man dagegen in konservativen Retroschick eintauchen.

Wer das „schrägere" Nachtleben sucht, findet in den Stadtteilen **Camden** 86 und **Brixton** zahlreiche Veranstaltungsorte, an denen so manche Indie- oder Rockband ihre Karriere begann. Im **East End** gruppiert sich das Nachtleben um die Commercial Street [N7/8] (Spitalfields), die Old Street [M7] (Hoxton), die Shoreditch High Street [N7] (Shoreditch) und die Kingsland Road (Dalston). Im Sommer gibt es in der ganzen Stadt außerdem zahlreiche **Open-Air-Festivals** und **Kulturveranstaltungen.**

Auch in **Pubs** wird Unterhaltung geboten. Sie sind Treffpunkt für alle Gesellschaftsschichten und Altersgruppen. Das Angebot reicht von Sportübertragungen über Karaoke und Quizveranstaltungen bis zu DJ- oder Livemusik. Viele Pubs werden heute von Ketten geführt (wie z. B. Greene King oder Taylor-Walker), die an bestimmte Brauereien gebunden sind. Besonders empfehlenswert sind **Real Ale Pubs** – hier wird eine breitere Auswahl an obergärigen Bieren verkauft, die ohne Zusätze gebraut wurden – und inzwischen gibt es auch in London ein großes Angebot an lokal gebrauten Bieren von sogenannten **Microbreweries.**

Smoker's Guide

In sämtlichen **öffentlichen Räumen,** also in Pubs, Restaurants, Theatern, Bussen und U-Bahnen, Hotels, Ämtern etc. ist das **Rauchen ausnahmslos verboten.** In den Biergärten vor oder hinter den Pubs oder auf Terrassen darf geraucht werden.

Seit 2016 hat London einen sogenannten **Night Tsar** („Nacht-Zar"). Amtsinhaberin Amy Lamé setzt sich z. B. dafür ein, dass das Nachtleben vielschichtig bleibt.

Pubs mit Geschichte

🅞178 [L10] **Anchor Pub,** 34 Park Street, Bankside, Tel. 740771577, U: London Bridge, Mo–Mi 11–23, Do–Sa 11–24, So 12–23 Uhr. Bereits im Jahr 1666 beobachtete der Stadtchronist Samuel Pepys von hier aus das Große Feuer von London. Heute gehört die Kneipe zu der Kette Taylor-Walker und serviert auch Real Ales.

🅞179 [H8] **Fitzroy Tavern,** 16 Charlotte Street, Bloomsbury, U: Goodge Street, Tel. 75803714. Dieser einstige Literatenpub hat sich noch einiges von seiner authentischen Atmosphäre erhalten. Fotos und Zeitungs-

Im historischen Pub Prospect of Whitby trank schon Charles Dickens

ausschnitte erzählen von illustren Gästen, die hier einkehrten. Heute residiert hier außerdem ein Comedy-Klub.

180 [I9] **French House,** 49 Dean Street, http://frenchhousesoho.com, U: Tottenham Court Road. 1914 von einem Belgier übernommen, war hier während des Zweiten Weltkriegs das Stammlokal der französischen Emigranten, zu denen auch Charles de Gaulle gehörte. Hier bekommt man feine Weine und Champagner.

181 [M10] **George Inn Yard,** 77 Borough High Street, U: London Bridge Station, Tel. 74072056, www.nationaltrust.org.uk/george-inn, tgl. 11–23 Uhr.. Der einzige in London noch erhaltene Postkutschengasthof (coaching inn) mit Galerien (erbaut 1543 und restauriert 1677). Auf den Balkonen wurden schon vor Entstehung der ersten Theater Stücke für das Publikum im Hof aufgeführt.

182 [I8] **Museum Tavern,** 49 Great Russell Street, U: Tottenham Court Road. George Orwell und Karl Marx frequentierten diesen Pub gegenüber dem British Museum nach ihren Studien im Reading Room. Die heutigen Räumlichkeiten entstanden um 1855 und er wird von der Kette Greene King geführt.

183 [P10] **Prospect of Whitby,** 57 Wapping Wall, Wapping, U: London Overground Wapping, Tel. 74811095, www.taylor-walker.co.uk/pub/prospect-of-whitby-wapping. Einer der ältesten Pubs in den ehemaligen Docklands hat bereits einige illustre Gäste gesehen, z. B. die Maler Turner und Whistler, den Chronisten Samuel Pepys und Charles Dickens.

184 [K8] **The Jerusalem Tavern,** 55 Britton Street, Clerkenwell, U: Farringdon, Tel. 74904281, www.stpetersbrewery.co.uk/london-pub. An dieser Stelle wurden bereits im 14. Jh. Gäste verköstigt. In das heutige Gebäude aus dem Jahr 1720 zog 1990 die St. Peter's Brewery ein, die hier feinstes Real Ale aus der Brauerei in Suffolk zapft.

185 [K8] **Viaduct Tavern,** 126 Newgate Street, Smithfield, U: St. Paul's, Tel. 76001863, http://viaducttavern.co.uk. Der von der Kette Fuller geführte Pub hat noch

074lo-ln

seine Originaleinrichtung aus den Jahren 1874 und 1898 mit vielen Spiegeln, goldverziertem Glas und einer Kupferdecke. Auf dem Gelände stand einst das berüchtigte Gefängnis Newgate (12. Jh.–1777).

186 [K9] **Ye Olde Cheshire Cheese,** Wine Office Court, 145 Fleet Street, Holborn, U: Chancery Lane, Tel. 73536170, Mo–Fr 11–23, Sa 12–23 Uhr. Bereits ab 1538 stand an dieser Stelle eine Taverne. Die heutige Version stammt aus dem Jahr 1666. Dr. Johnson verkehrte hier ebenso wie später Charles Dickens. Man spürt die Historie im Gebälk.

187 [K8] **Ye Olde Mitre,** 1, Ely Place/Hatton Gardens, Holborn, U: Chancery Lane oder Farringdon, Tel. 74054751, Mo–Fr 11–23 Uhr. 1546 entstand hier das erste Gasthaus, das heutige Gebäude stammt aus dem 17. Jh. Der Besitz ging später an Sir Christopher Hatton über, ein Günstling von Queen Elizabeth I. Im Garten stand damals ein Kirschbaum, dessen Stumpf in einem Glaskasten an der Bar zur Schau gestellt wird. Angeblich tanzte die Queen mit Sir Hatton den Maitanz um den Baum.

Kneipen und Bars

188 [M7] **Book Club,** 100 Leonard Street, Hoxton, U: Old Street, Tel. 76848618, www.wearetbc.com, Mo–Mi 9–24, Do, Fr 9–2, Sa 10–2, So 10–24 Uhr. Kreative Cocktails und Mixgetränke, zudem DJs, Videonächte und andere Unterhaltung.

189 [M7] **Callooh Callay Bar,** 64 Rivington Street, Shoreditch, U: Shoreditch High Street, Tel. 77394781, www.calloohcallaybar.com, Mo, Di 18–1, Mi–So 18–2 Uhr. Ausgefallene Bar mit schrägem Interieur.

190 [I6] **Camino,** 3 Varnisher's Yard, U: King's Cross, Tel. 78417331, ww.camino.uk.com, Mo–Do 12–24, Fr, Sa 12–1, So 12–23 Uhr. Lebhafte Tapasbar in King's Cross, am Wochenende gibt es hier Latinomusik vom DJ oder auch live. Gegenüber befindet sich die Cocktailbar Pepito vom gleichen Betreiber.

191 [N7] **Commercial Tavern,** 142 Commercial Street, Spitalfields, U: Liverpool Street, Tel. 31379563, Mo–Sa 12–23, So 12–22.30 Uhr. Ein Pub, der von Designern mit vielen witzigen Details neu gestaltet wurde.

192 [G5] **Hawley Arms,** 2 Castlehaven Road, Camden, U: Camden Town, Tel. 74285979, www.thehawleyarms.co.uk, tgl. 12–24 Uhr. Dieser Szene-Pub war die Stammkneipe von Amy Winehouse, die in der Nachbarschaft wohnte. Er ist ein Veranstaltungsort während des Camden Crawl.

193 [M10] **Hide Bar,** 39–45 Bermondsey Street, Bermondsey, U: London Bridge, Tel. 74036655, www.thehidebar.com, Di–Sa ab 17 Uhr. Klassische und innovative Cocktails.

194 [H9] **Oscar Wilde Bar, im Café Royal,** 68 Regent Street, Mayfair, U: Picadilly Circus, Tel. 74063333, www.hotelcaferoyal.com, tgl. 11.30–19.30 Uhr. Erlesene Häppchen und Champagner in historischem Ambiente, dazu gibt es Kabarettaufführungen. In der Hotelbar aus dem Jahr 1865 tranken schon Oscar Wilde, Bernard Shaw und Virginia Woolf.

195 [G8] **Purl,** 50 Blandford Street, Marylebone, U: Bond Street, Tel. 79350835, www.purl-london.com, Mo–Do, So 17–23.30, Fr, Sa 17–24 Uhr. Cocktailbar mit Retroschick. Hier werden innovative, aufwendige und einfallsreiche Cocktails serviert.

196 [O6] **Sebright Arms,** 31–35 Coate Street, Hoxton, U: London Overground Hoxton, Tel. 77290937, www.sebrightarms.co.uk. Historische Kneipe, wo heute DJs auflegen und Newcomer-Bands spielen. Die Biere stammen aus Real Ale Microbreweries rund um London.

197 [N9] **Savage Garden,** Hilton Hotel, 7 Pepys Street, City, U: Tower Hill, Tel.

EXTRATIPP

Immer aktuell – das Stadtteilradio

Londons Stadtteilradiosender dienen nicht nur der Unterhaltung, sondern vermitteln auch brandaktuelle Veranstaltungshinweise und Konzertinfos.

› www.hoxtonradio.com, www.shoreditchradio.co.uk, http://ntslive.co.uk, https://soundcloud.com/camdenunsigned

77091043, www.savagegarden.co.uk. Im 12. Stock des Hilton Hotel direkt am Tower of London befindet sich diese Bar mit Aussichtsterrasse und Blick auf die Themse.

198 [N7] **The Cocktail Trading Co.,** 68 Bethnal Green Road, U: Oxford Circus, Tel. 74276097, www.thecocktailtradingco.co.uk, Mo–Mi 17–23.30, Do, Fr 17–24, Sa 14–24, So 14–22.30 Uhr. Diese Bar wurde von drei Barkeepern ins Leben gerufen. Hier werden nicht nur innovative Cocktails mit frischen Zutaten serviert, sondern man kann auch Kurse belegen.

199 [G9] **The Luggage Room,** Grosvenor Square, Mayfair, U: Marble Arch, Tel. 74931232, http://luggageroom.co.uk. Mo–Sa 17–2 Uhr. Cocktailbar mit dem Ambiente der 1920er-Jahre.

200 [M7] **The Nightjar,** 129 City Road, U: Old Street, Tel. 72534101, www.barnightjar.com, Fr, Sa 18–3, Do 18–2, So–Mi 18–1 Uhr. Diese Bar bietet Rhythm and Blues und Jazzmusik, einfallsreiche Cocktails und ausgefallene Spirituosen.

201 [F5] **The Queens,** 49 Regent's Park Road, Primrose Hill, U: Chalk Farm, Tel. 75860408, www.thequeensprimrosehill.co.uk, Mo–Sa 11–23, So 12–23 Uhr. Pub-Klassiker, Balkon mit Blick auf Primrose Hill.

202 [K8] **Vinoteca,** 7 St. John Street, Clerkenwell, U: Farringdon, Tel. 72538786, www.vinoteca.co.uk, Mo–Sa 12–23 Uhr. Gemütliche Weinbar mit leckeren kleinen Gerichten und 300 Weinsorten. Weitere Filialen.

Nachtklubs

203 [M7] **Cargo,** 83 Rivington St, Tel. 77393440, U: Shoreditch High Street, https://cargo-london.com, Mo–Do 12–1, Fr, Sa 12–3, So 12–12 Uhr. Hier legen die Stamm-DJs bei Themennächten auf (Schwerpunkt auf R'n'B und Hip-Hop). Nicht günstig und die Security ist gnadenlos.

204 [L12] **Corsica Studios,** 4–5 Elephant Rd, Southwark, U: Elephant and Castle, Tel. 77034760, www.corsicastudios.com, Do–Sa 22–6 Uhr, So bis 3 Uhr. In diesem Künstlerklub finden ausgefallene Klubnächte mit Gast-DJs statt (Electronica, Techno, House, Reggae).

205 [I5] **EGG,** 200 York Way, King's Cross, U: King's Cross, Fr–So, sonst unregelmäßig, www.egglondon.net. Großer Nachtklub über drei Etagen. Es gibt feste und Gast-DJs. Gespielt werden House, Techno, Techhouse, Deep House, Drum and Bass und Dubstep.

206 [K8] **Fabric,** 77a Charterhouse Street, Smithfield, www.fabriclondon.com, U: Farringdon, Fr ab 22, Sa, So ab 23 Uhr, Eintritt: je nach Veranstaltung 8–18 £. Das Fabric ist einer der größten Klubs in London (über mehrere Etagen). Freitags gibt es Drum and Bass, samstags Techno.

207 [D13] **Maggie's Club,** 329 Fulham Road, Fulham, U: Fulham Broadway oder South Kensington (District Line) und 10 Min. zu Fuß, oder Bus 345, 414 und 14 ab Sloane Square bis Fulham Road/Beaufort Street, http://maggies-club.com, Tel. 73528512, Di–Do 10.30–2, Fr, Sa 10.30–3 Uhr. Retroklub mit Musik der 1980er-Jahre. Benannt nach der Iron Lady Maggie Thatcher.

208 [L11] **Ministry of Sound,** 103 Gaunt Street, off Newington Causeway, Lambeth, U: Elephant & Castle, www.ministryofsound.com/club, Di 12–3, Fr 12–5, Sa 10.30–6 Uhr. Der Name ist durch die regelmäßig produzierten Sampler-CDs ein Begriff.

209 [H9] **Roxx,** 4 Winsley Street, Mayfair, U: Oxford Circus, Tel. 07738 195996, www.roxxclub.com, Fr, Sa 9–3 Uhr. „Pop-up Club" mit Residenz im Code Club.

210 [M7] **Xoyo,** 32–37 Cowper Street, Hoxton, U: Old Street, Tel. 77295959, www.xoyo.co.uk, Eintrittspreise variieren (s. Website). Einer der größten Klubs in Hoxton nahe der Old Street. Hier versammeln sich Clubber aller Altersgruppen und Schattierungen, die aufgelegte Musik ist gleichermaßen eklektisch.

Livemusik und DJs

211 [N8] **93 Feet East,** 150 Brick Lane, Old Truman Brewery, Spitalfields, U: Aldgate East, Tel. 77706243, www.93feeteast.co.uk, Mo–Do 17–23, Fr, Sa 17–1, So 15–22.30 Uhr. In dieser Konzerthalle im angesagten East End spielen Livebands und es legen regelmäßig DJs auf.

212 [H8] **100 Club,** 100 Oxford Street, Soho, U: Oxford Circus, Tel. 76360933, www.the100club.co.uk, Eintritt: je nach Veranstaltung £ 6–20. Alteingesessener Klub, der die Jahrzehnte und verschiedene Musikströmungen überdauert hat. Jazz-, Rock-, Punk- und Indie-Gigs wechseln sich mit Soul und sogar klassischer Musik ab.

213 [G5] **Electric Ballroom,** 184 Camden High Street, Camden, U: Camden Town, Tel. 74859007, www.electricballroom.co.uk. Der legendäre Klub in Camden bietet freitags Rock-, Goth- und Metalnächte und samstags Disco. Sonntags gibt es einen Secondhandmarkt.

214 [J17] **Electric Brixton,** Town Hall Parade, Brixton, U: Brixton, Tel. 72742290, http://electricbrixton.uk.com, Do–Sa ab 18 Uhr. In dem einstigen Kino treten auf zwei Stockwerken Stars wie Ziggy Marley auf und es gibt Gast-DJs wie Gui Boratto.

215 [H6] **Koko,** 1A Camden High Street, Camden, U: Mornington Crescent, Tel. 73883222, www.koko.uk.com, Eintritt: je nach Veranstaltung £ 3–25. Das einstige Music Hall Theatre aus dem 19. Jh. hat bereits viele bekannte Bands gesehen und noch heute treten namhafte Indiebands auf.

216 [C10] **Notting Hill Arts Club,** 21 Notting Hill Gate, Notting Hill, U: Notting Hill Gate, Tel. 74604459, www.nottinghillartsclub.com. Freunde der Latinomusik und des Jazz kommen hier auf ihre Kosten. Außerdem spielen Indiebands.

217 [K16] **O2 Academy Brixton,** 211 Stockwell Road, Brixton, U: Brixton, Tel. 77713000, www.academymusicgroup.com, Eintritt: je nach Konzert £ 10–40. In diesem ehemaligen Kino aus den 1920er-Jahren spielen Rockbands (von Metal bis Indie) und es gibt Themennächte, z. B. Electronica oder Reggae.

218 [O4] **Oslo,** 1a Amhurst Road, Hackney, London Overground: Hackney Central, Tel. 35534831, www.oslohackney.com, tgl. 12–3 Uhr. In dem ehemaligen Bahnhofsgebäude spielen Newcomer-Bands und Gaststars und es gibt DJ-Nächte. Die Küche im Café ist Modern British.

219 [I9] **Ronnie Scott's,** 47 Frith Street, Soho, U: Leicester Square, Tel. 74390747, www.ronniescotts.co.uk. Einer der wenigen verbliebenen legendären Jazzklubs Sohos aus dem Jahr 1959. Hier spielt noch heute die Crème de la Crème des Jazz.

220 [G5] **Roundhouse,** Chalk Farm Road, Camden, U: Chalk Farm, Tel. 0300

6789222, www.roundhouse.org.uk. Bis 1983 war das Roundhouse *die* Bühne für Rock-, Punk- und Post-Punk. Seit dem Jahr 2000 treten wieder Rock- und Indiebands auf und man fördert den Nachwuchs.

221 [N3] **Shacklewell Arms,** 71 Shacklewell Lane, Dalston, London Overground: Dalston Kingsland, Tel. 72490810, www.shacklewellarms.com, Mo–Do 17–24, Fr 17–2, Sa 16–2, So 16–24 Uhr. Spezialisiert auf Electronica, Post Dub Step und Konzerte.

222 [G5] **The Camden Assembly,** 49 Chalk Fam Road, Camden, U: Chalk Farm, Tel. 74240800, www.camdenassembly.com, Eintritt: je nach Veranstaltung £ 10–20. Beliebter Klub in Camden, der von allen Altersgruppen frequentiert wird. Er präsentiert Konzerte von Indie-, Rock-, Punk- und Metalbands, auch viele regelmäßige Klubnächte.

223 [K4] **Union Chapel,** Compton Terrace, Islington, U: Angel, Tel. 72261686, www.unionchapel.org.uk. Die Kirche der non-konformistischen Gemeinde hat sich für die Gemeinschaft geöffnet. Hier finden Soul-, Folk- und World-Music-Konzerte statt.

224 [M4] **Vortex Jazz Club,** 11 Gillett Square, Dalston, U: London Overground: Dalston Kingsland, Tel. 72544097, www.vortexjazz.co.uk, tgl. 20–24 Uhr. Livedarbietungen von klassischem Jazz über Improvisationen bis zu experimenteller Musik.

Comedy

225 [I9] **99 Comedy Club,** Storm Nightclub, 28a Leicester Square, U: Leicester Square, Tel. 07760488119, www.99clubcomedy.com. Der Klub, in dem bekannte Comedy-Größen und Newcomer auftreten, hat mehrere Filialen: am Oxford Circus, in Islington und in Chinatown. Veranstaltungen finden jeweils an unterschiedlichen Tagen statt.

226 [I9] **Amused Moose,** Moonlighting Nightclub, 17 Greek Street, Soho, U: Leicester Square oder Tottenham Court Road, Tel. 72873727, www.amusedmoose.com, Fr ab 19.45 Uhr. Der Amused Moose („amüsierte Elch“) veranstaltet seit vielen Jahren eine der besten Stand-up-Shows in London und engagiert sich auch in der Nachwuchsförderung.

227 [I9] **Comedy Store,** 1a Oxendon Street, U: Piccadilly Circus, Tel. 70242060, http://thecomedystore.co.uk/london, Shows tgl. (s. Programm). Hier nahm in den 1980er-Jahren die alternative Comedyszene ihren Anfang. Bis heute der renommierteste Comedyklub Londons.

077lo-ln

Im Comedy Store treten britische und internationale Comedy-Stars auf

Theater

Erfolgreiche **Musicals** und **Theaterstücke** findet man in den Theatern des West End, das sich grob zwischen Piccadilly Circus 16, Leicester Square 19, Covent Garden 20, Tottenham Court Road und Oxford Circus erstreckt (Infos unter www.london-theatreland.co.uk, www.london-musical-karten.de). Der Dauerhit „Les Miserables" läuft im Queen's Theatre, „Mamma Mia" im Novello Theatre.

Die Theater Adelphi, The London Palladium, Her Majesty's Theatre, Theatre Royal, Drury Lane u.a. gehören zur Andrew-Lloyd-Webber-Gruppe und zeigen daher ausschließlich Lloyd-Webber-Produktionen wie „Cats" und „Phantom of the Opera" (Infos: www.reallyuseful.com). Modernes Sprechtheater, Klassiker und Tanz sieht man z. B. in den folgenden Theatern:

228 [K5] **Almeida Theatre,** Almeida Street, Islington, U: Angel, Kartenvorverkauf Mo–Fr 10–18 Uhr, Tel. 73594404, www.almeida.co.uk. Das Theater im Intellektuellenviertel Islington zeigt moderne Stücke von renommierten Regisseuren wie Neil LaBute.

229 [I9] **Donmar Warehouse,** 41 Earlham Street, U: Covent Garden oder Leicester Square, Kartenvorverkauf Mo–Sa 10–18 Uhr unter Tel. 32823808, www.donmarwarehouse.com. Stehtickets am Aufführungstag 10 £. Ein winziges Theater, das immer wieder mit spektakulären Produktionen überrascht, die auch von internationalen Gaststars gespielt werden. 2012 übernahm Josie Rourke die Theaterleitung von Sam Mendes.

Im Palace Theatre in Londons West End wird das Theaterstück „Harry Potter and the Cursed Child" gezeigt

230 [I9] **Gielgud Theatre,** 35 Shaftesbury Avenue, Soho, U: Leicester Square, Tel. 72921320, www.delfontmackintosh.co.uk/theatres/gielgud-theatre. Komödien und neues Sprechtheater.

231 [I10] **Haymarket Theatre (Theatre Royal Haymarket),** 18 Suffolk Street, Tel. 7930 8800, www.trh.co.uk. In dem von John Nash 1820 umgebauten Theater wurde bereits ab 1766 Sprechtheater aufgeführt. Das drittälteste Theater Londons zeigt bis heute moderne Produktionen von Weltrang.

232 [I10] **ICA – Institute of Contemporary Arts,** The Mall, St. James's, U: Charing Cross, Tel. 79303647, www.ica.art, Di–Do 12–23, Fr, Sa 12–24, So 12–23 Uhr. In diesem Kulturzentrum sind neben experimentellem Theater, Film und bildender Kunst auch Konzerte zu sehen und hören.

233 [I6] **King's Place,** 90 York Way, Tel. 75201490, www.kingsplace.co.uk. Das Theater King's Place am Battlebridge Basin in King's Cross ist die Heimat des Orchesters London Sinfonietta (zeitgenössische klassische und Weltmusik).

41 [J10] **National Theatre.** Das englische Nationaltheater ist eines der renommiertesten Schauspielhäuser Londons (s. S. 74).

42 [K11] **Old Vic Theatre.** Unter Direktor Kevin Spacey wurden hier bereits außergewöhnliche Produktionen gezeigt, 2015 übernahm Matthew Warchus die Leitung (s. S. 74).

234 [F12] **Royal Court Theatre,** Sloane Square, U: Sloane Square, Tel. 75655000, www.royalcourttheatre.com, Kartenverkauf Mo–Sa 10–18 Uhr. Hier kommen hier die neuesten, noch druckfrischen Stücke auf die zwei Bühnen, oft von unterrepräsentierten internationalen Autoren.

235 [K6] **Sadler's Wells,** Roseberry Avenue, Islington, U: Angel, Tel. 78638000, www.sadlerswells.com, Kartenvorverkauf Mo–Sa 10–20 Uhr. Das führende Theater für Ballett und modernen Tanz in London mit internationalen Gastauftritten.

44 [L10] **Shakespeare's Globe.** Im rekonstruierten Globe (16. Jh.) und dem Sam Wannamaker Playhouse (17. Jh.) gibt es historische und moderne Produktionen.

236 [I7] **The Place,** 17 Duke's Road, U: Euston, Tel. 71211100, www.theplace.org.uk. Diese Akademie des zeitgenössischen Tanzes zeigt experimentelle Stücke internationaler Künstler.

237 [K10] **Young Vic,** 66 The Cut, U: Southwark, Tel. 79222922, www.youngvic.org. Hier stehen Vielseitigkeit und Innovation auf dem Programm. Junge Autoren, Regisseure und Schauspieler werden gefördert.

Klassische Konzerte

33 [L8] **Barbican Centre.** Das international anerkannte Kulturzentrum Barbican bietet ein ambitioniertes Kulturprogramm: Musik des London Symphony Orchestra, Sprechtheater, Oper und modernen Tanz (s. S. 66).

99 [D11] **Royal Albert Hall.** Die runde Halle bietet 7000 Personen Platz und hat ein abwechslungreiches Progamm. In den Sommermonaten finden die bekannten „BBC Proms"-Konzerte statt (s. S. 136).

› **Royal Festival Hall.** Das Southbank Centre **40** beherbergt u. a. die Royal Festival Hall, die Heimat der Londoner Philharmoniker ist. Es gibt drei Konzertsäle: die Festival Hall, die kleinere Queen Elizabeth Hall und den Purcell Room (s. S. 73).

21 [J9] **Royal Opera House.** Ein renommiertes Opernhaus mit klassischem und modernem Programm. Zusätzlich zum großen Saal, der 2000 Besucher fasst, gibt es auch das Linbury Studio (400 Plätze), in dem man Kammermusik oder experimentelles Theater sehen und hören kann. Im Clore Studio finden Ballettaufführungen statt (s. S. 49).

London für Shoppingfans

London ist eine der meistbesuchten europäischen Shopping-Destinationen – auch für die Briten ist Shopping eine Lieblingsbeschäftigung. Allein 9 Mio. Besucher aus dem Ausland versammeln sich jedes Jahr auf der **Oxford Street** [G/H9], der längsten Einkaufsstraße der Stadt. Großbritannien ist bekannt für trendige Mode und witziges Design, vor allem auch bei Accessoires. Kleidung und Schuhe sind im Schnitt preiswerter als in Deutschland. Zweimal jährlich findet die **London Fashion Week** (s. S. 197) statt, auf der junges britisches Design präsentiert wird. Läden wie Topshop/Topman, New Look und Next greifen neue Trends schnell auf und bieten brandaktuelle Mode (sogenannte Fast Fashion) zu niedrigen Preisen an. Bei Teens besonders beliebt sind die Ketten *Lipsi, Asos* und *Very,* die preiswerte Fast Fashion online anbieten und Ketten wie *Primark* Konkurrenz machen. An die Oxford Street grenzt die **Regent Street**, in der man neben großen Ketten auch exklusivere Boutiquen findet.

In der **Old Bond Street** (bzw. ihrer Verlängerung, der New Bond Street [G/H9]), der Dover Street, der Conduit Street, der Savile Row und der Jermyn Street findet man bekannte Namen der Haute Couture und Juweliere und kann sich Kleidung maßschneidern lassen. In Knightsbridge sitzen die Edelkaufhäuser **Harrods** 95 und Harvey Nichols. Auch in der Sloane Street 94, die zum Duke of York Square in **Chelsea** führt, findet man Filalen teurer Designer. An den Platz schließt sich die **King's Road** 101 mit ausgefallenen Geschäften jeder Stilrichtung an.

In den Hallen von **Covent Garden** 20 reihen sich Kunsthandwerksgeschäfte, Boutiquen und Cafés aneinander. Interessante und preiswerte Waren findet man auch auf den zahlreichen Märkten in der Stadt. Die Kernöffnungszeiten für Kaufhäuser und Boutiquen sind von 9 bis 17.30 Uhr. In der Oxford Street sind die großen Kaufhäuser auch oft bis 20 oder gar 22 Uhr geöffnet. Sonntags öffnen die meisten Läden ab 11 Uhr und schließen um 17 Uhr.

Shoppingareale

Die wichtigsten Shoppingbereiche der Stadt sind im Kartenmaterial mit einer rötlichen Fläche markiert.

Bücher und Musik

Die beiden großen Buchhandelsketten Waterstones (s. S. 33) und WHS Smith haben zahlreiche Filialen in London, hier gibt es auch Hörbücher, CDs und DVDs. Wer nach Antiquariaten und spezialisierten Buchläden sucht, wird im Cecil Court [I9] fündig, der von der Charing Cross Road abzweigt.

- **238** [G9] **HMV,** 363 Oxford Street, U: Oxford Circus. Gängige Musik-CDs und Videos.
- **239** [F12] **John Sandoe,** 10 Blacklands Terrace, U: Sloane Square, Tel. 75899473, www.johnsandoe.com, Mo–Sa 9.30–18.30 Uhr, So 11–17 Uhr. Außergewöhnliche Bücher zum Stöbern.
- **240** [N8] **Rough Trade East,** 91 Brick Lane, Old Truman Brewery, London Overground: Shoreditch Highstreet, Tel. 73927788, www.roughtrade.com, www.roughtraderecords.com. Das Plattenlabel der Indieszene führt auch eine bemerkenswerte Auswahl an Electronica, Punk, Dub und Soul auf CD/Vi-

EXTRAINFO

Orientierung in der Oxford Street

Hilfe bei der Orientierung auf der Einkaufsmeile findet man z. B. unter **www.oxfordstreet.co.uk.** Wer sich dennoch im Gewühl verläuft, kann einen **Welcome Ambassador** um Rat fragen. Mitglieder dieser privaten Truppe von Helfern sind mit einer schwarzen Melone behütet. Sie stehen an verschiedenen Punkten der Oxford Street, Bond Street und Regent Street, geben Auskünfte bzw. helfen beim Auffinden von bestimmten Geschäften oder Restaurants. Nicht zuletzt melden sie auch unangenehme Vorkommnisse an die Polizei (Infos: www.thewelcome people.com).

nyl. Hin und wieder gibt es hier kostenlose Konzerte.

241 [I9] **Stanford's,** 12–14 Long Acre, U: Covent Garden, www.stanfords.co.uk, Mo–Sa 9–20, So 11.30–18 Uhr. Landkarten und Reiseführer zu jedem Reiseziel und Thema.

Kaufhäuser

Londons Edelkaufhäuser, z. B. Harrods, liefern Luxuswaren sogar an das Königshaus. In ihren gediegenen Restaurants kann man außerdem fein speisen.

Das hippe neue Shoppingareal Coal Drops Yard vereint Kunst, Kultur und Shopping.

242 [I5] **Coal Drops Yard,** Stable Street, U: King's Cross/St. Pancras, Tel. 34791795, www.coaldropsyard.com, Kernöffnungszeiten: Mo–Sa 10–20, So 12–18 Uhr, die Lokale haben länger geöffnet. Einst wurde hier am Regent's Canal bei Kings's Cross Kohle gelagert, die per Boot ankam. Heute ist in den Backsteingebäuden ein neues Shoppingareal mit vielen Geschäften untergebracht.

243 [H10] **Fortnum & Mason,** 181 Piccadilly, U: Piccadilly Circus, Tel. 77348040, www.fortnumandmason.com, Mo–Sa 10–21, So 11.30–18 Uhr. Ab 1707 wurden hier Kolonialwaren angeboten, heute gibt es zudem Bio-Waren von Prince Charles' Farm (Highgrove Originals). Das Haus beliefert seit Jahrhunderten die Königsfamilie. Lunch wird in der Brasserie The Fountain serviert und Snacks gibt es im Parlour.

95 [F11] **Harrods.** Das Angebot reicht von Mode über Schmuck und Parfümerieartikel bis hin zu Delikatessen aus aller Welt. Elegant speisen kann man im Georgian Restaurant und der Terrace Bar im 4. Stock. Im Erdgeschoss gibt es u. a. eine Rotisserie und eine Caviar and Oyster Bar.

244 [F11] **Harvey Nichols,** 109–125 Knightsbridge, U: Knightsbridge. Hier findet man Kleidung und Accessoires vom Feinsten. Neben international bekannten Namen gibt es auch eine Auswahl an britischem Design. Weithin bekannt ist das Fifth Floor Restaurant im 5. Stock.

245 [H9] **Liberty,** 210 Regent Street, U: Oxford Circus, Tel. 77341234, www.liberty.co.uk, Mo–Sa 10–21, So 11.30–18 Uhr. Dieses historische Kaufhaus verkauft exquisite Kleidung und Haus- sowie Gartenartikel. Aus der eigenen Designwerkstatt stammen Stoffunikate.

Kosmetik

246 [J9] **Molton Brown,** 18 Russell Street, U: Covent Garden, www.moltonbrown.co.uk. Der bekannte Kosmetikhersteller bietet dezent parfümierte Seifen und Lotionen.

247 [I9] **Space NK,** Thomas Neal Centre, 32 Shelton Street, U: Covent Garden, www.spacenk.com, Mo–Sa 9–19, Do 9–19.30,

EXTRATIPP

Shop 'n' Stop

Von der U-Bahn-Station Bond Street sind es nur zwei Minuten in Richtung Westen bis zur James Street. Hier biegt man rechts ein und gelangt bald zum Eingang von **St. Christopher's Place.** Das kleine Viertel besteht aus mehreren Sträßchen und einer Piazza. Zwischen ausgefallenen Boutiquen finden sich hier zahlreiche Restaurants und Cafés, in denen man abseits der hektischen Oxford Street sitzen und sich entspannen kann.

•260 [G9] **St. Christopher's Place,** www.stchristophersplace.com, U: Bond Street

So 11.30–17.30 Uhr. Alles von Make-up bis Parfüm.

248 [H10] **Taylor of Old Bond Street,** 74 Jermyn Street, U: Green Park, www.taylorold bondst.co.uk. Zubehör für den Gentleman, von Rasierer und Pinsel bis Haarpflege.

Mode

249 [E12] **Adidas by Stella McCartney,** 97 Fulham Road, Fulham, U: Fulham Broadway, Tel. 0800 3763705, www.stellamccartney.com, geöffnet Mo–Sa 10–18.30, Mi 10–19, So 12–18 Uhr. Die McCartney-Tochter bewies bereits bei der Olympiade, dass sie coole Sportkleidung entwerfen kann.

250 [F13] **Anthropologie,** 131–141 King's Road, Chelsea, U: Sloane Square, Tel. 73493110, www.anthropologie.eu/en/uk, Mo–Sa 10–19, So 12–18 Uhr. Concept Store mit einer besonders großen Auswahl an interessanten Schuhen.

251 [G9] **House of Fraser,** 318 Oxford Street, im Kaufhaus Selfridges, U: Oxford Circus oder Bond Street, Tel. 75294700, www.houseoffraser.co.uk, Mo–Sa 9.30–22, So 12–18.30 Uhr. Klassische englische Regenmäntel, Schals und Hüte. Aquascutum erfand den Trenchcoat und gehört heute zum Jaeger-Konzern.

252 [H9] **Burberry,** 21–23 New Bond Street, Mayfair, U: Bond Street, Tel. 79808425, http://uk.burberry.com, Mo–Sa 10–19, So 12–18.30 Uhr. Die Marke produziert seit 1856 klassischen britischen Schick.

253 [H10] **Dover Street Market,** 17–18 Dover Street, Mayfair, U: Greenpark, Tel. 75180680, www.doverstreetmarket.com, Mo–Sa 11–19, So 12–18 Uhr. Diese hypermoderne Boutique verkauft Kleidung von Designerlabels wie Mary Katranzou, Erdem Moralioglu und Simone Rocha.

254 [I9] **Dr. Martens Retail Store,** 17–19 Neal Street, U: Covent Garden, www.drmar tens.com/uk. Original „Doc Martens".

255 [H9] **Hackett,** 193–197 Regent Street, U: Piccadilly Circus, Tel. 74944917, www.hackett.com, Mo–Sa 10–21, So 12–18 Uhr. Schicke Anzüge und Freizeitkleidung für Männer.

256 [H9] **Next,** 201–203 Oxford Street, U: Oxford Circus, Tel. 0844 8445007, www.next.co.uk, Mo–Mi 9.30–20.30, Do, Fr 9–21.30, Sa 9–20.30, So 11.30–18 Uhr. Unkomplizierte Trendmode für Frauen und Männer.

257 [I9] **Paul Smith,** 40 Floral Street, U: Covent Garden, Tel. 73797133, www.paul smith.com, Mo–Mi 10.30–18.30, Do, Fr 10.30–19, Sa 10–19, So 12–18 Uhr. Klassische britische Mode mit modernem Einschlag für Männer und Frauen. Witzige Accessoires wie gemusterte Trilby-Hüte.

258 [G12] **Philip Treacy,** 69 Elizabeth St, Tel. 77303992, www.philiptreacy.co.uk. Mo–Fr 10–18, Sa 11–17 Uhr. Ausgefallene Hutmodelle, nicht nur für Royal Ascot, dazu Handtaschen und Acessoires.

259 [H9] **Pretty Green,** 57 Carnaby Street, U: Oxford Circus, Tel. 72873122, www.

prettygreen.com, tgl. 10–22, So 12–18 Uhr. Das Label des ehemaligen Oasis-Sängers Liam Gallagher orientiert sich an der Mode der Mod-Szene der 1960er-Jahre mit langen Parkas und Fred-Perry-Hemden.

261 [F9] **Primark,** 499 Oxford Street, U: Marble Arch, Tel. 74950420, www.primark.co.uk, Mo–Sa 8–22, So 11.30–18 Uhr. Die Kleider sind nach dem Konzept der „Fast Fashion" streng limitiert, um immer brandaktuell zu sein. Aufgrund der niedrigen Preise besonders bei der jüngeren Klientel beliebt.

262 [H9] **Russell & Bromley,** 128–130 Regent Street, Mayfair, U: Oxford Circus, Tel. 77346991, www.russellandbromley.co.uk, Mo–Sa 10–20, So 11–18 Uhr. Große Auswahl an Qualitätsschuhen im neuesten Design – leider nicht ganz billig.

263 [G9] **Selfridges,** 400 Oxford Street, U: Bond Street, Marble Arch oder Oxford Circus. Seit 1909 größte Konkurrenz von Harrods mit annähernd dem gleichen Angebot.

264 [I9] **Superdry,** Unit 24/25 Thomas Neal Centre, Earlham Street, U: Covent Garden, Tel. 72409437, www.superdry.com, Mo–Sa 10–20, So 11.30–18, Fei 12–18 Uhr. Das britische Label verkauft Streetwear für Männer und Frauen.

265 [F12] **The Shop at Bluebird,** 6 Duke of York Square, U: Sloane Square, Tel. 73513873, www.theshopatbluebird.com, Mo, Di 10–19, Mi, Do 10–19.30, Fr, Sa 10–19, So 11.30–18 Uhr. In diesem Concept Store gibt es Mode und Designartikel, u. a. Kleidung von Gareth Pugh, Victoria Beckham, Meadham Kirchoff, Henry Holland und JW Anderson.

266 [H9] **Topshop & Topman,** 36–38 Great Castle Street, U: Oxford Circus, www.topshop.com, Tel. 08448487487, Mo, Di 9.30–21, Mi–Fr 9.30–22, Sa 9–21, So 11.30–18 Uhr. Trendmode für Männer und Frauen zu vernünftigen Preisen. Das Label bietet jedes Jahr eine Sonderkollektion von angesagten Jungdesignern.

267 [H10] **Victoria Beckham,** 36 Dover Street, U: Green Park, www.victoriabeckham.com. Seit einigen Jahren zur erfolgreichen Designerin avanciert, verkauft David Beckhams bessere Hälfte hier ihre Ready-to-Wear-Kollektion.

268 [H9] **Vivienne Westwood Flagship Store,** 44 Conduit Street, U: Bond Street, www.viviennewestwood.com, Mo–Mi, Fr, Sa 10–18, Do 10–19, So 12–17 Uhr, und:

269 [D14] **Vivienne Westwood Worlds End,** 430 King's Road, U: Fulham Broadway, Tel. 73526551, Mo–Sa 10–18 Uhr. Die Mode der Designerin ist noch genauso aktuell wie vor 40 Jahren. Zuletzt machte ein ausgefallenes Hutmodell, u. a. getragen von Sänger Pharell Williams, international Furore.

270 [G9] **Whistles,** 12 St. Christopher's Place, Marylebone, U: Bond Street, Tel. 74874484, www.whistles.com, Mo–Mi 10–19, Do 10–20, Fr, Sa 10–19.30, So 14–18 Uhr. Zeitlose klassische Schnitte für Mann und Frau, angeblich ein Favorit der Duchess of Cambridge.

(Streetfood-)Märkte und Flohmärkte

Ein Bummel über Londons Märkte ist nicht nur für Touristen eine beliebte Freizeitbeschäftigung. Jeder Markt hat sein eigenes Flair: Vom Wochenmarkt mit Gourmettreff über Floh- und Antikmärkte findet sich überall ein buntes Gemisch an Ständen aus verschiedenen Kulturen.

49 [M10] **Borough Market.** Ein Markt für Gourmets: Hier werden Spezialitäten aus aller Welt verkauft. Viele kann man an Imbissständen probieren. Drumherum haben sich zudem zahlreiche Restaurants und Cafés angesiedelt (s. S. 80).

148lo-ln

271 [K16] **Brixton Market,** Electric Avenue/ Pope's Road/Brixton Station Road, U: Brixton, http://brixtonmarket.net, Mo–Sa 8–18, Mi 8–15 Uhr, Arkaden tgl. 8–11.30, Mo bis 18 Uhr. Der Markt ist von Einwanderern aus der Karibik geprägt und erstreckt sich über drei Straßen. Neben Alltagsgegenständen und exotischen Lebensmitteln gibt es jeden zweiten Samstag im Monat den Maker's Market mit ausgefallenem Kunsthandwerk und Mi bis Fr von 12 bis 14 Uhr den sogenannten Food Corner mit Gourmetimbissen. Die historischen Arkaden BrixtonVillage (1937), Market Row (1928) und Reliance Arcade (1924) sind heute denkmalgeschützt.

272 [G5] **Camden Market,** 54–56 Camden High Street, U: Camden Town, www. camden-market.org, www.camdenlock.net, tgl. 10–18 Uhr. Verschiedene Märkte verteilen sich über das Stadtzentrum von Camden Town. An den Ständen auf der High Street bekommt man Mode und Accessoires, beim Camden Lock Market und Camden Lock Village am Regent's Canal Mode, Zubehör, Kosmetik und Einrichtungsgegenstände, beim Camden Stables Market gibt es spezialisierte Boutiquen und Designshops.

273 [K6] **Camden Passage Market,** Camden Passage, Islington High Street, Islington, U: Angel, www.camdenpassageislington.co.uk, Mi–Sa 9–18, Fr 10–18, So 11–18 Uhr. In einer Fußgängergasse hinter dem Islington Green kann man durch einen Antik- und Flohmarkt bummeln. Die Shops und Cafés haben täglich geöffnet.

274 [N6] **Columbia Road Flower Market,** Columbia Road, London Overground Hoxton, www.columbiaroad.info, So 8–15 Uhr. Lebhafter Blumenmarkt an einer Straße mit ausgefallenen Boutiquen und Cafés im East End.

275 [T13] **Greenwich Market,** 55 Greenwich Market, DLR Greenwich, Tel. 82695096, www.greenwichmarket.london, Di–So 10–17.30 Uhr. Mi Wochenmarkt, Do, Fr Antik- und Kunsthandwerksmarkt, Sa, So Wochenmarkt und Kunsthandwerksmarkt.

276 [M9] **Leadenhall Market,** Gracechurch Street, www.leadenhallmarket.co.uk. Markthalle 24 Std. zugänglich, Geschäfte und Restaurants siehe Website. Mitten in der City gelegen, gab es hier bereits im 14. Jh. einen Markt. 1881 entstanden die heutigen Arkaden mit Geschäften und Gastronomie. Sie sind heute bei den Bankern aus der City so beliebt wie eh und je.

› **Maltby Street Market** (s. S. 97). Eine kleinere Version des beliebten Borough Market mit ausgefallenen Leckereien.

› **Mercato Metropolitano** (s. S. 81). Streetfood und italienische Spezialitäten.

277 [N8] **Petticoat Lane Market,** Middlesex Street, U: Aldgate East, Mo–Fr 8–16, So 9–14 Uhr. Dieser Markt erstreckt sich über

In den Hallen des Spitalfields Market 69 *kann man stundenlang stöbern*

mehrere Straßen. Neben Alltagsgegenständen findet man preiswerte Kleidung und Accessoires.

278 [B9] **Portobello Road Market,** Portobello Road, U: Notting Hill Gate, Ladbroke Grove oder Westbourne Park, www.portobelloroad.co.uk. Mehrere Kilometer entlang der Portobello Road und der Golborne Road. Obst- und Gemüsemarkt, Gebrauchsgegenstände und Design: Mo–Mi 9–18 Uhr, Do bis 13, Fr, Sa bis 19 Uhr. Antik-, Secondhand- und Flohmarkt: Sa (im Sommer auch Fr) 8–19 Uhr.

69 [N8] **Spitalfields Market.** Historische Markthalle im trendigen East End mit modernem Anbau. Hier gibt es einen Designermarkt (Trader's Market) mit ausgefallener Kleidung und Accessoires und einmal im Monat einen Kunstmarkt.

279 [N7] **Sunday Upmarket,** Elys Yard, Brick Lane, London Overground: Shoreditch High Street, www.sundayupmarket.co.uk, So 10–17 Uhr. Dieser Markt mit multikulturellem Flair in der Truman Brewery bietet Mode, Kunst und Lifestyle-Artikel von Designern und Künstlern, außerdem gibt es auch leckeres Streetfood von karibisch bis asiatisch.

Secondhand, Vintage

280 [N8] **Absolute Vintage,** 15 Hanbury Street, London Overground: Shoreditch High Street, www.absolutevintage.co.uk, Mo–So 11–19 Uhr. Secondhandmode und Acessoires.

281 [O7] **Beyond Retro,** 110–112 Cheshire Street, London Overground: Shoreditch High Street, www.beyondretro.com, Mo–Sa 10–19, Do bis 20 Uhr, So 11.30–18 Uhr. Riesige Auswahl an Mode aus vielen Dekaden.

282 [I9] **Oxfam Originals,** 23 Drury Lane, U: Holborn, www.oxfam.org.uk, Mo–Sa 10–18, So 12–17 Uhr. Die Einnahmen aus dem Verkauf gespendeter Kleidung kommen der Hilfsorganisation Oxford Famine zugute.

149lo-ln

Sonstiges

283 [F12] **Cath Kidston,** 27 King's Road, U: Sloane Square, www.cathkidston.com, Mo–Sa 10–19, So 12–18 Uhr. Die floralen Vintage-Motive auf Taschen und Acessoires der Designerin Kidston sind international erfolgreich.

284 [H9] **Hamley's,** 188 Regent Street, U: Oxford Circus, www.hamleys.com, Mo–Fr 10–21, Sa 9.30–21, So 12–18 Uhr. Riesiger Spielzeugladen mit allem, was sich Kinder wünschen.

285 [N7] **Labour and Wait,** 85 Redchurch Street, London Overground: Shoreditch High Street, www.labourandwait.co.uk, Di–Fr 11–18.30, Sa, So 11–18 Uhr. Einer von vielen Läden in der Redchurch Street in Shoreditch, der ausgefallenes Design von Haushaltsartikeln bis zu Accessoires verkauft.

Der Portobello Road Market bietet Antikes und Ausgefallenes

082lo-kw

London zum Träumen und Entspannen

Für eine 8,5-Millionenstadt ist London ungewöhnlich grün. Fast jeder Stadtteil hat eigene Parkanlagen und grüne Plätze wie die Garden Squares (s. S. 115) zum Ausruhen. Die großen Parks im Zentrum, **St. James's Park** [I10/11], **Green Park** [G/H10], **Hyde Park** 88 und **Kensington Gardens** [D10/11], gehen fast nahtlos ineinander über, sodass man hier kilometerweit spazieren kann. Beim Hyde Park bietet der **Serpentine Lake** die Möglichkeit zum Bootfahren und sogar zum Schwimmen. In Kensington lockt der kleinere **Holland Park** 91 mit verwunschenen Ecken. Die **Jubilee Gardens** unterhalb des London Eye 39 bieten Platz zum Ausruhen und eine tolle Aussicht.

Von der Nordostseite des Hyde Park, bei Speaker's Corner, fahren Busse in ca. 10 Minuten nach Marylebone bis zum **Regent's Park** 84, wo man den Spaziergang fortsetzen kann. Wer noch nicht genug hat, findet im Westen der Stadt die **Kew Gardens** 113: Der Botanische Garten Londons bietet Unterhaltung für einen ganzen Tag. Auf dem ausgedehnten Are-

Erholung am See mit Panoramablick im St. James's Park [I10/11]

al findet man eine ganze Reihe von Gewächshäusern aus viktorianischer Zeit mit Pflanzen aus allen Klimazonen der Erde. Daneben gibt es einen Tree-Top Walk, d. h. Hängebrücken, die sich durch Baumwipfel schlängeln, und einen See mit Booten.

Im Osten der Stadt, in Stratford, lockt der riesige **Queen Elizabeth Olympic Park** 73 auf dem ehemaligen Olympiagelände. Hier kann man sich entspannen oder sportlich betätigen: Das Schwimmstadion und das Velodrome sind für Besucher geöffnet. Das Olympiagelände grenzt an den weitläufigen **Lee Valley Country Park**, einen Landschaftspark entlang des Lee River mit Fahrradwegen und Vogelschutzgebieten, aber auch einem Wildwasserpark, der sich bis außerhalb der Stadtgrenzen erstreckt.

Schön spazierengehen und in natürlichen Seen schwimmen kann man zudem im Norden der Stadt, in **Hampstead Heath** 112. Und auch die **Wasserwege** Londons laden zur Entspannung ein. Bei einer Fahrt auf der Themse kann man auf der ganzen Länge des Flusses die Aussicht auf die Stadt genießen.

Wer die Menschenmengen zurücklassen möchte, findet von der Tower Bridge 53 bis nach Limehouse 62 entlang des Thames Path durch die Docklands viele Gelegenheiten zum Pausieren. Hier kann man direkt am Wasser das tolle Panorama genießen. Ein Ausflug auf dem von Hausbooten gesäumten **Regent's Canal** (s. S. 121) eröffnet einen Ausblick auf Parkanlagen und verträumte Gärten.

› www.royalparks.org.uk
› www.nationaltrail.co.uk/thames-path
› Lee Valley Country Park, www.visitleevalley.org.uk

London mit Kindern

Großbritannien ist ein kinderfreundliches Land und die meisten Sehenswürdigkeiten und Museen in London bieten speziell auf Kinder ausgerichtete Aktivitäten an. Für zwei Erwachsene und bis zu zwei Kinder kann man bei vielen Sehenswürdigkeiten ein verbilligtes Familienticket bekommen und auch mit dem London Pass (s. S. 237) kann man erheblich sparen. Für Kinder bis 5 Jahre ist der Eintritt meistens frei.

Wenn Kinder während des anstrengenden Großstadtbesuchs eine Pause vom Sightseeing brauchen, bieten sich zahlreiche Aktivitäten an. Bei einem Besuch in einem der vielen Parks kann man Ballspielen und Herumtollen. In den Kensington Gardens [D10/11] und im Holland Park 91 stehen gut ausgestattete **Abenteuerspielplätze** zur Verfügung. Im Holland Park gibt es sogar Langhorn-Rinder zu bewundern. Im Regent's Park bietet der **London Zoo** 84 Unterhaltung für einen ganzen Tag und bei einer Bootsfahrt bekommen auch Eltern die Möglichkeit, die Beine auszustrecken: In London kann man nicht nur auf der Themse, sondern auch auf den Seen im **Hyde Park** 88 und **Regent's Park** 84 Boote mieten. Entlang des Regent's Canal gibt es zudem Ausflugsboote, die von **Little Venice bis Camden** fahren (s. S. 121). Im **Olympic Park** 73 stehen neben Grünflächen auch viele Sporteinrichtungen zur Verfügung und ein Fahrradausflug entlang des Themseufers bietet sich für ältere Kinder an.

Zahlreiche **Museen** bieten auf Kinder bzw. Familien ausgerichtete, interaktive Unterhaltung, nicht zuletzt die Erlebnismuseen der Stadt (s. S. 162). An Wo-

EXTRATIPP

Kinderfreundliche Restaurants

Mit Kindern entspannt einkehren kann man auch in London. Die meisten Restaurant-Ketten sind familienfreundlich und bieten Kindermenüs an. Besonders zu empfehlen sind hier z. B. das farbenfroh ausgestatte **Giraffe** mit Klassikern wie Lasagne, Hamburgern etc., daneben gibt es z. B. Buntstifte und Papier am Tisch. Die Kette **Leon** serviert „gesundes Fast Food" in bunten Pappcontainern. Das **Rainforest Cafe** bietet eine von Disney World inspirierte Atmosphäre mit Wasserfällen, animierten Elefanten etc.

› **Giraffe** £, www.giraffe.net, Filialen z. B. Southbank Centre 40, King's Cross 80, Holland Park 91

› **Leon** £, http://leon.co, Filialen z. B. am Strand, Spitalfields Market 69, More London Place und King's Cross

286 [I9] **Rainforest Cafe** ££, 20 Shaftesbury Avenue, Soho, U: Piccadilly, Tel. 74343111, www.therainforestcafe.co.uk, Mo–Mi 12–22, Do, Fr 12–20.30, Sa 11.30–20.30, So 11.30–22 Uhr

chenenden und während der britischen Schulferien finden in vielen Museen Workshops wie Mal- und Bastelklassen statt (z. B. im **Museum of London** 31). In Kensington wartet das **Natural History Museum** 98 mit Saurierskeletten auf und man kann Insekten „auf die Pelle rücken". Im benachbarten **Science Museum** 97 arbeitet man sich anhand von Spielen und Rätseln durch die wissenschaftliche Ausstellung. Im **London Transport Museum** (s. S. 161) dürfen Kinder Bus- und U-Bahn-Fahrer spielen. Kostüme aus verschiedenen Jahrhunderten kann man im **Victoria & Albert Museum** 96 anprobieren. Auf der **Golden Hinde II** 47 können Kinder das Leben der Piraten kostümiert nachspielen und im Wachsfigurenkabinett von **Madame Tussauds** 83 kann man sich mit den momentan angesagten Popstars fotografieren lassen.

In Greenwich lernen Kinder im **National Maritime Museum** 109 etwas über die Seefahrtsgeschichte und können im Planetarium des **Royal Observatory** 110 den Sternenhimmel bestaunen. Ein Höhepunkt ist sicherlich ein Besuch im **V&A Museum of Childhood:** Das Museum zeigt Spielzeuge durch die Jahrhunderte.

Für Kinder ohne Höhenangst ist eine Fahrt auf dem **Riesenrad London Eye** 39 oder mit dem **Sessellift Emirates Air Line** (s. S. 103) unvergesslich. Einen Tagesaufenthalt in den Docklands könnte man auch mit einem Besuch auf der **Mudchute Farm** (s. S. 197) beenden, einer echten Naturoase mitten auf der Isle of Dogs.

Ein **Theaterbesuch** empfiehlt sich der Sprache halber vor allem in den Londoner Puppentheatern, aber auch Musicals sind leicht zugänglich. In Little Venice ist die **Puppet Theatre Barge** auf einem umgebauten Boot untergebracht. In Islington lohnt ein Besuch des **Little Angel Theatre** mit einfallsreichen, selbstgefertigten Puppen. Es ist Londons einziges permanent bespieltes Puppentheater. Die Vorstellungen finden jeweils kindgerecht am nachmittag oder oder am frühen Abend statt. Das ganze Jahr über finden auf den öffentlichen Plätzen der Stadt Veranstaltungen statt, die auch für Kinder Unterhaltung bieten. Zu empfehlen ist z. B. das **Covent Garden May Fayre**

and Puppet Festival (s. S. 198) mit seinen Kasperlevorführungen.

Wer aus der Stadt heraus möchte, kann einen Tagesausflug zu **The Making of Harry Potter** (s. S. 163) in den Warner Bros. Studios in Leavesden unternehmen. Hier wurden die Originalkulissen, Kostüme etc. aus den Filmen in Szene gesetzt. Inzwischen werden auch im Stadtbereich geführte Touren angeboten, die sich auf die Spuren Harry Potters in London begeben.

- •287 [B11] **Abenteuerspielplatz Holland Park,** Ilchester Place, Kensington, U: Holland Park, tgl. 7.30–30 Minuten vor Dämmerung
- •288 [C10] **Abenteuerspielplatz Kensington Gardens,** Diana Memorial Playground, Kensington, U: Lancaster Gate, Mai–Aug. 10–19.45, April/Sept. 10–18.45 Uhr
- 289 [K5] **Little Angel Theatre,** 14 Dagmar Passage/Cross Street, Tel. 72261787, www.littleangeltheatre.com, U: Angel
- •290 [T12] **Mudchute Farm,** Pier Street, Docklands, Isle of Dogs, DRL: Crossharbour, Tel. 36707515, tgl. 9–17 Uhr, Eintritt frei, Spende erbeten. Auf einem Gelände, das durch die Trockenlegung des Millwall Dock entstand. Seit 1977 gibt es hier einen Bauernhof mit Kühen, Schafen und anderen Tieren, einem Reitstall und einem Café-Restaurant.
- 291 **Polka Theatre for Children,** 240 The Broadway, Wimbledon, Tel. 85434888, www.polkatheatre.com, U: South Wimbledon. Kindertheater von gehobener Qualität.
- 292 [D8] **Puppet Theatre Barge,** 35 Blomfield Road, U: Warwick Avenue, Tel. 72496876, www.puppetbarge.com, Kartenverkauf 9–21 Uhr, Aufführungen Sa, So, in den Ferien täglich
- 293 [P6] **V&A Museum of Childhood,** Cambridge Heath Road, East End, U: Bethnal Green, tgl. 10–17.45 Uhr, Eintritt frei, außer Sonderausstellungen

Zur richtigen Zeit am richtigen Ort

In London finden das ganze Jahr über Festivals und Events statt, jedes Jahr kommen neue hinzu. Viele davon sind zu einem festen Termin im Kalender der Londoner geworden. Andere wiederum finden nur einmalig statt. Veranstaltungsorte und Daten können sich von Jahr zu Jahr ändern, die aktuellen Informationen kann man im Internet unter www.visitlondon.com oder auf den im Folgenden angegebenen Websites vor dem Besuch der Events abrufen.

Januar/Februar

- **Chinese New Year Festival:** Mitte Februar feiern die Londoner Chinesen rund um die Gerrard Street in Soho mit Feuerwerk und Paraden das Neujahrsfest. Alle Straßen sind dann mit Laternen geschmückt.
- **London Fashion Week:** Jeweils Mitte Februar und Mitte September stellen britische und internationale Designer ihre Kollektionen vor (www.londonfashionweek.co.uk).

März/April

- **St. Patrick's Day Parade & Festival:** Die Iren Londons feiern ihren Nationalheiligen am 17. März mit Paraden im Stadtteil Kilburn und mit einer Feier am Trafalgar Square.
- **Feast of St. George:** Auch die Engländer feiern ihren Nationalheiligen im April mit einem Event am Trafalgar Square.
- **Oxford and Cambridge Boat Race:** Ende März/Anfang April wird die Themse zum Austragungsort des Bootsrennens zwischen den Achtern der Eliteuniversitäten Oxford und Cambrigde. Die Fahrt beginnt bei der Put-

067lo-ln

ney Bridge und endet in Mortlake (U: Putney Bridge, http://theboatraces.org).

- **London Marathon:** Mitte April feuern Tausende von Zuschauern über 35.000 Teilnehmer des Marathons an. Der Lauf beginnt im Greenwich Park und führt entlang der Themse über die Isle of Dogs wieder in die Innenstadt (www.virginmoneylondonmarathon.com).

Mai/Juni

- **Covent Garden May Fayre and Puppet Festival:** Am 9. Mai 1662 notierte der Stadtchronist Samuel Pepys in seinem Tagebuch zum ersten Mal eine Kasperlevorführung. Am 2. Sonntag im Mai feiert daher das englische Kasperle Punch alljährlich seinen „Geburtstag" mit satirischen Shows für die ganze Familie (St. Paul's Covent Garden Church, www.coventgarden.london).
- **Chelsea Flower Show:** Die bekannteste Gartenschau Großbritanniens, veranstaltet von der Royal Horticultural Society (RHS), findet alljährlich Ende Mai beim Royal Hospital 102 in Chelsea statt (www.rhs.org.uk/shows-events/rhs-chelsea-flower-show). Neben vielen Prominenten sind auch die „Royals" zu Gast.
- **Meltdown Festival:** Dieses internationale Kulturfestival, das Mitte Juni beim Southbank Centre 40 stattfindet, hat jedes Jahr wechselnde Kuratoren, z. B. Yoko Ono, David Bowie und Morrissey (http://meltdown.southbankcentre.co.uk).
- **London Festival of Architecture:** Das Festival beschäftigt sich mit der wandelbaren Architektur Londons. Es gibt von Anfang Juni bis Anfang September thematische Führungen, Workshops und Events (www.londonfestivalofarchitecture.org).
- **Trooping the Colour** (www.royal.uk/trooping-colour): Am 17. Juni, dem „offiziellen" Geburtstag des Monarchen, nimmt die Queen traditionell die Parade ihrer Truppen auf der Horse Guards Parade ab. Seit dem Jahr 1901 wohnen die Regenten der Parade, die aus Wettergründen immer im Juni stattfindet,

116lo-kw

persönlich bei (unabhängig vom tatsächlichen Geburtsdatum des/der Regent/in). Während des Events treten außerdem die königlichen Leibwachen, die Household Cavalry und die Guard Division, an zwei Abenden zum Trommelkonzert (Beating Retreat) an.

- **Royal Academy of Arts Summer Exhibition:** Seit 1769 dürfen hier von Juni bis August unabhängige und etablierte Künstler sowie Studenten der Royal Academy of Arts ihre Werke ausstellen und verkaufen. Zudem werden lukrative Förderpreise vergeben (www.royalacademy.org.uk).
- **Wimbledon Lawn & Tennis Festival:** Von Ende Juni bis Mitte Juli treten die internationalen Tennisstars auf dem Rasen von Wimbledon gegeneinander an (www.wimbledon.com). Wer nicht rechtzeitig bucht, muss teils tagelang auf dem Gelände campieren, um Restkarten zu ergattern.
- **City of London Festival:** Das Festival, das von Ende Juni bis Mitte Juli dauert, bietet Konzerte, Kabarett, Zirkusveranstaltungen und Workshops (www.colf.org).
- **Taste of London:** Im Regent's Park 84 geben Mitte Juni Starköche Kochdemonstrationen und es gibt viele Leckereien zu probieren. Im November findet ein weiteres Event in den Docklands statt (www.london.tastefestivals.com).
- **River Stage Weekends:** Mitte Juni bis Mitte August veranstaltet das National Theatre 41 Konzerte und Open-Air-Theater an der Themse.
- **Pride London Festival:** Das zweiwöchige LBGT-Festival in der Stadt wird Ende Juni mit einer bunten Parade abgeschlossen, die von der Baker Street via Oxford und Regent Street führt und am Trafalgar Square endet (http://pridelondon.ca).

Auf dem Vorplatz von Covent Garden 20 findet das Puppet Festival statt

Zuschauer beim London Marathon

070lo-fo©Tony Baggett

- **Boishakhi Mela:** Die bengalischen Londoner begehen ihr Neujahrsfest im Juni im Southall Park in Ealing mit einem Musikfestival und gastronomischen Highlights (www.towerhamlets.gov.uk/mela/index.htm)
- **Royal Ascot:** Für einen Tagesausflug geeignet. Pferderennen Ende Juni für die Royals, den Hochadel, die Reichen und alle, die Tickets ergattern können. Die ausgefallensten Hüte sieht man am „Ladies' Day" (www.ascot.co.uk).
- **Greenwich & Dockland International Festival:** An verschiedenen Orten in den Docklands gibt es Ende Juni eine Woche lang Theatervorstellungen, Konzerte und andere Freiluftveranstaltungen (www.festival.org).
- **Hampton Court Flower Show:** Ende Juni bis Anfang Juli veranstaltet die Royal Horticultural Society in diesem beliebten Tudorpalast an der Themse eine weitere Gartenschau (www.rhs.org.uk/shows-events/rhs-hampton-court-palace-garden-festival)

Juli

- **BBC Henry Wood Promenade Concerts – Proms:** Die von Henry Wood ins Leben gerufenen „Proms" bringen in der Royal Albert Hall 99 bereits seit 1895 klassische Musik von Weltklassekünstlern vor ein breites Publikum. Von Mitte Juli bis Mitte September kann man für wenig Geld vielfältigen Konzerten beiwohnen. Die letzte Nacht (Last Night of the Proms) wird auf Bildschirmen im Hyde Park und in der ganzen Welt im Fernsehen übertragen (www.bbc.co.uk/proms).
- **Wireless Festival:** Bei dem dreitägigen Musikfestival Anfang Juli treten im Queen Elizabeth Olympic Parc R'n'B-, Hip-Hop- und Popstars auf (www.wirelessfestival.co.uk).
- **Barclaycard British Summer Time at Hyde Park:** Zweiwöchiges Musikfestival Anfang Juli im Hyde Park 88. Dazu gibt es Film, Musik, Literatur und Sportveranstaltungen (www.bst-hydepark.com).

- **Kew the Music:** Im Botanischen Garten Kew Gardens 113 treten Mitte Juli ausgewählte bekannte Künstler auf (www.kewthemusic.org).

August

- **Notting Hill Carnival:** Diese an den Karneval von Rio erinnernde Parade der karibischen Einwohner Londons entstand als Mittel zur Völkerverständigung bereits in den 1950er-Jahren. Ende August geht es zwei Tage lang im Stadtteil Notting Hill hoch her, wenn über eine Mio. Besucher die Straßen flankieren (www.thelondonnottinghillcarnival.com).
- **London Mela:** Musik und Tanzdarbietungen bietet dieses eintägige südasiatische Festival im Gunnersbury Park (www.londonmela.org).

Die Royal Albert Hall 99 ist u. a. Veranstaltungsort der BBC Proms

September

- **Open House London:** Der von der Organisation Open City veranstaltete Tag der offenen Tür ermöglicht die Besichtigung vieler Gebäude, die sonst für die Öffentlichkeit verschlossen sind. Der Eintritt in viele Museen ist an diesem Tag zudem kostenfrei (www.londonopenhouse.org).
- **BBC Proms in the Park:** Zusätzlich zu den Proms in der Albert Hall finden im Hyde Park Konzerte von Popbands statt (www.bbc.co.uk/showsandtours/shows).
- **London Fashion Week:** die zweite Laufstegshow des Jahres Mitte September (s. S. 197)

Beim Pferderennen Royal Ascot gibt sich die britische „Upper Class“ die Klinke in die Hand

- **London Design Festival:** Die Veranstaltungen während des alljährlichen Festivals finden von Mitte bis Ende September an verschiedenen Orten statt und rangieren von Workshops bis zur Ausstellung neuer Objekte (www.londondesignfestival.com).
- **Totally Thames:** Den ganzen September über kann man hier eine große Vielfalt an Veranstaltungen entlang der Themse besuchen (http://totallythames.org).

Oktober

- **London Literature Festival:** Auf verschiedenen Bühnen finden im Southbank Centre Mitte Oktober Lesungen bekannter Autoren statt, daneben gibt es kurze Theaterstücke, Musik und Diskussionen (www.southbank centre.co.uk).
- **London Film Festival** (www.bfi.org.uk/lff): Schauspieler und Regisseure aus aller Welt präsentieren ihre Arbeiten im BFI South Bank, BFI IMAX und dem London Film Museum (www.bfi.org.uk).

Feiertage

- **New Year's Day:** 1. Januar
- **Good Friday:** Karfreitag
- **Easter Monday:** Ostermontag
- **May Day:** Maifeiertag, erster Montag im Mai
- **Spring Bank Holiday:** letzter Montag im Mai
- **Summer Bank Holiday:** letzter Montag im August
- **Christmas Day:** 1. Weihnachtstag
- **Boxing Day:** 2. Weihnachtstag

- **Frieze Art Fair:** Wer die Künstler von morgen entdecken will, findet im **Regent's Park** 84 internationale, moderne Werke, die hier von Galeristen präsentiert werden (www.frieze.com).

November

- **Bonfire Night:** Die Vereitelung des Attentats des Katholiken Guy Fawkes auf den protestantischen König James I. wird mit großen Lagerfeuern und vor allem einem tollen Feuerwerk gefeiert.
- **Diwali:** Das viertägige Fest, das von Hindus, Sikhs und Jains gefeiert wird, bringt ein Stück Asien nach London. Auf dem Trafalgar Square finden dann Konzerte und Tanzaufführungen statt (www.diwaliinlondon.com).
- **Lord Mayor's Show:** Der jedes Jahr neu gewählte Lord Mayor of London, der Bürgermeister der City, präsentiert sich der Königin. Das Ganze wird von einer bunten Parade begleitet (www.lordmayorsshow.org).
- **Remembrance Day:** Am Sonntag vor oder nach dem 11. November wird in einer Trauerfeier am Cenotaph (s. S. 30) der Gefallenen in den Kriegen dieser Welt gedacht. Außerdem wird am 11. November um 11.11 Uhr im ganzen Land eine Schweigeminute abgehalten.

Dezember

- **Christmas Markets:** Weihnachtsmärkte finden jedes Jahr an verschiedenen Orten statt, z. B. rund um das Southbank Centre (www.londontown.com/London/Christmas-Markets-and-Fairs).
- **New Year's Eve Celebration:** Die Silvesternacht wird in London traditionell auf dem Trafalgar Square gefeiert.

LONDON VERSTEHEN

004lo-kw

London – ein Porträt

London, die **Hauptstadt des Vereinigten Königreichs von Großbritannien und Nordirland**, ist eine der meistbesuchten Großstädte der Welt. Durch die Stadt ergießt sich ein beständiger Strom von internationalen Geschäftsleuten, Besuchern, Pendlern und Anwohnern. Im Zentrum der Metropole geht es zwar den ganzen Tag hektisch zu, abseits der touristischen Pfade hat die Stadt aber auch viele ruhige und verträumte Ecken zu bieten, nicht zuletzt die Grünflächen der weitläufigen Parks.

Die **Themse**, die sich durch London zieht, ist bis heute die Lebensader der Stadt. An ihrem Nordufer befinden sich das Regierungszentrum, das juristische Zentrum und die Finanzzentren. Am Südufer haben die Stadtverwaltung sowie zahlreiche kulturelle Institutionen ihern Sitz.

Vorseite: Mitten in der City of London erinnert die Steinsäule The Monument 37 *an den Großen Brand von 1666*

Als globaler **Wirtschaftsstandort** ist London seit langem das wirtschaftliche Zentrum des Landes. Die wichtigsten Medienanstalten haben hier ebenso ihren Sitz wie viele der bedeutendsten kulturellen Einrichtungen. In London wohnten von jeher auch die **Monarchen**, früher im Tower und im Whitehall Palace an der Themse, heute im Buckingham Palace. Der **Erzbischof der anglikanischen Kirche** (Archbishop of Canterbury) residiert im Lambeth Palace gleich gegenüber dem Parlament.

Der Stadtbezirk von London wird von der Umgehungsautobahn M25 eingegrenzt. In diesem Bereich leben ca. 8,7 Mio. Menschen. Zusammen mit den Einwohnern der Metropolregion sind es insgesamt 13,8 Mio. Die Stadt gliedert sich **in 32 Verwaltungsbezirke** *(Boroughs)*, von denen 12 zu **Inner London** gehören und 20 zu **Outer London.** Hinzu kommt die **City of London**, die als eigenständiger Bezirk Stadtstatus besitzt. Die City ist der am längsten besiedelte Teil der Stadt. Die einstigen Stadtmauern umfassten ein 2,9 km^2 großes Gebiet. Heu-

125lo-fo©rabbit75_fot

te befindet sich in dieser sogenannten „Square Mile“ (Quadratmeile) das moderne **Geschäftszentrum** mit der Börse, in das Tag für Tag fast 300.000 Arbeitnehmer strömen. Permanent leben hier jedoch nur noch etwa 9000 Menschen und abends sind die Straßen oft wie leergefegt. Daneben hat sich in der **Canary Wharf** in den Docklands ein weiteres Banken- und Businesszentrum etabliert.

Im Jahr 2000 wurde die Verwaltungsbehörde für Großlondon, die **Greater London Authority** (GLA), ins Leben gerufen, an deren Spitze der **Mayor of London** (Oberbürgermeister) steht. Momentan regiert Sadiq Aman Khan, ein muslimischer Labour-Politiker, der sich immer wieder gegen den anstehenden Brexit ausgesprochen hat, da er für London weitreichende negative Folgen vorraussieht. Der Sitz des Bürgermeisters ist die **City Hall.** Die **City of London** fällt etwas aus dem Rahmen, denn sie hat einen eigenen Bürgermeister, den **Lord Mayor of London.** Zu der Zeit, als die City noch den Kern der Stadt bildete, hatte das Amt eine wichtige Bedeutung, heute ist es jedoch nur noch eine zeremonielle Rolle. Die Stadt lebt von der **Finanzindustrie** und vom **Dienstleistungsgewerbe.** Sie ist aber auch zu einem Zentrum für die **kreativen Gewerbe** geworden: Ca. 23 % aller Designer Großbritanniens – Mode, Webdesign und Software (darunter vor allem Computerspiele) – sind in London beschäftigt. Nicht zuletzt erwirtschaften auch die britische **Filmin-**

Die Stadt in Zahlen

- **Gegründet:** 50 n. Chr.
- **Einwohner:** Inner/Outer London 8,7 Mio., Metropolregion 13,8 Mio.
- **Einwohner/km²:** Inner London 10.000, Outer London 3900
- **Fläche:** Inner London 319 km², Outer London 1253 km²
- **Höhe ü.M.:** 15 m (Durchschnitt)

Die Themse ist die Lebensader der Stadt und an ihren Ufern finden sich die Sitze vieler wichtiger Institutionen

dustrie und die digitale Filmbearbeitung, deren Zentrum sich in London befindet, Milliardengewinne.

London besitzt **sechs Flughäfen,** die mit insgesamt 164 Mio. Fluggästen das höchste Passagieraufkommen der Welt verzeichnen. Allein London Heathrow fertigt über 73 Mio. Passagiere pro Jahr ab. Der Bau von weiteren Startbahnen in Heathrow, Gatwick und Standsted wird diskutiert, ist aber in der Öffentlichkeit umstritten. Ein von Boris Johnson vorgeschlagener neuer Flughafen außerhalb der Stadt bei der Themsemündung wurde aus Kostengründen erst einmal auf Eis gelegt.

Der **Eurostar,** der von St. Pancras durch den Eurotunnel fährt, hat in Großbritannien bisher die einzige Hochgeschwindigkeitstrasse. Eine weitere Trasse vom Bahnhof Euston in den Norden des Landes (HS2 – High Speed 2) ist momentan in der Entwicklungsphase.

Hunderttausende Pendler und Touristen stellen täglich hohe Anforderungen an den Öffentlichen Nahverkehr. Innerstädtisch ist die Behörde **Transport for London** (TfL) für die öffentlichen Verkehrsmittel zuständig. In den letzten Jahrzehnten wurden Milliarden in die Überholung und den Neubau des Schienennetzes, der U-Bahn und des Busnetzes investiert und eine brandneue Flotte an Stadtbussen verkehrt in der Stadt. Auf Intitiative des ehemaligen Bürgermeisters Boris Johnson kamen die neuen „Routemaster"-Busse hinzu, die wie ihre historischen Vorgänger hinten eine offene Plattform zum Aufspringen haben.

Die als **Tube** (Röhre) bezeichnete **London Underground** (U-Bahn) ist neben den Bussen das meistgenutzte Verkehrsmittel der Stadt. Das älteste U-Bahn-Netz der Welt feierte im Olympiajahr 2012 seinen 150. Geburtstag. Für das Event wurde das Netz in den östlichen Stadtbezirken ausgebaut, sodass es nun überall eine gute Anbindung gibt. Die Londoner verbindet eine Hassliebe mit ihrer Tube, denn sie bleibt zwar hin und wieder stecken, bietet aber die beste und schnellste Anbindung in alle Stadtbezirke. Bis 2022 sollen die U-Bahnen fahrerlos werden, die Wagen werden dann automatisch gesteuert.

Momentan entsteht das ambitionierte Projekt **Crossrail,** eine neue über- und unterirdische Bahnstrecke von Paddington bis Whitechapel, die London von Westen nach Osten durchschneidet. Insgesamt 100 km lang, verläuft die gesamte Trasse der neuen Bahnlinie von der Pendlerstadt Reading in Berkshire bis nach Brentwood in Essex bzw. Abbey Wood in Greenwich. Im Herbst 2019 soll die „Elizabeth Line", die momentan getestet wird, in Betrieb gehen. Insgesamt soll das öffentliche Transportsystem um 10 % ausgeweitet werden. Die Riesenbaustellen in der Stadt legen bisher allerdings vielfach den Verkehr lahm. Eine weitere Crossrail-Linie von Norden nach Süden soll bis 2030 folgen.

Eine der wichtigsten **Umweltinitiativen** von Boris Johnson ist die Verbesserung der Infrastruktur für Fahrräder in der Stadt. Er führte die **„Boris Bikes"** ein, Leihfahrräder, mit denen man die **Congestion Charge** (eine „Staugebühr" für Leute, die mit dem Privatwagen in die Innenstadt fahren wollen) oder überfüllte U-Bahnen meiden kann. Gleichzeitig wurde das Netz der Fahrradwege umfassend ausgeweitet. Dies hat in den letzten Jahren bereits Erfolge gezeigt, denn der Autoverkehr innerhalb der Stadt ist rückläufig. Ein Problem war bisher noch die

Sicherheit im Verkehr und es kam zu vielen Unfällen. Nun werden über 903 Mio. Pfund in neue **Cycle Superhighways**, das sogenannte **Crossrail for Bikes**, investiert. Fahrradfahrer erhalten ihre eigene Fahrradstraße, die parallel zu bestehenden Straßen verläuft und völlig abgetrennt ist. Zwei durchgehende Routen werden die Stadt von Norden nach Süden (King's Cross bis Elephant and Castle) und Osten nach Westen (Acton bis Barking) durchschneiden.

Londons Stadtteile haben ein sehr unterschiedliches Gesicht und sind nicht zuletzt durch die **verschiedenen Kulturen und Gesellschaftsschichten** ihrer Einwohner beeinflusst. Weit außerhalb liegende Stadtteile scheinen oft gar nicht mehr zu London zu gehören, sondern sind kleine autonome Städtchen mit eigenem Lebensrhythmus.

Auch architektonisch bietet die Stadt eine einzigartige Zusammensetzung von Stilen. Die homogensten Straßenzüge findet man z. B. in Belgravia, wo im 18. Jh. neue Wohnviertel im klassizistischen Baustil entstanden. Aufgrund der wachsenden Einwohnerzahl breitet sich das Stadtgebiet immer weiter aus. **Neuer Baugrund** wird z. B. auf sogenanntem „Brownfield"-Land erschlossen. Dies sind unbebaute oder marode Gebiete, die nicht zum geschützten Grüngürtel gehören. Da der Platz meist begrenzt ist, baut man heute vor allem in die Höhe. Entlang der Themse sprießen daher in Richtung Osten und Westen mehr und mehr **hypermoderne Apartmentblocks** aus dem Boden. Die Planung für die neuen Lebensräume muss allerdings immer auch erschwingliche Immobilien, Grünflächen und Infrastruktur mit einschließen, sodass in Zukunft ganz neue Stadtviertel entstehen werden, so geschehen im östlichen Stratford, wo auf dem ehemaligen Olympiagelände neue, ökologisch angelegte Siedlungen entstanden. Neue Planstädte entstehen z. B. in Nine Elms, auf der Isle of Dogs und in Thamesmead.

Stadtbezirke und Postcodes

Britische **Postleitzahlen (Postcodes)** sind fünf- bis siebenstellig. Die erste Hälfte gibt die Stadt bzw. den Kreis an. Da das Gebiet von **Inner London** sehr groß ist, wurde der Stadtbereich der Orientierung halber in Himmelsrichtungen unterteilt: **N (Northern), NW (Northwestern), SW (Southwestern), SE (Southeastern), W (Western), WC (Western Central), E (Eastern), EC (Eastern Central).** Auf diese Buchstaben folgt jeweils die Nummer des entsprechenden Stadtteils, also z. B. W14 - West Kensington, SW7 - South Kensington, E8 - Hackney etc. Die zweite Hälfte des Codes grenzt dann den Bereich auf die Straße bzw. 1 bis 15 Hausnummern ein.

EXTRAINFO

Verwaltungsbezirke

- **Inner London:** Camden, Hackney, Hammersmith & Fulham, Haringey, Islington, Kensington & Chelsea, Lambeth, Lewisham, Newham, Southwark, Tower Hamlets, Wandsworth, Westminster
- **Outer London:** Barking & Dagenham, Barnet, Bromley, Bexley, Brent, Croydon, Ealing, Enfield, Greenwich, Harrow, Havering, Hillingdon, Hounslow, Kingston upon Thames, Merton, Redbridge, Richmond upon Thames, Sutton, Waltham Forest

Postcodes als Statussymbol

Die Londoner sind mit ihren Postcodes bestens vertraut. Fragt man jemanden, wo er wohnt, gibt er oft nur den ersten Teil des Postcodes an. Unter Londonern enthält dieser Teil die wichtigsten Informationen, denn sie erkennen daran, ob es sich um ein wohlhabendes oder weniger angesehenes Viertel handelt. In der Weltstadt strebt man stets danach, innerhalb eines „angesagten" Postcodes zu leben und zwar nicht nur aus Statusgründen: Man kann inzwischen davon ausgehen, dass in Stadtteilen mit „unattraktiven" Postcodes die Infrastruktur stark zu wünschen übrig lässt. Schulen und ärztliche Versorgung etc. sind dort schlechter und die Kriminalitätsrate ist höher als anderswo, da Bessergestellte diese Viertel grundsätzlich meiden und auf diese Weise eine Ghettoisierung entsteht.

Ein „guter" Postcode bedeutet jedoch automatisch höhere Miet- und Häuserpreise. Bei einem Preisanstieg von 18 % pro Jahr (2014) ist der Wohnraum nördlich der Themse in den Bereichen der Innenstadt und von Nordlondon für Normalbürger längst unerschwinglich geworden. Aber auch wenn die Gentrifizierung in benachteiligten Vierteln einsetzt, hat dies nicht nur Vorteile: Wenn ein Postcode im Ansehen steigt, weil die Gegend sich verbessert hat, steigen die Preise und Niedrigverdiener werden weiter an die Randbezirke verdrängt.

Von den Anfängen bis zur Gegenwart

43 n. Chr.–50 n. Chr.: Unter Kaiser Claudius wird Britannien Teil des Römischen Reiches. Auf dem Gebiet der heutigen City of London entsteht aus einer Befestigung die Stadt Londinium. Die Römer bauen die erste Holzbrücke über die Themse.

410–510 n. Chr.: Angeln, Sachsen und Jüten aus Südskandinavien und Nordgermanien besiedeln die südlichen und südöstlichen provinzen Englands.

7. Jh.: Das angelsächsische Lundenwic, auf dem Gebiet des heutigen Covent Garden, erhält seinen ersten Bischof und wird Teil des Königreichs Essex.

9. Jh.: Nach langem Kampf gegen die Besatzungsmacht der Dänen gewinnt Lundenburh unter Alfred dem Großen wieder an Bedeutung. Man siedelt wieder innerhalb der römischen Stadtmauern. Lundenwic, das außerhalb liegt, wird später zu Ealdwic (heute: Aldwych).

1042–1066: Edward the Confessor initiiert den Bau der Westminster Abbey und eines neuen Palastes als Regierungssitz in der Nachbarschaft.

1066: In der Schlacht bei Hastings siegt der Normanne William the Conqueror gegen Edwards Nachfolger Harold Godwinson und lässt sich in der Westminster Abbey zum König krönen. 1078 lässt er den White Tower errichten, der heute das Kernstück des Tower of London bildet.

1176–1209: Die erste Steinbrücke (London Bridge) über die Themse entsteht. 600 Jahre bleibt sie der einzige Übergang.

⊡ *Henry VIII. leitete die Reformation ein*

1215: Unter dem Druck seiner adeligen Barone unterzeichnet König John die Magna Carta Libertatum. Sie schränkt die Macht des Monarchen ein und ist die früheste Erklärung von Bürgerrechten überhaupt.

1245–1269: Henry III. lässt die Westminster Abbey im gotischen Stil ausbauen.

1265: Unter Simon de Monfort wird das erste englische Parlament ohne Anwesenheit des Königs einberufen.

1295: Das Model Parliament aus Adel, Kirche und Bürgervertretern, hervorgegangen aus dem Great Council, tritt zum ersten Mal in Westminster zusammen.

1307: Der Templerorden wird enteignet und in der Temple Church entsteht eine Rechtsgelehrtenschule, der Vorläufer der Inns of Court.

1337: Unter Eward III. wird das Parlament zu einer festen Institution. Es zeichnet sich bereits eine Trennung in House of Lords (Oberhaus) und House of Commons (Unterhaus) ab.

0841o

1455–1485: Während der Rosenkriege kämpfte das Haus Lancaster (Rote Rose) gegen das Haus York (Weiße Rose). In der Schlacht bei Bosworth, die den Rosenkrieg beendet, geht die Macht auf Henry Tudor VII. über. Der Beginn der Tudorperiode wird als das Ende des englischen Mittelalters gesehen.

1476: William Caxton installiert die erste Buchdruckpresse in England.

1509–1547: Henry VIII. sagt sich von der katholischen Kirche los, da der Papst nicht in die Scheidung Henrys von seiner Frau Katharina von Aragon einwilligt. Mit dem Act of Supremacy ernennt er sich selbst zum Oberhaupt der neuen anglikanischen Kirche, die bis heute die Staatskirche ist, und leitet die Reformation ein. Auch Henrys zweite Frau, Anne Boleyn, gebar ihm keinen Sohn und endete auf dem Schafott. Seine dritte Frau, Jane Seymour, gebar ihm zwar seinen Sohn Edward, verstarb jedoch im Kindbett. Von der vierten Frau, Anne of Cleves, ließ er sich scheiden, die fünfte, Catherine Howard, endete wiederum auf dem Schafott. Seine letzte Frau, Catherine Parr, überlebte ihn.

1553–1558: Henrys Tochter, Mary I. (Bloody Mary), eine fanatische Katholikin, versucht, die Reformation rückgängig zu machen. Auf den Hinrichtungsfeldern, u. a in Smithfield, lässt sie 300 Protestanten umbringen.

1558–1603: Unter Henrys Tochter Elizabeth I. blühen Wirtschaft, Wissenschaft und Kultur wieder auf. Die Periode wird auch „goldenes Zeitalter“ genannt.

1577–80: Francis Drake bricht mit sechs Schiffen zu einer Weltumsegelung auf. Nur die „Golden Hinde“ kehrt zurück.

1588: Unter dem Kommando von Lord Admiral Howard of Effingham und Kapitänen wie Francis Drake und Martin Frobisher wird eine versuchte Invasion der spanischen Armada unter König Felipe II. vor der englischen Südküste vereitelt.

085lo-sh

1576–1599: Die ersten Freilichtbühnen Londons entstehen im heutigen Shoreditch. Als Theaterstücke dort verboten werden, zieht man nach Southwark. Während der Zeit der Theaterkompanie „Lord Chamberlain's Men", zu der auch William Shakespeare gehört, entsteht das Globe Theatre.

1603–1605: Katholiken unter der Führung von Guy Fawkes versuchen am 5. November 1605, das Parlament und König James I. in die Luft zu sprengen („Gunpowder Plot"). Die Verschwörer werden verraten und hingerichtet.

1642–1658: Nachdem Charles I. versucht, das Parlament aufzulösen, um absolutistisch zu regieren, kommt es zum Bürgerkrieg (Civil War). Die Nation spaltet sich in Anhänger des Parlaments (Roundheads) und der Royalisten. Charles I. wird 1649 von den Roundheads hingerichtet und Oliver Cromwell regiert von 1653 bis 1658 als Lord Protector.

1660: Während der Restauration etabliert Charles II. erneut das Haus Stuart. London hat mehr als 500.000 Einwohner, d. h. etwa 10 % aller Engländer leben in der Hauptstadt.

1666: Das Große Feuer von London legt vier Fünftel der mittelalterlichen Altstadt in Schutt und Asche. Der Architekt Christopher Wren wird mit dem Wiederaufbau betraut.

1681–1710: Nachdem Charles II. den Hugenotten religiöses Asyl gewährt, ziehen diese in großer Anzahl nach London. Ca. 50.000 Hugenotten siedeln sich in Soho und Spitalfields an.

1685–89: Der absolutistische katholische James II. wird in der „Glorious Revolution" von 1688 vom Thron verjagt. Das Parlament setzt stattdessen seine Tochter Mary und ihren Mann William III. of Orange als Monarchen ein. 1689 wird die „Bill of Rights" formuliert. Sie legt die Rechte und Pflichten des konstitutionellen Monarchen endgültig fest und verbietet fortan einen katholischen Monarchen auf dem Thron (diese Regelung ist bis heute gültig).

1694: Gründung der Bank of England durch William III. mit dem Ziel, Kriege gegen Frankreich zu finanzieren.

1702–1714: Während der Regentschaft von Queen Anne werden 1707 im Act of Union England und Schottland zu einer Nation.

1714: Der Deutsche George I. wird zum ersten Herrscher des Hauses Hannover. Sir Robert Walpole, der erste Premierminister, zieht 1735 in die Downing Street Nr. 10 ein.

1799–1828: Der Londoner Hafen wird ausgebaut, erhält eine Anzahl neuer Docks und avanciert zum größten Hafen des Landes.

1805: Lord Admiral Nelson besiegt Napoleon in der Schlacht von Trafalgar.

1836: Zwischen der London Bridge und Greenwich verkehrt der erste Londoner Eisenbahnzug.

1837–1901: Unter Königin Victoria beginnen die Glanzzeiten des British Empire. In den Außenbezirken der Stadt entstehen Vororte, die mit der City durch neue Eisenbahnlinien verbunden sind.

1843–1852: Nach einem Brand werden die Houses of Parliament von Augustus Pugin im neugotischen Stil neu gebaut.

1858: „The Great Stink". Die verschmutzte Themse wird zur Kloake und gärt in den heißen Sommertemperaturen. Dies führt zur Planung neuer Abwassersysteme *(Thames Sewers)* durch den Ingenieur Joseph Bazalgette.

1863: Die erste „U-Bahn", damals noch ein Dampfzug, fährt unterirdisch zwischen Paddington und Farringdon.

1886–1894: Die Tower Bridge wird gebaut.

1910: König George V. ändert den Familiennamen des Königshauses „Sachsen-Coburg und Gotha" während des Ersten Weltkriegs in „Windsor" ab.

1914–1918: Deutsche Luftangriffe richten im Ersten Weltkrieg großen Schaden an und fordern Tausende von Opfern.

1936: Auf der Flucht vor dem Antisemitismus in Europa ziehen viele Juden nach Großbritannien. Sie siedeln sich vornehmlich im East End an. 1936 kommt es zu einer Straßenschlacht (Battle of Cable Street), in der eine antisemitische Demonstration britischer Faschisten unter Oswald Mosley durch Anwohner des East End vereitelt wird.

1939–1945: Während des Zweiten Weltkriegs kommt es ab 1940 zu Massenbombardierungen (genannt „The Blitz"), bei denen ca. 30.000 Menschen ihr Leben lassen müssen. Viele Exilregierungen der von den Nazis besetzten Länder (z. B. die von Polen), aber auch Politiker wie Charles de Gaulle suchen in London Schutz.

1951–1952: Im Rahmen des Festival of Britain ensteht in den durch Bomben entstandenen Baulücken an der South Bank ein neuer öffentlicher Raum. Die bahnbrechende moderne Architektur des Southbank Centre soll einen Akzent für den Wiederaufbau der durch den Krieg zerstörten Stadt setzen. Vom 5. bis 9. Dez. 1952 herrscht aufgrund von Umweltverschmutzung Smogalarm („The Great Smog"). Viele Menschen und Tiere sterben.

1953: Elizabeth II. tritt die Thronnachfolge an. Ihre Krönung in der Westminster Abbey wird zum ersten englischen TV-Medienereignis des 20. Jh.

1956: Der erste Routemaster-Bus fährt durch die Straßen Londons.

1949–1960: Die britischen Kolonien werden unabhängig und die britische Regierung wirbt um Gastarbeiter. Einwanderer aus den karibischen Inseln siedeln sich in Notting Hill und Brixton an.

1960–1969: London wird zum Mittelpunkt des europäischen Pop- und Modegeschehens, die Zeit der Beatles und des Minirocks von Mary Quant geht als „Swinging Sixties" in die Geschichte ein.

◁ Angeblich half Charles II. bei der Bekämpfung des Großen Feuers von 1666 selbst tatkräftig mit

1970–1979: Durch die Ölkrise kommt es zu wirtschaftlichen Problemen. Hinzu kommt die Angst vor verstärkten Attentaten durch die IRA (Irish Republican Army).

1977: Silbernes Thronjubiläum von Queen Elizabeth II. Eine Livedarbietung des Songs „God Save the Queen" von den Sex Pistols auf einem Ausflugsboot auf der Themse führt zur Verhaftung der Bandmitglieder.

1979–1989: Die „Eiserne Lady" Margaret Thatcher wird Premierministern. Unter den konservativen Torys setzt eine Privatisierungswelle ein, staatliche Ausgaben und der Sozialstaat werden beschnitten. Die 1980er-Jahre sind sind von Streiks und Protesten gekennzeichnet. Durch den „Big Bang", d. h. die Deregulierung der Bank und Börse, kommt es zu einem wirtschaftlichen Aufschwung, der das internationale Bankenwesen in die City of London zieht.

1991: Nach einem Anschlag der IRA auf Downing Street No. 10 wird der Regierungssitz großflächig abgeriegelt.

1990–1996: Der Londoner Physiker Tim Berners-Lee entwickelt die Programmierungssprache HTML, auf der das World Wide Web basiert.

1994: Der Eurotunnel (Channel Tunnel) wird eröffnet.

1997: Unter Tony Blair gelangt die Labour-Partei an die Macht. Unter anderem reformiert die Partei das House of Lords mit dem System der erblichen Ämter *(Peerage)*. Ein Großteil der Mitglieder wird nun aufgrund ihrer Verdienste in das Haus berufen. Prinzessin Diana stirbt im August 1997 bei einem Autounfall in Paris, was eine ungeahnte Trauerwelle auslöst.

2000: Nach der Gründung der Verwaltungsbehörde Greater London Authority (GLA) wird der Linke Ken Livingstone zum Bürgermeister gewählt.

2005: Bei einem Attentat von Islamisten auf die Londoner U-Bahn und auf Nahverkehrsbusse werden am 7. Juli 50 Menschen getötet und viele Hundert verletzt. Ein Denkmal im Hyde Park erinnert an das Ereignis. Die Sperrstunde (bis dato 23 Uhr) wird abgeschafft.

2008: Der konservative Boris Johnson tritt das Bürgermeisteramt an. Der Bankenkollaps in der City of London löst eine nationale Wirtschaftskrise (Credit Crunch) aus. Viele City-Angestellte verlieren ihr Einkommen, die Bank Northern Rock wird vom Staat übernommen.

2010: Labour verliert die Nationalwahlen und die konservativen Torys bilden mit den Liberaldemokraten eine Regierungskoalition.

111lo-amo

2011: In den sozial benachteiligten Vierteln Londons gibt es gewalttätige Ausschreitungen, nachdem ein Farbiger von der Polizei erschossen wird. Eine Welle der Aggression entlädt sich gegenüber der Polizei und es kommt zu Plünderungen.

Im April heiratet Prinz William die Bürgerliche Kate Middleton. Beide tragen nun die Titel Duke und Duchess of Cambridge.

Im Sommer 2011 wird aufgedeckt, dass Reporter der „News of the World" (Besitzer: Rupert Murdoch) sich in die Mobiltelefone von Stars und Politikern, aber auch von anderen Personen gehackt hatten, um die so gewonnen Informationen in Sensationsberichten zu verarbeiten. Die kriminellen Handlungen bedeuten das Ende für die Zeitung.

2012: Die Queen feiert mit 60 Jahren im Amt ihr diamantenes Thronjubiläum. Die Sommerolympiade wird in London ausgetragen. Boris Johnson wird als Bürgermeister wiedergewählt. Die Stadt zelebriert den 200. Geburtstag von Charles Dickens.

2013: Die Aussichtsplattform von The Shard, dem höchsten Gebäude Londons, wird eröffnet. Am 22. Juli wird George, der erste Sohn des Duke und der Duchess of Cambridge, geboren. Die Londoner U-Bahn feiert ihren 150. Geburtstag.

2014: Seit dem 13. März 2014 ist das neue Gay Marriage Law in Kraft. Gleichgeschlechtliche Paare können nun eine zivile Ehe schließen.

In einem Referendum am 18. September 2014 entscheidet sich die Mehrheit der Schotten (55 %) dafür, im Verbund des Vereinigten Königreichs zu bleiben.

2015: Die Priesterin Libby Lane wird zur ersten weiblichen Bischöfin der anglikanischen Kirche in England geweiht.

Anlässlich des 800. Geburtstags der Magna Carta feiert die Nation ihre lange demokratische Tradition.

Die europafeindliche Organisation UKIP gewinnt angesichts der europäischen Flüchtlingskrise mehr und mehr Zulauf. Zusammen mit dem rechten Flügel der Tories drängt sie zu einem Austritt aus der EU, dem sogenannten Brexit.

2016 Die Queen begeht im April bzw. Juni (offizielle Feier) ihren 90. Geburtstag. Die Stadt zelebriert mit vielen Events den 400. Geburtstag von William Shakespeare.

Der muslimische Labour-Politiker Sadiq Khan wird Bürgermeister. Beim Brexit-Referendum im Juni stimmen 51,9 % der Briten für den Austritt aus der EU. Die Londoner hatten sich mit 59,9 % für den Verbleib ausgesprochen. Premier David Cameron tritt zurück. Im neuen Kabinett wird Boris Johnson Außenminister.

2017 Theresa May, die Camerons Nachfolge antritt, initiiert den Austrittsprozess. Bei Neuwahlen am 8. Juni erleiden die Tories eine Schlappe. Um regierungsfähig zu bleiben, suchen sie die Koaltion mit der umstrittenen DUP aus Nordirland.

Am 22. März und am 3. Juni verlieren mehrere Menschen bei Terroranschlägen durch den IS ihr Leben.

Ab dem 21. August verstummen die Glocken des Elizabeth Tower (Big Ben) wegen Renovierungsarbeiten für vier Jahre.

2018 Prinz Harry heiratet die amerikanische Schauspielerin Meghan Markle. Das Paar trägt die Titel Duke und Duchess of Sussex.

Die Brexit-Verhandlungen kommen unter Protesten vieler Interessengruppen und der Industrie nur schleppend voran.

2012 entstand der Queen Elizabeth Olympic Park **73** *mit dem ArcelorMittal-Orbit, von dem man auf die Canary Wharf* **63** *blickt*

Englische und britische Königshäuser

Haus Wessex
(871–1066)
Alfred the Great 871–899
Edward the Elder 899–924
Æthelstan 924–939
Edmund I. 939–946
Eadred (Edred) 946–955
Eadwig 955–959
Edgar 959–975
Edward the Martyr 975–978
Æthelred 978–1013, wieder eingesetzt 1014–1016
Edmund Ironside (Eisenseite) 14. Apr.–30. Nov. 1016
Edward the Confessor 1042–1066
Harold II. Godwinson 6. Jan.–14. Okt. 1066

Haus Dänemark
(1013–1014, 1016–1042)
Sweyn Forkbeard (Swegen) 1013–1014
Cnut (Knut der Große) 1016–1035
Harold I. 1035–1040
Harthacnut (Harthaknut) 1040–1042

Normannische Könige
(1066–1154)
William the Conqueror 1066–1087
William II. Rufus 1087–1100
Henry I. Beauclerc 1100–1135
Stephen of Blois 1135–1154
Empress Matilda 7. Apr. 1141–1. Nov. 1141

Haus Anjou-Plantagenet
(1154–1359)
Henry II. Curtmantle 1154–1189
Richard the Lionheart 1189–1199
John (Johann Ohneland) 1199–1216
Henry III. 1216–1272
Edward I. 1272–1307
Edward II. 1307–1327
Edward III. 1327–1377
Richard II. 1377–1399

Haus Lancaster
(1399–1461/1470–1471)
Henry IV. 1399–1413
Henry V. 1413–1422
Henry VI. 1422–1461, wieder eingesetzt 1470–1471

Haus York
(1461–1485)
Edward IV. 1461 –1470, 1471–1483
Edward V. 1483
Richard III. 1483–1485

Haus Tudor
(1485–1603)
Henry VII. 1485–1509
Henry VIII. 1509–1547
Edward VI. 1547–1553
Mary I. („Bloody Mary“) 1553–1558
Elizabeth I. 1558–1603

Haus Stuart
(1603–1649/1660–1714)
James I. 1603–1625
(Die Kronen von Schottland und England werden vereint, Großbritannien entsteht.)
Charles I. 1625–1649
Charles II. 1660–1685

James II. 1685-1688
William of Orange 1689-1694
(1689-1702 zusammen mit Mary II.)
Anne 1702-1714
(1707: Vereinigtes Königreich von Großbritannien und Irland)

Commonwealth und Protektorat (1653-1659)
Oliver Cromwell, Lord Protector 1653-1658
Richard Cromwell, Lord Protector 1658-1659

Haus Hannover (1714-1901)
George I. 1714-1727
George II. 1727-1760
George III. 1760-1820
George IV. 1820-1830
William IV. 1830-1837
Victoria 1837-1901

Haus Sachsen-Coburg Gotha (1901-1910)
Edward VI. 1901-1910

Haus Windsor (1910 bis heute)
George V. 1910-1936
(1922: Vereinigtes Königreich von Großbritannien und Nordirland)
Edward VIII. June 1936
George VI. 1936-1952
Elizabeth II. seit 1952

Das Königshaus im Wandel der Zeit

Laut einer Umfrage im Juni 2012, dem Jahr des Diamantenen Thronjubiläums von **Queen Elizabeth II.**, sind 90 % aller Briten zufrieden mit der Art, in der das Staatsoberhaupt ihr Amt ausübt. Politiker können von solchen Zahlen nur träumen – der Premier David Cameron bekam in derselben Umfrage nur 34 % der Stimmen. Seit dem Goldenen Thronjubiläum im Jahr 2002 begann ein Aufwärtstrend, der sich stetig fortsetzt und mit der Hochzeit von **Prinz William** mit **Kate Middleton** im April 2011 einen ersten Höhepunkt hatte. Weitere Medienereignisse waren die Geburten von **Prinz George** 2013, **Prinzessin Charlotte** 2015 und **Prinz Louis** 2018, die die Thronfolger für nachfolgende Generationen sind. Die Heirat von **Prinz Harry** mit der bürgerlichen **Meghan Markle**, deren Mutter Afroamerikanerin ist, hat nach Ansicht der Medien die Monarchie ins 21. Jh. katapultiert. Allerdings gab die Queen bekannt, dass die Kinder des Paares, anders als die von Kate und William, keine offizielle Rolle für die königliche Familie übernehmen werden.

In den letzten Jahren hat die Königin mehr und mehr Verantwortung an jüngere Familienmitglieder delegiert. Neben ihrem Sohn **Charles**, dem Prinzen von Wales, und seiner Frau **Camilla** übernehmen auch die Prinzen William und Harry und ihre Ehefrauen repräsentative Funktionen. Dies führte besonders bei der jüngeren Bevölkerung zu einer neuen Begeisterung für die Monarchie.

Das Königshaus präsentiert sich heute **ganz modern:** Man nutzt die königliche Website (www.royal.gov.uk), einen YouTube-Kanal (www.youtube.com/user/

TheRoyalChannel), Facebook und Twitter (@BritishMonarchy), um ein internationales Publikum zu erreichen. Der Duke und die Duchess of Cambridge haben ihr eigenes Twitterkonto (@KensingtonRoyal), ebenso der Prince of Wales und die Duchess of Cornwall (@ClarenceHouse).

Hin und wieder kommt es zu „Krisen" der Monarchie, die Diskussionen darüber auslösen, ob die Institution noch zeitgemäß sei. Dem Ansehen der Monarchie schadete z. B. die Abdankung von **Edward VIII.** im Jahr 1936. In seiner nur zehn Monate dauernden Amtszeit zog Edward den Unwillen des Parlamentes und der Regierungen der Commonwealth-Staaten auf sich. Er schien sein Staatsamt wenig ernst zu nehmen und sprach sich mehrfach offen, aber unqualifiziert gegen die Regierungspolitik aus. Seine geplante Heirat mit der geschiedenen, bürgerlichen Amerikanerin Wallis Simpson führte zuhause ebenso wie im Commonwealth zu Widerstand. Hierbei ging es weniger darum, das Wallis eine Bürgerliche war. Ihr schillerndes Liebesleben in den Klatschspalten qualifizierte sie jedoch kaum für das Staatsamt einer Königin. Zudem wurden ihr Verbindungen mit den Nazis nachgesagt (u. a. ein intimes Verhältnis mit Joachim von Ribbentrop). Edward bestand auf der Verbindung und versuchte den Alleingang gegen das Parlament. Dies kostete ihn schließlich das Amt und er mußte abdanken. Seitdem die konstitutionelle Monarchie 1688 während der „Glorious Revolution" erstritten wurde, bevorzugen die Briten einen Monarchen, der sich dezent im Hintergrund hält und sich nicht in politische Angelegenheiten einmischt. Dem Monarchen kommt vielmehr eine **repräsentative und diplomatische Rolle** zu, eine Aufgabe, die Queen Elizabeth II. bis heute mit Brillanz erfüllt. Elizabeths Krö-

Queen Elizabeth II. ist eine international geachtete Diplomatin

nung im Jahr 1953 hätte kein besseres Jahr treffen können, da man nach den Entbehrungen der Kriegszeit ein erstarktes Selbstbewusstsein hatte und die Lebensqualität so hoch war wie nie zuvor. Ihre Regentschaft wurde direkt mit der ihrer Namensvetterin Elizabeth I. verglichen und man sprach von einem neuen „Goldenen Zeitalter" unter Elizabeth II. Sie führte im Kern weiter, was ihr Vater George VI. begonnen hatte: die „populäre Monarchie".

George VI., der Edward auf den Thron folgte, vermittelte das Bild eines häuslichen Familienvaters, mit dem sich der Großteil der Nation identifizieren konnte. Schon während des Ersten Weltkriegs änderte er den Familiennamen von Sachsen-Coburg-Gotha in **Windsor** und betonte damit die Verbundenheit des Königshauses mit Großbritannien. Während des Zweiten Weltkriegs zeigte die Familie ihre Unterstützung im Kampf gegen die Bedrohung.

Elizabeth II. wurde 1942 ehrenamtlicher Oberst der Grenadier Guards – die Truppen inspiziert sie heute immer noch alljährlich bei der Parade „Trooping the Colour", die im Rahmen ihrer offiziellen Geburtstagsfeier im Juni stattfindet. 1945 wurde sie Subalternoffizierin beim Heimathilfsdienst und machte dort eine Ausbildung zur **Automechanikerin** und **Fahrerin.** 1947 heiratete sie **Prinz Philip** aus dem Hause Schleswig-Holstein-Sonderburg-Glücksburg und brachte vier Kinder zur Welt. Nach dem Tod ihres Vaters kam sie sehr jung auf den Thron, zeichnete sich jedoch durch großes Pflichtbewusstsein aus. Die parteilose Queen gilt heute als unbeugsame Konstante und Fels in der Brandung. Neben Queen Victoria, die 63 Jahre lang im Amt war, ist sie die dienstälteste Monarchin und wurde von dem Journalisten Jeremy Paxman als „gütige Großmutter der Nation" bezeichnet. Bei ihrem Amtsantritt mit 26 Jahren schwor sie, dass sie „ihr ganzes Leben dem Dienst an der Nation widmen wolle". Diesem Grundsatz ist sie treu geblieben. Noch immer erfüllt sie unermüdlich ihre Aufgaben, beantwortet Briefe, hält Audienzen ab und unterstützt über 600 Wohltätigkeitsorganisationen. Hinzu kommen Empfänge und Reisen. Während ihrer Zeit im Amt hat die Queen 12 Premierminister kommen und gehen sehen – einige waren noch nicht geboren, als sie gekrönt wurde. Jeden Mittwoch empfängt sie den amtierenden Premier in einer Audienz und wird über die Regierungsgeschäfte informiert.

Lange verziehen und vergessen ist der Umgang der Queen mit dem Tod ihrer ehemaligen Schwiegertochter **Diana,** der in den 1990er-Jahren vorübergehend das Bild einer kühlen, distanzierten Frau geprägt hatte. Heute wird Elizabeth II. in der ganzen Welt hochgeschätzt.

Bis vor wenigen Jahren besuchte die Queen bis zu 500 Veranstaltungen pro Jahr, d. h. oft mehrere an einem Tag. Heute übernimmt der „Nachwuchs" viele ihrer Termine. Der Prince of Wales ist zusammen mit seiner Frau Camilla, der Duchess of Cornwall, sehr aktiv im öffentlichen Leben. Der offizielle Australien- und Neuseelandbesuch im April 2014 fiel jedoch an den Duke und die Duchess of Cambridge, die gleichzeitig ihr erstes Baby dem Commonwealth vorstellten. So erntete das Königshaus automatisch viele Sympathien.

Der **Prince of Wales** ist weniger diplomatisch als seine Mutter und gibt oft seine Meinung zum Besten. Dies sorgt fast immer für negative Reaktionen und zwar nicht nur unter Politikern. Zeitlebens hat Prinz Charles sich für den organischen Landbau interessiert und auf seiner Farm in Cornwall produziert er verschiedene Bioprodukte. Seine Meinung tut er jedoch auch in Belangen wie dem Bildungswesen, der Religion und Architektur kund. Der Prinz spricht sich oft gegen moderne Architektur aus, was ihm verständlicherweise nicht nur Wohlwollen beschert. Unter seiner Schirmherrschaft sind z. B. im südenglischen Poundbury, in Dorset, Musterstädte entstanden, deren Architektur das 18. Jh. wieder aufleben lassen. Viele befürchten, dass Prinz Charles als Thronnachfolger weniger zurückhaltend wäre als die Queen, und dass dies zu Problemen führen könnte.

Zu den größten **Kritikpunkten der Monarchiegegner** gehören aber die hohen Unterhaltskosten des Hofstaats. Die königlichen Ländereien erwirtschaften ca. 304 Mio. Pfund pro Jahr. Aus diesen Einnahmen erhält die Queen für laufende Kosten 15 % (Sovereign Grant), ca. 36 Mio. Pfund. Mit diesen Einnahmen müssen z. B. die zahlreichen Schlösser instandgehalten werden. Von Kritikern wird dem königlichen Haushalt jedoch vorgeworfen, dass man mit den Geldern nicht sinnvoll genug wirtschaftet und dass man kräftig abspecken könnte. **Befürworter der Monarchie** betonen hingegen die große Bedeutung der königlichen Familie für die Tourismusindustrie. Selbst wenn die Queen aus Altersgründen abtreten sollte, scheint es unwahrscheinlich, dass die Briten sich in naher Zukunft für die Alternative einer Republik entscheiden: Nur 15 % der Bevölkerung befürworten die Einsetzung eines gewählten Repräsentanten aus den Reihen der Politiker.

Leben in der Stadt

London ist bei Weitem die größte Stadt des Vereinigten Königreichs und der Hauptarbeitgeber des Landes. Der Ballungsraum von Greater London im Südosten ist der am dichtesten besiedelte und insgesamt wohlhabendste Teil der Britischen Inseln.

Millionenstadt und Zentralisierung

Die Londoner Bevölkerung ist sehr jung, 63 % sind unter 44 Jahre (der Landesdurchschnitt liegt bei 53 %). Im inneren Stadtbereich Londons leben momentan über 8,7 Mio. Menschen – so viele wie nie zuvor. Dem Zuwachs liegt ein beständiger Strom an **Einwanderern** zugrunde, ebenso **ansteigende Geburtsraten.** Im Januar 2014 überschritt London damit zum ersten Mal die bisherige Höchstmarke von 8615 Mio. Einwohnern aus dem Jahr 1939. Damals setzte der Zweite Weltkrieg dem Aufschwung ein jähes Ende und in den Folgejahren kam es aufgrund der immensen Zerstörung von Wohnraum zu einer Umsiedelung in weiter außerhalb liegende Bezirke. Noch heute erstreckt sich der Einzugsbereich des Großraums von London in die sogenannten **Home Counties** (Essex, Hertfordshire, Buckinghamshire, Berkshire, Surrey und Kent), die außerhalb der Ringautobahn M25 an London angrenzen. Dort leben noch einmal ca. 7 Mio. Menschen, von denen viele Tausende täglich zur Arbeit in die Hauptstadt pendeln.

Wenn der bisherige Trend anhält, soll bereits 2020 im inneren Stadtbereich die 9-Mio.-Grenze überschritten werden. Bis ins Jahr 2050 wäre dann eine Ein-

087lo-ln

wohnerzahl von 11 Mio. erreicht. Addiert man die Pendler-Bezirke hinzu, dann wird London schon bald zur **größten Metropolregion auf dem europäischen Kontinent.**

Dies stellt die Stadtplaner schon jetzt vor **logistische Probleme** wie die zukünftige Energie-, Wasser- und Abwasserversorgung. Die Kapazität der öffentlichen Verkehrsmittel muss in den kommenden Dekaden um ca. 80 % erweitert werden. Jedes Jahr müssten rein theoretisch 50.000 neue Unterkünfte gebaut werden, ganz zu schweigen von der dazugehörigen Infrastruktur wie Schulen, Krankenhäuser etc. Bürgermeister Sadiq Khan hat daher die Baubestimmungen in den 13 Außenbezirken gelockert, damit dort 250.000 Unterkünfte gebaut werden können, londonweit sollen bis 2029 um 650.000 entstehen.

Das Bankenzentrum in der Canary Wharf 63

Außerhalb von London werden Beschwerden laut, dass der Südosten des Landes bevorzugt wird, während andere Regionen hinterherhinken. Man kritisiert, dass die Lebensrealität der Briten im Rest des Landes anders aussieht als das, was Londonern (einschließlich den regierenden Politikern) als Maßstab gilt.

Tatsächlich denkt man in Westminster schon länger über eine **Dezentralisierung** der in London ansässigen Institutionen nach. Die Tatsache, dass London 22 % des Wirtschaftswachstums erarbeitet, hat nämlich auch Nachteile: Der Einbruch des Bankensystems in der City of London im Jahr 2008 hatte eine nationale Wirtschaftskrise *(Credit Crunch)* zur Folge. Nun droht der Brexit, Kapital und Arbeitsplätze aus der Hauptstadt abzuziehen. Die großen Finanzunternehmen wandern nach Paris und Frankfurt ab, da sie auf einen reibungslosen Handelskontakt mit Europa angewiesen sind.

Um nicht weiter ausschließlich vom Wirtschaftsstandort London abhängig zu sein, werden seit einiger Zeit die Metropolen des Nordens gefördert. Die neu geplante Schnellzugtrasse HS2 in den Norden ist ein Schritt auf dem Weg dahin. Auch der Umzug einiger BBC- und ITV-Nachrichten- und Unterhaltungsprogramme in die hypermoderne MediaCityUK in Salford bei Manchester im Jahr 2013 leitete eine Umorientierung ein. Andere Unternehmen werden sicherlich folgen. Ob jedoch sogar das Parlament umziehen wird, wie manche spekulieren, steht noch zur Debatte.

Multikulturalismus

London ist eine wahrhaft multikulturelle Stadt. **Mehr als 50 verschiedene Nationalitäten** vermischen sich in diesem Schmelztiegel und es werden 300 Sprachen gesprochen. Die unterschiedlichen Kulturen haben das moderne Erscheinungsbild Londons wesentlich mitgeprägt und sind im täglichen Leben präsent.

Die tolerante Welt- und Handelsstadt war schon von jeher ein Anziehungspunkt für **Einwanderer** aus den entlegendsten Ecken der Erde: Im 17. Jh. waren es die Hugenotten auf der Flucht vor religiöser Verfolgung, im 18. Jh. die Iren auf der Flucht vor der Hungersnot und im 19. und 20. Jh. die Juden auf der Flucht vor dem Antisemitismus in Europa. In den 1950er- und 1960er-Jahren, nachdem die ehemaligen Kolonien in Afrika, China, der Karibik und Indien zu unabhängigen Mitgliedern des Commonwealth wurden, warb die britische Regierung in diesen Ländern um Gastarbeiter. In neuerer Zeit ist ein Zuwanderungsstrom aus den osteuropäischen Ländern hinzugekommen. Die Eingliederung der zahlreichen ethnischen Minderheiten verläuft natürlich nicht immer ganz ohne Probleme. In Bezirken mit hohem Anteil an Einwanderern wie Brixton, Croydon und Peckham dauert der Integrationsprozess bis heute an.

Um den Anforderungen des Multikulturalismus gerecht zu werden, baut man auf Verständnis und Toleranz. Die Be-

088lo-sh

lange von Minderheiten werden ernst genommen und es gibt ein System für **Gleichberechtigungsquoten** (Equal Opportunities), dem sich Arbeitgeber, Schulen und andere Einrichtungen nicht entziehen können.

Insgesamt 38 % aller Einwanderer, die nach Großbritannien kommen, lassen sich in London und dem Südosten nieder. So wurde etwa ein Drittel aller Einwohner Londons außerhalb von Großbritannien geboren. Unter den ethnischen Minderheiten gehören Menschen afrikanischen und indischen Ursprungs zu den am stärksten vertretenen Gruppen (je ca. 550.000).

Kultur und Bildung

London hat mehr **Weltklassemuseen** zu bieten als kaum eine andere Stadt und alle **Kunstrichtungen** sind hier vertreten. Von klassischen **Konzerten** weltberühmter Interpreten und Orchester bis zu den neuesten Musiktrends und Theaterpremieren mit internationalen Schauspielern ist auf den Bühnen alles zu sehen. London geht nie schlafen und auch Nachtschwärmer kommen voll auf ihre Kosten. Hier finden internationale **Filmpremieren** statt, die neueste **Mode** und Musik sowie ausgefallenes **Design** und Kunst werden kreiert.

Nicht zuletzt ist London aber auch eine **Universitätsstadt** mit ca. 400.000 Studenten. Es gibt insgesamt 40 verschiedene Universitäten bzw. Colleges, die die unterschiedlichsten Ausbildungen anbieten. Darunter befinden sich auch Akademien für Theater, Musik und Tanz, wie die Royal Academy of Dramatic Art (RADA). Die University of London wurde 1836 gegründet und besteht aus mehreren autonomen Colleges wie der London School of Economics und der School of Oriental and African Studies. Drei der herausragendsten Lehranstalten sind das Imperial College, das University College London (UCL) und das King's College.

◁ Straßenmaler an der South Bank (s. S. 72)

Mode und Musik in London

London ist von jeher ein Ort, an dem neue Musiktrends kreiert werden, nicht zuletzt sorgt das multikulturelle Klima für kreativen Input. Musik, Kunst und Design waren in London schon immer eng miteinander verbunden. Kreative Ausbildungsstätten wie die von der Musikindustrie gesponsorte **BritSchool** fördern Talente durch frühe Spezialisierung (zu den Absolventen gehört z. B. die Sängerin Adele). In der Kunstuniversität **Central St. Martins** gaben die Sex Pistols im November 1975 ihr erstes Konzert. In den 1980er-Jahren war hier der Treffpunkt für die Post-Punk-Szene (zu den Absolventen in neuerer Zeit gehört z. B. die Sängerin Paloma Faith). In Soho, Camden und Chelsea werden viele Touren angeboten, die sich auf die Spuren der Musikszene des 20. und 21. Jh. begeben.

Soho

Soho wird bereits seit Anfang des 20. Jh. mit der Londoner Musikszene in Verbindung gebracht. Nach dem Zweiten Weltkrieg war es berühmt-berüchtigt für seine Jazzklubs und Bars, wo die Beatniks ein- und ausgingen. Ein Überbleibsel aus dieser Zeit ist das Lokal **Ronnie Scott's** (s. S. 184), das bereits seit 1959 existiert. Bis in die späten 1980er-Jahre hatten hier wichtige Studios und Klubs ihren Sitz.

In der **Denmark Street** [I9] gab es in den 1950er-Jahren so viele Aufnahmestudios und Musikläden, die Noten und Instrumente verkauften, dass die Straße den Spitznamen **Tin Pan Alley** (Schlagerindustrie-Allee) erhielt. Fast alle bekannten Bands aus den 1960er-und 1970er-Jahren verkehrten in den Studios der Hausnummern 4 und 6, wo die Rolling Stones, die Kinks und Elton John Platten aufnahmen. Später hausten die Sex Pistols im ersten Stock über dem Studio in Nr. 6. Die Hausnummer 9 beherbergte das Gioconda Café, das von Musikern wie David Bowie, Jimi Hendrix und den Small Faces frequentiert wurde. Hier erinnert heute eine blaue Plakette an die fast hundertjährige Musiktradition der Straße.

Im legendären **Marquee Club** (90 Wardour Street, später Charing Cross Road) spielten u. a. Jimi Hendrix, The Who, Led Zeppelin, The Police, The Cure und Rod Stewart. Das Video „I'm your man" von Wham! wurde u. a. hier gefilmt. Im **UFO Club** (Nr. 31 Tottenham Court Road) fanden die ersten Konzerte von Pink Floyd statt. Ein wichtiger Ort für die Punkszene war z. B. das **Roxy** (41–43 Neal Street). In dem engen Klub spielten zur Eröffnung am 1. Januar 1977 The Clash.

In den 1980er-Jahren wurde der **Wag Club** (33–37 Wardour Street) zur angesagten Adresse, wo die Bands der Post-Punk-Szene wie Siouxsie and the Banshees und Adam Ant auftraten. Auch die ersten Hip-Hop-Stars bekamen hier ihre Chance. Bereits 1942 öffnete der Jazzklub Feldman Swing Club seine Türen, später umbenannt in **100 Club** (s. S. 184). Er hat die Jahrzehnte überdauert, da er ein breitgefächertes Programm bietet: Es treten neue Bands auf, daneben gibt es Jazz- und Themenabende sowie „Northern Soul All Nighter". Hin und wieder treten sogar noch Punk-Veteranen auf. 2010 geriet der Klub in finanzielle Schwierigkeiten und wird nun von der Turnschuhmarke Converse gesponsort.

Chelsea

Was heute als **Swinging Sixties** bezeichnet wird, war ein Zusammenspiel von Mode und Musik im London der 1960er-Jahre. Die Mode der Modernists (Mods) wurde zum trendigen Outfit, der Soundtrack dazu stammte von Bands wie The Who und den Small Faces. „Hippe" junge Menschen versammelten sich damals vor allem in der **Carnaby Street** [H9] in Soho und in der **King's Road** 101 in Chelsea vor den schrill dekorierten Boutiquen. **Mary Quant**, die Erfinderin des Minirocks, eröffnete bereits 1955 ihre erste Boutique „Bazaar" an der Adresse 138a King's Road (Ecke Markham Street, Chelsea). Eine der bekanntesten Café-Bars war das Fantaisie (128a King's Road, heute eine Filiale von Starbucks). Gleich um die Ecke, am Cheyne Walk 104, lebten zwei Mitglieder der Rolling Stones: Keith Richards in der Nr. 3 und Mick Jagger in der Nr. 48. Die King's Road blieb noch bis in die 1980er-Jahre der Treffpunkt für die Musik- und Modeszene. Im November 1971 eröffneten **Vivienne Westwood** und **Malcolm McLaren** (gest. 2010) dort die Boutique „Let it Rock", die sich ab 1973 in „Too fast to live, too young to die" umbenannte. 1974 erhielt der Laden den provokativeren Namen „Sex" und ab sofort wurden dort Leder-, Fetisch- und Nietenklamotten sowie Westwoods eigene Kreationen verkauft. Unter den coolen Kids, die in dem Laden herumlungerten befanden sich auch die späteren Mitglieder der **Sex Pistols.** Dem Musikproduzenten Bernie Rhodes fiel John Lydon auf und er wurde als „Johnny Rotten" der Frontman der neuen Band. Die Outfits entstanden in Zusammenarbeit mit Vivienne Westwood und das neue Jugendphänomen **Punk** war geboren. Vivienne Westwood, heute zur international angesehenen Designerin aufgestiegen, betreibt die Boutique in der King's Road noch heute, sie trägt nun den Namen „Worlds End" (s. S. 191).

Camden

In Camden (86), wo es mehr Musikklubs gibt als anderswo in London, haben noch viele der legendären Klubs überlebt. Bereits 1966 fand im **Roundhouse** (s. S. 184) ein legendäres Konzert der Band Pink Floyd statt. Fast alle großen Rockbands der 1960er-Jahre traten hier auf, später Glamrocker und Punks. 1973 öffnete **Dingwalls** seine Pforten und 1978 folgte der **Electric Ballroom** (s. S. 184). Hier spielen heute namhafte Bands der Indieszene. Camden wird vor allem auch als der Geburtsort des „Britpop" der 1990er-Jahre gesehen, Bands wie Blur erlangten hier zum ersten Mal Aufmerksamkeit. Oasis nahmen ganz in der Nähe beim Label Creation ihre CDs auf. Die Sängerin **Amy Winehouse** lebte in einer Wohnung am Camden Square, wo sie 2011 an einer Alkoholvergiftung verstarb. Ihre Stammkneipe, die Musikkneipe **Hawley Arms** (s. S. 182) wurde im Jahr 2008 bei einem Feuer stark beschädigt und die Sängerin half finanziell beim Wiederaufbau. Ihr wurde nun eine Bronzestatue gewidmet, die inmitten des

Aus der bunten Szene in Camden gingen viele Musikbewegungen hervor

Camden Stables Market (s. S. 192) aufgestellt wurde.

- **Führungen:** http://rocknrollcamden.blogspot.co.uk, www.bestldnwalks.com, www.beatles-beatles-beatles.com, http://londonrocktours.com
- **Infos zum Camden Market:** www.camdenmarket.com

Die Beatles

Natürlich muss an dieser Stelle auch die erfolgreichste britische Band aller Zeiten erwähnt werden: die **Beatles.** Obwohl nicht aus London stammend, findet man an vielen Stellen der Stadt Spuren der Band und es werden zahlreiche Führungen zum Thema angeboten. Diese schließen z. B. die **Abbey Road Studios** (3 Abbey Road) in St. John's Wood ein, wo auf einem Zebrastreifen das Coverfoto für das Album „Abbey Road" aufgenommen wurde und noch heute viele erfolgreiche Bands produziert werden. Die eigene Produktionsfirma der Band, Apple Records (heute Apple Corps), befand sich bei der Adresse 3 Savile Row. Auf dem Dach des Hauses spielte die Band ihr letztes Konzert, das im Film „Let It Be" verewigt wurde. Nur Paul McCartney lebt heute noch in London: seit 1965 in St. John's Wood.

090lo-sh

Die Londoner und ihr Alltag

Auch wenn im Alltag nicht immer alles rosig erscheint, sind die Londoner doch sehr stolz auf ihre Stadt. Dabei benötigt ein Londoner recht viel Durchhaltevermögen. Wer zu den **Pendlern** *(commuters)* gehört, nimmt oft viele Stunden Reisezeit pro Tag in Kauf. Meist lohnen allerdings die höheren Gehälter in der Stadt die Anreise. Aber auch wer im Stadtbereich wohnt, kommt um die öffentlichen Verkehrsmittel nicht herum, die zu Spitzenzeiten mehr als ausgelastet sind und oft Ausfälle haben. Angst vor Tuchfühlung darf man hier nicht haben. Aufgrund der **Congestion Charge** käme aber niemand auf die Idee, mit dem Auto in die City zu fahren. Vielfach wird stattdessen das Fahrrad als das Verkehrsmittel der Zukunft angesehen, und zwar nicht nur aufgrund seiner Umweltfreundlichkeit, sondern auch wegen des Ausbaus der Infrastruktur für den Radverkehr. Allerdings ist dies nicht ganz ungefährlich, denn im Londoner Straßenverkehr kommen immer wieder Fahrradfahrer ums Leben.

Leben und arbeiten in London ist teurer als in den meisten anderen Städten der Welt. Die Stadt beheimatet zwar die drittgrößte Anzahl an Milliardären weltweit (Stand 2017: 86), daneben verdienten 2014 jedoch ca. 700.000 Menschen weniger als den Mindestlohn von £ 7,38 pro Stunde (wobei Arbeitnehmer im Alter von 18 bis 20 Jahren nur £ 5,90 verdienen und diejenigen unter 18 Jahren sogar nur £ 4,20).

Eines der größten Probleme für Londoner sind die rasant ansteigenden **Mieten und Immobilienpreise**, die schon jetzt mehr als doppelt so hoch sind wie in anderen Teilen des Landes. Das „wohlhabende London" wächst aus dem Zentrum heraus an und verdrängt weniger wohlhabende Einwohner ständig weiter in die Randbezirke. Wo die Gentrifizierung einsetzt, wie z. B. im stadtnahen East End, werden Niedrigverdiener schnell in Randbezirke verdrängt. Dies betrifft durchaus nicht nur Einwanderer. Die Mieten in den Innenstadtbereichen sind zu hoch für Dienstleister wie Krankenschwestern oder städtische Angestellte, Studenten oder Berufsanfänger. Selbst Besserverdienende, die sich eine Eigentumswohnung oder ein Haus zulegen möchten, müssen in Innenstadtnähe mit Preisen in Millionenhöhe rechnen und haben daher oft keine andere Wahl, als von außerhalb in die Stadt zu pendeln.

092lo-ln

⌃ *Mit modernen Immobilien wie den Büroblocks in der Canary Wharf* 63 *wird in London spekuliert*

In innerstädtischen Bereichen wie der City of London leben bis heute neben Millionären paradoxerweise fast ausschließlich Sozialhilfeempfänger, deren Mieten von der Stadt gezahlt werden. In den letzten Jahren hat sich daher der Druck auf die Stadtplaner verstärkt, mehr erschwinglichen Wohnraum *(affordable housing)* in Stadtnähe zu schaffen und dem **Spekulantentum** Einhalt zu gebieten, von dem oft nur Investoren aus China, Russland und dem Mittleren Osten profitieren, die selbst gar nicht in London leben. Statistiken der National Housing Federation zeigen, dass die Gewinne, die einige Londoner Immobilien jährlich ausschütten doppelt so hoch sind, wie der Durchschnittsverdienst eines Lehrers oder einer Krankenschwester (ca. 37.000 £). In Kensington und Chelsea sahen 2014 einige Immobilien sogar einen jährlichen Preisanstieg, der selbst den Verdienst des Premierministers (142.000 £) überstieg.

⟨ *City Banker beim Plausch*

London als Filmstadt

London ist nicht nur ein Ort, an dem Filme produziert werden, die Stadt ist auch oft einer der Stars vor der Kamera. Es werden zahlreiche Stadttouren zu den Schauplätzen bekannter Filme angeboten, bei denen man sich auf die Spuren von Filmhelden begeben kann (s. S. 246). Aufgrund von Steuervorteilen werden vor Ort und in den hiesigen Studios heute auch viele Hollywood-Blockbuster produziert.

MI6, das Hauptquartier des britischen Geheimdienstes, ist in vielen James-Bond-Filmen zu sehen

James Bond in London

Eine wilde Verfolgungsjagd in einem Schnellboot auf der Themse, bei der man sich selbst einmal wie James Bond fühlen darf? Dieses Erlebnis wird gleich von mehreren Veranstaltern angeboten. Der Filmheld rast nämlich mit Vorliebe nicht nur in Autos herum, sondern auch in Schnellbooten auf dem Wasser – nicht selten auf der Themse. Zum Beispiel liefert sich der Agent 007 (damals noch von Pierce Brosnan gespielt) in der Anfangsszene von **„The World Is Not Enough“** (1999) eine Verfolungsjagd auf dem Fluss. Sie führt an vielen Sehenswürdigkeiten wie den **Houses of Parliament** 1 und der **Tower Bridge** 53 vorbei bis in die **Docklands** (s. S. 100). Und auch der Bond-Film **„Spectre“** (2015, mit Daniel Craig) zeigt viel „Themse“.

EXTRATIPP

Schnellbootfahrten über die Themse

- **London RIB Voyages,** London Eye Millennium Pier und St. Katherine's Pier, Tel. 79288933, www.londonribvoyages.com, Erw. £ 43,50, Kinder £ 25,95
- **Thames RIB Experience,** Embankment Pier, Victoria Embankment, Tel. 36132329, www.thamesribexperience.com, Erw. £ 43, Kinder bis 15 Jahre £ 30

Man kann jedoch auch in allen anderen Bond-Filmen Ansichten Londons entdecken. Oft zu sehen ist das **Hauptquartier des britischen Geheimdienstes MI6** auf der Südseite der Themse in Vauxhall, wo Bond sich mit „M" trifft. Es steht schräg gegenüber der **Tate Britain** 106 und ist auch im richtigen Leben der Sitz der Organisation.

Der Film „**Skyfall**" (2012) wurde fast ausschließlich in London gedreht, denn der britische Regisseur Sam Mendes holte den Helden, der normalerweise exotischere Destinationen bevorzugt, wieder nach Hause. In dem Film wird das Gebäude des MI6 von Terroristen angegriffen und teilweise zerstört, sodass die Helden kurzfristig umziehen müssen. Als Drehort für das Ausweichquartier diente der Eingang eines Parkhauses nahe des **Smithfield Market** (s. S. 65). Die Innenaufnahmen filmte man in den alten Luftschutzbunkern des **Old Vic Theatre** 42 in Waterloo, in denen normalerweise Theaterevents stattfinden.

In der Straße **Whitehall** [I10] blickt Bond z. B. vom Dach des Ministeriums für Energie und Klimawandel (3 Whitehall Place) auf die Stadt oder er trifft sich vor dem Trinity House, beim **Tower of London** 54, das ebenfalls als Ministerium herhalten muss, mit seinem zukünftigen Chef Gareth Mallory (gespielt von Ralph Fiennes).

Eine Verfolgungsjagd mit dem Bösewicht Silva (Javier Bardem) führt in die U-Bahn-Gänge des Bahnhofs **Charing Cross** [I10]. Mit dem Quartermaster, „Q" (Ben Whishaw), dem Mann, der Bond seine Waffen und Gadgets zuschustert, trifft sich Bond in der **National Gallery** 8 und zwar im Raum Nr. 34. Auf einer Bank sitzend betrachten beide dort das Bild „The Fighting Temeraire" des Malers J. W. Turner. Sogar einige Szenen des Films, die angeblich in Shanghai spielen, wurden mithilfe digitaler Technik nach London „verlegt": Der Blick vom Swimmingpool auf dem Dach eines Hochhauses wurde im Four Seasons Hotel in Canary Wharf gedreht.

London Locations

London hat viele markante Punkte und historische Ansichten, die immer wieder gern von Regisseuren in Szene gesetzt werden. Hierzu gehört z. B. die die **Temple Church** 23, die in Filmen wie „Elizabeth" (1998), „Sleepy Hollow" (1998) und „Da Vinci Code" (2000) eine Rolle spielt. Die älteste Kirche Londons, **St. Bartholomew the Great** (s. S. 66), diente als Hintergrund für Filme wie „Robin Hood – Prince of Thieves" (1991), „Shakespeare in Love" (1998), „Elizabeth – The Golden Age" (2007) und „Sherlock Holmes" (2008). Das benachbarte Krankenhaus **St. Bartholomews** ist ein beliebter Treffpunkt von Sherlock Holmes und Dr. Watson in der BBC-Serie „Sherlock" (2010).

Auch die Seitensträßchen des **Borough Market** (49) sind beliebte Filmkulissen. Über dem Globe Pub in der Bedale Street wohnte z. B. „Bridget Jones“ (2003) und in der Stoney Street diente ein Blumenladen als Eingang zum Pub Leaky Cauldron („Zum Tropfenden Kessel“) in den Harry-Potter-Filmen.

Oft ist man sich als Betrachter gar nicht bewusst, dass man auf London schaut, denn es wird auch an unkenntlichen oder sogar häßlichen Stellen gefilmt. So suchten sich die Macher von „Fast & Furious 6“ (2013) z. B. ein verlassenes Parkhaus in den Docklands in **Canary Wharf** (63) und die unbenutzte U-Bahn-Station Aldwych aus, um ihre Szenen zu filmen. Für den Film „The Young Victoria“ (2009) wurde das **Ham House** (114) in Richmond kurzerhand zum Kensington Palace umfunktioniert. Das **Somerset House** (22) wiederum wurde im Bond-Film „Goldeneye“ zur Eremitage in St. Petersburg. Das zur University of London gehörige **Senate House** (s. S. 116) und seine Umgebung stand gleich in zwei Batman-Filmen: „Gotham City“: „Batman Begins“ (2005) und „The Dark Knight Rises“ (2012). Für „The Dark Knight“ (2008) nutzte man auch die damals noch verfallene **Battersea Power Station** (s. S. 143) als unheimlichen Hintergrund.

Fast unglaublich ist es dagegen, wie die Macher des Science-Fiction-Films „Edge of Tomorrow“ (2014) mit Tom Cruise es schafften, auf einem völlig menschenleeren **Trafalgar Square** (7) zu filmen.

Alfred Hitchcock verewigte London u. a. in „The Man Who Knew Too Much“ (s. S. 230)

Studios und Produktion

Die Filmindustrie, darunter nicht nur Spielfilm-, sondern auch berühmte TV-Produktionen wie „Game of Thrones“, generieren alljährlich Gewinne in Millardenhöhe. Die internationalen Produktionsfirmen nutzen aber nicht nur Locations vor Ort, sondern auch Londoner Studios, wo sich in punkto Filmtechnik in den letzten Jahrzehnten einiges getan hat.

London besaß schon in der Vergangenheit zahlreiche Filmstudios. Zu den bekanntesten gehören die **Hammer Studios** im Stadtteil Hammersmith, die in den 1960er- und 1970er-Jahren Gruselklassiker wie „Frankenstein“ und „Dracula“ fast wie vom Fließband produzierten. 2007 von dem Holländer Jon de Mol aufgekauft, produziert man nun wieder Horrorschinken.

In den **Ealing Studios** wurden in den Jahren nach dem Zweiten Weltkrieg viele Komödien verfilmt, darunter z. B. „Ladykillers“ mit Alec Guiness (1955). Heute entstehen hier vor allem Independentfilme, d. h. britische Produktionen mit kleinerem Budget, aber auch Teile von Fernsehserien wie „Downton Abbey“.

Zu den erfolgreichsten und größten Londoner Studios gehört **Pinewood** (in Buckinghamshire). Es ist die Heimat von James Bond, der hier 1962 seine Filmkarriere begann. Bereits 1934 entstanden unter den Industriemagnaten Charles Boot und Arthur J. Rank die Studios, die in Anlehnung an Hollywood im großen Stil angelegt wurden. Später entstand daraus die globale **Rank Organisation.** In den 1990er-Jahren wurde die Firma verkauft und ist heute ein Konglomerat aus verschiedenen Studios in der ganzen Welt, darunter auch die Teddington Studios und die Shepperton Studios in Surrey. Momentan entsteht das **Projekt Pinewood**, d.h. das Areal um die Shepperton Studios wird massiv ausgebaut, damit man eines Tages Hollywood Konkurrenz machen kann. Unter anderem sollen großflächige Straßenszenen aus Amsterdam, Venedig, Paris und New York entstehen. 2014 wurde der neue Star-Wars-Film fast ausschließlich hier produziert.

Große Erfolge in der digitalen Filmtechnik (CGI) erzielte in den letzten Jahren das Londoner Studio **Framestore** in Soho. Für den Science-Fiction-Film „Gravity“ (2013) erhielt das Studio gleich mehrere Oscars, u.a. für „Cinematography“ („Beste Kamera“), Schnitt, visuelle Effekte und Tonschnitt, und auch für „Blade Runner 2049“ (2018) gab es einen Oscar für visuelle Effekte. Das Studio wurde damit zu einer der ersten Anlaufstellen für CGI und arbeitete z.B. an Filmen über die Marvel-Superhelden „Avengers“, den „Harry Potter“-Verfilmungen, „Mary Poppins Returns“ (2018) oder „Christopher Robin“ (2018) mit.

Unterhaltungsparks im Stil der Universal Studios in Los Angeles gibt es in London allerdings nicht. Das einzige Studio, in dem man hinter die Kulissen schauen darf, sind die **Warner Bros. in Leavesden**, wo von 2001 bis 2011 die Harry-Potter-Filme gedreht wurden. Neben der interaktiven Harry-Potter-Ausstellung (s.S. 163), wo man in Originalkulissen Szenen aus den Filmen nachleben kann, ist ein großer Teil der Studios weiterhin aktiv in der Filmproduktion.

Den größten Zuwachs erfährt die Industrie momentan durch **Direktinvestitionen aus dem Ausland.** Viele internationale Filme entstehen in Großbritannien, darunter Blockbuster von Warner Bros.

165lo

und Disney. Ein hoher Anteil an US-Produktionen wird inzwischen an Drehorten in London gedreht und produziert. 2017 wurden fast zwei Milliarden Pfund in Filmprojekte investiert.

Der Grund, warum mehr und mehr ausländische Filme in London produziert werden, sind nicht zuletzt die niedrigeren Kosten. Die britische Regierung fördert die Filmindustrie z.B. durch **Steuererleichterungen.**

Nicht zu verkennen ist jedoch auch der Beitrag, den Filmschaffende in Großbritannien leisten. Die **unabhängig produzierten britischen Produktionen** sind oft sehr erfolgreich und räumen Oscars ab, so z.B. „The King's Speech“ (2011). In den letzten Jahren ist die Investition in heimische Filme jedoch leicht zurückgegangen. Es werden zwar weiterhin Filme produziert, aber die Filmemacher begnügen sich oft mit einem Bruchteil der Kosten von Hollywood-Produktionen. Häufig gibt es Koproduktionen, vielfach mit den USA oder europäischen Ländern, bei denen z. B. der Drehbuchautor, der Regisseur und/oder die Schauspieler britisch sind.

Das **British Film Institute – BFI** vergibt und koordiniert die Fördermittel für britische Filmproduktionen. Es verwaltet auch das Nationalarchiv des britischen Films in der **Reuben Library** im **BFI Southbank** und veranstaltet das London Film Festival. In den Kinos an der Southbank kann man interessante Archivfilme anschauen. Dort werden aber auch Retrospektiven und thematische Filmschauen veranstaltet.

Chaplin und Hitchcock

Zu den großen Talenten, die von London aus nach Hollywood emigrierten, gehören so bekannte Namen wie Charlie Chaplin und Alfred Hitchcock. **Charlie Chaplin** (1889–1977) wuchs in Südlondon auf und lebte z. B. in der Methley Street Nr. 39 in Kennington, Vauxhall. In der East Street in Walworth wurde er geboren und dort erinnert eine blaue Plakette an sein Geburtshaus. Der junge Chaplin, dessen Vater Alkoholiker war und dessen Mutter den Großteil ihres Lebens in einer psychiatrischen Klinik verbrachte, stand schon im Alter von 14 Jahren auf der Bühne, um sich und seinen Bruder zu ernähren. Er trat in Vaudeville Shows auf, die in den damals populären Music Halls, z. B. im heutigen **Koko** (s. S. 184), in Camden stattfanden.

Alfred Hitchcock (1899–1980) wurde in Leytonstone nordwestlich von Stratford geboren und verewigte London in vielen seiner Filme. In der Salmon Lane in **Limehouse** 62 wohnte die Familie zwischen 1907 und 1915. Seine Eltern führten dort nämlich einen Fish and Chips Shop.

In **Hoxton** 71 am Regent's Canal befanden sich im frühen 20. Jh. die Gainsborough Studios, wo Hitchcock einige seiner frühen Werke produzierte, wie z. B. „The Lady Vanishes" (1938). Dort steht heute eine Statue, die an ihn erinnert. 1956 kehrte er von Hollywood nach London zurück, um den Film „The Man Who Knew Too Much" mit James Stewart und Doris Day zu filmen. Unter anderem wurden Straßenszenen in der Plender Street in Camden gedreht. Das spektakuläre vereitelte Attentat auf den ausländischen Premierminister filmte man damals in der **Royal Albert Hall** 99.

294 [J10] **BFI Southbank/Reuben Library**, Belvedere Road, U: Waterloo, www.bfi.org.uk, Di–Sa 10.30–19 Uhr

› **London Film Museum** (s. S. 161). Das Filmmuseum zeigt thematische Ausstellungen zu bestimmten Filmthemen wie z. B. James Bonds Autos.

PRAKTISCHE REISETIPPS

096lo-ln

An- und Rückreise

Mit dem Flugzeug

Auf den Flughäfen Londons verkehren alle namhaften Fluggesellschaften. **Heathrow** (www.heathrowairport.com) im Westen ist mit fünf Terminals der größte Flughafen mit dem höchsten Passagieraufkommen. **Gatwick** (www.gatwickairport.com) im Süden ist der zweitgrößte und Anlaufstelle für viele Charterflüge. Die Billigflieger Ryanair, easyJet und Germanwings verkehren meist von **Stansted** (www.stanstedairport.com) im Norden. Der kleinere **Luton Airport** im Nordwesten wird ausschließlich von Billigfliegern bedient (www.london-luton.co.uk). Der **London City Airport** (www.londoncityairport.com) in den ehemaligen Docklands ist dagegen auf Geschäftsleute ausgerichtet und wird auch von Lufthansa, British Airways und Swiss Airlines angeflogen. Außerdem im Londoner Einzugsgebiet sind der Flughafen **London Southend** und der **Bristol Airport.** Die Preise für einen Hin- und Rückflug sind je nach Datum und Reisezeit gestaffelt und liegen zwischen 70 und 250 €, bei einer frühen Buchung kann man erheblich sparen.

> EXTRAINFO
>
> **Einverständniserklärung für Minderjährige**
>
> Reisen Kinder nur mit einem Elternteil, kann sowohl bei der Ausreise als auch bei der Einreise eine Einverständniserklärung des anderen Elternteils erforderlich sein. Detailinfos erhält man beim Auswärtigen Amt und beim zuständigen Konsulat.

Vom Flughafen in die Stadt

Die großen Flughäfen Londons sind direkt an das **Bahn- und U-Bahn-Netz** der Stadt angeschlossen und bieten außerdem **Expresszüge.** Bei Onlinebuchung dieser Schnellzüge vor der Reise kann man einiges einsparen, sollte jedoch eventuelle Flugverspätungen in seinen Zeitplan einrechnen. An den kleineren Flughäfen verkehren **Shuttlebusse,** die Reisende bis zum nächsten Bahnhof oder U-Bahnhof bringen. Für den innerstädtischen Nahverkehr empfiehlt sich der Kauf einer **Travelcard** bzw. einer **Oyster Card** (s. S. 257).

› www.nationalrail.co.uk, www.tfl.gov.uk

Der Flughafen **Heathrow** ist über die Bahn und die U-Bahn an die Stadt angebunden. Der Heathrow Express fährt vom Terminal alle 15 Minuten bis Paddington Station (93) und benötigt nur 15 Minuten Fahrtzeit (bei Onlinebuchung einfache Fahrt Erw. ab £ 22, Kinder unter 16 Jahren kostenlos). Kostengünstiger ist die U-Bahn, die bis zum Piccadilly Circus 45 Min. braucht: einfache Fahrt Erw. £ 5,10 (Oyster Card) bzw. £ 6 (Einzelticket), Kinder bis 10 Jahre frei.

› Heathrow Express (Heathrow – Paddington Station), www.heathrowexpress.com, je nach Terminal erster Zug ca. 5.12, letzter Zug ca. 23.53 Uhr

› London Underground (Heathrow – Piccadilly Circus), je nach Terminal erster Zug ca. 5.02, letzter Zug ca. 23.48 Uhr

Auch von **Gatwick** aus gibt es zusätzlich zu den normalen Zügen eine schnel-

Vorseite: Der Westminster Pier ist einer der Anleger für Ausflugsboote

le Zugverbindung, den Gatwick Express, der alle 15 Min. fährt und bis zur Victoria Station [H12] 30 Min. benötigt (bei Onlinebuchung einfache Fahrt Erw. £ 17,80, Kinder £ 8,85).

› Gatwick Express (Gatwick - London Victoria), www.gatwickexpress.com, Mo-So, erster Zug 5.51, letzter Zug 23.20 Uhr

Von **Stansted** verkehrt alle 15 Min. der Stansted Express zur Liverpool Street Station [M8], Fahrtzeit ca. 47 Min.

› Stansted Express, www.stanstedexpress.com, je nach Wochentag erster Zug ca. 5.30, letzter Zug ca. 1.30 Uhr, einfache Fahrt Erw. bei frühzeitiger Onlinebuchung über die offizielle Website ab £ 7, Kinder (5-15 Jahre) jeweils die Hälfte

Vom Flughafen **Luton** verkehrt zwischen 5 und 24 Uhr alle 10 Min. ein Shuttlebus zum Bahnhof Luton Airport Parkway. Von dort hat man Anschluss an East Midland Trains, die mehrere Bahnhöfe in London bedienen. Eine Fahrt bis zum Bahnhof King's Cross [I6] dauert ca. 60 Min. (einfache Fahrt ab £ 14,70).

› www.london-luton.co.uk

Vom **City Airport** fährt die Docklands Light Railway (DLR) bis zur U-Bahn-Station Bank ([M9], Fahrtzeit ca. 22 Min.), wo man in andere Linien umsteigen kann: einfache Fahrt Erw. ab £ 2,80 (Oyster Card) bzw. £ 4,70 (Einzelfahrschein).

› www.londoncityairport.com

Vom kleinen, modernen London **Southend Airport** (www.southendairport.com), der sich östlich der Stadt befindet, gelangt man im Halbstundentakt per Zug zur Liverpool Street Station ([M8], ca. 50 Min., ab £ 16,70, zur Rush Hour erhöhen sich die Preise). Die Haltestelle befindet sich unmittelbar vor dem Flughafen. Zugtickets gibt es nur am Automaten vor Ort. Achtung: Wer sonntags die allerersten Abflüge erreichen will, muss schon am Vorabend anreisen und ggf. im Flughafenhotel oder in Southend übernachten.

EXTRATIPP

Easybus

Eine preiswerte Alternative, um von **Heathrow, Gatwick, Luton oder Stansted** in die Stadt zu kommen, bietet der Easybus. Er fährt von Heathrow zum Bahnhof Watford Junction, von Gatwick und Luton zur U-Bahn-Haltestelle Earl's Court und von Stansted zum Bahnhof Victoria. Je nach Route kostet die Fahrt mit dem Bus ab £ 2 pro Strecke.

› www.easybus.co.uk

Von Hamburg aus wird der **Southampton Airport** (www.southamptonairport.com) angeflogen, und zwar von der belgischen Linie VLM mit Zwischenstopp in Antwerpen. Von der Bahnstation direkt vor dem Flughafen hat man mit der S-Bahn alle 30 Min. eine Verbindung nach London Waterloo ([J10], Schnellzüge brauchen 1 Std. 15 Min., ab £ 46,64).

Der **Bristol Airport** (www.bristolairport.co.uk) wird von Frankfurt, Hamburg, Berlin und München aus angeflogen. Ein Shuttlebus bringt ca. alle 30 Min. Passagiere zum Bahnhof Bristol Temple Meads (£ 7). Von dort kostet die Bahnfahrt nach London Paddington 93 ca. £ 34,30 und dauert ca. 2½ Std.

Mit dem Zug

Der Hochgeschwindigkeitszug **Eurostar** fährt von Gare du Nord in Paris und Bruxelles-Midi in Brüssel bis zum Londoner Bahnhof **St. Pancras** [I6], wobei die Verbindung über Brüssel schneller und günstiger ist. Anschluss an Paris und Brüssel erhält man entweder mit Zügen der Bahn oder dem Thalys. Die Deutsche Bahn bietet für diese Verbindungen den günstigen Tarif „Europa-Spezial“ an, der für beide Städte zu haben ist. Sonderangebote für den Eurostar gibt es bei entsprechender Vorausbuchung bereits ab ca. 80 € für Hin- und Rückfahrt.

› www.bahn.de, www.eurostar.com

Mit dem Auto

Für die Anreise mit dem Pkw gibt es von Nordfrankreich aus **Fährverbindungen** mit verschiedenen Anbietern. Die schnellste Route ist die vom französischen **Calais bis nach Dover** (Fahrtzeit ca. 90 Min.). Angebote bekommt man je nach Saison und Tageszeit bereits ab 70 € (hin und zurück) für ein Auto und zwei Personen. Wenn man den Fährhafen verlässt, folgt man den Hinweisschildern in Richtung „London–Canterbury A 2“.

Eine weitere Möglichkeit ist die Fahrt auf dem Autozug **Le Shuttle** des **Eurostar** durch den Kanaltunnel von Calais bis Folkestone. Die Preise orientieren sich dabei an den Fährtarifen.

› **P&O Ferries,** www.poferries.com
› **DFDS Ferries,** www.dfdsseaways.co.uk
› **Le Shuttle,** www.eurotunnel.com

Autofahren

In Großbritannien herrscht **Linksverkehr.** Auf Schnellstraßen und der Autobahn befindet sich die Überholspur rechts. Das kann besonders verwirrend sein, wenn man gerade die Fähre verlassen hat und sich in dichtem Verkehr befindet. Zusätzlich sind die **Entfernungsangaben in Meilen** angegeben. Auf der Autobahn gilt ein **Tempolimit** von 70 mi/h (112 km/h), in Ortschaften dagegen 30 mi/h (48 km/h).

Im Innenstadtbereich von London gibt es die sogenannte **Congestion Charge,** eine Mautgebühr, die im Voraus entrichtet werden muss. Die Innenstadtzone ist mit Schildern und auf der Straße mit einem weiß auf rot markierten „C“ gekennzeichnet. Die Gebühr von £ 11,50 pro Tag kann man täglich oder wöchentlich in bestimmten Geschäften, Tankstellen und an Automaten größerer Parkplätze bezahlen. Bis zu 90 Tage vor der Anreise kann man die Gebühr auch unter www.cclondon.com oder telefonisch unter Tel. 76499122 mit Kreditkarte begleichen und dann die Belegnummer als Zahlungsbeweis aufheben. Bußgelder für Verstöße liegen um die £ 130.

› www.tfl.gov.uk/modes/driving/congestion-charge

Parken

Informationen zu Parkplätzen innerhalb der City findet man online bei **Parkopedia.** Ganz umgehen kann man die *Congestion Charge,* wenn man seine Unterkunft außerhalb des inneren Stadtbereichs bucht und die U-Bahn benutzt. Man kann auch das Auto in der Nähe einer größeren U-Bahn-Station parken, wo es oft Parkplätze und Parkhäuser gibt, die sicher und relativ preiswert sind. Mit einer **Travelcard** oder **Oyster Card** (s. S. 257) kann man sich dann mit öffentlichen Verkehrsmitteln oder dem Fahrrad (s. S. 243) fortbewegen.

› http://en.parkopedia.co.uk/parking/london

Barrierefreies Reisen

Menschen mit einer Behinderung, die in London unterwegs sind, sollten zuvor auf der Website von **Transport for London** Informationen über Möglichkeiten des barrierefreien Reisens im öffentlichen Personennahverkehr einholen (https://tfl.gov.uk/transport-accessibility). Hier wird eine ganze Reihe an hilfreichen Broschüren und Karten zu verschiedenen Themen angeboten, z. B. zum stufenfreien Umsteigen. Man kann auch vor der Reise Hilfestellung beim Ein- und Aussteigen durch das Personal beantragen (https://tfl.gov.uk/transport-accessibility/help-from-staff).

In der Regel gilt, dass die Londoner Stadtbusse besser auf Rollstuhlfahrer eingestellt sind als die U-Bahn: Sie haben ausfahrbare Rampen. Da einige der U-Bahn-Stationen zum Teil über 100 Jahre alt sind, arbeitet man noch daran, diese nach und nach umzurüsten. Die barrierefreien Stationen sind auf den Tube-Plänen mit dem Rollstuhlsymbol gekennzeichnet.

Als **Rollstuhlfahrer** sollte man jedoch auch bedenken, dass beim Umsteigen innerhalb der U-Bahn oft lange Wege zurückgelegt werden müssen (inkl. mehrere Liftfahrten) und dass in den Gängen und auf den Bahnsteigen oft Gedränge herrscht. Zu Stoßzeiten sind die Waggons übervoll und die Türen der Tube schließen gnadenlos schnell. Wesentlich angenehmer ist eine Fahrt mit der überirdischen London Overground oder der Docklands Light Railway.

Für Besucher mit einer **Sehbehinderung** wird im Straßenverkehr und in den öffentlichen Verkehrsmitteln ebenfalls Hilfestellung angeboten. So arbeiten Ampeln beispielsweise mit Tonsignalen und im Bus und an vielen anderen Stellen sind Hinweise und Bedienungsknöpfe mit **Blindenschrift** versehen. In zahlreichen Museen werden außerdem zu bestimmten Terminen Audioführungen veranstaltet.

Hilfreiche Hinweise für einen Besuch in London findet man auch auf der Website von Visit London unter dem Stichpunkt **„Accessible London“** (www.visitlondon.com/traveller-information/essential-information/accessible-london).

Inclusive London bietet zudem eine iPhone-App zum Download an, die über die Barrierefreiheit von Sehenswürdigkeiten, Restaurants, Toiletten, Geschäften usw. informiert (www.inclusivelondon.com).

- **Access in London,** www.accessinlondon.org. Diese Organisation bietet auf ihrer Website vielseitige Informationen, die für barrierefreies Reisen in London wichtig sind.
- **Royal National Institute for the Blind,** Tel. 0303 1239999, www.rnib.org.uk, Mo–Fr 8–20, Sa 9–13 Uhr. Hier erhält man hilfreiche Tipps und Adressen.
- **Royal Association for Disability and Rehabilitation (RADAR),** 12 City Forum, 250 City Road, London EC 1, www.radar.org, Tel. 72503222.uk. Hier erhalten Menschen mit Behinderung umfangreiche Informationen zu allen Aspekten des Lebens und Reisens.
- **Transport for London,** www.tfl.gov.uk/transport-accessibility
- **Tourism for all UK,** 7A Pixel Mill, 44 Appleby Road, Kendal, Tel. 08451249971 oder 00441539726111, www.tourismforall.org.uk. Bei Tourism for all UK erhält man eine Auflistung von behindertengerechten Hotels und kann auch gleich Buchungen vornehmen.

Diplomatische Vertretungen

- **295** [G11] **Deutsche Botschaft,** 23 Belgrave Square, Tel. 020 78241300, www.london.diplo.de
- **296** [G11] **Österreichische Botschaft,** 18 Belgrave Mews West, Tel. 020 73443250, www.aussenministerium.at/london
- **297** [F8] **Schweizer Botschaft,** 16–18 Montagu Place, Tel. 020 76166000, www.eda.admin.ch/london

Elektrizität

In Großbritannien können Deutsche, Österreicher und Schweizer ihre elektrischen Geräte bei gleicher Stromstärke benutzen. Es ist allerdings ein **Adapter** notwendig, da die britischen **„3-Pin"-Stecker** anders geformt sind. In Bädern befinden sich häufig Steckdosen, in die deutsche Flachstecker hineinpassen. Die Stromstärke reicht aus, um einen Rasierapparat zu benutzen oder das Handy aufzuladen, ist jedoch ungenügend für einen Haarfön oder andere Geräte.

Geldfragen

Wechselkurse
(Stand: Ende 2018)

£ 1	1,14 €/1,30 SFr
1 €	£ 0,88
1 SFr	£ 0,77

Das **Englische Pfund** (Pound, abgekürzt £) hat 100 Pence (abgekürzt „p"). Mit der **Debitkarte (EC-Karte)** kann man in Banken und an Geldautomaten (ATM) Bargeld abheben, wobei allerdings Gebühren anfallen. In vielen Geschäften, Restaurants etc. werden EC-Karten akzeptiert, ansonsten benötigt man eine **Kreditkarte.** Wer Onlinebuchungen vornimmt, benötigt dazu unbedingt eine Kreditkarte und auch zur Kautionshinterlegung bei internationalen Autovermietungen sind sie vonnöten (PIN-Nummer bereithalten).

Die kaum noch üblichen **Reiseschecks** *(Traveller's Cheques)* kann man in Banken und in Poststellen einlösen. **Banken** haben werktags zwischen 9 und 17.30 Uhr geöffnet, größere Filialen sind auch am Samstagmorgen von 9 bis 14 Uhr offen. An Bahnhöfen und in Reisebüros findet man meist auch **Wechselstuben.** Hier sind jedoch die Umrechnungskurse schlechter und es fallen zusätzliche Gebühren an.

Umrechnungskurs am Geldautomaten

Beim Abheben von Bargeld in Landeswährung wird manchmal angeboten, dass die Abrechnung mit dem eigenen Konto in Euro erfolgen kann. Das Verfahren ist als **Dynamic Currency Conversion** (DCC) bekannt. Wählt man diese Option, die ja sicherer erscheint, wird aber ein ungünstiger Wechselkurs zugrundegelegt, der erhebliche Kosten verursachen kann.Deshalb sollte man Abhebungen immer in der Landeswährung vom eigenen Konto abbuchen lassen. Dann legt die eigene Bank den offiziellen Devisenkurs zugrunde.

London preiswert

Bei London handelt es sich wie bei anderen Weltmetropolen auch um ein **teures Pflaster.** Wenn man den ganzen Tag unterwegs ist, summieren sich die Kosten für Fahrkarten, Eintrittspreise und Verpflegung. Doch auch in der britischen Hauptstadt gibt es viele Dinge, die man preisgünstig erleben kann. So fahren beispielsweise die **Buslinien 9, 15, 88 und 159** an fast allen Sehenswürdigkeiten vorbei und man bekommt auf preiswerte Art eine Stadtrundfahrt - wenn auch ohne Erläuterungen. Mit der **Visitor Oyster Card** (s. S. 257) erhält man bei jeder Fahrt den günstigsten Tarif und bekommt Ermäßigungen bei den Ausflugsbooten auf der Themse.

Staatliche Weltklassemuseen wie das British Museum (74), die Tate Modern (43), die National Gallery (8) oder das V&A (96) erheben keinen Eintrittspreis. Sollte man andere Sehenswürdigkeiten besuchen wollen, lohnt sich der Kauf eines **London Pass** (www.londonpass.com), mit dem man Eintritt zu über 50 Sehenswürdigkeiten erhält. Er kostet für Erwachsene/Kinder für sechs Tage £154/114, drei Tage £114/84, zwei Tage £94/69 und für einen Tag £69/49. Noch günstiger ist es, wenn man den London Pass als Kombiticket inkl. freier Fahrt mit dem öffentlichen Nahverkehr kauft. Er kostet dann für sechs Tage £199/145, für drei Tage £144/103, für zwei Tage £114/82 und für einen Tag £84/55. Die Kombivariante ist nur im Internet erhältlich, die normale Ausgabe kann man auch vor Ort in allen Reiseinformationszentren der großen Bahnhöfe oder U-Bahn-Stationen kaufen.

Für manche Sehenswürdigkeiten werden **Kombitickets** angeboten, z. B. für das London Eye (39) in Kombination mit Madame Tussauds (83) oder dem London Aquarium (s. S. 163). Wesentlich günstigere Tarife bekommt man auch bei **Onlinebuchung im Voraus,** so z. B. im London Zoo (84). Man sollte sicherstellen, dass man nicht aus Versehen die **„Gift Aid"** mitbezahlt, eine freiwillige Spende, die viele Museen inzwischen auf ihren Preis aufschlagen.

Günstige **Angebote für Restaurants** erhält man z. B. bei Registrierung mit www.opentable.com, teure Restaurants bieten meist preiswerte Lunch-Menüs an.

Bei **Theatern** oder **Konzerthallen** gibt es bis zu einem Alter von 25/30 Jahren oft Ermäßigungen (z. B. Southbank Centre (40)). Auf den Websites der Klubs findet man Infos zu Gratisveranstaltungen, z.B. Konzerte bei Rough Trade East (s. S. 188) oder in der Union Chapel (s. S. 185).

126lo-ws

☒ Für einen Besuch bei Madame Tussauds (83) sollte man die günstigeren Kombi- oder Onlinetickets wählen

Informationsquellen

Infostellen zu Hause

Auf den Websites von **Visit Britain** und **Visit London** findet man schon vor der Reise viele praktische Hinweise, kann Hotels buchen, Tickets für Theater oder den Nahverkehr erwerben und seine Anreise bis ins kleinste Detail planen. Bei **London Town** erhält man ebenfalls Hilfe bei Hotelbuchungen, Ticketkäufen und der Planung von Stadttouren.

› **www.visitbritain.com**
› **www.visitlondon.com**
› **www.londontown.com,** Tel. 74374370, Mo–Fr 8–22, Sa 9–18, So 10–19 Uhr

Infostellen in der Stadt

Touristenbüros gibt es am Flughafen Heathrow, in den Bahnhöfen Victoria [H12], Liverpool Street [M8] und St. Pancras, ebenso wie an den U-Bahn-Haltestellen King's Cross [I6] und Liverpool Street sowie in Greenwich (Old Royal Naval College 108). Ein **Reisezentrum** gibt es in der U-Bahn-Haltestelle Piccadilly Circus 16.

Veranstaltungs- und Kartenservice

Wer sich bei einem Aufenthalt in London eine bestimmte Show ansehen möchte, sollte im Voraus buchen. Vor Ort erhält man Karten am Box Office der jeweiligen Theater. Verbilligte Karten und Restkarten erhält man z. B. bei der **Half Price Ticket Booth.** Hier bekommt man auch noch Tickets für denselben Tag (zuzüglich £3 Bearbeitungsgebühr). Preiswerter und oft noch zu haben sind Matinees, also Nachmittagsvorstellungen. Senioren erhalten an der Theaterkasse manchmal ab 1 Std. vor Beginn bis zu 50% Ermäßigung.

› www.london-musical-karten.de
●**298** [I9] **TKTS Half Price Ticket Booth,** Leicester Square, www.officiallondontheatre.com, Mo–Sa 10–19 Uhr, So 11–16.30 Uhr

In der Half Price Ticket Booth kann man günstig Restkarten kaufen

151lo-ln

Unsere Literaturtipps

Die Metropole London hat schon seit Jahrhunderten Schriftsteller fasziniert. Der Chronist ***Samuel Pepys*** *hielt subjektive Ansichten der Stadt in seinem „Diary" fest („Die geheimen Tagebücher", Eichborn Verlag, 2004).*

Charles Dickens *verbrachte einen Großteil seines Lebens hier und beschrieb wie kein Zweiter die Lebensbedingungen im viktorianischen London („Klein Dorrit", Europäischer Literaturverlag, 2014; „Oliver Twist", Anaconda, 2012).*

Virginia Woolf *Schlüsselfigur der Bloomsbury Group, beschreibt in vielen ihrer Romane das Leben in London zu Anfang des 20. Jh. („Mrs. Dalloway", Anaconda, 2012).*

Die Literaturnobelpreisträgerin ***Doris Lessing,*** *Londonerin von 1949 bis zu ihrem Tod, hielt etliche Momente in der Geschichte der Stadt fest („Der Preis der Wahrheit: London Stories", Hoffmann und Campe, 1991).*

Die Atmosphäre des Nachkriegslondon und die seelischen Nöte seiner Bewohner bringt ***Graham Greene*** *zu Papier („Das Ende einer Affäre", dtv, 2000).*

Die aufkeimende Jugendkultur der 1950er-Jahre greift ***Colin MacInnes*** *in seinem 1959 erschienenen Roman „Absolute Beginners" auf (Metrolit, 2013). Das Buch wurde in den 1980er-Jahren mit David Bowie als Musical verfilmt.*

Die humorvollen Romane von ***Nick Hornby*** *geben einen Einblick in das Leben der Londoner in den frühen 1990er-Jahren („High Fidelity", Droemer Knaur, 1999). Er ist auch einer der wenigen, die die Szene der Londoner Fußballfans beschreiben („Fever Pitch: Ballfieber - die Geschichte eines Fans", Kiwi Taschenbuch, 2013).*

Die Halbjamaikanerin ***Zadie Smith*** *beleuchtet die Aspekte des Lebens von Einwandererfamilien aus ihrem Kulturkreis („Zähne zeigen", Kiwi Taschenbuch, 2010). Das Leben einer Muslima aus Bangladesh in London beschreibt* ***Monica Ali*** *(„Brick Lane", Knaur, 2005).*

Fundbüros (Lost Property)

Wer im Londoner Nahverkehr Gegenstände verliert, findet online unter www.tfl.gov.uk/lostproperty Hilfe.

Wenn man etwas in Bussen, Taxis, DLR, Victoria Coach Station, Emirates Air Line oder der London Overground vergessen hat, muss man ein Online-Formular ausfüllen. Es kann dann allerdings bis zu 10 Tage dauern, bis man Nachricht erhält.

- **299** [F8] **Lost Property Office,** 200 Baker Street, Tel. 0343 2221234, www.tfl.gov.uk, Mo–Fr 8.30–16 Uhr. Für Züge und U-Bahn.
- **300** **Tramlink Shop,** Unit 5, Suffolk House, George Street, Croydon, Tel. 86818300, Mo–Fr 9–17 Uhr. Für Straßenbahnen.

Websites

- **www.london.gov.uk:** die offizielle Website der Stadt
- **www.visitlondon.com:** alle wichtigen Infos und Veranstaltungskalender
- **www.tfl.gov.uk:** Infos über den ÖPNV
- **www.london.de:** deutschsprachige Seite mit Tipps und Ticketverkauf aller Art
- **http://londonist.com:** Veranstaltungsmagazin mit aktuellen Tipps für den Tag

London-Apps

- **London Transport Live** (gratis für iOS und Android): Infos zum ÖPNV und Routenplaner (gratis)
- **MyTaxi:** Mit dieser App kann man sich eines der schwarzen Londoner Taxis rufen (gratis für iOS und Android).
- **Riverside London:** Infos und Karten rund um das Südufer der Themse (gratis für iOS und Android)
- **Soho Stories – Lite Edition:** App des National Trust, der mit einer Audiotour über die Geschichte Sohos informiert (gratis für Android)

Publikationen und Medien

Kostenlose **Stadtpläne** gibt es bei www.visitlondon.com zum Download. Man erhält sie aber auch in den Fremdenverkehrsbüros oder in Hotels. Detaillierteres Kartenmaterial gibt es in allen Buchläden, hierbei empfehlen sich die Karten des **AA** (englische Variante des ADAC), von **Ordnance Survey** und der **A–Z London.**

Das dominierende **Stadtmagazin** ist **Time Out**, das man in allen Zeitungsläden erhält. Natürlich gibt es auch eine Online-Ausgabe und eine App (www.time

Infos für LGBT+

*Das Stadtmagazin Time Out bietet online einen **LGBT London Guide** an (www.timeout.com/london/lgbt). Ende März/Anfang April veranstaltet das British Film Institute das **„BFI Flare: London LGBTQ+ Film Festival“** (www.bfi.org.uk/flare) und im Sommer findet jedes Jahr das **Pride London Festival** statt (https://prideinlondon.org).*

*Eine große Ansammlung von alteingesessenen **Klubs** und **Cafés** für die Schwulen-, Lesben-, Bi- und Transgender-Gemeinschaft findet man rund um die Old Compton Street [I9] in Soho. Weitere Klubs befinden sich in Vauxhall am südwestlichen Themseufer und im East End.*

- ***London Friend,** www.londonfriend.org.uk, Tel. 78331674. London Friend ist eine bereits seit 35 Jahren arbeitende Organisation, in der Freiwillige sich um alle Belange von Homo-, Trans- und Bisexuellen kümmern.*

301 *[M3] **Dalston Superstore,** 117 Kingsland High Street, Tel. 72542273, http://dalstonsuperstore.com, London Overground: Dalston Junction. Dieser coole Nachtklub hat eine künstlerische Note und bietet Ausstellungen und Performances. Gemischte Szene.*

302 *[H9] **Freedom Bar,** National House, 60–66 Wardour Street, Tel. 77340071, www.freedombarsoho.com. Bar und Nachtklub mit toleranter Atmosphäre für Angehörige aller sexuellen Strömungen. Neben thematischen Klubnächten gibt es auch Kabarett.*

303 *[I10] **Heaven,** Under The Arches, Villiers Street, Tel. 79302020, www.heavennightclub-london.com, U: Charing Cross. Das Heaven bietet seit mehr als 25 Jahren auf drei Stockwerken Partyatmosphäre und Livebands. Gemischte Szene (samstags Gay Night).*

out.com/london). Das Blättchen **Evening Standard** wird an Bahn- und U-Bahn-Stationen kostenlos verteilt. Hier liest man den neuesten Klatsch über aktuelle Belange und erhält Veranstaltungstipps (www.standard.co.uk).

Zu den **Tageszeitungen** mit gehobenerem Standard gehören die konservative **Times** (www.thetimes.co.uk) bzw. die **Sunday Times**, **The Telegraph** (www.telegraph.co.uk) und der linksgerichtete **Guardian** (www.theguardian.com). Daneben gibt es noch die **Daily Mail** und den **Daily Express**, die leichtere Kost bieten. **Deutsche Zeitungen und Magazine** wie FAZ, Süddeutsche, Spiegel oder Stern sind an den großen Bahnhöfen erhältlich.

Internet

In London kann man sich nun an fast allen öffentlichen Plätzen im Stadtbereich kostenlos in ein **WLAN-Netz** (engl. „Wifi") einloggen („The Cloud"). Unter www.thecloud.net/free-wifi/getthe-app kann man eine App für Android, iOS und Windows herunterladen, die die Verbindung zu den Hotspots dann automatisch herstellt.

Anschluss gibt es auch in 150 U-Bahn-Stationen. Weitere Informationen erhält man auf der Website der Stadt: www.london.gov.uk/city-hall und unter www.tfl.gov.uk/campaign/station-wifi. Zudem gibt es kostenfreien WLAN-Anschluss in 80 öffentlichen Gebäuden Londons, so z. B. in vielen städtischen Museen.

Wer kein Smartphone besitzt, kann z. B. in öffentlichen **Büchereien** die dortigen Computer nutzen. Die meisten Stadtteilbüchereien bieten diese Möglichkeit an (Infos unter www.allinlondon.co.uk/directory/1272.php).

Konfektionsgrößen

D	GB
Damenbekleidung	
36	10
38	12
40	14
42	16
44	18
46	20
48	22
Herrenbekleidung	
46	36
48	38
50	40
52	42
54	44
56	46
Schuhe	
36	3–3,5
37	4–4,5
38	5–5,5
39	5,5–6
40	6,5–7
41	7–7,5
42	7,5–8
43	8,5–9
44	9,5–10
45	10–10,5
46	11–11,5

Maße und Gewichte

Das **metrische System** ist in Großbritannien weit verbreitet. Dennoch wird bei bestimmten Maßeinheiten noch das imperiale System verwendet: Meile (1,61 km), Pint (0,57 l), Inch (2,45 cm), Yard (0,91m), Stone (6,3 kg).

Medizinische Versorgung

Der **National Health Service** (NHS, www.nhs.uk) ist der staatliche Gesundheitsdienst. Wenn man die **Europäische Krankenversicherungskarte** (EHIC) besitzt, kann man damit in Notfällen in den ambulanten Notfallstationen der Krankenhäuser *(Emergency Department)* bzw. beim Arzt für Allgemeinmedizin *(General Practioner, GP)* kostenfrei behandelt werden, sofern die Behandlung sich im Rahmen der von der Krankenkasse abgedeckten Leistungen bewegt. Der Großteil **zahnärztlicher Behandlungen** ist allerdings nicht kostenfrei. Man sollte vorher mit seiner Krankenkasse klären, welche Privatleistungen hinterher erstattet werden können (Quittungen aufbewahren!).

- ✚304 [M10] **Guy's Hospital,** Great Maze Pond, Tel. 71887188, www.guysandstthomas.nhs.uk, U: London Bridge Station
- ✚305 [O8] **Royal London Hospital,** Whitechapel Road, Tel. 73777000, www.bartshealth.nhs.uk, U: Whitechapel
- ✚306 [J11] **St. Thomas Hospital,** Westminster Bridge Road, Tel. 71887188, www.guysandstthomas.nhs.uk, U: Westminster (District/Circle/Jubilee Line)
- › Bei **Zahnschmerzen** wendet man sich an den Dental Emergency Care Service im Guy's Hospital, 17.–28. Stock, Tower Wing, Tel. 71888006

Die roten Leihfahrräder, auch Boris Bikes genannt, werden von der Bank Santander gesponsert

Notfälle

Bei **dringenden Notfällen** (Notarzt, Polizei, Feuerwehr, Küstenwache) erhält man Hilfe unter **Tel. 999.** Wenn man **medizinische Versorgung** braucht, aber keine Lebensgefahr besteht, wählt man dagegen **Tel. 111.**

Kartensperrung

Bei **Verlust der Debit-(EC-), Kredit-** oder **SIM-Karte** gibt es für Kartensperrungen eine **deutsche Zentralnummer** (unbedingt vor der Reise klären, ob die eigene Bank bzw. der jeweilige Mobilfunkanbieter diesem Notrufsystem angeschlossen ist).

Aber Achtung: Mit der telefonischen Sperrung sind die Bezahlkarten zwar für die Bezahlung/Geldabhebung mit der PIN gesperrt, nicht jedoch für das **Lastschriftverfahren mit Unterschrift.** Man sollte daher auf jeden Fall den Verlust zusätzlich **bei der Polizei zur Anzeige bringen,** um gegebenenfalls auftretende Ansprüche zurückweisen zu können.

In **Österreich** und der **Schweiz** gibt es keine zentrale Sperrnummer, daher sollten sich Besitzer von in diesen Ländern ausgestellten Debit-(EC-) oder Kreditkarten vor der Abreise bei ihrem Kreditinstitut über den zuständigen Sperrnotruf informieren.

Generell sollte man sich immer die **wichtigsten Daten** wie Kartennummer und Ausstellungsdatum **separat notieren,** da diese unter Umständen abgefragt werden.

- › **Deutscher Sperrnotruf:** Tel. +49 116116 oder Tel. +49 3040504050
- › **Weitere Infos:** www.kartensicherheit.de, www.sperr-notruf.de

Öffnungszeiten

- **Ämter und Firmen:** Mo–Fr 9–17 Uhr
- **Banken:** Mo–Fr 9–17.30 Uhr, große Filialen Sa bis 14 Uhr
- **Geschäfte:** Mo–Sa 10–17.30/18 Uhr oder länger, So nach eigener Wahl zwischen 10 und 17 Uhr. Große Kaufhäuser und Lebensmittelläden haben oft auch bis 22 Uhr geöffnet.
- **Museen:** in der Regel 10–17/18 Uhr, einmal die Woche länger
- **Pubs:** wochentags 10/11–23 Uhr, So bis 22.30 Uhr. Wirte mit einer gesonderten Lizenz können ihre Kneipen auch bedeutend länger öffnen.
- **Restaurants:** Schicke Restaurants servieren Lunch und Dinner zu bestimmten Tageszeiten. In Bistros, Ketten und Pubs sind die Regeln weniger streng gefasst. Es gelten jeweils die ausgeschriebenen Zeiten.

152lo-ln

Post

Briefmarken bekommt man in Postämtern und Zeitschriftenläden *(newsagents)* sowie in vielen anderen Geschäften. Die meisten Postfilialen sind heute in kleineren Läden untergebracht (generelle Öffnungszeiten Mo–Fr 9–17.30, Sa 9–12 Uhr).

Für **Postkarten** benötigt man eine First Class Stamp zu £ 0,62. Das Porto für **Briefe** wird nach Gewicht und Größe berechnet (max. 100 g, bis 5 mm Dicke), z. B. 10 g = £ 1,25 (International Standard).

✉**307** [I9] **Trafalgar Square Post Office,** 24 William IV. Street, Mo–Fr 8.30–18.30 Uhr, Sa 9–17.30 Uhr. Hauptpostamt.

- Für generelle Postauskünfte siehe www.postoffice.co.uk.

Radfahren

Die **Leihfahrräder** der Stadt London tragen den Spitznamen **Boris Bikes**, benannt nach dem Bürgermeister Boris Johnson. Gesponsort werden sie allerdings von der Bank Santander und tragen deren Logo. Fahrraddepots befinden sich in der Nähe aller wichtigen Sehenswürdigkeiten, meist unweit von Bahnhöfen oder U-Bahn-Stationen. An den Mietstationen kann man mit **Bank-** oder **Kreditkarte** (VISA, Visa Electron, Mastercard, JCB oder Amex) bezahlen (Pin-Nummer notwendig) und erhält dann einen Nummerncode, mit dem man das Rad entnehmen kann. Die Preise sind je nach Nutzungsdauer gestaffelt. Es fällt eine einmalige Leihgebühr von £ 2 für 24 Std. an. Die ersten 30 Min. jeder Fahrt sind kostenlos, danach kostet jede (angefangene) halbe Stunde weitere £ 2. Innerhalb von 24 Std. kann man beliebig oft ein Fahrrad ausleihen. Wer das Fahrrad jedes Mal vor Ablauf der 30 Min. wieder abstellt, kann den Service den ganzen Tag also für nur £ 2 nutzen.

Nach der Benutzung muss man das Fahrrad wieder in einem der Depots abstellen. Wer sich länger in London aufhält, kann sich für die Dauernutzung registrieren lassen und erhält dann eine Schlüsselkarte (Key Card). Die Jahresleihgebühr für die Key Card beträgt £ 90.

› **Santander Cycles,** Tel. 0800 3827000, www.tfl.gov.uk/modes/cycling/santander-cycles

Geführte Radtouren

Wer Fahrräder über einen **längeren Zeitraum** mieten möchte, erhält bei zahlreichen Anbietern günstige Tarife. Oft werden dort auch gleichzeitig geführte Radtouren angeboten.

› **London Bicyle,** www.londonbicycle.com
› **Brakeaway Bike Tours,** www.biketouroflondon.com
› **On Your Bike,** www.onyourbike.com

Fahrradcafés

Wer mit dem Fahrrad steckenbleibt und eine Reparatur benötigt oder auch einfach nur verschnaufen will, kann in einem **Cycle Cafe** einkehren. Hier hat man nicht nur Zugang zu Erfrischungen, sondern auch gleich zur Werkstatt nebenan, wo man Zubehör kaufen kann bzw. wo Sofort-Reparaturen angeboten werden.

308 [M7] **CycleLab Juice Bar,** 18a Pittfield Street, Islington, https://cyclelabuk.wordpress.com, Mo–Fr 8–19, Sa 11–18 Uhr

309 [L7] **Look Mum No Hands!,** 49 Old Street, Hoxton, www.lookmumnohands.com, Mo–Fr 7.30–22, Sa 8.30–18, So 9–18 Uhr

310 [K5] **MiCycle,** 47 Barnsbury Street, Islington, www.micycle.org.uk, Mo, Mi, Fr 8.30–15.30, Di 11.30–18.30, Do 8.30–18.30, Sa 10–17 Uhr

311 **Pearson,** 232 Upper Richmond Road West, East Sheen/Richmond, www.pearsoncycles.co.uk/sheen-shop, Mo–Sa 8.30–18, So 10–16 Uhr

Sicherheit

Wie in allen Weltmetropolen gibt es auch in London eine relativ hohe Kriminalitätsrate. Touristen werden hiervon jedoch kaum etwas merken, denn sofern man sich nicht in ausgesprochenes „Gangland" in Vierteln wie Lewisham oder Peckham begibt, ist man im alltäglichen Leben sicher. Wie überall auf der Welt gibt es im Londoner Straßengewühl allerdings die Gefahr des **Taschendiebstahls.** Man sollte also im Gedränge Handtasche, Geldbörse oder Kamera nicht unbeaufsichtigt lassen. Ansonsten gelten die **üblichen Vorsichtsmaßnahmen:** Nachts sollte man nicht allein durch die Parks spazieren und am besten in den U-Bahn-Waggon direkt hinter dem Fahrer einsteigen.

Seit dem Terroranschlag auf die Londoner U-Bahn am 7. Juli 2005, der 52 Menschenleben kostete, hat man die Sicherheitsmaßnahmen in der Stadt verschärft. In der U-Bahn wird man z. B. ständig darauf hingewiesen, auf unbeaufsichtigte Pakete zu achten oder ungewöhnliche Ereignisse dem Bahnpersonal zu melden etc. Die **Polizei** erreicht man unter der zentralen **Telefonnum-**

mer 101. Informationen über alle Polizeidienststellen findet man unter www.cityoflondon.police.uk.

312 [I9] **Charing Cross Police Station,** Agar Street, U: Covent Garden

313 [C12] **Kensington Police Station,** 72 Earl's Court Road, U: High Street Kensington

Sportstadien

Die großen Sportstadien Londons (siehe auch Queen Elizabeth Olympic Park 73) lohnen nicht nur während der Veranstaltungen einen Besuch. Die meisten bieten regelmäßige Führungen durch die heiligen Hallen an, in denen bekannte Teams und Sportgrößen Siege feierten oder Verluste erleiden mussten.

In Wimbledon, Wembley, dem Lords Cricket Ground und dem Twickham Rugby Stadion gibt es zudem sehenswerte Museen.

S314 [E7] **Lord's Cricket Ground,** St. John's Wood Road, Tel. 76168595, www.lords.org, geführte Touren (jeweils tgl.) Jan.-März 11-14, Apr.-Okt. 10-15, Nov.-Dez. 10-14 Uhr, Erw. £ 24, erm. £ 18 und Kinder (5-15 Jahre) £ 15

S315 **Wembley Stadium,** Wembley, U: Wembley Park Station (Jubilee and Metropolitan Lines), Wembley Central Station (Bakerloo Line/London Overground), Termine für Touren und Buchung: www.wembleystadium.com, Erw. £ 11, erm. und Kinder unter 16 Jahren £ 6

S316 **Wimbledon Lawn Tennis Museum,** All England Lawn Tennis and Croquet Club, Church Road, Tel. 8946-6131, www.wimbledon.com, geführte Touren: tgl. 10-15.30 Uhr, Erw. £ 24, erm. £ 21, Kinder (5-16 Jahre) £ 15

S317 **World Rugby Museum,** Whitton Road, Twickenham, Tel. 88928877, www.worldrugbymuseum.com, geführte Touren: Di-Fr 10.30, 12.30, 14.30, Sa 10.30, 12, 13, 14.30, So 11.30, 13, 14.30 Uhr, Erw. £ 25, erm. £ 20 und Kinder (5-16 Jahre) £ 15

Sprache

Als Besucher kommt man mit seinem **Schulenglisch** in London gut zurecht. An den Rezeptionen der Hotels sprechen viele Mitarbeiter außerdem deutsch und französisch und dasselbe gilt für die Mitarbeiter der Touristeninformationen. Im Anhang dieses Führers gibt es zusätzlich eine kleine Sprachhilfe (s. S. 260) und der Kauderwelsch-Sprachführer „Englisch – Wort für Wort" aus dem Reise Know-How Verlag vermittelt schnell und einfach Grundkenntnisse.

100lo-fo©Anthony King

Das Wembley Stadium ist auch für Konzerte eine gefragte Adresse

Stadttouren

Guided Walks

Thematische Stadtführungen, z. B. zu „Jack the Ripper“, den „Beatles“ oder verschiedenen Aspekten der Stadtgeschichte, werden von verschiedenen Veranstaltern angeboten. Die Treffpunkte für die Touren sind auf den Websites angegeben und bei fast allen muss man im Voraus online buchen.

› **London Walks,** Tel. 76243978, www.walks.com
› **Secret London Walks,** Tel. 84450159, www.secretlondonwalks.co.uk

101lo-ln

› **London Walking Tours,** Tel. 85308443, www.london-walking-tours.co.uk
› **Touren in deutscher Sprache:** www.londontoursaufdeutsch.com, www.goldentours.com
› **BritMovieTours,** http://britmovietours.com. Diese Firma bietet Spaziergänge zu den Schauplätzen von Filmen in London an. So wandelt man z. B. auf den Spuren von James Bond oder Harry Potter.

Stadtrundfahrten

Das Angebot an Stadtrundfahrten in London ist riesig. In der Zeit von 10 bis 17 Uhr fahren **Sightseeingbusse** (Hop-on-hop-off) im regelmäßigen Turnus an den großen Plätzen der Innenstadt wie Trafalgar Square 7, Piccadilly Circus 16 und der Westminster Abbey 3 ab. Die Rundfahrten gibt es entweder mit oder ohne Kommentar (in verschiedenen Sprachen). Zu den Hauptveranstaltern gehören:

› **Big Bus Tours,** Tel. 78086753, www.bigbustours.com, Erw. £ 37, Kinder £ 19,80
› **The Original London Sightseeing Tour,** Tel. 88771722, www.theoriginaltour.com, Erw. £ 32, Kinder £ 15. Im Ticketpreis sind auch eine Bootstour auf der Themse (auch deutschsprachig) und je ein thematischer Rundgang mit englischer Führung enthalten.
› **Sightseeing Tours,** www.sightseeingtours.co.uk. Hier werden Rundfahrten in deutscher Sprache angeboten, Erw. £ 27,50, Kinder £ 16,75.

Stadtrundfahrten werden von vielen Veranstaltern angeboten

Telefonieren

Die **Vorwahl** von **Großbritannien** ist die **0044**, die nachfolgende 0 der Ortsvorwahl entfällt. Die **Londoner Ortsvorwahl** ist **020** und muss innerhalb des Stadtgebiets von Festnetzanschlüssen aus nicht mitgewählt werden.

Seit Juni 2017 gibt es in der EU **keine Roaminggebühren mehr.** Damit wird das Telefonieren und Surfen mit dem Handy (im Englischen **mobile phone** oder einfach **mobile**) im EU-Ausland so günstig wie zu Hause – es sei denn, man nutzt das Handy im Ausland über einen längeren Zeitraum hinweg, dann können je nach Anbieter Nutzungsobergrenzen gelten. Inwieweit der Brexit Einfluss auf diese Regelung haben wird, ist zurzeit noch nicht bekannt.

Wer über ein SIM-lock-freies Mobiltelefon verfügt, kann sich auch eine örtliche **Prepaidkarte** besorgen. In diesem Fall ändert sich natürlich die Telefonnummer.

Uhrzeit

In Großbritannien gilt die **Greenwich Mean Time (GMT)**, die der mitteleuropäischen Zeit um eine Stunde „hinterherhinkt", und zwar egal ob Sommer oder Winterzeit. Die Uhrzeiten werden mit a.m. und p.m. angegeben:

- 10 a.m. = 10 Uhr morgens
- 10 p.m. = 22 Uhr abends

Die markanten roten Telefonboxen sind vielfach nur noch Dekoration

Unterkunft

London bietet eine große Auswahl an Unterkünften, allerdings liegen die Preise oft über der europäischen Norm. Im Stadtzentrum sind Preise für Hotels der gehobenen Mittelklasse ab £ 200 pro Nacht für ein Doppelzimmer normal. Auch in B&Bs muss man mit ca. £ 80 pro Nacht rechnen.

Die Tarife für Londoner Hotels hängen von der Reisezeit und der Auslastung ab und können stark schwanken. Manchmal unterscheiden sich sogar die Tagestarife am Freitag, Samstag und Sonntag. Um den günstigsten Tarif zu ergattern, sollte man sich online oder im Reisebüro über Sonderangebote informieren. **Gebündelte Wochenendpakete** sind meist günstiger als ein für einzelne Nächte gebuchtes Hotel und auch wer länger im Voraus bucht, kann erheblich sparen. In den meisten Hotels ist WLAN kostenfrei, oft muss man allerdings für das Frühstück extra bezahlen.

Bei der Auswahl des Hotels ist natürlich auch die **Lage** wichtig. Preiswerte Unterkünfte, z. B. empfehlenswerte B&Bs, liegen oft recht weit außerhalb des Zentrums und man muss eine längere Anfahrt ins Zentrum in Kauf nehmen. Vor der Buchung sollte man sicherstellen, dass eine gute Anbindung an das U-Bahn- oder Bahnnetz besteht. Wer die Anfahrt nicht scheut, kann sich auch in den Orten des umliegenden Pendlergürtels einquartieren, die alle gut angebunden sind.

Am günstigsten sind **Jugendherbergen** *(Youth Hostels)* und private Hostels, danach folgen Pensionen (**Bed and Breakfast** oder auch **Guest Houses**), wo das Frühstück meist mit eingeschlossen ist. Eine preiswerte Alternative, insbesondere wenn man mit der Familie oder in einer Gruppe reist, ist die Anmietung einer **Ferienwohnung** (*Self Catering Accommodation,* z.B. unter www.accommodation london.net). Es gibt auch preiswerte Hotelketten, sogenannte **Budget Hotels,** die einen einheitlichen Standard zu vernünftigen Preisen bieten.

In den höheren Preislagen gibt es eine große Auswahl. Neben klassischen Luxushotels gibt es viele moderne Konkurrenten, die zeitgenössischen Luxus bieten. Diese **Boutiquehotels** befinden sich meist in Stadthäusern *(townhouses)* und verbinden historisches Flair mit modernem Komfort. Wer Wert auf hypermodernes Design legt, hat in London die Qual der Wahl, denn es gibt zahlreiche elegante **Designhotels** wie das Boundary Hotel, die Shoreditch Rooms oder das St. Pancras Renaissance Hotel, die teilweise sehr ausgefallene Konzepte bieten. Dafür bezahlt man dann auch den entsprechenden Preis. **Businesshotels** (z. B. Apex Hotels, www.apexhotels.co.uk), die hauptsächlich von Geschäftsleuten frequentiert werden, bieten oft preiswerte Wochenendtarife, da sie am Wochenende unterbelegt sind.

In den meisten Hotelzimmern gibt es Wasserkocher mit einer Auswahl an Tee und Kaffee. Das **Trinkwasser** ist bedenkenlos genießbar.

Hotelkategorien

Die Preiskategorien beziehen sich auf eine Nacht im Doppelzimmer für zwei Personen, das Frühstück ist nicht überall inklusive.

£	unter 60 £
££	60-90 £
£££	90-120 £
££££	120-200 £

Ausgefallene Konzepte

🏨318 [L10] **Citizen M** £££, 20 Lavington Street, U: Southwark, Tel. 35191680, www.citizenm.com. **Kompakt und modern:** In diesem Designhotel wurden unnötige Extras weggelassen, dafür gibt es preiswertere Tarife und günstige Sonntags- und Wochenendraten.

🏨319 [J7] **Point A Hotels** ££, 324 Grays Inn Road, Tel. 77130428, U: King's Cross/St. Pancras, www.pointahotels.com. **Aufs Wesentliche reduziert:** Budget-Kette mit fünf weiteren Filialen u. a. in Westminster und an der Liverpool Street.

🏨320 [M7] **The Hoxton** ££, 81 Great Eastern Street, Hoxton, U: Old Street, https://thehoxton.com/london/shoreditch/hotels, Tel. 75501000. **Trendig:** Hotel im modernen East-End-Trend mit weitläufigem Café-Restaurant im Erdgeschoss und modernen Räumen. Preiswerte Sonntagsraten.

🏨321 [K7] **Zetter Hotel** ££££, 86–88 Clerkenwell Road, Tel. 73244567, www.thezettertownhouse.com, U: Farringdon. **Hotel mit Starkoch:** Das Bistro des Boutiquehotels mit einem Hauch „Retroschick" der 1970er-Jahre wird vom Starkoch Bruno Loubet geführt. Wer online bucht, bekommt während des Aufenthalts ein Frühstück im Bistro umsonst.

Besonders gut gelegen

🏨322 [C9] **Garden Court Hotel** ££, 30 Kensington, Garden Square, Tel. 72292553, www.gardencourthotel.co.uk, U: Bayswater oder Queensway. **Historisches Townhouse:** kleines Hotel mit modern eingerichteten Zimmern mit und ohne Bad und einem geschützten Garten.

🏨323 [D12] **K Hotel Kensington** £££, 131-137 Cromwell Road, Kensington, U: Gloucester Road (Piccadilly, District, Circle Line), Tel. 78352969, www.k-hotel.co.uk. **Funktional:** zentral gelegenes, modernes Viersternehotel mit gehobenem Standard.

EXTRAINFOS

Budget-Ketten

Zu den empfehlenswerten Budget-Ketten, die zahlreiche Filialen in London haben, gehören z. B. **Premier Inn** (www.premierinn.com), **Travelodge** (www.travelodge.co.uk), **Ibis** (www.ibis.com), **Holiday Inn Express** (www.ihg.com/holidayinnexpress) und **Motel One** (www.motel-one.de). Alle bieten einen zeitgemäßen Standard (3 Sterne) mit gleichbleibender Qualität. Die Filialen in Citynähe sind etwas teurer, aber die Preise variieren auch je nach Auslastung. Auf den Websites gibt es übersichtliche Tabellen mit den günstigsten Tarifen für die entsprechenden Filialen. Wer vor der Anreise verbindlich bucht, sichert sich den günstigsten Preis.

Buchungsportale

Neben Buchungsportalen für **Hotels** (z. B. www.booking.com, www.hrs.de oder www.trivago.de) bzw. für **Hostels** (z. B. www.hostelworld.de oder www.hostelbookers.de) gibt es auch Anbieter, bei denen man **Privatunterkünfte** buchen kann. Portale wie www.airbnb.de, www.wimdu.de oder www.9flats.com vermitteln Wohnungen, Zimmer oder auch nur einen Schlafplatz auf einer Couch. Diese oft recht günstigen Übernachtungsmöglichkeiten sind nicht unumstritten, weil manchmal normale Wohnungen gewerblich missbraucht werden. Einige Städte greifen deshalb regulierend ein.

🏨**324** **Richmond Hill Hotel** £££, 144 - 150 Richmond Hill, Richmond-upon-Thames, Surrey, U: Richmond (District Line), Tel. 8940 2247, www.richmondhill-hotel.co.uk. **An der Themse:** Im grünen Vorort Richmond direkt an der Themse sind in diesem Hotel auch Kinder jeden Alters willkommen (Zimmer mit Kühlschrank verfügbar). Der angegliederte Cedars Health and Leisure Club hat verschiedene Saunen, ein Schwimmbad und Sonnenliegen im Garten.

🏨**325** [I7] **The Judd Hotel** ££, 46 Cartwright Gardens, Bloomsbury, U: Russell Square, www.juddhotelbloomsbury.com, Tel. 73839210. **Historisches Townhouse:** einfaches Budget-Hotel im hübschen Bloomsbury.

🏨**326** [C12] **Twenty Nevern Square** £££, Earls Court, U: Earls Court, Tel. 75659555, www.20nevernsquare.com. **Im Grünen:** gemütliches Boutiquehotel mit exzellentem Standard. Schöner Ausblick auf eine Gartenanlage.

Bed and Breakfast

Eine große Auswahl an B&Bs wird von der deutschen Agentur London Bed & Breakfast (www.bed-breakfast.de) angeboten. Hier können Studenten oder Geschäftsleute auch Langzeitunterkünfte mieten.

🏨**327** [F8] **22 York Street** ££, 22 York Street, Marylebone, U: Baker Street, www.22yorkstreet.co.uk, Tel. 72242990. **Guter Komfort:** Bed and Breakfast mit netten, hellen Zimmern.

🏨**328** [G12] **B & B Belgravia** ££, 64 Ebury Street, Tel. 72598570, www.bb-belgravia.com, U: Victoria. **Modern und edel:** Bed & Breakfast im schicken Belgravia für Liebhaber individuell gestalteter Unterkünfte. Es gibt eine kleine Gartenterrasse.

🏨**329** [H12] **Cherry Court Hotel** ££, 23 Hugh Street, Victoria, U: Victoria, Tel. 78282840, www.cherrycourthotel.co.uk. **Einfach, aber gut:** B&B mit ausreichendem Komfort in einem schönen *townhouse.*

🏨**330** [B9] **The Main House** ££, 6 Colville Road, Notting Hill, U: Ladbroke Grove oder Notting Hill, Tel. 72219691, www.themainhouse.co.uk, keine Einzelübernachtung möglich. **B&B mit gutem Standard:** modern und mit guter Lage in Notting Hill.

Wohlfühlen und genießen

🏨**331** [E15] **Rafayel Hotel & Spa** £££, 34 Lombard Road, Battersea, Tel. 78013600, www.hotelrafayel.com. **Spa-Hotel:** Mit Blick auf die Themse und Westminster Bridge bietet dieses Hotel ein Fitnessstudio, einen Hydrotherapie-Pool und Dampfbäder.

🏨**332** [N7] **Shoreditch Rooms** £££, Ebor Street, Shoreditch, U: Shoreditch High Street, www.shoreditchhouse.com. **Exklusiver Privatklub:** Das Shoreditch House ist ein Klub und hat mehrere Dependancen in London. Auch als Hotelgast darf man aber den Swimmingpool auf dem Dach, die Bars und Restaurants nutzen. Die kleinsten Zimmer (Tiny Rooms) sind schon günstiger zu haben. Im angegliederten Wellnessbereich Cowshed Spa (Mo–Fr 9–21, Sa 9–20 und So 10–19 Uhr) werden verschiedene Massagen angeboten.

Für die ganze Familie

Für größere Familien sind **Ferienwohnungen** oft am günstigsten und bieten den meisten Freiraum. Neben einer voll ausgestatteten Küche und mehreren Schlafräumen gibt es hier oft auch mehrere Bäder.

Auch **Jugendherbergen** und **Hostels** bieten sich an. Die Mehrbettzimmer haben zwar meist Stockbetten, aber es gibt günstige Familienraten.

Budget-Hotels sind ebenfalls alle kinderfreundlich und unkompliziert. Bei Travellodge (www.travellodge.co.uk/London) profitieren Kinder z.B. von einem kostenlosen Frühstücksbuffet.

Ferienwohnungen (Apartments und Self-Catering)

333 [I8] **Acorn of London,** 105 Gower Street, Bloomsbury, U: Russell Square, Tel. 76368325, www.acornlondon.co.uk/independent-travellers. **Mitten in Bloomsbury:** Diese Unterkunft befindet sich nahe dem British Museum. Die Studioapartments sind klein, bieten aber guten Komfort.

› **Allstay Serviced Apartments,** www.allstay.co.uk. Allstay bietet über die Stadt verteilt Apartments mit moderner, schicker Ausstattung und WLAN in unterschiedlichen Preisklassen an.

334 [M11] **Marlin Apartments London** ££, Mission Court, 577 Commercial Road, Limehouse, DLR: Limehouse, Tel. 77802100, www.marlinapartments.com. **Komfortable EZ und DZ:** ruhig am Limehouse Basin gelegen und gut an die Docklands angebunden. Die Firma hat zahlreiche Apartments in ganz London zur Vermietung im Angbot.

335 [T10] **River Thames Apartment,** 43 Galleons View, 1 Stewart Street, Docklands, DLR und U: Canary Wharf, www.riverthamesapartment.co.uk, Tel. 85302336. **Schicker Apartmentblock:** Hier wohnt man in den Docklands und hat einen tollen Ausblick auf die Themse. Aufgrund der Lage ist die Übernachtung etwas teurer, aber der Preis pro Nacht reduziert sich, wenn man länger bleibt.

Youth Hostels

London hat acht **Youth Hostels,** für deren Benutzung man einen internationalen Jugendherbergsausweis der International Youth Hostel Federation (IYHF) benötigt (die Unterkunftspreise werden sonst mit £ 2 mehr berechnet). Den Ausweis bekommt man in jeder Jugendherberge oder direkt beim Deutschen Jugendherbergswerk (DJH) unter www.jugendherberge.de (7 €, wenn man unter 26 Jahre ist, sonst 22,50 €). Im Ausland muss jeder Reisende einen Jugendherbergsausweis vorlegen. Bei Familien muss aber nur ein Elternteil zahlen, die anderen Pässe werden kostenlos ausgestellt.

Alle Jugendherbergen in London bieten Einzelbetten im Schlafraum, aber auch Doppel- und Familienzimmer an. Eine Café-Bar versorgt Gäste mit Snacks und Getränken und in den öffentlichen Räumen gibt es kostenloses WLAN. Die zentrale Website für sämtliche englischen *Youth Hostels* lautet www.yha.org.uk. Dort sind auch die Londoner Filialen gelistet. Besonders empfehlenswert ist das Holland House, das sich mitten im Holland Park befindet.

336 [C13] **Earl's Court,** 38 Boltons's Garden, Tel. 0345 3719114, U: Earl's Court, 186 Betten. Es gibt ein Café und eine Außenterrasse.

337 [H8] **London Central,** 104 Bolsover Street, Tel. 0345 3719154, U: Great Portland Street, 294 Betten.

338 [Q10] **London Thameside,** 20 Salter Road, Tel. 0345 3719756, U: Rotherhithe, 320 Betten. Großes Haus an der Themse.

339 [H9] **Oxford Street,** 14 Noel Street, Tel. 0345 3719133, U: Oxford Circus oder Tottenham Court Road, 75 Betten. Mitten in Soho und immer geschäftig.

340 [I6] **St. Pancras,** 79 Euston Road, Tel. 0345 3719344, U: King's Cross, 152 Betten. Freundlich gestaltete Zimmer, leider an einer lauten Straße.

341 [L9] **St. Paul's Youth Hostel,** 36 Carter Lane, Tel. 0345 3719012, U: St. Paul's oder Blackfriars, 190 Betten. Tolle Lage direkt bei der Kathedrale.

Aktiv und sportlich

342 [S9] **Ibis London Excel Docklands** ££, 9 Western Gateway, Royal Victoria Dock, DLR: Royal Victoria, Tel. 70552300, www.accorhotels.com. **Toller Blick:** Das fahrradfreundliche Hotel liegt direkt am Royal Victoria Dock. Mit der DLR hat man Anschluss an den Thames Path oder kann die Docklands im Osten näher erkunden.

343 [U5] **The Westbridge Hotel** £££, 335-337 High Street, Stratford, DLR: Stratford High Street, Tel. 33274969, www.thewestbridge.com. **Am Olympiapark:** Dieses Hotel in Stratford bietet ein Sportstudio und liegt zudem nahe dem Queen Elizabeth Olympic Park mit seinen Sportstadien und dem Lee Valley Country Park.

153lo-ln

Gayfreundlich und offen

344 Chiswick Rooms ££, 407 Goldhawk Road, Chiswick, U: Stamford Brook (District Line), Tel. 0808 1453778, www.chiswickrooms.co.uk. **Im „townhouse":** modernes Hotel mit allen Extras im angesagten Vorstadtbezirk Chiswick.

345 [I9] **Z Soho** ££, 17 Moor Street, Soho, U: Leicester Square (Northern, Piccadilly Line), Tel. 35513701, www.thezhotels.com/z-soho. **Im Partyviertel:** Mitten im Herzen von Soho gelegenes *townhouse hotel.* Einige der Zimmer sind zwar kompakt, aber alle modern und komfortabel.

Gut und günstig

Private Hostels

Für privat betriebene **Hostels** benötigt man keinen Jugendherbergsausweis und sie sind in der Ausstattung mit Jugendherbergen vergleichbar. Die meisten Hostels betreiben auch ein Café-Restaurant bzw. eine Bar, sodass für das leibliche Wohl und die Abendunterhaltung gesorgt ist. Der Nachteil ist, dass es weniger ruhig ist als z. B. in den etwas strenger geführten Jugendherbergen.

346 [D11] **Astor Hyde Park Hostel,** 191 Queen's Gate, www.astorhostels.com, Tel. 75810103, South Kensington, U: Gloucester Road. **Backpacker Hostel:** Astor Hostels betreibt insgesamt vier Hostels in London, die anderen drei befinden sich in Notting Hill, in Bloomsbury und beim Victoria-Bahnhof.

347 [J7] **Clink 78,** 78 King's Cross Road, Tel. 71839400, www.clinkhostels.com. **Unkompliziert und mit Frühstücksbüfett:** Ein Sightseeing-Spaziergang durch die Stadt ist im

Übernachtungspreis inbegriffen. Eine weitere Filale ist das Clink 261 in der Gray's Road.

348 [I7] **Generator Hostel,** 37 Tavistock Place, Russell Square, Tel. 73887666, www.generatorhostels.com/en/london, Bloomsbury, U: Russell Square. **Groß und in guter Lage:** Dieses professionell geführte Haus punktet mit hervorragendem Service. Die Privatzimmer haben Stockbetten, bieten Platz für bis zu sechs Personen und sind damit auch für kleine Gruppen empfehlenswert. Es gibt auch Schlafsäle nur für Frauen. In der hauseigenen Bar wird Abendunterhaltung geboten.

349 [H9] **Piccadilly Backpackers Hostel,** 12 Sherwood Street, Tel. 74349009, www.piccadillyhotel.net, U: Piccadilly. **Einfach und funktional:** leider aufgrund der zentralen Lage und der Größe auch etwas lauter.

Studentenwohnheime (Halls of Residence)

- **Bankside House,** Sumner Street, South Bank, U: Southwark, Tel. 34370050, www.lsevacations.co.uk. Die Zimmervermittlung der London School of Economics (LSE) bietet auch zahlreiche weitere Unterkünfte, z. B. an der Butler's Wharf, in Covent Garden (Grosvenor House) oder am Trafalgar Square (Northumberland House). Alle Wohnungen sind modern und komfortabel.
- **Great Dover Street Apartments,** 165 Great Dover Street, South Bank, U: Waterloo, Tel. 74070069, www.travelstay.com Zimmervermietung in den Wohnheimen des King's College London (nur im Sommer). Weitere Unterkünfte gibt es z. B. in Hampstead.

Kettenhotels wie die von Ibis sind zweckmäßig und liegen meist zentral

Zeltplätze, Womo-Stellplätze

350 **Crystal Palace Caravan Club,** Crystal Palace Parade, www.caravanclub.co.uk, Tel. 01342 326944. Ganzjährig geöffneter, gut ausgestatteter Camping- und Caravanpark am südlichen Rand der Metropole. Wird direkt von Bus Nr. 3 von Piccadilly und Oxford Circus angefahren.

351 **Lee Valley Camping & Caravan Park,** Meridian Way, Edmonton, Bahn: Ponders End, Tel. 0300 0030610, www.visitleevalley.org.uk. Im Norden der Metropole, direkt an einem Wasserreservoir im Grünen gelegener, ruhiger Platz mit vielen Extras und Möglichkeiten für Aktivitäten.

Verhaltenstipps

In Großbritannien steht man **auf der Rolltreppe rechts** und blockiert möglichst nicht die linke Seite der Treppe. So können andere Rolltreppenbenutzer, die es eilig haben, ungehindert vorbeigehen.

Da in Großbritannien **Linksverkehr** herrscht, schaut man beim Wechseln der Straße entgegen unserer Gewohnheit nach rechts und nicht nach links. Grundsätzlich gilt auch, dass man als Fußgänger nicht bei roter Ampel die Straße überqueren sollte (auch wenn die Londoner dies gern tun), denn Autofahrer halten nicht immer automatisch an. An Bushaltestellen, Kiosken, Ticketschaltern, etc. reihen sich die Briten ordentlich in eine **Schlange** *(queue)* ein und werden sehr ärgerlich, wenn Ausländer sich vordrängeln.

Das **Rauchen** in öffentlichen Räumen (dazu zählt auch die Gastronomie) ist verboten. In englischen **Pubs** bestellt man Getränke und Essen am Bartresen.

Für das Essen erhält man eine Nummer und es wird an den Tisch gebracht. Auch jede weitere Bestellung wird am Tresen vorgenommen.

Die Gabe von **Trinkgeld** ist in England nicht eindeutig geregelt. Da den Angestellten in der Gastronomie ein Mindestlohn gezahlt werden muss, sind Trinkgelder nicht die Haupteinnahmequelle und auch beim Taxifahren sind sie eher unüblich. Das soll aber nicht heißen, dass Taxifahrer (ebenso wie anderes Servicepersonal) sich nicht über eine Zuwendung freuen und man hat sich in London den internationalen Konventionen angepasst. In Restaurants sind 10 bis 15 % Trinkgeld üblich. Bei Kartenzahlungen gibt man es in bar. In Pubs, wo es keinen Tischservice gibt, gibt es meist eine Gemeinschafts-Trinkgeldbox an der Theke.

Die U-Bahn-Station Canary Wharf stammt von Sir Norman Foster

Verkehrsmittel

U-Bahn

Die Londoner **Tube** ist die älteste U-Bahn der Welt. Der erste Zug der heutigen Metropolitan Line fuhr am 10. Januar 1863 und wurde noch von einer Dampflokomotive gezogen. Von der Bezeichnung „Metropolitan" leitet sich weltweit der Name „Metro" ab. In Großbritannien sprach man jedoch schon Ende des 19. Jh. von der **Underground.** Die Londoner kürzten dies zu Tube ab, da die halbkreisförmigen U-Bahn-Tunnel an Röhren erinnern. Außerhalb des Zentrums fährt die Bahn überirdisch, die Linien der **Docklands Light Railway** (**DLR**) und der **London Overground** verlaufen sogar größtenteils über der Erde.

Im Schnitt befördert die Tube an Spitzentagen bis zu 3,5 Mio. Menschen und verbraucht soviel Energie wie eine kleine Stadt. Ab Herbst 2019 soll die neue

104lo-fo©IRStone

unter- und überirdisch verlaufende Strecke der **Crossrail** die Pendlerstädte im Norden, Süden, Osten und Westen mit dem Stadtzentrum verbinden. Die erste Teilstrecke von der Liverpool Station bis Shenfield (Essex) ging bereits im Mai 2015 an den Start. Die zweite Strecke der „Elizabeth Line" wird im Herbst 2019 in Betrieb genommen.

Das U-Bahn-Netz des Innenstadtbereichs ist in **sechs Tarifzonen** eingeteilt (darüber hinaus gibt es noch die Zonen 7, 8 und 9 für weiter außerhalb liegende Stadtteile). Bisher fahren die ersten Bahnen ab ca. 5 Uhr morgens (sonntags einige Linien erst ab 7 Uhr), die letzten verlassen das Stadtgebiet zwischen 23.30 und 24 Uhr. Die Züge fahren im **Minutentakt**, sodass man keinen Fahrplan benötigt, allerdings ergeben sich durch Bauarbeiten an den Linien oft Verspätungen oder Ausfälle (hier hilft die von Transport for London herausgegebene App, s. S. 240).

Die **Night Tube** verkehrt freitags und samstags ab 22 Uhr auf der Victoria, der Jubilee, der Central, der Northern und der Piccadilly Line.

Genaue Auskunft über Umsteigemöglichkeiten erhält man meist durch Durchsagen auf den Bahnsteigen. An den größeren Bahnhöfen gibt es kleine **Faltpläne** mit dem U-Bahn-Netz, die man immer griffbereit haben sollte. Beim Umsteigen richtet man sich nicht nur nach dem Namen der U-Bahn-Linie, sondern auch nach der **Fahrtrichtung** bzw. der **Endhaltestelle**, also z. B. „Victoria Line, southbound, Brixton". Bei der Orientierung helfen auch die **Farben** der Linien.

Ein- und Ausgänge der U-Bahn-Stationen sind durch **automatische Sperren** vor Schwarzfahrern geschützt. Um zum Bahnsteig zu gelangen, muss man

Auch nachts kommt man in London per Bus von A nach B

135lo-fo©Delphimages

die Travelcard in den Schlitz stecken bzw. die Oyster Card über eine gelb markierte Fläche streichen. Auf die gleiche Weise verlässt man am Zielbahnhof die Station. Man muss die **Fahrkarten also immer griffbereit halten** und darf sie nicht vor dem Verlassen des Bahnhofs wegschmeißen.

Busse

Im innerstädtischen Bereich verkehren die berühmten **roten Doppeldeckerbusse** Mo bis Sa von ca. 6 bis 24 Uhr und So von 7.30 bis 23.30 Uhr. Die exakten Zeiten sind an den meisten Bushaltestellen *(bus stop)* angeschlagen. Die U-Bahn ist zwar schneller, aber bei einer Busfahrt sieht man mehr von der Stadt. Seit dem Jahr 2012 sind auch wieder alte **Routemaster-Busse** unterwegs, die hinten eine offene Plattform und einen Schaffner haben. Zwei von ihnen verkehren auf den Strecken 9 und 15.

Haltestellenschilder mit dem Zusatz „**Request**" weisen den Fahrgast darauf hin, dass er beim Nahen eines Busses heftig zu winken hat, ansonsten hält der Fahrer nicht an. **Einzelfahrscheine** für Busse erwirbt man beim Fahrer, die **Travelcard** muss man nur vorzeigen, die **Oyster Card** wird auf ein gelbes Feld gehalten.

Nachtbusse fahren im Schnitt alle 60 Minuten von verschiedenen Stationen im Zentrum (Aldwych, Barbican, Elephant and Castle, Hammersmith, Islington, King's Cross, Liverpool Street, Marble Arch, Notting Hill Gate, Piccadilly Circus, Tottenham Court Road, Victoria Station, Waterloo) zu den städtischen Randgebieten. Alle Busse kreuzen dabei grundsätzlich Trafalgar Square ❼. Nachtbusse haben ein „N" vor der Routennummer, die Haltestellen kennzeichnen blaue und gelbe Ziffern.

Bei den Routemaster-Bussen kann man hinten aufspringen

105lo-ln

Fahrkarten

Die Website des **Transport for London** (www.tfl.gov.uk) informiert ausführlich über alle Londoner Verkehrsmittel, die verschiedenen Fahrkarten und Tarife. Der Kauf von Einzelfahrscheinen lohnt sich kaum. Wer sich bis zu sieben Tage im Londoner Innenstadtbereich aufhält, ist mit der Travelcard bestens bedient, die es an allen Bahnhöfen und den großen U-Bahn-Haltestellen zu kaufen gibt (auch am Automaten) und die in allen Verkehrsmitteln uneingeschränkt gültig ist. Die Karte kann man für 24 Std., 7 Tage oder einen Monat erstehen. Eine **Travelcard** für 7 Tage für die Zonen 1 und 2 (Innenstadtbereich) kostet z. B. £34,10, für die Zonen 1 bis 4 zahlt man £49. Wenn das Hotel etwas weiter außerhalb liegt, muss man darauf achten, welche Zonen man durchfährt.

Die Oyster Card für Besucher **(Visitor Oyster Card)** kann man ebenfalls an allen Bahnhöfen, den großen U-Bahn-Haltestellen, in Touristeninformationen (s. S. 238) oder online (www.visitlondon.com bzw. www.tfl.gov.uk) kaufen. Hierfür zahlt man eine einmalige Gebühr von £ 3. Auf dieser **Prepaidkarte** werden Einzelfahrten berechnet, man zahlt immer nur so viel, wie man tatsächlich verbraucht hat und maximal so viel wie ein Tagesticket. Man muss die Karte beim Anfang und Ende jeder Fahrt (in Bussen nur beim Einsteigen) über ein gelb markiertes Feld streichen und die Karte sucht selbstständig den günstigsten Tarif heraus. Wenn man mit dem Zug unterwegs ist, streicht man die Karte über ein pinkfarbenes Feld. Wenn das Guthaben aufgebraucht ist, kann man sie an den Bahnhöfen wieder aufladen. An den Automaten kann man auch sein aktuelles Guthaben anzeigen lassen. Wichtig ist, dass man ausreichend Geld auf der Karte hat, wenn man in weiter entfernt liegende Zonen fährt.

Wer sich für die normale **Oyster Card** entscheidet (d. h. nicht die Besuchervariante), zahlt eine Erstellungsgebühr von £ 5, die allerdings bei Rückgabe der Karte erstattet wird. Man kann seine Kreditkarte registrieren lassen und die Karte wird dann automatisch aufgeladen, sobald der Wert unter £ 8 fällt, ohne dass man sich zum Schalter begeben muss. Wer sich länger in London aufhält und oft zwischen Verkehrsmitteln wechselt, für den zahlt sich diese Oyster Card aus.

Taxi

In London hält man Taxis **per Handzeichen** auf der Straße an. Ein freies Taxi erkennt man an einem beleuchteten Schild mit der Aufschrift „For Hire". Kurze Strecken sind relativ preiswert (Waterloo bis Shoreditch ca. £ 12), nachts erhöhen sich allerdings die Preise. Ein **Trinkgeld** für Taxifahrer ist in Großbritannien nicht obligatorisch.

Alle Londoner Taxis können **telefonisch** bei der Zentrale oder über die **App** „MyTaxi" (s. S. 240) bestellt werden werden. Radio Taxis (https://gett.com/radiotaxis) oder Dial a Cab (Tel. 72535000, Kreditkartenbuchung Tel. 74263420, www.dialacab.co.uk) haben einen 24-Stunden-Service.

Privat betriebene Mini Cabs sind günstiger als die Black Cabs, vor allem nachts und an Wochenenden. Eine der größten und seriöseren Firmen ist Addison Lee (Tel. 73878888, www.addisonlee.com), deren Fahrer Kunden in allen Stadtteilen

106lo-kw

⍓ *Ausflugsboote passieren viele Sehenswürdigkeiten, z. B. den Tower* **54**

Londons abholen. Einen **Taxiservice für Frauen** bekommt man bei London Lady Chauffeurs (Tel. 88787777, www.londonladychauffeurs.co.uk). Hier sind nur Fahrerinnen beschäftigt.

Bootsfahrten

Auskünfte zu Bootsfahrten erhält man bei den großen Veranstaltern. Für Fahrten zwischen Little Venice und Camden siehe Seite 121. Auch das London Eye **39** bietet Bootsfahrten an, ebenso einige Bustourveranstalter (s. S. 246).

› **Thames River Boats,** Westminster Passenger Service Association, Tel. 79302062, www.wpsa.co.uk. Täglicher Service vom Westminster Pier bis nach Hampton Court über Kew und Richmond.

› **Thames Clippers,** www.thamesclippers.com. Die Thames Clippers bedienen die östliche Themse bis Greenwich und vom Westminster Pier am Victoria Embankment kann man die westliche Themse bis Richmond befahren. Der sogenannte **River Bus Service** verkehrt den ganzen Tag zwischen Putney im Westen und Woolwich im Osten.

Wetter und Reisezeit

London ist ein **das ganze Jahr über ein gutes Reiseziel.** Der Großraum London befindet sich im Südosten Großbritanniens, der zu den regenärmsten Gebieten des Landes zählt und selbst im Winter misst man selten unter 8 °C. Schneefall ist in der Hauptstadt eine Seltenheit. Im Sommer liegt die Durchschnittstemperatur bei 22 °C. Eine besonders angenehme Wetterlage weist der Juni auf, der zu den wärmsten und regenärmsten Monaten des Jahres zählt.

Durchschnitt – Wetter in London

	Jan	Febr	März	Apr	Mai	Juni	Juli	Aug	Sept	Okt	Nov	Dez
Maximale Temperatur	7°	8°	10°	13°	17°	20°	22°	22°	19°	15°	10°	8°
Minimale Temperatur	2°	3°	4°	6°	9°	12°	14°	13°	11°	9°	5°	3°
Regentage	15	11	13	13	13	11	10	11	11	12	14	13

130lo-fo©Mark Martin

Kleine Sprachhilfe

Die folgenden Wörter und Redewendungen wurden dem Reisesprachführer „Englisch – Wort für Wort“ (Kauderwelsch-Band 64) aus dem Reise Know-How Verlag entnommen.

Häufig gebrauchte Wörter und Redewendungen

Die wichtigsten Fragewörter

who?	(huh)	wer?
what?	(wott)	was?
where?	(wäèr)	wo?/wohin?
why?	(wei)	warum?
how?	(hau)	wie?
how much?	(hau matsch)	wie viel? (Menge)
how many?	(hau männih)	wie viele? (Anzahl)
when?	(wänn)	wann?
how long?	(hau long)	wie lange?

Zahlen

1	(wann)	*one*
2	(tuh)	*two*
3	(ðrih)	*three*
4	(fohr)	*four*
5	(feiw)	*five*
6	(ßikß)	*six*
7	(ßäwèn)	*seven*
8	(äit)	*eight*
9	(nein)	*nine*
10	(tänn)	*ten*
11	(ihläwèn)	*eleven*
12	(twälw)	*twelve*
13	(ðörtihn)	*thirteen*
14	(fohrtihn)	*fourteen*
15	(fifftihn)	*fifteen*
16	(ßikßtihn)	*sixteen*
17	(ßäwèntihn)	*seventeen*
18	(äitihn)	*eighteen*
19	(neintihn)	*nineteen*
20	(twänntih)	*twenty*
30	(ðörtih)	*thirty*
40	(fohrtih)	*forty*
50	(fifftih)	*fifty*
60	(ßikßtih)	*sixty*
70	(ßäwèntih)	*seventy*
80	(äitih)	*eighty*
90	(neintih)	*ninety*
100	(hanndrid)	*hundred*
1000	(ðauzänd)	*thousand*

Die wichtigsten Zeitangaben

yesterday	(jäßtèrdäi)	gestern
today	(tuhdäi)	heute
tomorrow	(tuhmohrrou)	morgen
last week	(lahßt wihk)	letzte Woche
every day	(äwwrih dä)	täglich
in the morning	(in ðè mohrning)	morgens
in the afternoon	(in ðih_ ahftèrnuhn)	nachmittags
in the evening	(in ðih_ ihwèning)	abends
early	(öhrlih)	früh
late	(läit)	spät
on time	(on teim)	pünktlich
now	(nau)	jetzt
soon	(suhn)	bald
never	(näwwèr)	nie
Monday	(manndäi)	Montag
Tuesday	(tjuusdäi)	Dienstag
Wednesday	(wennsdäi)	Mittwoch
Thursday	(thöösdäi)	Donnerstag
Friday	(fraidäi)	Freitag
Saturday	(ßättedäi)	Samstag
Sunday	(ßanndäi)	Sonntag

+++ Die wichtigsten Wörter mit dem Bonus-Audiotrack des Kauderwelsch-

Die wichtigsten Richtungsangaben

on the right	(on ðè reit)	rechts
on the left	(on ðè läfft)	links
to the right	(tuh ðè reit)	nach rechts
to the left	(tuh ðè läfft)	nach links
turn right	(törn reit)	rechts abbiegen
turn left	(törn läfft)	links abbiegen
straight on	(ßträjt on)	geradeaus
in front of	(in front_off)	gegenüber
outside	(autseid)	außerhalb
inside	(inseid)	innerhalb
here	(hi-èr)	hier
there	(ðäèr)	dort
up there	(ap ðäèr)	da oben
down there	(daun ðäèr)	da unten
nearby	(nihrbei)	nah, in der Nähe
far away	(fahr èwäi)	weit weg
round the corner	(raund ðè kohrnèr)	um die Ecke

Die wichtigsten Floskeln und Redewendungen

yes	(jäß)	ja
no	(nou)	nein
thank you	(ðänk_juh)	danke
please	(plihs)	bitte
Good morning!	(gudd mohrning)	Guten Morgen!
Good evening!	(gudd ihwèning)	Guten Abend!
Hello! / Hi!	(hällou / hei)	Hallo!
Fine, thank you.	(fein ðänk_juh)	Danke gut.
Good bye!	(gudd bei)	Auf Wiedersehen!
Have a good day!	(häw_è gudd däi)	Einen schönen Tag!
I don't know.	(ei dount nou)	Ich weiß nicht.
Cheers!	(tschihrs)	Prost! Danke!
The bill, please!	(ðè bill plihs)	Die Rechnung, bitte!
Congratulations!	(kongrätuläischènß)	Glückwunsch!
Excuse me!	(ikßkjuhs mih)	Entschuldigung!
I'm sorry.	(eim ßorrih)	Tut mir leid!
It doesn't matter.	(itt dahsnt mättèr)	Das macht nichts.
What a pity!	(wott_è pittih)	Wie schade!

Die wichtigsten Fragen

Is there a/an ... ?	(is ðäèr è/ènn ...)	Gibt es ...?
Do you have ... ?	(duh juh häw ...)	Haben Sie/ Hast du ...?
Where is/are ... ?	(wäèr is/ah ...)	Wo ist/sind ... ?
Where can I ... ?	(wäèr kähn_ei)	Wo kann ich ... ?
How much is it?	(hau matsch is_itt)	Wie viel kostet das?
What time?	(wott teim)	Um wie viel Uhr?

Can you help me?	(kähn juh hällp mih)	Können Sie mir helfen?
Is there a bus to ... ?	(is ðäèr è_baß tuh ...)	Gibt es einen Bus nach ...?
How are you?	(hau ah juh)	Wie geht es dir/ Ihnen?
What's your name?	(wotts juhr näim)	Wie heißt du/ heißen Sie?
How old are you?	(hau ould ah juh)	Wie alt bist du/ sind Sie?
Where do you come from?	(wär duh juh kamm fromm)	Woher kommen Sie?
Excuse me?	(ikßkjuhs mih)	Wie bitte?

Nichts verstanden? – Weiterlernen!

I don't speak English.	(ei dount spihk in-glisch)	Ich spreche kein Englisch.
Pardon?	(pahdèn?)	Wie bitte?
I don't understand.	(ei dount andèrständ)	Ich habe nicht verstanden.
Do you speak German?	(duh juh spihk dschörmèn?)	Sprechen Sie Deutsch?
How do you say that in English?	(hau duh juh säi ðät in in-glisch?)	Wie heißt das auf Englisch?
What does it mean?	(wott dahs_itt mihn?)	Was bedeutet das?

Kleine Vokabelliste rund ums Essen

starters	Vorspeisen
mains	Hauptgerichte
deserts	Nachspeisen
cheese	Käse
spicy	scharf
sour/sweet	sauer/süß
well done	durchgebraten
rare	roh
cooked breakfast	englisches Frühstück (Eier, Speck, Wurst, Tomate)
continental breakfast	Brötchen, Croissant, Marmelade

Fleisch (meat)

sausage/bangers	Bratwurst
gammon	Kasseler
lamb chops	Lammkotelett
beef	Rind
pork chops	Schweinekotelett
game	Wild

Beilagen (side orders)

baked/jacket potato	Folienkartoffel
potato mash	Kartoffelbrei

pasta	Nudeln
noodles	Suppennudeln
chips	Pommes frites
rice	Reis

Geflügel (poultry)

duck	Ente
chicken	Huhn
turkey	Pute
quail	Wachtel

Gemüse (vegetables)

cauliflower	Blumenkohl
peas	Erbsen
carrots	Karotten
cabbage	Kohl
courgette	Zucchini
tomatoes	Tomaten
mushrooms	Pilze
garlic	Knoblauch
rocket	Rucola

Fisch (fish)

trout	Forelle
crayfish	Flusskrebs
cod	Kabeljau
salmon	Lachs
haddock	Schellfisch
seabass	Seebarsch
dover sole	Seezunge
turbot	Steinbutt
crab	Taschenkrebs

Meeresfrüchte (seafood)

oysters	Austern
prawns	Garnelen
lobster	Hummer
scallops	Jakobsmuscheln
mussels	Muscheln

London mit PC, Smartphone & Co.

QR-Code auf dem Umschlag scannen oder **www.reise-know-how.de/citytrip-plus/london19** eingeben und die **kostenlose Web-App** aufrufen (Internetverbindung zur Nutzung nötig)!

★**Anzeige der Lage und Satellitenansichten aller** Sehenswürdigkeiten und wichtigen Orte
★**Routenführung** vom aktuellen Standort zum gewünschten Ziel
★**Exakter Verlauf** der Stadtspaziergänge
★**Audiotrainer** der wichtigsten Wörter und Redewendungen
★**Aktuelle Infos** nach Redaktionsschluss

GPS-Daten zum Download

Die GPS-Daten aller Ortsmarken und Spaziergänge können hier geladen werden: www.reise-know-how.de, dann das Buch aufrufen und zur Rubrik „Datenservice" scrollen.

Stadtplan für mobile Geräte

Um den Stadtplan auf mobilen Geräten nutzen zu können, empfehlen wir die App „Avenza Maps" von Avenza™. Der Plan wird aus dieser App heraus geladen und kann mit vielen Zusatzfunktionen genutzt werden.

Register

Die Autoren

Lilly Nielitz-Hart studierte Amerikanistik und Kulturwissenschaft und arbeitete mehrere Jahre für eine namhafte Kulturinstitution in Frankfurt am Main und für ein Kreuzfahrtunternehmen in Großbritannien. Sie ist als freie Journalistin, Autorin und Übersetzerin u. a. für Reisebuchverlage und Touristikunternehmen tätig.

Simon Hart, geboren in Leeds, studierte Geschichte und Archäologie und lehrte u. a. an der University of British Columbia. Heute ist er Lehrer für Geschichte und Politik sowie Autor.

Beide sind mit den Britischen Inseln gut vertraut und haben in London gelebt. Von ihrem heutigen Domizil an der Südküste Englands ist es nur ein Steinwurf bis in die Hauptstadt, wo sie sich aus beruflichen und privaten Gründen häufig aufhalten. Im Reise Know-How Verlag sind von Lilly Nielitz-Hart und Simon Hart bereits die Bücher CityTrip Edinburgh, CityTrip Bologna und KulturSchock Großbritannien erschienen.

Schreiben Sie uns

Dieses Buch ist gespickt mit Adressen, Preisen, Tipps und Daten. Unsere Autoren recherchieren unentwegt und erstellen alle zwei Jahre eine komplette Aktualisierung, aber auf die Mithilfe von Reisenden können sie nicht verzichten. Darum: Teilen Sie uns bitte mit, was sich geändert hat oder was Sie neu entdeckt haben. Gut verwertbare Informationen belohnt der Verlag mit einem Sprachführer Ihrer Wahl aus der Reihe „Kauderwelsch“.

Kommentare übermitteln Sie am einfachsten, indem Sie die Web-App zum Buch aufrufen (siehe Umschlag hinten) und die Kommentarfunktion bei den einzelnen auf der Karte angezeigten Örtlichkeiten oder den Link zu generellen Kommentaren nutzen. Wenn sich Ihre Informationen auf eine konkrete Stelle im Buch beziehen, würde die Seitenangabe uns die Arbeit sehr erleichtern. Unsere generellen Kontaktdaten siehe Impressum.

Impressum

Lilly Nielitz-Hart, Simon Hart

CityTrip PLUS London

2., neu bearbeitete und aktualisierte Auflage 2019

ISBN 978-3-8317-3163-3

Druck und Bindung:
Media-Print, Paderborn

Herausgeber: Klaus Werner
Layout: amundo media GmbH (Umschlag, Inhalt), Wayan Rump (Umschlag)
Lektorat: amundo media GmbH
Karten: Ingenieurbüro B. Spachmüller, amundo media GmbH
Anzeigenvertrieb: KV Kommunalverlag GmbH & Co. KG, Alte Landstraße 23, 85521 Ottobrunn, Tel. 089 928096-0, info@kommunal-verlag.de
Kontakt: Osnabrücker Str. 79, 33649 Bielefeld, info@reise-know-how.de

Bildnachweis
Umschlagvorderseite: ©AA+W - stock.adobe.com | Umschlagklappe rechts: Lilly Nielitz-Hart | Umschlagrückseite: ©QQ7 - stock.adobe.com
Soweit ihre Namen nicht vollständig am Bild vermerkt sind, stehen die Kürzel an den Abbildungen für die folgenden Fotografen, Firmen und Einrichtungen. Lilly Nielitz-Hart: ln | Simon Hart: sh | fotolia.com by adobe: fo | dreamstime.com: dt | Wolfram Schwieder: ws | Klaus Werner: kw | Meike Wanning: mw | britainonview.com: br | London Helicopter Centre: lhc | ArcelorMittal Orbit: amo

CITYATLAS

108lo-kw

Luton
Whitchurch
Dunstable
Dagnall
Aylesbury
Harpenden
Welwyn Garden City
Ware
Bishop's Stortford
Tring
Hemel Hempstead
St. Albans
Sawbridgeworth
Berkhamsted
Hertford
Hatfield
Harlow
Wendover
Potters Bar
Hoddesdon
Princes Risborough
Amersham
Redlett
Cheshunt
Epping
High Wycombe
Watford
Elstree
Chipping Ongar
Beaconsfield
Brentwood
Rickmansworth
Harrow
Marlow
Bourne End
Maidenhead
LONDON
Slough
Westminster
Buckingham Palace
Abbey
Tower
Dagenham
Rainham
Eton
Windsor
London Heathrow
Kew Royal Botan. Gdns.
The Shard
Queen's House (Greenwich)
Richmond
Egham
Staines
Dartford
Bracknell
Kingston-u.-Th.
Esher
Swanley
Camberley
Sutton
Croydon
Chertsey
Woking
Orpington
Bisley
Epsom
Biggin Hill
Farnborough
Wrotham
Aldershot
Leatherhead
Banstead
Caterham
Sevenoaks
Guildford
Knole House
Dorking
Reigate
Redhill
Godstone
Godalming
Leigh
Elstead
Milford
London Gatwick
Horley
Lingfield
Edenbridge
Tonbridge
Ockley
Southborough
Hindhead
Capel
Crawley
Chiddingfold
Cranleigh
East Grinstead
Forrest Row
Royal Tunbridge Wells
Haslemere
Northchapel
Balcombe
Hartfield
Liphook
Horsham
Billingshurst
Crowborough
Cuckfield
Haywards Heath
Midhurst
Petworth
West Grinstead
Cowfold
Mayfield
Cocking
Polborough
Henfield
Burgess Hill
Newick
Uckfield
Halland
Heathfield
Sigelton
Washington
Dittchling
Hellingly
Chichester
Worthing
Stayning
Lewes
Ringmer
Hailsham
Falmer
Glynde
Polegate
Littlehampton
Shoreham
BRIGHTON and Hove
Newhaven
Seaford
The Long Man
Eastbourne
Bognor Regis
Selsey
Selsey Bill
Seven Sisters
East Dean
Beachy Head

Der hier abgebildete Kartenausschnitt entstammt der Reise Know-How **Landkarte „Großbritannien“** (world mapping project™) im Maßstab 1 : 750.000.

1 cm = 150 m

200 m

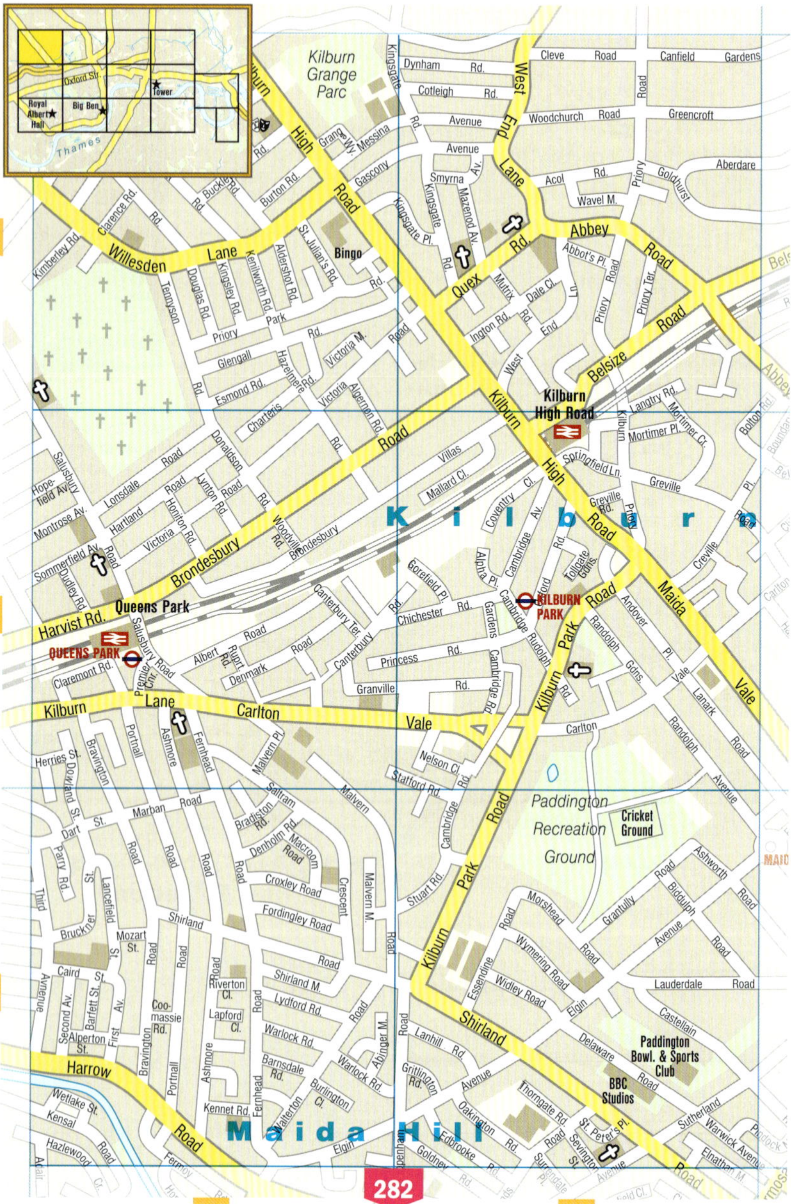

5
6
7
282
B
C

Swiss Cottage
Finchley Road
Avenue Road
Sports Center
Winchester Road
Fellows Road
Hornby Cl.
Briary Cl.
Elliot Sq.
Elsworthy Rise
Hawtrey Rd.
Lower Merton Rise
King Henry's Road
Adelaide Road
Harley Road
Wadham Gdns.
Elsworthy Ter.
Elsworthy Road
Hilgrove Road
South Hampstead
Belsize Road
Alexandra Road
Dorman Wy.
Dobson Rd.
Harben Rd.
Fairfax Pl.
Fairfax Road
Goldhurst Terrace
Fairhazel Gardens
Gardens
Terrace
Loudoun Rd.
Middlefield
Park
Boundary Road
Rowley Way
Ainsworth Way
Springfield Road
Clifton Hill
Carlton Hill
Marlborough Hill
The Marlowes
St. John's Wood Park
Queensmead
Woronzow Road
Norfolk Road
Radlett Pl.
Rudgwick Ter.
South Hampstead
Abbey Road
Bolton Rd.
Boundary
Belgrave Gdns.
Blenheim Rd.
Queen's Grove
Queen's Ter.
Ordnance Hill
Acacia Road
Acacia Pl.
Henstridge Pl.
Townshend Road
St. John's Wood Ter.
Tatham Pl.
Finchley Pl.
Waverley Pl.
St. John's Wood
Kingsmill Ter.
St. Ann's Ter.
Charles Ln.
Charlbert St.
Shannon Pl.
Eamont St.
Mackennal St.
Prince Albert Road
Ryder's Ter.
Blenheim Ter.
Langford Pl.
Marlborough Place
The Lane
Hamilton Terrace
Aubrey Pl.
Abbey Gdns.
Violet Hill
Nugent Ter.
Alma Sq.
Hamilton Gardens
Garden Rd.
Grove End Road
Barbara Brosnan Ct
Circus Road
Wellington Road
Cochrane St.
Allitsen Rd.
Bridgeman St.
Newcourt St.
Culworth St.
Greenberry St.
High St.
The Wellington Hosp.
Cavendish Av.
Wellington Pl.
Abercorn Place
Abercorn Cl.
Wellesley Ct.
Elgin Av.
Maida Vale
Lanark Road
Randolph
Vale Cl.
Vale Ct.
Hall Road
Denning Cl.
Melina Pl.
Elm Tree Road
Lord's Cricket Ground
S314
Mus. & Tours
Scott Ellis Gdns.
Hamilton Cl.
Oak Tree Rd.
North Bank
Lodge Road
London Central Mosque
Park Road
Hanover Gate
Grove Gdns.
Lorne Cl.
Paveley St.
Casey Cl.
Swain St.
Tresham Cr.
Sutherland Avenue
Randolph Avenue
Warrington Cr.
Randolph Cr.
Clifton Gdns.
Clifton Rd.
176
Lanark Pl.
Randolph Av.
Clarendon Gdns.
St. John's Wood Road
Lisson Grove
Henderson Dr.
Pollitt Dr.
Cunningham Pl.
Northwick Ter.
Northwick Cl.
Aberdeen Pl.
Fisherton St.
Lyons Pl.
Orchardson St.
Frampton St.
Luton St.
Penfold St.
Capland St.
Samford St.
Gateforth St.
Plympton St.
Ashbridge St.
Jerome Cr.
Grendon St.
Bernhardt Cr.
Lilestone St.
Mallory St.
Rossmore Road
Broadley Ter.
Warwick Avenue
Edgware Road
5
6
7
D
E
276
283

1 cm = 150 m

200 m

Camden Town
Somers Town
St. Pancras
Regent's Park
Camden Road
Camden Town
CAMDEN TOWN
MORINGTON CRES.
Kentish Town Road
Royal College St.
Pancras Way
York Way
Agar Grove
Camley St.
St. Paul's Cr.
Maiden Ln.
Vale Royal
Coal Drops Yard
University of Arts
London Wildlife Trust
Granary Square
Goods Way
St. Pancras Hospital
Crowndale Road
Oakley Square
Eversholt Street
Hampstead Road
Pancras Road
Midland Road
King's Cross
St. Pancras International
St. Pancras und King's Cross
KING'S CROSS
ST. PANCRAS
British Library
Euston
EUSTON
St. James Gardens
St. Pancras New Church
Euston Road
Upper Woburn Pl.
Tavistock Sq.
Woburn Pl.
Judd Street
Hunter St.
Brunswick Sq.
Wellcome Institute
EUSTON SQUARE
University of London
Petrie Mus.
Jewish Museum
WARREN STREET
Tottenham Court
Gower St.
RUSSELL SQUARE
Bernard Street
Guilford St.
PORTLAND
Cumberland Market
Clarence Gdns.
Munster Sq.
Drummond St.
Harrington Sq.
Mornington Cr.
Bayham St.
Pratt St.
Camden Street
Plender St.
Goldington Cr.
Chalton St.
Ossulston St.
Argyle St.
Cromer St.
Tavistock Pl.
Handel St.
Coram St.
Marchmont St.
Gordon Sq.
Bedford Way
Endsleigh Gdns.
Gordon St.
Wharfdale Rd.
Copenhagen
Caledonian Rd.
205 242 77 149 233 142 80 190 126 340 79 236 78 325 348 75 215 86 272 13 79 77 78 72
5
6
7
H
I
278
285

1 cm = 150 m

200 m

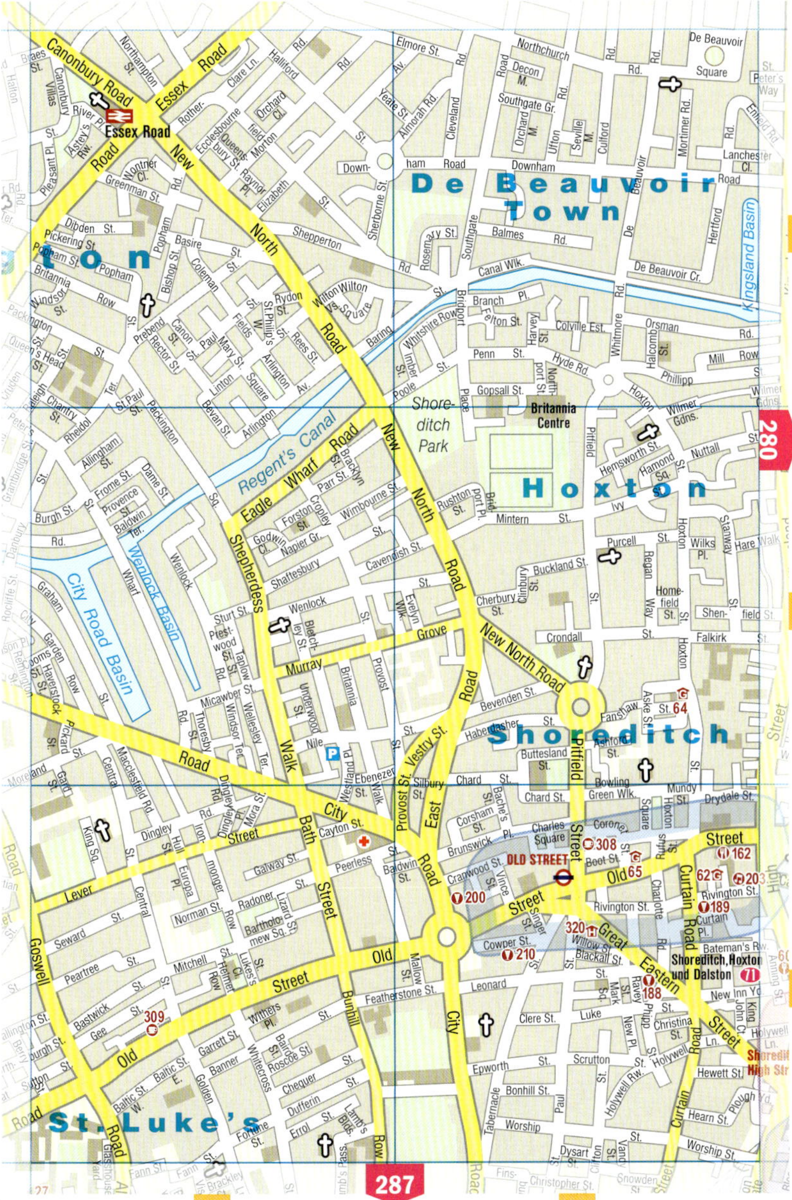
De Beauvoir Town
Hoxton
Shoreditch
St. Luke's
Essex Road
Canonbury Road
Essex Road
New North Road
Regent's Canal
Wenlock Basin
City Road Basin
Kingsland Basin
Shoreditch Park
Britannia Centre
Eagle Wharf Road
Shepherdess Walk
City Road
East Road
Old Street
OLD STREET
Great Eastern Street
Curtain Road
Pitfield Street
Hoxton Street
Goswell Road
Bath Street
Bunhill Row
Central St.
Lever Street
Downham Road
De Beauvoir Square
De Beauvoir Rd.
Southgate Rd.
Shepperton Rd.
Baring St.
Wilton Square
Canal Wlk.
Hyde Rd.
Hemsworth St.
Mintern St.
Buckland St.
Crondall St.
Bevenden St.
Haberdasher St.
Murray Grove
Provost St.
Vestry St.
Featherstone St.
Leonard St.
Epworth St.
Worship St.
Rivington St.
Charlotte Rd.
Shoreditch, Hoxton und Dalston
Shoreditch High St.
64
65
62
162
203
189
71
188
308
320
200
210
309
280
287
5
6
7
L
M

1 cm = 150 m

200 m

South Hackney
Victoria Park
Globe Town
Mile End
Victoria Fountain
Hertford Union Canal
Regent's Canal
Meath Gardens
Bethnal Green Gardens
London Chest. Hosp.
Mile End Hospital
Queen Mary University of London
Arts Pav.
Cambridge Heath
BETHNAL GREEN
STEPNEY GREEN
Well Street
Victoria Park Road
Grove Road
Old Ford Road
Bishop's Way
Sewardstone Road
Roman Road
Cambridge Heath Road
Globe Road
Bow Road
Mile End Park
Lane
Gore Road
Morpeth Rd.
Lauriston Rd.
Groombridge Rd.
Penshurst Rd.
Southborough Rd.
Sharon Gdns.
Pemberton Pl.
Tudor Rd.
Shore Rd.
Bonner Rd.
Approach Rd.
St. James's Av.
Mace St.
Cyprus St.
Victoria Park Sq.
Paradise Row
Cornwall Av.
Malcolm Pl.
Massingham St.
Bancroft Rd.
Westfield Way
Harford St.
Ernest St.
Duckett St.
Commodore St.
Emmott Cl.
Lichfield Rd.
Ashcroft Rd.
Clinton Rd.
Lawton Rd.
Haverfield Rd.
Cordova Rd.
Strahan Rd.
Arbery Rd.
Cherrywood Cl.
Antill Rd.
Ellesmere Rd.
Driffield Rd.
Hewlett Rd.
Zealand Rd.
Vivian Rd.
Chisenhale Rd.
Kenilworth Rd.
Bunsen St.
Lanfranc Rd.
Medway Rd.
Gernon Rd.
Conyer St.
Olga St.
Thoydon Rd.
Palmers Rd.
Smart St.
Usk St.
Morpeth St.
Knottisford St.
Bacton St.
Digby St.
Sceptre Rd.
Portman Pl.
Braintree St.
Wessex St.
Hadleigh St.
Herald St.
Witan St.
Birkbeck St.
Coventry Rd.
Buckhurst St.
Headlam St.
Wickford St.
Doveton St.
Cephas Av.
Cephas St.
Colebert Av.
Nicholas Rd.
Cleveland Way
Vawdrey Cl.
Coopers Cl.
Stayner's Rd.
Osier St.
Louisa St.
Beaumont Gr.
White Horse Rd.
Eastbury T.
Hayfield Pass.
Frimley Wy.
Alderney Rd.
Carlton Sq.
Argyle Rd.
Holton St.
Carlyle M.
Grantley St.
Portelet Rd.
Harpley Sq.
Bancroft Rd.
Moody St.
Lognor Rd.
Bradwell St.
Solebay St.
Toby Ln.
Sandalwood Cl.
Mile End Pl.
289
5
6
7
P
Q

274
290
8
9
10
B
C
Westboure Green
Notting Hill
Holland
Kensington
Harrow Road
Great Western Road
Westway
Grand Union Canal
Westbourne Park
Royal Oak
Bayswater
Queensway
Notting Hill Gate
Holland Park
Westbourne Park Road
Westbourne Grove
Chepstow Road
Porchester Road
Ledbury Road
Portobello Road
Ladbroke Grove
Kensington Park Road
Pembridge Road
Pembridge Villas
Pembridge Square
Ladbroke Square Gardens
Holland Park Avenue
Bayswater Road
Kensington Church Street
Kensington Palace Gardens
Kensington Mall
Campden Hill Road
Colville Road
Talbot Road
Lonsdale Road
Elgin Cres.
Lancaster Road
Hereford Road
Leinster Sq.
Princes Sq.
Moscow Road
Chippenham M.
Woodfield Rd.
Elkstone Road
Golborne Road
Westbourne Park Vs.
Ice Bowl
Vicarage Ga.
Campden Hill
Bulmer Pl.
Uxbridge St.
Hillgate Pl.
83
164
82
330
278
84
143
161
322
92
216
288

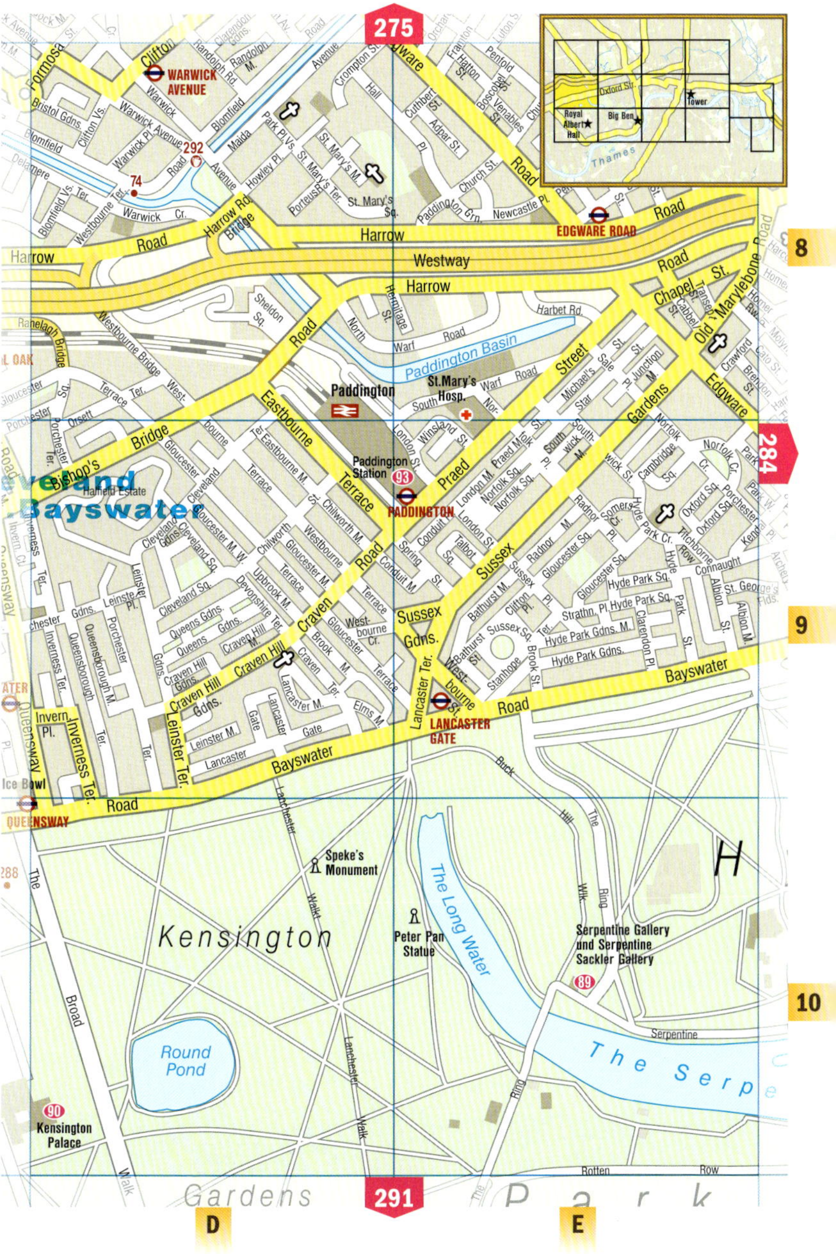
275
284
291
8
9
10
D
E
WARWICK AVENUE
EDGWARE ROAD
PADDINGTON
LANCASTER GATE
QUEENSWAY
Paddington
Paddington Station
St.Mary's Hosp.
Paddington Basin
Westway
Harrow Road
Edgware Road
Bishop's Bridge
Eastbourne Terrace
Praed Street
Sussex Gardens
Craven Road
Bayswater Road
Bayswater
Kensington
Gardens
Park
The Long Water
The Serpe
Round Pond
Speke's Monument
Peter Pan Statue
Serpentine Gallery und Serpentine Sackler Gallery
Kensington Palace
Ice Bowl
Hallfield Estate
Lancaster Walk
Broad Walk
The Ring
Buck Hill Walk
Rotten Row
Oxford St.
Royal Albert Hall
Big Ben
Tower
Thames
292
74
93
89
90
288

1 cm = 150 m 200 m

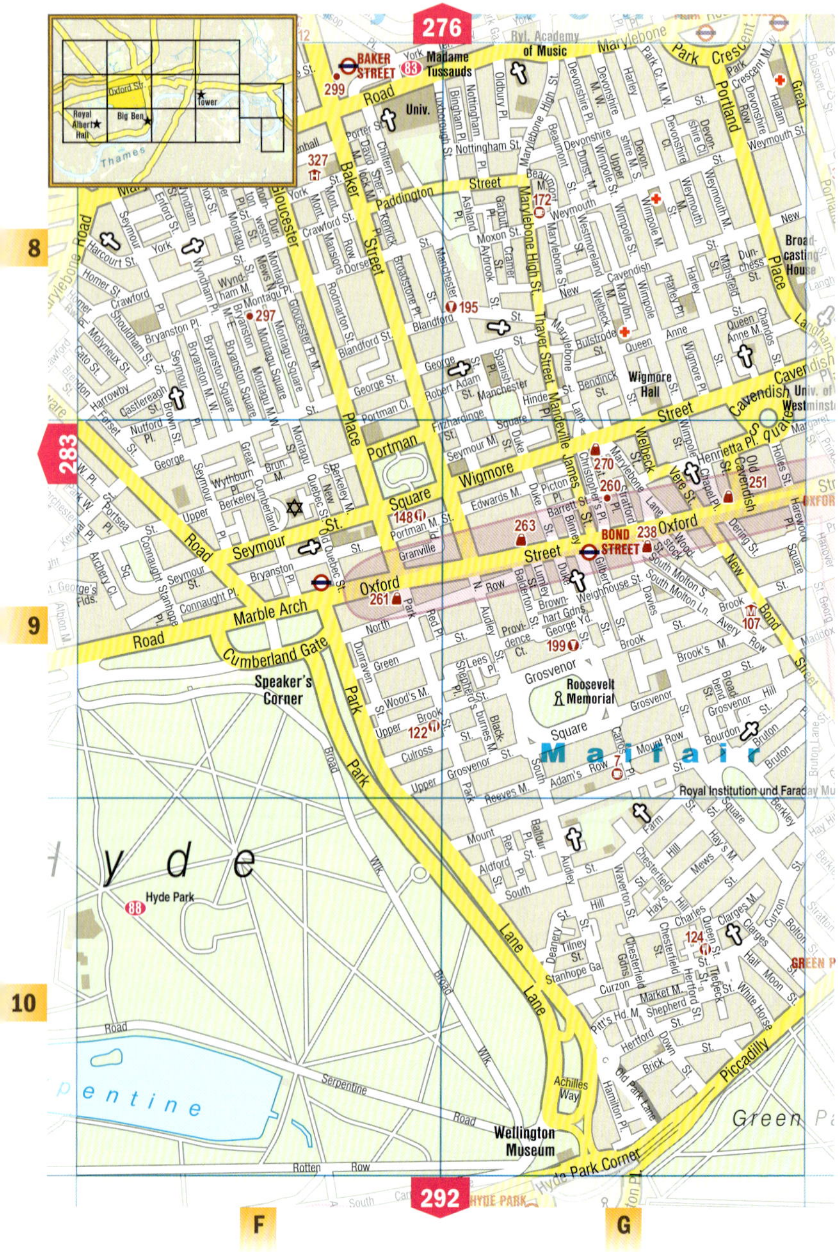

277

8
286
9
10
293
H
I

1 cm = 150 m

200 m

8

9

10

J

K

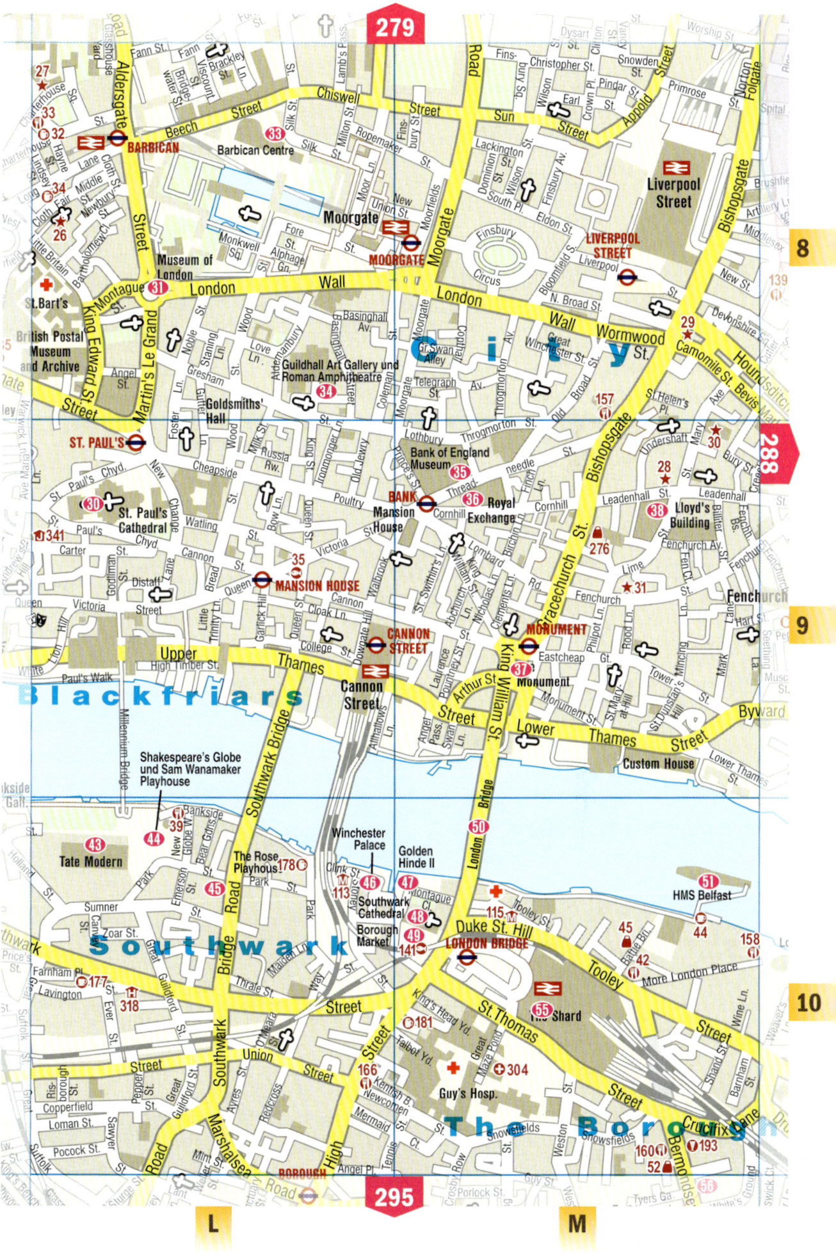
279
288
295
8
9
10
L
M
Barbican
Barbican Centre
Chiswell Street
Sun Street
Appold Street
Aldersgate Street
Beech Street
Moorgate
Liverpool Street
Bishopsgate
Finsbury Circus
Museum of London
London Wall
St. Bart's
British Postal Museum and Archive
King Edward St.
Martin's Le Grand
Guildhall Art Gallery und Roman Amphitheatre
Goldsmiths' Hall
City
Wormwood St.
Camomile St.
Houndsditch
St. Paul's
St. Paul's Cathedral
Cheapside
Bank of England Museum
Bank
Mansion House
Royal Exchange
Cornhill
Leadenhall St.
Lloyd's Building
Fenchurch St.
Gracechurch St.
Queen Victoria Street
Cannon Street
Monument
Eastcheap
Upper Thames Street
Lower Thames Street
Byward
Custom House
Blackfriars
Millennium Bridge
Southwark Bridge
London Bridge
Shakespeare's Globe und Sam Wanamaker Playhouse
Tate Modern
The Rose Playhouse
Winchester Palace
Golden Hinde II
Southwark Cathedral
Borough Market
HMS Belfast
Duke St. Hill
London Bridge
Tooley Street
More London Place
The Shard
St. Thomas Street
Southwark
Southwark Street
Southwark Bridge Road
Union Street
Borough High Street
Guy's Hosp.
The Borough
Marshalsea Road
Borough
Bermondsey
Snowsfields
Crucifix Lane

1 cm = 150 m

200 m

☐ Liste der Karteneinträge Seite 301

1 cm = 150 m

200 m

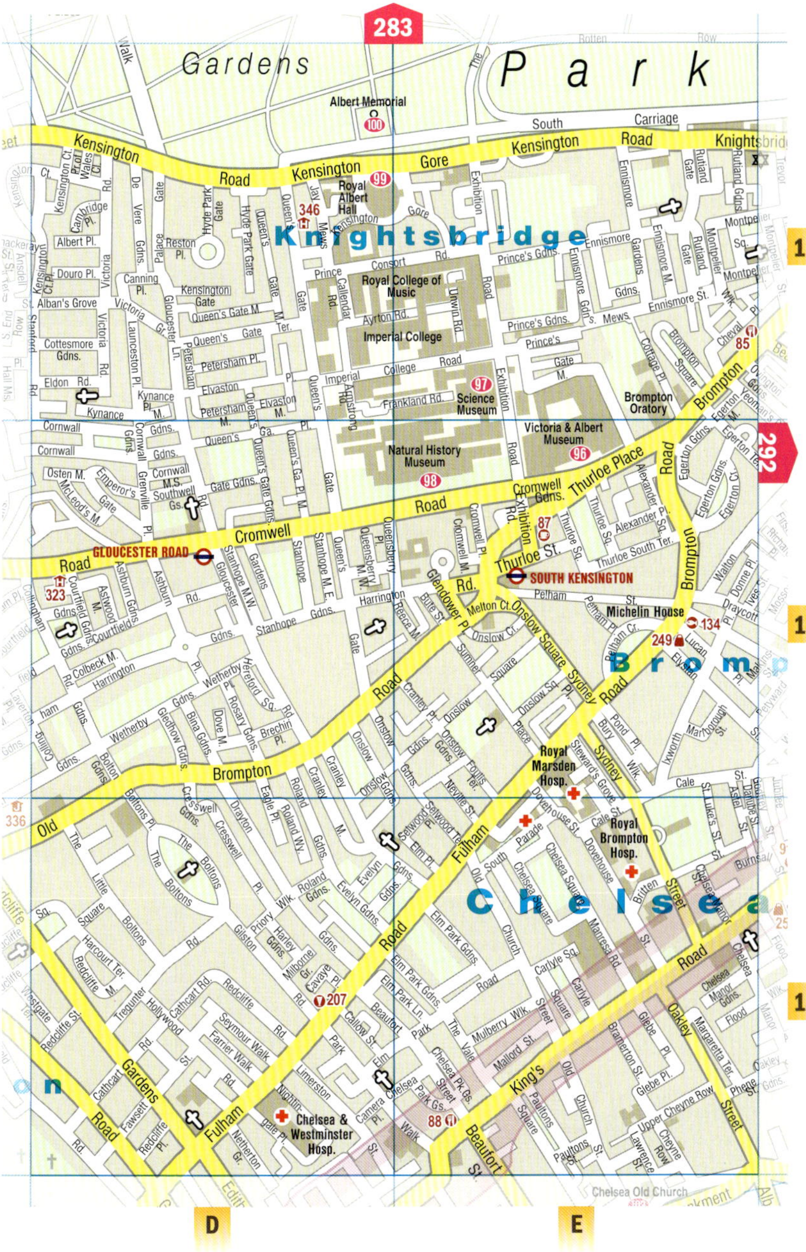
283
292
Gardens
Park
Albert Memorial
100
South Carriage
Kensington Road
Kensington Gore
Royal Albert Hall
99
346
Knightsbridge
Royal College of Music
Imperial College
Science Museum
97
Natural History Museum
98
Victoria & Albert Museum
96
Brompton Oratory
Cromwell Road
Thurloe Place
Thurloe St.
GLOUCESTER ROAD
SOUTH KENSINGTON
87
Michelin House
134
249
323
336
Brompton Road
Old Brompton Road
Fulham Road
King's Road
Sydney Street
Royal Marsden Hosp.
Royal Brompton Hosp.
Chelsea & Westminster Hosp.
Chelsea
207
88
85
Chelsea Old Church
The Boltons
Onslow Square
Brompton Square
Queen's Gate
Exhibition Road
Prince Consort Rd.
Gloucester Road
Redcliffe Gardens
Beaufort St.
Oakley Street
D
E
11
12
13

1 cm = 150 m

200 m

285
294
St. James's Park
Park Lake
Queen Victoria Memorial
Buckingham Palace
11
The Royal Mews
Churchill Museum
106
Offices
Government
King Charles St.
Parliament St.
WESTMINSTER
Big Ben
Houses of Parliament
1
Middlesex Guildhall
Parliament Square
Great George St.
Westminster Abbey
3
ST. JAMES'S PARK
New Scotland Yard
Broad Sanctuary
Victoria Street
Buckingham Gate
Birdcage Wlk.
VICTORIA
Victoria Station
Vauxhall Bridge Road
Belgrave Road
Wilton Road
Bressenden Pl.
Great Smith St.
Marsham Street
Horseferry Road
Millbank
Lambeth Bridge
Vincent Square
132
Gordon Hosp.
Tate Britain
106
329
Westminster
Pimlico
Lupus St.
Bessborough Gdns.
John Islip Street
Atterbury St.
Vauxhall Bridge Road
VAUXHALL
Grosvenor Road
Nine Elms
Thames
Oxford St.
Tower
Royal Albert Hall
Big Ben
11
12
13
H
I

1 cm = 150 m

200 m

11
12
13
J
K

287
296
11
12
13
L
M
Newington
Walworth
Borough
Elephant & Castle
Elephant & Castle
Fashion and Textile Museum
White Cube
St. Mary Magdalene Church
Long Lane
Great Dover Street
Tower Bridge Road
Bermondsey Street
New Kent Road
Old Kent Road
Borough Road
Southwark Bridge Road
Great Suffolk St.
Borough High St.
Newington Causeway
Newington Butts
Elephant & Castle
Walworth Road
Camberwell Road
Albany Road
Rodney Road
East St.
Harper Road
Falmouth Rd.
County St.
Deacon Way
Heygate St.
Brandon St.
Wansey St.
Larcom St.
Browning St.
Manor Pl.
Penton Pl.
Penrose St.
Pasley Cl.
Sturgeon Rd.
Carter St.
Lorrimore Square
Lorrimore Rd.
Olney Rd.
Hillingdon St.
John Ruskin St.
Grosvenor Ter.
Urlwin St.
Boyson Rd.
Boundary Ln.
Liverpool Gr.
Portland St.
East St.
Aylesbury Rd.
Inville Rd.
Beaconsfield Rd.
Kinglake St.
Surrey Sq.
Congreve St.
Massinger St.
Mason St.
Darwin St.
Searles Rd.
Chatham St.
Henshaw St.
Munton Rd.
Balfour St.
Mandela Way
Thames
Oxford St.
Royal Albert Hall
Big Ben
Tower
Burgess Park

1 cm = 150 m

200 m

289
298
11
12
13
P
Q
Rotherhithe
ROTHERHITHE
CANADA WATER
SURREY QUAYS
South Bermondsey
Canada Water
Greenland Dock
Bowl. Alley & Gala Bingo
Odeon Cinema
Surrey Quays Shopping Centre
Millwall FC
Southwark Park
Deptford Park
Brunel Road
Tunnel App.
St.Olav's Square
Lower Road
Salter Road
Redriff Road
Hawkstone Road
Rotherhithe Old Road
Rotherhithe New Road
Raymouth Road
Lower Road
Evelyn Street
Bush Road
Plough Way
Surrey Quays Road
Surrey Quays
Surrey Canal Rd.
Bestwood St.
Trundleys Road
Stockholm Rd.
Zampa Rd.
Ilderton Rd.
Archangel St.
Quebec Way
Roberts Cl.
Somerford Way
Shipwright Rd.
Ropemaker Rd.
Farrow Pl.
Wolfe Cr.
Needleman St.
Albion St.
Renforth St.
Neptune St.
Moodkee St.
Culling Rd.
Ann Moss Way
Gomm Rd.
Orange Pl.
Deal Porters Way
Teredo St.
Brunswick Quay
Russell Pl.
Finland St.
Plover Way
Onega Gate
Greenland Quay
Rope St.
Sweden Gate
Tawny Way
Trident St.
Yeoman St.
Chilton Gr.
Croft St.
Cope St.
Oldfield Gr.
Luxford St.
Helena Rd.
Warndon St.
Millender Wk.
Silwood St.
Debnams Rd.
Corbett's Ln.
Eugenia Rd.
Goldsworthy Gdns.
Alpine Rd.
Lambourne Gr.
Reculver Rd.
Sketchley Gdns.
Jarrow Rd.
John Silkin Ln.
Sybil Phoenix Cl.
Alloa Rd.
Crook Rd.
Hicks St.
Scawen Rd.
Rainsborough Av.
Sapphire Rd.
Clayton Dt.
Kezia St.
Greenland Mews
Grinstead Rd.
Canal Approach
Blackhorse Rd.
Landmann Way
Mercury Way
Juno Way
Aspinden Rd.
Abbeyfield Rd.
Nelldale Rd.
Frankland Cl.
Fenner Cl.
Park Rd.
Southwark Park Rd.
Ilderton Rd.
Bramcote Rd.
Cranswick Rd.
Credon Rd.
Delaford Rd.
Ablett St.
Barkworth Rd.
Verney Rd.
Varcoe Rd.
Bolina Rd.
Record Rd.
Penarth St.
Rollins St.
Close
Sharratt St.
Lovelinch
Ormside St.
Hatcham Rd.
Manor Grove
Hornshay St.
Devonshire Gro.
Mayflower St.
Rupack St.
Elephant Ln.
Temeraire St.
Clack St.
Swan Rd.
Oxford St.
Royal Albert Hall
Big Ben
Tower
Thames

1 cm = 150 m

200 m

9
289
10
11
297
R
S

East India Dock Road
Cotton Street
South Bromley
Way
Lower Lee
Royal Docks und The Crystal 66
65 Trinity Buoy Wharf
Aspen Way
EAST INDIA
Leamouth
BLACKWALL
Way
The New Blackwall Tunnel
The Old Blackwall Tunnel
Trafalgar Way
Road
O2 Arena „The O2“
Harbour Quai
Preston's
Coldharbour
NORTH GREENWICH
Green Pl
335
Marsh Wall
Tunnel Ave
Millenium Way
Edmund Halley Way
Limeharbour
Roffey St
Ferry Rd
Plevna St
E
Galbraith St
Manchester
Stewart St
Glengall Grove
Marshfield St
Amsterdam Rd
CROSSHARBOUR
Rd
Cubitt Town
9
10
11
300
T
U

1 cm = 150 m

200 m

299

12

13

14

T

U

Liste der Karteneinträge

329 [H12] Cherry Court Hotel S. 250
330 [B9] The Main House S. 250
331 [E15] Rafayel Hotel & Spa S. 250
332 [N7] Shoreditch Rooms S. 250
333 [I8] Acorn of London S. 251
334 [M11] Marlin Apartments London S. 251
335 [T10] River Thames Apartment S. 251
336 [C13] Earl's Court S. 251
337 [H8] London Central S. 251
338 [Q10] London Thameside S. 251
339 [H9] Oxford Street S. 251
340 [I6] St. Pancras, 79 S. 252
341 [L9] St. Paul's Youth Hostel S. 252
342 [S9] Ibis London Excel Docklands S. 252
343 [U5] The Westbridge Hotel S. 252
345 [I9] Z Soho S. 252
346 [D11] Astor Hyde Park Hostel S. 252
347 [J7] Clink S. 252
348 [I7] Generator Hostel S. 253
349 [H9] Piccadilly Backpackers Hostel S. 253

Hier nicht aufgeführte Nummern liegen außerhalb der abgebildeten Karten. Ihre Lage kann aber wie die von allen Ortsmarken im Buch mithilfe der Web-App angezeigt werden (s. S. 263).

Zeichenerklärung

- Hauptsehenswürdigkeit
- Arzt, Apotheke, Krankenhaus
- Bar, Bistro, Treffpunkt
- Bed and Breakfast
- Café, Eiscafé
- Denkmal
- Fischrestaurant
- Friedhof
- Galerie
- Geschäft, Kaufhaus, Markt
- Hotel, Unterkunft
- Imbiss
- Jugendherberge, Hostel
- Kino
- Kirche
- Moschee
- Museum
- Musikszene, Disco
- Polizei
- Postamt
- Pub, Kneipe
- Restaurant
- Sehenswürdigkeit
- Sonstiges
- Sporteinrichtung
- Synagoge
- Theater, Zirkus
- Vegetarisches Restaurant
- Weinlokal

- Railway-Station
- Underground-Station (U-Bahn)
- Stadtspaziergang
- Shoppingareale
- Gastro- und Nightlife-Areale

U-Bahn-Plan London

Enfield Town
Theobalds Grove
Cheshunt
Bush Hill Park
Turkey Street
Southbury
Edmonton Green
Silver Street
White Hart Lane
Bruce Grove
Cockfosters
Oakwood
Southgate
Arnos Grove
Bounds Green
Wood Green
Turnpike Lane
Manor House
High Barnet
Woodside Park
West Finchley
Mill Hill East
Finchley Central
East Finchley
Highgate
Archway
Upper Holloway
Crouch Hill
Gospel Oak
Tufnell Park
Kentish Town
Kentish Town West
Camden Road
Holloway Road
Arsenal
Finsbury Park
Caledonian Road
Caledonian Road & Barnsbury
Highbury & Islington
Canonbury
Dalston Kingsland
Dalston Junction
Haggerston
Hoxton
King's Cross St. Pancras
Euston Square
Angel
Old Street
Farringdon
Russell Square
Barbican
Moorgate
Liverpool Street
Chancery Lane
Holborn
St. Paul's
Bank
Covent Garden
Cannon Street
Mansion House
Blackfriars
Temple
Embankment
Monument
Aldgate
Tower Hill
Tower Gateway
Aldgate East
Shoreditch High Street
Bethnal Green
Mile End
Stepney Green
Whitechapel
Shadwell
Limehouse
Westferry
Wapping
Rotherhithe
Themse
London Bridge
Bermondsey
Canada Water
Surrey Quays
Southwark
Borough
Lambeth North
Elephant & Castle
Harringay Green Lanes
South Tottenham
Seven Sisters
Blackhorse Road
Tottenham Hale
Walthamstow Central
Walthamstow Queens Road
Stamford Hill
Stoke Newington
Rectory Road
Clapton
St. James Street
Hackney Downs
Hackney Central
Homerton
Hackney Wick
Leyton Midland Road
Leytonstone High Road
Chingford
Highams Park
Wood Street
Epping
Theydon Bois
Loughton
Debden
Buckhurst Hill
Roding Valley
Chigwell
Woodford
Grange Hill
Hainault
Fairlop
Barkingside
Newbury Park
South Woodford
Snaresbrook
Wanstead
Gants Hill
Redbridge
Leytonstone
Leyton
Stratford International
Stratford
Maryland
Stratford High Street
Wanstead Park
Forest Gate
Woodgrange Park
Manor Park
Ilford
Seven Kings
Goodmayes
Chadwell Heath
Romford
Gidea Park
Harold Wood
Brentwood
Shenfield
Emerson Park
Upminster
Upminster Bridge
Hornchurch
Elm Park
Dagenham East
Dagenham Heathway
Becontree
Upney
Barking
East Ham
Upton Park
Plaistow
West Ham
Abbey Road
Pudding Mill Lane
Bow Road
Bow Church
Bromley-by-Bow
Star Lane
Devons Road
Langdon Park
All Saints
Poplar
Blackwall
East India
Canning Town
Royal Victoria
Emirates Royal Docks
Custom House
Prince Regent
Royal Albert
Beckton Park
Cyprus
Gallions Reach
Beckton
West Silvertown
Pontoon Dock
London City Airport
King George V
Woolwich Arsenal
Emirates Air Line
North Greenwich
Emirates Greenwich Peninsula
West India Quay
Canary Wharf
Heron Quays
South Quay
Crossharbour
Mudchute
Island Gardens
Cutty Sark for Maritime Greenwich
Greenwich
Deptford Bridge
Elverson Road
Lewisham
New Cross
New Cross Gate
Queens Road Peckham
Brockley
Honor Oak Park
Peckham Rye
Forest Hill
Denmark Hill
Sydenham
Penge West
Crystal Palace
Anerley
Norwood Junction
Birkbeck
Beckenham Road
Beckenham Junction
Avenue Road
Harrington Road
Elmers End
Arena
Woodside
Blackhorse Lane
Addiscombe
Centrale
West Croydon
Wellesley Road
Lebanon Road
Reeves Corner
Waddon Marsh
Wandle Park
Ampere Way
Church Street
George Street
East Croydon
Sandilands
Lloyd Park
Coombe Lane
Gravel Hill
Addington Village
Fieldway
King Henry's Drive
New Addington
Piccadilly
Victoria
Waterloo & City
London Overground
DLR
Tfl Rail
London Trams
Ersatzbusse
Haltestellen mehrerer Linien

London, Übersicht

0 1 km
©Reise Know-How 2019
L M N O P Q R S T U V
1 2 3 4 5 6 7 8 9 10 11 12 13 14 15 16 17 18
Green Lanes
Stoke Newington Road
Lea Bridge Road
Orient Way
221
301
224
218
Mare Street
East Cross Route
Queen Elizabeth Olympic Park
73
Essex Road
S.280
67
343
High Street
Victoria Park
Hackney Road
oreditch
Spitalfields
Bow Road
Devons Road
S.288
City
St. Paul's Cathedral
30
Whitechapel
S.298
Tower of London
54
Asper Way
54
43
Tate Modern
Thames
O2-Arena
Salter Road
Westferry Road
Southwark
S.296
Bermondsey
Docklands
S.300
Evelyn Street
Thames
Royal Greenwich
Peckham Road

8
9
10
11
J
K
Clerkenwell Road
Theobald's Road
Gray's Inn
Farringdon
FARRINGDON
CHANCERY LA.
Holborn
High Holborn
Holborn Viaduct
HOLBORN
Sir John Soane Museum
Lincolns Inn Fields
Holborn
Kingsway
Newgate Street
City Thameslink
Old Bailey
St.Bart's
British Postal Museum and Archive
ST. PAUL'S
St. Paul's Cathedral
Dr Johnson's House
Royal Courts of Justice und Temple Bar Memorial
Inns of Court und Temple Church
St. Bride's Church
Fleet St.
Aldwych
ALDWYCH
St. Mary-le-Strand
Strand
Twinings Tea Museum
Inner Temple Gardens
TEMPLE
BLACKFRIARS
Blackfriars
Queen Vic. St.
Somerset House und Courtauld Gallery
Victoria Embankment
Thames
Blackfriars Bridge
Waterloo Bridge
Bankside Art Gall.
Tate Modern
BFI South Bank
The London Television Centre
National Theatre
Southbank Centre
Royal Festival Hall
EMBANKMENT
Stamford Street
Southwark Street
BFI IMAX
WATERLOO
Waterloo
Waterloo East
SOUTHWARK
Union St.
The Cut
Jubilee Gardens
London Eye
London County Hall
Old Vic Theatre
Westminster Bridge Road
Westminster Bridge
Blackfriars Road
St.Thomas Hospital
LAMBETH NORTH
Kennington Road
St.George's Circus
Borough Road
London Road
Southwark Bridge Road
Lambeth Palace Road
Covent Garden
Royal Opera